RÉFLEXIONS SUR LA DECLARATION UNIVERSELLE DES DROITS DE L'HOMME

Valeur, contenu et importance vus d'Afrique

Collection **Études africaines**

dirigée par Denis Pryen et son équipe

Forte de plus de mille titres publiés à ce jour, la collection « Études africaines » fait peau neuve. Elle présentera toujours les essais généraux qui ont fait son succès, mais se déclinera désormais également par séries thématiques : droit, économie, politique, sociologie, etc.

Dernières parutions

N'GUETTIA KOUASSI (René), *L'Afrique : un géant qui refuse de naître*, 2015.

EKANI (Serge Christian), *Liberté de saisir et exécution forcée dans l'espace OHADA*, 2015.

KOUAKOU (Jean-Marie) dir., *Penser la réconciliation. Pour panser la Côte d'Ivoire*, 2015.

WOUAKO TCHALEU (Joseph), *Le racisme colonial, Analyse de la destructivité humaine*, 2015.

TOE (Patrice) et SANON (Vincent-Paul), *Gouvernance et institutions traditionnelles dans les pêcheries de l'Ouest du Burkina Faso*, 2015.

OTITA LIKONGO (Marcel), *Guerre et viol. Deux faces de fléaux traumatiques en République Démocratique du Congo*, 2015.

MAWANZI MANZENZA (Thomas), *L'Université de Kinshasa en quête de repères*, 2015.

MOUCKAGA (Hugues), SCHOLASTIQUE (Dianzinga), OWAYE (Jean-François), *Quelle gouvernance pour l'Afrique noire ?*, 2015.

SEMANA (Tharcisse), *Aux origines de la morale rwandaise. Us et coutumes : du legs aux funérailles*, 2015.

BANGUI (Thierry), *La mal gouvernance en Afrique centrale*, 2015.

GOHY (Gilles Expédit), *Éducation et gouvernance politiques au Bénin. Du danxômè à l'ère démocratique*, 2015.

Ces dix derniers titres de la collection sont classés
par ordre chronologique en commençant par le plus récent.
La liste complète des parutions, avec une courte présentation
du contenu des ouvrages, peut être consultée
sur le site www.harmattan.fr

Henri WEMBOLUA OTSHUDI KENGE

RÉFLEXIONS SUR LA DECLARATION UNIVERSELLE DES DROITS DE L'HOMME

Valeur, contenu et importance vus d'Afrique

L'Harmattan

Du même auteur

1. WEMBOLUA OTSHUDI KENGE Henri, L'indépendance des magistrats face à l'administration de la justice et le respect des droits de l'homme, Module de Linapedho pour la formation des para-juristes, publication de RCN-Justice, Kinshasa, 2002.
2. WEMBOLUA OTSHUDI KENGE Henri, « La problématique de l'organisation du travail pénitentiaire en RDC. Cas de la prison centrale de Kananga », in Revue du CIDEP, n°Spécial, Kinshasa, 2004, pp 56-62
3. WEMBOLUA OTSHUDI KENGE Henri, « L'anachronisme du Décret du 6 décembre 1950 sur l'enfance délinquante: cas du flou sur la majorité pénale en R.D.C. », in Nouvelle tribune internationale des droits de l'enfant, n°10 et 11, décembre 2005, DEI-Belgique, pp 27-32
4. WEMBOLUA OTSHUDI KENGE Henri, « L'anachronisme du Décret sur l'enfance délinquante en RDC : Réflexion sur le vagabondage et les droits des enfants, in Nouvelle tribune internationale des droits de l'enfant, n°12 - mars 2007, DEI Belgique, pp 22-28,
5. WEMBOLUA OTSHUDI KENGE Henri, « Encore sur l'anachronisme du décret sur l'enfance délinquante: le volet judiciaire », in Paroles de justice, RCN –justice et démocratie, (Kinshasa, 2010.)
6. WEMBOLUA OTSHUDI KENGE Henri, l'appropriation des normes des droits de l'homme par les magistrats pour l'indépendance du pouvoir judiciaire et la protection des droits de l'homme en RD Congo, in Paroles de justice. Revue annuelle de Doctrine, 2010, Kinshasa, pp 18-31

- http://eduportfolio.org/vues/view/61435 (Module de formation en droits de l'homme. Mis en ligne par l'auteur de ce livre.)
- http://eduportfolio.org/vues/view/31311 (Module de formation sur les droits de l'enfant)

Contact : audfrdc@gmail.com / Tél : 00 243 81 658 24 58

5-7, rue de l'École-Polytechnique, 75005 Paris

http://www.harmattan.fr
diffusion.harmattan@wanadoo.fr
harmattan1@wanadoo.fr

ISBN : 978-2-343-06059-0
EAN : 9782343060590

Préface

La communauté internationale observe chaque année l'anniversaire de la Déclaration Universelle des Droits de l'Homme. Et pourtant, la situation en ce qui concerne le respect des Droits de l'Homme reste grave. Partout dans le monde, les êtres humains subissent des violences effrayantes. Les massacres, les viols collectifs, voire l'esclavage sont monnaie courante.

Si les violations des Droits humains sont quasi-universelles, aucun pays du monde n'a connu des violations dépassant celles enregistrées en République Démocratique du Congo, ex-Congo Belge, ex-République du Zaïre. J'étudie la situation politique du Congo depuis les années soixante. J'ai enseigné la Science politique au Congo (Kisangani, Lubumbashi, et Bukavu), au Rwanda, au Kenya, et en Tunisie. Je suis l'Auteur de plusieurs ouvrages, dont « Congo. London: Polity Press, 2013. » et « Ethnogenèse et nationalisme en Afrique centrale: les racines de Lumumba. », Paris, L'Harmattan, 2000.

Il serait fastidieux de faire l'inventaire de toutes les violations des droits humains pendant cette période de l'ex-Congo Belge à la République Démocratique du Congo, en passant par l'ex-Zaïre. Cependant, j'insiste sur un aspect encourageant de l'évolution politique. En 1960, lors de la décolonisation bâclée, le Congo possédait un nuage de partis politiques (trop nombreux pour être efficaces) et quelques syndicats (assez faibles). Au début des années 1990 par contre, on constate la présence d'une société civile active, qui critique les actions des autorités politiques. Il y a surtout, un nombre important d'organisation des défenseurs des Droits de l'Homme. L'auteur de cet ouvrage est Président de l'ONG Alliance pour l'Universalité des Droits Fondamentaux -AUDF et Coordonnateur du Réseau de Protection des Défenseurs des Droits de l'Homme, Victimes, Témoins et Professionnels des Médias (REPRODEV.)

WEMBOLUA OTSHUDI KENGE Henri, Auteur du présent ouvrage, est issu de ce secteur de la société civile congolaise. Formé dans les écoles et universités congolaises et détenteur d'un Master 2 en Droit international et européen des droits fondamentaux de l'Université de Nantes (France), il possède une connaissance profonde des Droits de l'Homme, à la fois théorique et pratique. Il est Avocat aux Barreau de Kinshasa-Matete et Barreau de Kananga (N° ONA 0963). Il est aussi Chef de Travaux au Centre pour le Développement et l'Education Permanente-CIDEP.

Il nous présente un commentaire riche de la Déclaration universelle des droits de l'homme. Comme il le souligne, la Déclaration Universelle des droits de l'homme ne connaîtra un plein succès que si elle sera mieux connue des populations de la RDC et du monde entier. Puisse cet ouvrage servir à informer ces populations quant à leurs droits.

Professor **Thomas TURNER** Ph.D.
Expert Country on DRC Amnesty International USA

Avant-propos

Adoptée par l'Assemblée Générale de l'ONU dans sa Résolution 217 A (III du 10 décembre 1948), la Déclaration Universelle des droits de l'homme est le premier instrument international pertinent qui reconnaît la dignité inhérente à tous les membres de la famille humaine et de leurs droits égaux et inaliénables, fondement de la justice et de la paix, dans le monde.

Cette déclaration intervient juste à la fin de la deuxième guerre mondiale au cours de laquelle plusieurs atrocités ont été commises et qui sont, ce jour, des crimes contre la paix, la sécurité internationale et l'humanité.

Sans un être un traité ratifié et, de ce fait, opposables à tous les Etats signataires, la Déclaration Universelle des droits de l'homme a acquis une autorité incontestable à travers la planète.

Elle est non seulement reprise dans toutes les Constitutions, mais aussi dans plusieurs traités qui consacrent et protègent les droits humains.

En République Démocratique du Congo, elle est alignée sur la liste des instruments universels relatifs aux droits de l'homme et occupe la première place. (Instruments internationaux et régionaux relatifs aux droits de l'homme par la RDC, Journal officiel de la RDC 43° année, numéro spécial, 5 décembre 2002, p.3, 7 et suivant.)

Si tous les acteurs civils et militaires, politiques, judiciaires, économiques ... , connaissent et s'approprient cet instrument important qui revalorise l'être humain pour méditer, décider et agir, ce à quoi nous invite Me Henri WEMBOLUA OTSHUDI KENGE, Avocat de son état et fervent Défenseur des droits humains, à travers des réflexions qui replacent la DUDH dans son contexte d'adoption et d'actualité quasi-permanente dans les Constitutions des Etats, les Conventions internationales pertinentes relatives aux droits humains, la jurisprudence internationale et les Observations ainsi que les Recommandations des mécanismes relatifs aux droits de l'homme, la promotion et protection des droits humains passera des discours politiques à la promotion de la dignité de la personne humaine !

Il n'aurait pas été décent que la doctrine congolaise reste muette sur un débat de portée universelle par rapport à cette thématique. Heureusement que l'auteur de cet ouvrage dont le volume et le contenu se valent, relève de bonne manière ce défi.

Il n'a certes pas la prétention de mettre fin aux différents débats que suscitent cet instrument juridique (DUDH), mais les relance à travers des recherches profondes et des analyses pertinentes.

Cet ouvrage a l'avantage d'être rédigé par un auteur congolais, en République Démocratique du Congo, dans un contexte post-conflit, c'est-à-dire au moment où les violations des droits de l'homme sont encore d'actualité et que l'Etat congolais et la Communauté internationale réfléchissent sur des réponses à y apporter.

Maître Franck **MULENDA**
Avocat à la Cour pénale internationale et
au Barreau près la Cour d'Appel de Kinshasa-Gombe.
Doyen du Conseil de l'ordre du Barreau de Kinshasa-Gombe.

Abréviations et sigles

ACAT	: Action des Chrétiens pour l'Abolition de la Torture
ACP	: Afrique Caraïbe Pacifique
A.C.C.P.U.F	: Association des Cours constitutionnelles ayant en Partage l'usage du français
AE-FOAD	: Association des Anciens Etudiants en Formations Ouvertes et à Distance
AFRIMAP	: Projet pour l'Observation et le Plaidoyer sur la Gouvernance en Afrique
AFCNDH	: Association francophone des commissions nationales des droits de l'Homme
AG	: Assemblée Générale
AG -NU	: Assemblée Générale de l'Organisation des Nations Unies
AMNDH	: Amis des Nelson MANDELA pour les Droits de l'Homme
APT	: Association pour la Prévention de la Torture ONG
Art.	: Article
AUDF ONG	: Alliance pour l'Universalité des Droits Fondamentaux ONG
BCNUDH	: Bureau conjoint des Nations Unies aux Droits de l'Homme
CADHP	: Commission Africaine des Droits de l'Homme et de Peuples
CASS.	: Cassation
CDHC	: Campagne pour les Droits de l'Homme au Congo
CEDH	: Cour européenne des Droits de l'Homme
CEDROMA	: Centre D'Etudes Des Droits Du Monde Arabe
CIDEP	: Centre interdisciplinaire pour le Développement et l'Education Permanente
CIDH	: Centre Interministériel pour les Droits de l'Homme
CREDOF	: Centre de recherches et d'études sur les droits fondamentaux (CREDOF-Paris Ouest Nanterre-La Défense
CPI	: Cour pénale internationale
CRIDHAC	: Centre de Recherche Interdisciplinaire des Droits de l'Homme du Congo
CT	: Chef de travaux
DEI	: Défense des Enfants International
DH	: Droits de l'homme
DIH	: Droit international humanitaire
DIN	: Droit et Idées Nouvelles
DUDH	: Déclaration Universelle des Droits de l'Homme
Ed.	: Edition

EPT : Education Pour Tous
EPU : Examen Périodique Universel
FIACAT : Fédération internationale pour l'Action des Chrétiens pour l'abolition de la Torture
FIDH : Fédération Internationale des Droits de l'Homme
HCDH : Haut commissariat des Nations Unies aux Droits de l'Homme.
HRW : Human Rights Watch
INDH : Institution nationale des droits de l'homme
OBS : Observation (des organes de traités)
OEA : Organisation des Etats américains
OI : Organisation internationale
OIF : Organisation internationale de la Francophonie
OMD : Objectifs du Millénaire pour le Développement
ONU : Organisation des nations unies
ONG : Organisation Non Gouvernementale
OSISA : Open Society Initiative for Southern Africa
OSCE : Organisation pour la sécurité et la coopération en Europe
OSC : Organisation de la Société civile
OSIWA : Open Society Initiative for West Africa
OUA : Organisation de l'Unité Africaine
RP : Responsabilité de protéger
PESC : Promotion de la démocratie est au centre de la Politique étrangère et de sécurité commune de l'UE
PIDCP : Pacte international relatif aux droits civils et politiques
PIDESC : Pacte international relatif aux droits économiques, sociaux et culturels.
RAF : Réseau Action Femme
RDC : République Démocratique du Congo
REPADHOC : Réseau des Parlementaires pour les Droits de l'Homme au Congo
REPRODEV : Réseau de Protection des Défenseurs des droits de l'homme, Victimes, Témoins et Professionnels des Médias
RIVES : Réseaux à l'International des Experts pour la Valorisation de l'Enseignement Supérieur
RTCE : Chaîne Radio Télé Catholique Elikya
TIC : Technologies d'information et de communication
UA : Union Africaine
UE : Union européenne
UIP : Union interparlementaire

INTRODUCTION

« La dignité est notre qualité commune. » **Mario BETTATI**[1]

1. La réalisation effective et universelle des droits de l'homme requiert l'enseignement et l' apprentissage, gage de l'émergence d' un degré élevé de prise de conscience afin que ces droits passent des simples aspirations, des intentions, des promesses ou des engagements à des droits vivants et bénéfiques à tous les êtres humains. L'apprentissage et la prise de conscience pour les droits de l'homme (DH) sont-ils promus, aujourd'hui, au sein des Etats ? Il y a lieu de répondre par l'affirmative avec quelques réserves dans la mesure où, de l'avis de plusieurs auteurs, l'humanité se fait une opinion[2] très haute des DH mais la dignité humaine reste parfois bafouée par les dirigeants des Etats pour multiples motifs. C'est ainsi que Jean Daniel affirme que « Les droits de l'homme... sont devenus le « centre de gravité idéologique » de tout ce à quoi nous assistons actuellement. Ils visent à se substituer de manière hégémonique à toutes sortes de discours politiques et sociaux qui s'articulaient naguère à partir de notions aujourd'hui usées ou discréditées (tradition, nation, progrès, révolution), à devenir la boussole unique d'une époque désorientée, à fournir une morale minimale à un monde en désarroi[3] ».

2. Abondant dans le même sens, Robert Badinter considère les mêmes droits comme «l'horizon moral de notre temps. » Ils doivent devenir le « fondement de toutes les sociétés», selon le vœu de M. Koffi

---

1 MARIO BETTATI, DUHAMEL O. et L. GREILSAMER, La Déclaration Universelle des Droits de l'Homme, éd. Gallimard, 2008, Paris, p.23

2 Il y a lieu de reconnaître, dans une certaine mesure, que la perception des droits de l'homme diffère d'un Etat à un autre, d'une culture à une autre et d'un coin à un autre du monde. A une certaine époque récente, parler de défenseurs des droits de l'homme dans plusieurs pays dont la RDC signifiait la subversion pour le policier et l'agent de l'Etat. Sans entrer dans les débats sur les nuances des concepts droits de l'homme , libertés fondamentales, droits humains, droits de la personne, libertés publiques, droits fondamentaux..., le concept préféré dans ce livre est DH à considérer comme synonyme des autres sans en chercher les nuances à développer ultérieurement. Dans la Déclaration de Stockholm de 1972, le Comité des droits de l'homme explicite dans son premier principe que : «L'homme a un droit fondamental à la liberté, à l'égalité et à des conditions de vie satisfaisantes, dans un environnement dont la qualité lui permette de vivre dans la dignité et le bien-être»

3 Jean Daniel cité par ALAIN de BENOIST, Au-delà des droits de l'homme, Défendre les libertés, éditions Krisis, 2004.

Annan. Ils contiennent « en germe le concept d'un véritable gouvernement mondial.[4] »

3. Il est important que la perception et le rôle à donner aux droits de l'homme par tout citoyen et surtout les agents publics de l'Etat soient fondés sur un minimum d'informations et de connaissances relatives aux notions fondamentales du Droit international des droits de l'homme. Généralement, les personnes sensibilisées sur les DH ont une haute opinion et une grande considération pour ses droits pendant que les profanes en la matière considèrent, comme en RDC et quelques Etats, que les droits de l'homme c'est le langage de la subversion, le discours des opposants politiques et des aigris du pouvoir… C'est aussi ce qui est contraire à la souveraineté nationale, ce qui encourage l'aliénation, l'occidentalisation, l'acculturation, l'extrême politisation de la vie sociale et un prétexte de l'ingérence dans les affaires intérieures des Etats.

4. De toute évidence, pour mieux émettre des critiques objectives, des observations pertinentes et même pour adopter des aptitudes salvatrices sur les questions ayant des implications sur l'être humain et la responsabilité de l'Etat, les personnes devraient être formées, informées et sensibilisées sur la question des droits de l'homme.

5. Malgré les discours politiques séduisants et le plaidoyer mené pour intégrer l'approche droits de l'homme dans la gestion de la chose publique, le Rapport 2012 sur les Objectifs du Millénaire pour le Développement (OMD) démontre, comme le signale Monsieur BAN KI-MOON, le Secrétaire Général de l'ONU , que : « Les projections indiquent qu'en 2015 plus de 600 millions de personnes dans le monde n'auront toujours pas accès à une eau potable améliorée; près d'un milliard vivront avec moins de 1,25 dollar par jour; des mères continueront de mourir inutilement en accouchant; et des enfants souffriront et mourront de maladies évitables.»

6. Les défis pour assurer la dignité de l'être humain dans tous les Etats et partout dans le monde sont légion. D'une part, les comportements et les attitudes des individus, au quotidien, peuvent impacter positivement ou négativement la réalisation des droits de l'homme,

---

4 ALAIN de BENOIST, Au-delà des droits de l'homme, Défendre les libertés, éditions Krisis, 2004.

la promotion du développement durable[5] et l'instauration d'une culture de la paix et des droits de l'homme. D'autre part, l'approche fondée sur les droits de l'homme[6] dans la gestion de la chose publique peut contribuer à la promotion de la dignité de tout Homme et de tout l'Homme. En première position, parmi les agents à même de promouvoir les DH, il faut reconnaître la haute responsabilité du personnel chargé de l'application des lois et tous ceux qui engagent l'Etat à n'importe quel niveau du Pouvoir, soit du Président de la République[7] à l'Huissier et le protocole qui doivent entretenir les relations de confiance avec les usagers des Services publics. Leurs attitudes et comportements en faveur d'une culture de paix et des droits de l'homme sont importants et nécessitent une bonne connaissance des notions rudimentaires des droits de l'homme pour une prise de conscience accrue des aspirations de l'humanité à la dignité et le respect des grands principes fondamentaux véhiculés par les normes relatives aux droits de l'homme, les conséquences graves et désastreuses des violations quotidiennes des droits de l'homme ainsi que de leur rôle de faire respecter , protéger et promouvoir, par toutes les mesures nécessaires les droits de l'homme garantis par les instruments nationaux et internationaux. Quoi qu'il en soit les valeurs morales, civiques et intellectuelles universelles peuvent orienter positivement le comportement des personnes. Pour ceux qui engagent l'Etat et les défenseurs des droits de l'homme, outre les valeurs précitées, la connaissance des notions de base sur les DH incluant ces notions facilite un travail avec

---

5 Pour réaliser les OMD, composante des droits économiques, sociaux et culturels, d'ici à 2015, M. BAN KI-MOON recommande la réalisation de l'objectif 8 des OMD, soit le partenariat mondial pour le développement, l'encouragement de toutes les parties prenantes aux OMD et la consolidation des succès réalisés jusqu'à présent5.

6 A titre illustratif, les initiatives telles que l'observation de 20 % à consacrer aux besoins sociaux dans la loi de finance pour les besoins sociaux de base, le strict respect des Principes de participation, transparence, Non Discrimination, Dignité humaine et les mesures positives pour briser les inégalités afin de donner de la chance à l'égalité de tous permettent d'apaiser des tensions, des frustrations et d'assurer le bien être social à tous.

7 Le serment du Président de la République en RDC est éloquent. En effet, la Constitution du 18 février 2006 dispose à son article 74 dispose que : «… Moi..(x) .. élu Président de la République Démocratique du Congo, je jure solennellement devant Dieu et la nation: … de ne me laisser guider que par l'intérêt général et le respect des droits de la personne humaine. »

professionnalisme et une économie d'abus, de dérapages et de risques.

7. Une relation importante est à signaler entre la réalisation effective des droits consacrés par les normes relatives aux droits de l'homme et la bonne gouvernance. En fait, la bonne gouvernance est définie comme l'exercice de l'autorité par le biais de processus politiques et institutionnels transparents dont la responsabilité peut être mise en cause et qui encouragent la participation du public. Lorsqu'il y est question de droits de l'homme, elle se réfère aux normes, valeurs universelles et principes énoncés dans la DUDH et développées dans un certain nombre de conventions internationales et des Règles, Directives ou Principes qui définissent les normes minimales nécessaires pour garantir la dignité humaine et le respect de l'humanité[8].

8. Lorsque les acteurs étatiques et la population y compris les OSC[9] parviennent à appliquer les principes de la bonne gouvernance et les normes fondamentales relatives aux droits de l'homme, tout Etat a plus de chance de passer des discours ou simples promesses à la réalisation effective des droits de l'homme et l'accomplissement minimal et (satisfactoire) du bien-être pour toute la population.

9. Il va de soi que le respect des DH requiert un minimum de bonne volonté éclairée et affermie par quelques principes et valeurs fondamentales à promouvoir et à protéger notamment l'amour, la tolérance, la compassion, la vérité, la justice, l'équité, le sens de l'honneur... La connaissance et l'intériorisation des droits de l'homme ne concernent pas seulement les experts en la matière , le personnel officiel chargé de l'application des lois et les agents publics de l'Etat, mais aussi tout être humain[10], bénéficiaire des

---

[8] HCDH : Pratiques de bonne gouvernance pour la protection des droits de l'homme, New York et Genève, 2007, p.2

[9] C'est avec raison que Madame Navy Pillay, Haut commissaire des Nations Unies aux droits de l'homme dit : « Une société civile puissante et autonome, dotée de la liberté d'agir ainsi que de connaissances et de compétences en matière de droits de l'homme: voilà un élément clé pour garantir la protection durable des droits de l'homme au niveau national. ».

[10] La Déclaration précitée reconnait l'impact positif de la coopération internationale et la précieuse contribution qu'apportent les individus, groupes et associations à l'élimination effective de toutes les violations des droits de l'homme et des libertés fondamentales des peuples et des

droits fondamentaux pour son épanouissement intégral dans une société juste qui promeut la dignité humaine, l'égalité des personnes, la liberté pour tous et le bien être social et économique[11] de chaque membre de la communauté, de la localité, de l'Etat, de la Région et du monde ! Cette connaissance des droits fondamentaux suivie des attitudes et comportements respectueux des valeurs universelles et principes fondamentaux des droits humains constitue le gage de la culture universelle des droits de l'homme projetée par la Charte de l'ONU et la DUDH. Comment peut-on instaurer la culture des droits de l'homme sans une éducation fondée sur l'approche droits de l'homme ou une formation et une instruction appropriée se référant à la DUDH ? Le Professeur NGOMA BINDA a pleinement raison de poser les questions suivantes : quel est le comportement de nos étudiants aujourd'hui et même de nous-mêmes leurs enseignants ? Nos étudiants devenus responsables dans la vie professionnelle, à l'Assemblée Nationale, au Gouvernement, ou encore dans les postes élevés de la fonction publique et des Entreprises publiques et privées arrivent-ils à se comporter en conformité avec nos enseignements du cours de civisme ou d'éducation à la citoyenneté? L'enseignement universitaire : éduquer[12] ou simplement instruire ? Nous pensons que les Diplômes et la science composée de toutes les disciplines du

---

personnes notamment des violations massives, flagrantes ou systématiques telles que celles qui résultent de l'apartheid, de toutes les formes de discrimination raciale, du colonialisme, de la domination ou de l'occupation étrangère, de l'agression ou des menaces contre la souveraineté nationale, l'unité nationale ou l'intégrité territoriale, ainsi que du refus de reconnaître le droit des peuples à l'autodétermination ainsi que le droit de chaque peuple d'exercer sa souveraineté pleine et entière sur ses richesses et ses ressources naturelles.

[11] M. Malinouilsky , le délégué de la République soviétique d'Ukraine à la session d'adoption de la DUDH dit le 10 décembre 1948 que : « Dans un monde capitaliste , il faut accorder une bonne attention aux conditions économiques et sociales car selon son exemple, il ne suffit pas de proclamer la liberté de presse (et d'expression, c'est nous qui ajoutons) , dans un monde capitaliste, étant donné que les imprimeries et les papiers appartiennent à certaines compagnies privées qui contrôlent les opinions politiques. La réalisation du droit au travail, du droit au repos et à l'éducation présuppose une modification du système économique… » Lire Fondation Danielle Mitterrand, op.cit., p.179

[12] NGOMA BINDA, « De la responsabilité éthique et civique de l'éducation dans le progrès de la nation », *Annales de la faculté de Droit*, PUK, décembre 2007, pp 191-214

monde, si elle est dépourvue des notions des DH à intérioriser, elle n'est que ruine de l'âme !

10. Les DH apportent à la science une conscience éclairée et utile pour le bien de l'humanité et de toutes les personnes. Cette conscience oriente le comportement des individus et guide les attitudes et actions appropriées des agents publics de l'Etat. Les décideurs au sein des Etats, des OI et des Institutions internationales ont une lourde charge et une grande responsabilité pour la promotion et la protection de tous les DH. Ces méritent considération suivant l'importance qu'ils accordent aux DH. En effet, selon les mandats des OI et des Etats, en qualité de membres originaires ou adhérents, ils s'engagent notamment à promouvoir et à protéger les DH. C'est à la suite des atrocités commises pendant la Deuxième Guerre mondiale que l'ONU a été chargée du maintien de la paix et de la sécurité internationale, de la coopération internationale pour le développement et le respect des droits de l'homme. En vue de promouvoir et de protéger les personnes victimes de violations des droits de l'homme, les membres de la société civile peuvent, individuellement ou collectivement, prendre contact et travailler avec les procédures spéciales de l'ONU même si leur État n'a pas ratifié le traité pertinent et/ou que la victime des droits en cause n'a pas épuisé les voies de recours internes.[13]

11. Au sein des OI comme dans les Etats, les droits de l'homme occupent une place importante. Il est évident que dans le fonctionnement de l'Etat à travers les trois Pouvoirs classiques, à savoir le pouvoir législatif (Parlement), le pouvoir exécutif et le pouvoir judiciaire, la préoccupation de respecter et faire respecter, protéger et mettre en œuvre ou concrétiser les droits garantis par toutes les normes relatives aux droits fondamentaux est capitale. On peut affirmer que tout agent de l'Etat relevant de ses trois pouvoirs, chacun dans son secteur et dans ses fonctions, est doté du pouvoir de promouvoir et/ou de protéger les droits de l'homme et les libertés fondamentales.

12. Ces derniers devraient constamment se laisser guider par les normes internationales relatives aux droits de l'homme, les principes y relatifs et les valeurs universellement partagées par tous les Etats ainsi que la législation nationale conforme aux standards minimum

[13] HCDH : « Travailler avec le Programme des Nations Unies pour les droits de l'homme. Manuel pour la société civile », 2008, p.120

pour une bonne gestion du Pouvoir politique. On dit que : « Les droits de l'homme irriguent le Droit positif des Etats. »

13. Les Règles minima, les standards minimums, les Directives, les Principes directeurs et les obligations volontairement acceptées par les Etats en adhérant aux OI et en ratifiant les Conventions internationales relatives aux droits de l'homme constituent des garde-fous dans l'action des Etats. Ces normes, qu'elles soient contraignantes ou dépourvues de la force contraignante (Droit mou), elles gardent une grande valeur morale, pédagogique et politique en vue de la réalisation des droits de l'homme et des libertés fondamentales et leur application créent un environnement national et international favorable à la promotion des droits fondamentaux. Fort de la reconnaissance de leur valeur morale, scientifique et politique évidente, les normes relatives aux droits de l'homme sont considérées comme des obligations erga-omnes c'est-à-dire qu'elles s'imposent aux Etats ainsi qu'à leurs agents et fonctionnaires même si l'Etat n'a pas ratifié la Convention pertinente.

14. C'est dans ce sens que le Comité[14] des droits de l'homme a dégagé le principe selon lequel : « Les obligations découlant du Pacte, en général, et de l'article 2 du PIDCP, en particulier, s'imposent à tout État partie considéré dans son ensemble. Toutes les autorités de l'État au sein de trois pouvoirs classiques précités et les autres institutions publiques, à quelque échelon que ce soit – national ou local-, sont à même d'engager la responsabilité de l'État partie.[15] » Cette interprétation découle directement du principe énoncé à l'article 27 de la Convention de Vienne de 1969 sur le Droit des traités (Convention aussi appelée Traité des Traités), au terme duquel un État partie « ne peut invoquer les dispositions de son

---

[14] ONU : Instruments internationaux relatifs aux droits de l'homme, Volume I, Récapitulation des observations générales ou recommandations générales adoptées par les organes créés en vertu d'instruments internationaux relatifs aux droits de l'homme, Volume I, 27 mai, p.284.

[15] Pour le Comité des droits de l'homme, « Le pouvoir exécutif, qui généralement représente l'État partie à l'échelon international, y compris devant le Comité, ne peut arguer du fait qu'un acte incompatible avec les dispositions du Pacte a été exécuté par une autre autorité de l'État pour tenter d'exonérer l'État partie de la responsabilité de cet acte et de l'incompatibilité qui en résulte. »

Droit interne[16] comme justifiant la non-exécution d'un Traité».

15. Pour la mise en œuvre nationale du PIDCP, l'Observation n° 3 du Comité des droits de l'homme préconise que : « Des mesures devraient être prises pour en faire connaître la teneur aux autorités compétentes dans le cadre de leur formation. Il est aussi souhaitable que la coopération de l'Etat partie avec le Comité fasse l'objet d'une certaine publicité.[17]»

16. Sur le long parcours des efforts consentis par les Etats pour promouvoir la dignité de la personne humaine, grâce à la DUDH, instrument onusien de base pour la promotion et la protection des DH, il y a lieu de saluer les initiatives et le dynamisme des défenseurs des droits de l'homme. Ils peuvent influencer les décisions concernant les Etats, au sein des grandes réunions et voire en côtoyant les personnes clés qui participent à la prise des décisions. Leur connaissance de la DUDH et la maîtrise des notions fondamentales des droits de l'homme leur permettent d'œuvrer avec professionnalisme[18]. L'étude de la DUDH mérite une attention

---

[16] Il y a lieu de stigmatiser le refus par certains acteurs étatiques de collaborer avec les ONG et les défenseurs des droits de l'homme qui sont des partenaires naturels dans le travail de promotion et de protection des DH. Ces derniers et moins l'Etat ne devraient se méfier les uns des autres. Le séminaire de formation organisée par le BCNDUH à l'intention des membres du CIDH à Kinshasa du 16 au 21 décembre 2013 par les fonctionnaires du HCDH dont Madame Suzanne Blanc et Françoise MIANDA avaient insisté sur la consultation de la Société civile pour la rédaction des Rapports nationaux dus aux Organes de Traité et à l'EPU ainsi que la vulgarisation et la mise en œuvre des Recommandations de ces mécanismes.

[17] ONU : Instruments internationaux relatifs aux droits de l'homme, Volume I, Récapitulation des observations générales ou recommandations générales adoptées par les organes créés en vertu d'instruments internationaux relatifs aux droits de l'homme, Volume I, 27 mai 2008 (Observation n°3 du Comité des droits de l'homme, 13° session en 1981).

[18] HCDH : Les défenseurs des droits de l'homme : Protéger le droit de défendre les droits de l'homme, Fiche d'information n°29, Genève, 2004, p.57. (Annexe 3). La Déclaration sur le droit et la responsabilité des individus, groupes et organes de la société de promouvoir et protéger les droits de l'homme et les libertés fondamentales universellement reconnus dispose à son article premier que : « Chacun a le droit, individuellement ou en association avec d'autres, de promouvoir la

particulière. Son contenu est considéré, à juste titre, comme « l'idéal commun à atteindre par tous les peuples et toutes les nations afin que tous les individus et tous les organes de la société, ayant cette Déclaration constamment à l'esprit, s'efforcent, par l'enseignement et l'éducation[19], de développer le respect de ces droits et libertés et d'en assurer, par des mesures progressives d'ordre national et international, la reconnaissance et l'application universelle et effective…»[20]

17. Après son adoption et sa célébration chaque année par les Etats membres de l'ONU, environ 66 ans après, est-ce que la DUDH est connue par le plus large public, dans le monde et en Afrique? Son contenu est-il intériorisé et utile pour notre société? Quelle est la valeur de ce document et comment sa connaissance peut-elle contribuer à la promotion et à la protection des droits de l'homme ou mieux, à la réalisation effective des droits de l'homme et des libertés fondamentales? Quelle que soit la nationalité, l'expression linguistique anglophone, francophone, arabophone, lusophone, swahili phone…, tout lecteur de ce document, est concerné par l'éducation et la formation aux droits de l'homme ainsi que le respect universel de ces droits et libertés fondamentales. Face à l'ignorance quasi-généralisée des droits de l'homme dans plusieurs Etats, particulièrement africains, en dépit des efforts des ONG nationales et internationales, de quelques rares personnalités, de quelques organismes publics et privés, ce commentaire sur la DUDH présente à tous ses lecteurs quelques notions fondamentales

---

protection et la réalisation des droits de l'homme et des libertés fondamentales aux niveaux national et international. »

[19] L'article 1er de la Déclaration des Nations Unies sur l'éducation et la formation aux droits de l'homme adoptée le 2 novembre 2011 dispose que : « Chacun a le droit de détenir, de rechercher et de recevoir des informations sur l'ensemble des droits de l'homme et des libertés fondamentales et doit avoir accès à l'éducation et à la formation des droits de l'homme. L'éducation et la formation aux droits de l'homme sont essentielles à la promotion du respect universel et effectif de l'ensemble des droits de l'homme et des libertés fondamentales pour tous, conformément aux principes de l'universalité, de l'indivisibilité et de l'interdépendance des droits de l'homme. La jouissance de tous les droits de l'homme, en particulier le droit à l'éducation et le droit d'accès à l'information, recommande l'accès à l'éducation et à la formation aux droits de l'homme. » (Annexe 4)

[20] Préambule de la DUDH.

sur les droits de l'homme, son historique, sa philosophie ou objectif et sa valeur juridique, politique et sociale ainsi que les droits fondamentaux qu'elle garantit.

18. En effet, ce livre est un document précieux qui explique l'évolution et l'interprétation progressive des droits de l'homme. Ces droits ont été, au fil du temps, explicités par les mécanismes onusiens et régionaux de promotion et de protection des droits de l'homme. Adoptée par l'Assemblée Générale des Nations Unies pour promouvoir le respect universel et effectif des droits de l'homme et des libertés fondamentales des personnes depuis plus de 66 ans, La DUDH est un instrument juridique qui mérite d'être lu et relu à la lumière de la portée actuelle des notions des droits de l'homme pour en assurer une large diffusion et une application volontaire et spontanée par les Etats et les personnes. La présente publication se propose de faciliter la compréhension et la connaissance des notions fondamentales des droits de l'homme. Dans cette Déclaration annotée, non seulement, on peut y découvrir et comprendre toutes les dispositions de la DUDH, mais aussi, on peut sûrement obtenir des informations d'importance capitale relatives aux droits de l'homme. Les lecteurs et lectrices de ce document y puiseront des connaissances et des informations sur les notions de base des droits de l'homme, connaissances minimales utiles à toute personne prise individuellement en vue d'apprécier une situation des droits de l'homme pour soi-même ou pour la communauté et d'adopter une attitude respectueuse de la liberté et de la dignité de la personne humaine. Il est souhaitable que tout individu adopte un comportement et des attitudes idoines pour jouir ou exercer ses droits, les revendiquer ou recourir aux instances appropriées, tout comme il devra respecter et faire respecter ses droits et ceux des autres.

19. Aujourd'hui, l'ignorance et l'incompréhension des principes fondamentaux des DH acceptés par toutes les nations civilisées, et les valeurs universelles qui les sous-tendent occasionnent des actions et des mesures politico-administratives impopulaires graves à telle enseigne que l'écart entre les discours politiques et la réalisation effective et universelle des droits de l'homme se creuse, du jour au jour. Quelle contradiction criante entre les textes, les discours et les violations des DH sur terrain ! Le constat de Professeur Georges VEDEL vaut son pesant d'or lorsqu'il dit : « Les

Gouvernants qui trichent avec les droits de l'homme leur font officiellement révérence.[21]»

20. En effet, il est curieux de constater que les DH sont souvent évoqués dans tous les discours politiques de propagande ! De manière paradoxale, tous les discours de réclamation du respect des DH et de dénonciation des violations des droits de l'homme sont mal accueillis par les dirigeants qui sont les garants des droits de l'homme et les débiteurs de ces droits en faveur des populations. Les dénonciations des violations des droits de l'homme, de la corruption endémique et de la mauvaise gouvernance sont considérées, purement et simplement, comme des critiques des opposants politiques à un gouvernement ! Les DDH, individuellement ou en groupe, à travers les ONG nationales et internationales, envahissent les médias, l'internet et les réseaux sociaux pour dénoncer, contre vents et marrées, les atteintes à la dignité de la personne humaine. Ils informent et sensibilisent l'opinion publique sur la situation des violations de ces droits ainsi que la nécessité d'améliorer le comportement et les attitudes des dirigeants, des militaires et policiers ou gendarmes , des agents et des fonctionnaires de l'Etat afin d'assurer une bonne gouvernance caractérisée par la justice distributive, la « redevabilité » des dirigeants, le respect de la dignité de la personne humaine dans toutes les circonstances, l'égalité des personnes devant les cours et tribunaux et les Services publics. La transparence sur les actions politico-administratives et la gestion idoine des finances publiques attirent les DDH en vue d'améliorer, tant soit peu, les conditions de vie sur le plan économique et social pour toute la population. En fait, l'objectif ultime des DDH et leur idéal commun avec tous ceux qui briguent des mandats publics devrait se résumer dans le respect et la réalisation des droits civils, politiques, économiques, sociaux, culturels, la paix, la sécurité, le développement durable, la protection de l'environnement pour la dignité de tout être humain.

21. Dès lors, pour quoi les DDH doivent-ils payer leur vie pour leur travail et leur apport à la promotion et à la protection des DH et voire la formation de la personnalité des bons citoyens et citoyennes, mission naturelle de tout gouvernement ? On déplore souvent l'assassinat, les menaces et différentes atteintes aux droits des DDH. Front Line Defender a relevé 63 DDH assassinés dans son Rapport sur la situation de protection des DDH en 2013. Que leur âme repose

21 Georges Vedel, cité par Mario BETTATI, op.cit. , p.29.

en paix et que le souvenir de la cause pour laquelle ils ont été assassinés fasse une préoccupation pour les dirigeants et la Communauté internationale ! Il s'agit de : Abdi Farah DHEERE (Somalie), Abdikarin Hussein GOROD (Somalie), Abdul WAHEED (Pakistan), Adelinda Gómez GAVIRIA (Colombie), Ahmed Jan BALOC (Pakistan), Armando Fúnez MEDINA (Honduras), Carlos Hernández MENDOZA (Guatemala), Chandra Kant GAIKWAD (Inde), Don Medelso Martínez INTERIANO (Guatemala), Eliseo Ramos MARTINEZ (Guatemala), Encarnación MARCOS Ucelo (Guatemala), Eric Ohena LEMBEMBE (Cameroun), Godefroid MUTOMBO (RDC), Hassan GUYO (Kenya), María Enriqueta MATUTE (Honduras), Mateo García PEREZ (Guatemala), Mohamed Mahmoud AFRAH (Somalie), Mohamed Mohamud TIMA'ADDE (Somalie), Perveen Rehman (Pakistan), Philip OCHIENG ONGUJE (Kenya), Ricardo Soto FUNEZ (Honduras), Rocksy TSHIMPAKA (RDC), Rolen LANGALA (Philippines), Sabino Romero IZARRA (Venezuela), Santos Fidel Ajau SURET (Guatemala) et Tomas GARCIA (Honduras)[22]. Les assassinats des DDH sont inutiles et parfois dus au manque de meilleurs sentiments de nationalisme et de citoyenneté. C'est aussi, dans une certaine mesure, la conséquence d'un sentiment de culpabilité et d'incapacité de respecter, de faire respecter, de protéger et de réaliser les DH par les autorités politico-militaro-administratives.

22. A qui ce document est-il destiné et pourquoi ? Il s'avère important que toute personne bénéficie des informations, de la formation et de l'éducation aux droits de l'homme. L'éducation et la formation aux droits de l'homme constituent le gage, par excellence, de l'instauration d'une culture universelle des droits de l'homme, une culture de la paix et de la responsabilité citoyenne. Dans les Etats de vieille démocratie, malgré quelques failles et lacunes, les DH constituent une préoccupation fondamentale pour les dirigeants si bien que l'éducation et la formation aux droits de l'homme y demeurent importantes étant donné que le respect universel et effectif de tous les droits de l'homme est un idéal. Tous les efforts doivent être toujours conjugués par toutes les personnes pour atteindre un niveau plus perfectible. Dans les Etats en développement, en revanche, l'analphabétisme et la question du respect des droits de l'homme sont beaucoup plus préoccupants

22 Front Line Defenders : Rapport annuel 2014. Les tendances mondiales en 2013 de la situation des défenseurs des droits humains, Irlande, 2014, p.1 Consulter : www.frontlinedefenders.org

qu'on peut se demander si le sous-développement n'est pas la conséquence du mépris[23] ou de l'ignorance des droits de l'homme, de la mauvaise gouvernance, de l'absence de confiance en soi et aux autres, et de l'émergence de l'égoïsme et sectarisme qui produisent un type d'homme ou de femme « Seul Digne de dignité et seul à bord pour vivre, diriger et se réjouir.»

23. Les DH n'étant pas qu'une affaire des dirigeants, ce document est destiné aussi à tout intellectuel, tout éducateur dans le secteur formel et informel, enseignants et formateurs à tous les milieux ou nivaux maternel, primaire, secondaire et universitaire, formateurs des DDH, parlementaires, Avocats, syndicalistes, responsables religieux, leaders des OSC, auxiliaires de la justice, fonctionnaires internationaux et fonctionnaires de l'État notamment le personnel chargé de l'application des lois dont les policiers, les autorités pénitentiaires, les magistrats ainsi que les Ministres. Chacun y trouvera sa part.

24. Nul n'est dispensé du devoir de connaître les notions des droits de l'homme et les normes relatives aux DH comme l'exprime l'adage : « Nul n'est censé ignorer la loi. » La connaissance de la loi n'a de l'importance que lorsque les personnes connaissent leurs droits et libertés fondamentales et qu'elles peuvent s'en prévaloir et les défendre pour soi et pour les autres.

25. Dans le contexte de la contribution à la diffusion, à la vulgarisation et à la sensibilisation des personnes et des responsables impliqués directement ou indirectement dans l'œuvre de promotion et de protection des droits humains sur le contenu profond de la DUDH, la valeur de son message à l'humanité , les principes fondamentaux des droits de l'homme et les valeurs morales, civiques et intellectuelles universelles qui les sous-tendent ainsi que sa nécessité pour secréter la culture universelle de la paix et des droits de l'homme, ce document permettra à tous les lecteurs d'appréhender et de s'approprier le contenu et la voie tracée par la DUDH pour l'auto-restauration, l'instauration de l'Etat de droit, la revalorisation de l'homme et de tout l'Homme par l'adoption des attitudes et comportements appropriés. En fait, pour faire face à la

---

[23] Dans le préambule de la Déclaration française de 1789, comme explicité ci-haut, il est dit que : « L'ignorance, l'oubli ou le mépris des droits de l'homme sont les seules causes des malheurs publics et de la corruption des gouvernements. »

dépravation des mœurs et abus de divers ordres qui minent le respect de la dignité humaine, toute personne et surtout les acteurs étatiques, agents et fonctionnaires de l'Etat , devront s'approprier les valeurs et principes fondamentaux ainsi que les droits proclamés par la DUDH et les autres normes qu'elle a inspirées.

26. La DUDH, le précieux instrument des DH, a influencé positivement l'administration de la justice grâce à ses valeurs cardinales et les principes fondamentaux qui constituent l'idéal de la bonne administration de la justice. En effet, les principes fondamentaux des droits de l'homme et les dispositions pertinentes de la DUDH ont été intégrés dans plusieurs Constitutions nationales et les lois.

27. A juste titre, la DUDH est considérée comme la magna carta[24]. L'appropriation de ce texte par tous les êtres humains, les citoyens et les citoyennes du monde ainsi que les acteurs étatiques peut changer l'image du monde face à ses multiples et divers défis. En fait, cette appropriation peut impacter les actions des dirigeants, animés de l'esprit de leadership capable de transformer positivement la société à asseoir sur le fondement de l'équité, de la justice et du respect de la dignité intrinsèque à tous les membres de la famille humaine. Les DH peuvent contribuer à renforcer la solidarité entre les hommes et les femmes, entre les peuples et renforcer les actions de la Société civile nationale et internationale en faveur de la culture universelle des droits de l'homme et de la paix, la lutte contre la criminalité et l'impunité dans le monde ainsi que promouvoir la juste coopération entre les Etats ayant des intérêts communs et divergents et voire aussi booster le développement durable, la démocratie, l'Etat de droit ainsi que l'environnement sain et durable.

28. Sans entrer dans tous les détails sur les notions larges et parfois complexes de la science des droits de l'homme[25], ce livre aborde les notions de base des DH notamment l'historique, les principes

---

[24] C'est l'expression de Madame Eleanor Roosevelt pour dire que la DUDH est un texte juridique important et fondamental pour les DH.

[25] Fréderic Sudre, Droit européen et international des droits de l'homme, 8° édition, Puf, 2006, p.16

En fait, pour Fréderic Sudre « La science des droits de l'homme est une branche particulière des sciences sociales qui a pour objet d'étudier les rapports entre les hommes en fonction de la dignité humaine, en déterminant les droits et les facultés dont l'ensemble est nécessaire à l'épanouissement de la personnalité de chaque être humain… »

fondamentaux dont l'égalité en dignité et en droits, et la non-discrimination[26], les instruments et mécanismes de promotion ainsi que le contenu de la DUDH dont le commentaire de tous les alinéas de son préambule et de ses trente articles.

29. A travers ce document, on répond à la préoccupation de l'ONU qui recommande aux Etats, y compris la Société civile, de manifester leur fidélité à l'article 56 de la Charte. En fait, il est recommandé aux Etats et aux OSC de ne négliger aucun moyen en leur pouvoir pour publier solennellement le texte de la DUDH et ensuite, pour faire en sorte qu'il soit publié, affiché, lu et commenté principalement dans les écoles et autres établissements d'enseignement, sans distinction fondée sur le statut politique du pays ou du territoire[27]. Mais hélas ! Est-ce que cela est fait suffisamment par tous les Etats ? Est-ce que publier et afficher le texte de la DUDH suffit pour qu'il soit connu, compris, intériorisé et mis en pratique? Plusieurs personnes et institutions ont déjà commenté la DUDH et nous nous joignons à elles dans le cadre de la campagne mondiale en faveur de l'éducation et la formation aux droits de l'homme[28].

30. En Afrique, en général et en particulier en RDC comme dans quelques autres pays du monde, la DUDH et son contenu ne sont pas

---

26 L'intolérance est le plus grand pourvoyeur des conflits entre les individus et les sociétés. Napoléon Hill avait écrit : « Lorsque l'aube de l'intelligence se sera répandue sur l'horizon du Levant du progrès humain, l'Ignorance et la Superstition auront laissé leurs dernières empreintes sur les sables du temps, il sera écrit dans le dernier chapitre du livre sur les crimes de l'homme que l'Intolérance a été son péché le plus terrible. » Consulter le site de Moise Zannou : www.ebooks-a-telecharger.com

27 http://www.un.org/french/ga/search/view_doc.asp?symbol=A/RES/217

28 L'éducation et la formation aux droits de l'homme englobent :

a) L'éducation sur les droits de l'homme, qui consiste à faire connaître et comprendre les normes et les principes relatifs aux droits de l'homme, les valeurs qui les sous-tendent et les mécanismes qui les protègent;

b) L'éducation par les droits de l'homme, notamment l'apprentissage et l'enseignement dans le respect des droits de ceux qui enseignent comme de ceux qui apprennent;

c) L'éducation pour les droits de l'homme, qui consiste à donner aux personnes les moyens de jouir de leurs droits, les exercer , les respecter et les défendre pour soi et pour les autres.

encore suffisamment connus. Ce document propose à tous les lecteurs et toutes les lectrices quelques commentaires non seulement sur les dispositions du texte mais aussi son histoire, sa valeur juridique et politique, la jurisprudence et les principes fondamentaux relatifs aux droits de l'homme.

31. La bonne compréhension de la DUDH comme tout autre texte juridique requiert une approche ou vision holistique. Un des rédacteurs de la DUDH ne disait-il pas que pour une meilleure compréhension de la DUDH, au-delà du texte enrichi par multiples instruments et mécanismes de protection et de promotion des DH, il faut lire ce document de manière méthodique. Ici, on peut lire, commenter et comparer, autant que possible, les dispositions de la DUDH aux normes nationales et internationales ainsi que la jurisprudence des cours et tribunaux et celle des mécanismes non contentieux de protection des droits de l'homme telles les observations et recommandations des organes de traités et voire les Avis des Rapporteurs spéciaux. Il est vivement conseillé de lire les commentaires des délégués des Etats ayant participé aux travaux de la troisième Commission de l'Assemblée Générale des Nations Unies au Palais de Chaillot à Paris les 9 et 10 décembre 1948[29]. Nous reviendrons sur cet aspect prochainement étant donné que dans ce document, on a accordé une place importante aux notions des droits de l'homme à la lumière d'autres conventions internationales

[29] Fondation France Liberté : Les droits de l'homme 1948-1988. Actes du colloque international organisé par la Fondation François MTTERAND et le Comité spécial des ONG internationales pour les Droits de l'Homme ONU, Paris, 1989, p.155 (M .Saint ELOI (Haïti), VYCHINSKY (URSS), M. Charles MALIK (Liban), Mme ROOSEVELT (USA), M. René CASSIN(France), Général ROMULO (Philippines), M. MANOUILSKY (Ukraine), M. Van ROIKEN (Pays-Bas), M. WATT (Australie), M. Perez CISNEROS (Cuba), M. THORS (Islande), M. DEATHAYDE (Brésil), M.CARTON de WIART (Belgique), M. AUGENTHALER (Tchécoslovaquie), M.DAVIES(Royaume-Uni), M.ORTIZ (Mexique), M.UGON(Uruguay), M. AIKMAN (Nouvelle Zélande), M. ZAFRULLAH KHAN (Pakistan), Mme BEGTRUP (Danemark), Mme MENON(Inde), M.CHANG(Chine), M.KAMINSKY (Biélorussie), M.PEARSON (Canada), M. MATIENZO (Bolivie), M.VASCONCELLOS (Paraguay), Mlle BERNARDINO (République Dominicaine), M.KATZ-SUCHY (Pologne), M. ANDREWS (Afrique du Sud), M. RAAFAT (Egypte), M. RADOVANOVIC (Yougoslavie), M. M.Carrera ANDRADE (Equateur), M. Abdul KAYALY (Syrie) et M. VYCHINSKY (URSS).

relatives aux droits de l'homme, les Observations du comité des droits de l'homme et des DESC ainsi que la jurisprudence des mécanismes internationaux de protection des DH.

32. Les parlementaires africains ont bien compris l'implication des droits de l'homme dans leur mission. A l'occasion d'une formation organisée par l'UIP à Ouagadougou, ils se sont engagés à prendre des initiatives pour que leurs parlements respectifs soient associés à la préparation des rapports nationaux et qu'ils soient représentés dans les délégations qui vont les soumettre aux organes conventionnels, ce qui leur permettrait de mieux comprendre les observations finales et les préoccupations de ces organes[30]. Enfin, les Parlementaires africains ont insisté pour que les recommandations des organes conventionnels soient transmises aux parlements pour leur permettre d'en débattre et de prendre les mesures nécessaires à leur mise en œuvre et leur suivi, tant au niveau législatif qu'à celui du contrôle de l'exécutif.[31]

33. Ce qui est valable pour les parlementaires l'est aussi pour les autres agents et fonctionnaires de l'Etat, à tous les niveaux. C'est pareil avec toutes les personnes et institutions publiques et privées. Et d'ailleurs, c'est de bon droit que la Déclaration sur l'éducation et la formation aux droits de l'homme dispose que : « Chacun a des devoirs envers la communauté et au sein de celle-ci, seul cadre permettant le libre et plein épanouissement de sa personnalité. Les individus, groupes, institutions et ONG ont un rôle important à jouer et une responsabilité à assumer en ce qui concerne la sauvegarde de la démocratie, la promotion des droits de l'homme et la promotion du progrès social. Les individus, groupes, institutions et ONG ont également un rôle important à jouer et une responsabilité à assumer pour ce qui est de contribuer, selon qu'il convient, à la promotion du droit de chacun à instaurer un ordre social et international grâce

---

30 Tous les Etats signataires des 8 principales Conventions internationales des DH ont des mécanismes chargés d'en assurer l'application et le contrôle dans chaque Etat partie.

31 Rôle des Parlements dans l'application des instruments internationaux et régionaux relatifs aux droits de l'homme. Séminaire à l'intention des parlementaires et fonctionnaires de parlements des pays d'Afrique francophone organisé conjointement par l'Union interparlementaire (UIP) et le Haut-commissariat des Nations Unies aux droits de l'homme (HCDH) en collaboration avec l'Assemblée nationale du Burkina Faso 1er -3 octobre 2007, Centre de Conférences Ouagadougou, 2000.

auquel les droits et libertés énoncés dans la DUDH et les autres instruments relatifs aux droits de l'homme peuvent être réalisés dans leur intégralité.»[32]

34. Ce livre, sans viser spécifiquement la situation nationale de violations des droits de l'homme d'un quelconque Etat, ni les implications du Droit de la Cour pénale internationale et moins encore l'analyse de l'EPU, comprend deux parties qui traitent respectivement de l'histoire de la DUDH et les généralités sur les droits de l'homme d'une part et d'autre part, le contenu de la DUDH notamment le commentaire de son préambule et de ses 30 articles.

---

[32] Article 18 de la Déclaration sur le droit et la responsabilité des individus, groupes et organes de la société de promouvoir et protéger les droits de l'homme et les libertés fondamentales universellement reconnus. (Annexe 3)

Première Partie

L'HISTOIRE DE LA DUDH ET LES GENERALITES SUR LES DROITS DE L'HOMME

35. L'historique et quelques notions de base relatives aux droits de l'homme s'avèrent importants avant d'aborder le commentaire de la DUDH. D'entrée de jeu, quelques questions pertinentes méritent d'être posées :

- Quels sont les textes juridiques qui ont inspiré les rédacteurs de la Déclaration universelle des droits de l'homme (DUDH)?
- Que représente la DUDH dans le domaine du Droit international des droits de l'homme?
- Quelle est l'histoire des droits de l'homme ?

36. La DUDH n'est pas un fruit de la génération spontanée. Ses rédacteurs ont été inspirés par plusieurs instruments internationaux et nationaux. Certaines notions qu'on y retrouve (...) avaient déjà été abordées, par quelques philosophes et des groupes religieux[33]. Tel est le cas, entre autres, de la « dignité de la personne humaine », de la fraternité et de l'égalité des personnes. Au lieu de s'attarder sur ces différentes notions, sources de controverses incessantes[34], le

[33] Les religions sont nombreuses dans le monde mais elles ont quelques fois la même compréhension sur l'essence de l'être humain et la nécessité de la liberté pour ce dernier. Alfred dit : « Tous les êtres humains forment une famille dont les membres sont unis par leur soumission à Dieu et par le fait qu'ils descendent d'Adam. Tous les hommes sont égaux dans la dignité humaine... ». On trouve la même approche dans la pensée hébraïque. S. Munk, dans un ouvrage classique sur la pensée juive explique que le principal problème de la sagesse hébraïque est de pouvoir concilier la liberté, qualité centrale de l'homme, avec « l'existence du mal dans un monde émané de l'Etre qui est le suprême Bien »
Alfred Fernandez, « Pour l'universalité des droits de l'homme. Des idées pour penser l'universalité »

34 Alfred Fernandez, op. cit. , p.95
On peut lire D. Huismans cité par M. A. Malfray dans le livre « Les grands textes de la philosophie Orientale ». L'auteur présente la philosophie orientale dans sa quête de la dignité humaine et le respect de tout homme et de tout l'homme à travers cinq grands vœux et six obligations de la voie jaïna. Les cinq grands vœux sont l'abstention de toute activité nuisible, de tout manque de vérité, de toute appropriation de choses non données, d'activité sexuelle, de tout attachement possessif. Les six obligations : renoncer à toute action blâmable, prononcer l'hymne de louange aux vingt-quatre tirthankara et la salutation respectueuse, se repentir des fautes et négligences et opérer leur confession générale rituelle, faire la promesse pour un temps déterminé de renoncement précis, renoncer à la possession du corps.

présent chapitre se limitera plutôt à l'historique de la DUDH et sa place en Droit international ainsi que quelques notions relatives aux sources du Droit des droits de l'homme, quelques principes généraux tirés de la DUDH et quelques mécanismes de protection des DH.

Chapitre premier

HISTOIRE DE LA DUDH ET SA PLACE EN DROIT INTERNATIONAL

37. « Il n'y aura pas de droits de l'homme tant que l'homme ne respectera pas lui, les droits d'autrui et tant qu'il ne voudra pas s'associer à tous les efforts qui sont faits(...) Aucun de nous n'a le droit de dire : « Les Nations Unies sont défaillantes, donc nous n'y pouvons rien». Mais les Nations Unies, c'est nous! C'est pourquoi toute grande injustice commise dans un pays offense en tout lieu le droit et l'humanité. » René Cassin.

38. Pour mieux comprendre l'histoire de la DUDH et sa place en Droit international, il importe de répondre à une question fondamentale, celle de savoir ce qu'étaient les droits de l'homme avant l'adoption de cet instrument juridique et ce qu'ils sont devenus par la suite. En effet, sans vouloir remonter au déluge[35], il y a lieu de noter que depuis la nuit des temps, plusieurs efforts ont été consentis par les hommes, les femmes et les Etats pour assurer la liberté des personnes, la reconnaissance de l'Homme par l'homme et le respect de la dignité due à la personne humaine. En fait, les droits de l'homme[36] sont l'expression juridique de ce dont l'être humain a

---

35 Déjà, avant Jésus Christ, on parlait de Cylindre de Cyrus, rédigé en 539 par Cyrus le Grand de l'Empire achéménide de Perse (ancien Iran) après sa conquête de Babylone. Ce texte est souvent considéré comme le premier document des droits de l'homme. Quant au Pacte des vertueux (Hilf-al-fudul) conclus entre tribus arabes vers 590 après Jésus-Christ, il est considéré comme l'une des premières alliances pour les droits de l'homme. Par ailleurs, un autre document relatif aux droits et libertés, c'est le Kru kan fuga du Mali. J. KAPLAN dans son article« Les origines juives des droits de l'Homme », il signale que : Le peuple juif soutient que le Décalogue ne concerne pas seulement les Juifs mais qu'il s'adresse à tous les peuples. Lire Norbert ROULAND, À propos des droits de l'homme : un regard anthropologique, in Droits fondamentaux, n° 3, janvier–décembre 2003. (Trouvable en ligne : www.droits-fondamentaux.org)

36 HCDH : ABC L'enseignement des droits de l'homme. Activités pratiques pour les écoles primaires et secondaires, Genève, 2004, p.9 On entend en général par droits de l'homme les droits inhérents à notre nature sans lesquels nous ne saurions vivre en tant qu'êtres humains. Les droits de l'homme nous permettent de développer et d'utiliser pleinement nos qualités humaines, notre intelligence, nos talents et notre conscience, et de satisfaire nos besoins spirituels et autres.

besoin pour mener une vie pleinement humaine[37].

39. En deux points, nous présentons, dans les pages qui suivent, l'histoire des droits de l'homme soit la période d'avant l'adoption de la DUDH et celle d'après son adoption jusqu'à ce jour.

1.1 LES DROITS DE L'HOMME AVANT L'ADOPTION DE LA DUDH

« La DUDH apparaît comme l'interprétation autorisée de l'expression de « droits de l'homme » employée dans la Charte des Nations Unies »[38]
Manfred NOWAK

40. Les racines de la DUDH sont les doctrines religieuses (le christianisme, l'islam et le confucianisme), les doctrines philosophiques (Grotius, J-J Rousseau et Hobbes), les traditions et les textes juridiques et politiques dont la Déclaration d'indépendance des Etats-Unis et la Déclaration française des droits de l'homme et des libertés du citoyen.

41. Comment les droits de l'homme et les libertés fondamentales étaient-ils protégés avant la création de l'ONU et ce, par différents peuples et dans des circonstances de temps et de lieu déterminées ? Comment l'ONU a-t-elle promu les droits de l'homme après les deux guerres mondiales et la création de l'ONU ? La Charte de San Francisco créant l'ONU a réservé une place de choix aux DH. En effet, cet objectif fondamental de l'ONU a été à la base de l'adoption de la DUDH par l'AG-NU. Il ressort du texte de la DUDH que ses rédacteurs s'étaient inspirés de la première phase de l'histoire des droits de l'homme marquée par quelques dates

---

37 HCDH : Les droits économiques, sociaux et culturels. Manuel de formation pour les Institutions nationales des droits de l'homme, série sur la formation professionnelle n°12, New York et Genève, 2004, p.2.
A l'intention des formateurs, des agents et fonctionnaires de l'Etat, le HCDH définit les DH comme : « des garanties juridiques universelles qui protègent les individus et groupes contre tous les actes des gouvernements portant atteinte à leurs libertés fondamentales et à leur dignité. Les droits de l'homme obligent les gouvernements à faire certaines choses et les empêchent d'en faire d'autres. (Lire : HCDH : Les droits de l'homme et les prisons. Guide du formateur, séries sur la formation n°11, Genève, p.33)

38 Manfred NOWAK, « Droits de l'homme. Guide à l'usage des parlementaires », HCDH-UIP, n°8,2005, p.III

importantes, philosophies ou courants d'idées et quelques mécanismes, pratiques, événements et Déclarations antérieures relatives aux droits de l'homme.

42. En effet, le Christianisme fondé sur les enseignements de Jésus – Christ contribua et peut encore contribuer sensiblement à la promotion des DH. D'aucuns n'ignorent que le christianisme a facilité la fin du système esclavagiste ayant réduit les êtres humains au rang de bêtes de somme. Bien plus, de part son enseignement, le christianisme affirme la valeur transcendantale de l'être humain, sans aucune discrimination. L'être humain créé à l'image de Dieu n'est pas seulement un citoyen ou un sujet de l'Etat, il mérite protection de l'Etat et de la Cité, au nom de Dieu, son créateur d'où les lois divines s'imposent à toute personne y compris les Rois, les Princes et les dirigeants des Etats.

43. Point n'est besoin de rappeler le conflit ayant divisé, jadis, l'Eglise et l'Etat. En principe, la pensée chrétienne prêche la soumission de l'homme au pouvoir temporel car toute autorité vient de Dieu. Cependant, l'homme doit respecter les lois de Dieu dans ses rapports avec ses semblables et la Cité. Dans le christianisme, l'homme peut résister aux lois de cette dernière si elles sont contraires aux lois divines. Le christianisme n'a-t-il pas inspiré les droits de l'homme en défendant l'égalité des hommes qui est consacrée par la Bible. En effet, dans le livre de Paul aux Galates, il est écrit : « Il n'y a plus ni juif ni grec, il n'y a ni esclaves ni homme libre ; il n'y a ni homme ni femme, car vous êtes tous en Jésus-Christ. »39

44. La Bible recommande à tout chrétien d'aimer son prochain comme soi-même. C'est d'ailleurs, le premier commandement. L'exemple le plus frappant d'amour présenté par la Bible est celui du « Bon samaritain.»

45. Le Christianisme a contribué à l'évolution des droits de l'homme dans le monde, c'est le cas de le dire. L'idée de l'égalité des êtres humains a permis de mettre fin à l'esclavagisme justifié par des prétentions telles que les Indiens n'avaient qu'une apparence humaine et n'avaient pas d'âme. Ils n'étaient que des animaux et donc pouvaient être mis en esclavage. Le christianisme est considéré comme un garde-fou pour le pouvoir et recommande de reconnaître et valoir à César ce qui est à César et à Dieu ce qui est à Dieu.

39 Lire la Bible dans le livre de Galates Chapitre 3 verset 8.

Ainsi, le bon chrétien devra respecter les lois du pays et les normes internationales relatives aux droits de l'homme. Il considère toute personne comme l'image de Dieu et le semblable!

46. L'écho de l'égalité des personnes s'est répercuté dans la DUDH et dans les Etats. A titre d'exemple, l'égalité défendue par le christianisme est suivie par les Etats comme le Bénin où la Constitution consacre l'égalité devant les juridictions. Cette égalité doit impulser tout le comportement sociétal. « Les principes d'égalité et de non-discrimination sont certainement ceux qui recèlent le plus de possibilités, de potentialités et d'intérêt compte tenu de leurs multiples applications, des nombreuses dispositions constitutionnelles qui leur sont consacrées ainsi que des études et jurisprudence y consacrées. Ainsi, au Bénin, en dehors des dispositions générales des articles 26 de la Constitution, les articles 3 et 56 de la Charte africaine des droits de l'homme et des peuples ainsi que la Constitution reconnaît, en son article 6, l'égalité de suffrage. De même en son article 8, elle garantit l'égalité d'accès à la santé, à l'éducation, à la culture, à l'information, à la formation professionnelle et à l'emploi ; en son article 39, l'égalité sur le territoire du Bénin, des droits et libertés entre béninois et étrangers.

47. En rapport avec l'égalité des êtres humains, on peut affirmer que la plupart de religions au monde accorde une grande importance à l'être humain considéré comme « Image / Ressemblance de Dieu ». A titre purement illustratif, Confucius défendait déjà, à son époque ce qu'il convient d'appeler : « la paix universelle et éternelle au sein des peuples et entre les peuples. »

48. On ne saurait passer sous silence le rôle que l'Eglise catholique a joué au sein de l'Etat et son apport dans la conception des droits de l'homme. Dans son Cours sur les droits de l'homme, Dr A A Belkhira enseigne que : « Dans le passé, l'Église catholique a longtemps défendu l'idée que "les vrais droits de l'homme naissent précisément de ses devoirs envers Dieu" : aujourd'hui la papauté affirme que les idées de liberté, d'égalité, de fraternité ne sont "Au fond que des idées chrétiennes", selon le Pape Jean-Paul II au rassemblement du Bourget, le 1er juin 1998[40]»

---

[40] Dr. A A BELKHIRIA, Cours des droits de l'homme, Pour les étudiants de l'ISSEP en Ière LFEP, 2000, p. 50

49. Quoi de plus vrai qu'avec le protestantisme et les autres religions, les enseignements sur Jésus-Christ placent l'homme au centre de la création et de l'humanité. Cet Homme ou mieux l'être humain, est l'image de Jésus-Christ et il tend vers la perfection de Jésus-Christ qui incarne l'amour du monde et de l'humanité en se sacrifiant soi-même pour les autres. Un agent de l'Etat chrétien, a-t-il nécessairement besoin des notions sur l'éthique des droits de l'homme, s'il est réellement convaincu par sa religion et les enseignements de Jésus-Christ ? Que dire de la torture pratiquée par un agent de l'Etat chrétien ou justifié par la croyance à une religion quelconque ?

50. La Bible renseigne sur les conditions de l'être humain créé à l'image de Dieu et mérite l'amour de toute personne pour une vie digne et heureuse sur terre en jouissant de tout ce que Dieu a créé pour lui. Que dire du décalogue qui enseignait l'amour du prochain et l'interdiction de faire du mal au prochain ? Que dire aussi du code (Stèle) d'Hammourabi (1728-1686 avant Jésus Christ) qui au-delà de la vengeance[41] voulait imposer l'amour et la morale par la crainte de la sanction en proclamant la loi du Talion sous la formule lapidaire : « Œil pour œil, dent pour dent » ! On peut relever le caractère barbaresque du principe de vengeance teinté de violence dans le code d'Hammourabi, mais on ne peut occulter le noble objectif poursuivi à travers l'acte notamment le respect de la justice, la lutte contre la violence et le respect de la dignité de toute personne dans la société. La vengeance privée est stigmatisée et c'est à l'Etat à travers les cours et tribunaux qu'incombe la lourde mission de rendre justice, lutter contre la criminalité et contre l'impunité.

51. Que dire du Coran qui enseigne aussi l'amour du prochain ! Il est impérieux de comprendre que les Etats arabes sont aussi attachés aux principes des droits de l'homme bien que dans la Charte de 1945, ils n'ont pas prévu les droits de l'homme comme cela a été fait dans la Charte de l'ONU. A ce sujet, Nabil MAAMARI dit : « Tous les Etats arabes ont, sans réserve en ce qui concerne notre sujet, soit ratifié, dès 1945, la Charte des Nations Unies en tant que membres[42] originaires de l'O.N.U. soit adhéré, après. » Tous les Etats arabes devraient donc être considérés comme juridiquement engagés par les

41 « Œil pour œil, dent pour dent.»

42 Les Etats arabes ayant signé la Charte de l'ONU sont le Liban, l'Arabie saoudite, la Syrie, l'Egypte et l'Iraq et les autres ont obtenu ultérieurement leur admission comme membres.

principes de la Charte des Nations Unies que nous venons de mentionner, y compris, par exemple, l'égalité des droits des hommes et des femmes[43]. Comme une autre forme de religion, les droits de l'homme apportent un nouveau souffle au monde pour asseoir la culture de la paix, du respect des droits de l'homme, l'instauration, ou le renforcement de la démocratie et l'Etat de Droit.

52. Que ce soit dans le monde chrétien, profane, animiste, croyant ou même athée , la valeur intrinsèque et la dignité de l'être humain constituent le dénominateur commun des hommes, des femmes et des enfants, sans aucune discrimination.

53. Avec la laïcisation des droits de l'homme, l'origine divine du droit naturel n'est pas reniée. Certains auteurs dont Hugo de Groot, dit Grotius (De jure belli ac pacis publié en 1625 et dédié à Louis XIII) situe l'origine du droit naturel dans la nature. Il dit : « La mère du droit naturel est la nature même qui nous pousse encore à chercher le commerce de nos semblables… L'homme peut connaître par sa raison qu'une action est moralement honnête ou déshonnête selon la convenance ou la disconvenance nécessaire qu'elle a avec la nature raisonnable et sociable de l'homme. » Les tenants de la laïcisation du droit naturel considèrent qu'il y a un droit antérieur à l'Etat. Nul ne peut y porter atteinte sans aller à l'encontre de la nature.

54. Les DH existent de par la nature. L'Etat doit les reconnaître et les promouvoir. Dans la littérature relative à la théorie sur l'origine de l'Etat et du Droit, Hugo de Groot dit Grotius distingue le droit naturel du droit des gens (variant selon les époques et les lieux.). D'autres auteurs comme John Locke, Thomas Hobbes (Léviathan) et Jean-Jacques Rousseau (Contrat social) développent l'idée d'un contrat social à la suite d'un « état de nature » caractérisé par le désordre, l'anarchie, la jungle…

55. L'idée du contrat social est à la base de la notion de souveraineté reconnue à tout peuple. C'est ainsi qu'au sein de l'Etat, la forme de société humaine la mieux organisée, les personnes se choisissent parmi elles, les personnes qui gouvernent par elles et pour leur compte. Les individus se conviennent de donner la charge de gérer la communauté à un souverain pour veiller au du droit des peuples[44] à

---

43 Nabil MAAMARI, Les droits de l'homme dans le cadre régional arabe

[44] Le peuple peut signifier la population d'un Etat, tout court. Au-delà de la nation, le concept a aussi une dimension infra-étatique. C'est le cas des

l'autodétermination.

56. Jean-Jacques Rousseau tout comme Hobbes, ont pensé à un contrat social, bien qu'avec des visions différentes. Hobbes parle du Léviathan qui jouit de la plénitude du pouvoir et n'a de compte à rendre à personne tandis que dans la pensée de Rousseau, le souverain incarne la volonté générale qui est le bien pour toute la communauté, sans tenir compte de la majorité des voix mais plutôt de l'intérêt de tous, en toute objectivité. Ces pensées ont contribué au développement des systèmes et institutions politiques comme la démocratie, la dictature, la souveraineté populaire, les élections périodiques ... En fait, le Droit positif qu'est « Le Droit en vigueur dans un Etats pendant une période déterminée» ne vient pas du néant mais plutôt d'un droit naturel et vise à promouvoir et protéger les droits de l'homme et les libertés fondamentales!

57. On peut mieux comprendre cette réalité avec l'élaboration d'une loi ou d'une Constitution. Au fait, le législateur ou le constituant consacre les droits naturels dans les textes juridiques. Ces droits inhérents à toute personne humaine sont inaliénables et sont repris dans les conventions internationales ou autres normes internationales relatives aux droits de l'homme. La préoccupation de la dignité de la personne humaine et le respect de la liberté a existé depuis belle lurette, dans le monde, dans toutes les sociétés et de manière plus raffinée au sein de l'Etat. Ce qu'on appelle aujourd'hui valeurs universelles, principes fondamentaux des droits de l'homme et l'aspiration profonde à l'idéal du bonheur, du bien-être, de la liberté et de la justice a été partagé par plusieurs sociétés et transmis de génération en génération par des écrits et même par la tradition

---

populations autochtones et des groupes minoritaires comme les ogonis du Delta du Niger et le peuple katangais de la RD Congo, suivant la jurisprudence de la CADHP. Sur le plan international , l'Assemblée générale de l'ONU a valorisé le concept à travers la résolution 1514 (XV) de l'Assemblée Générale du 14 décembre 1960 sur l'octroi de l'indépendance aux peuples coloniaux et l'Acte constitutif de l'Union africaine ainsi que la Charte africaine des droits de l'homme et des peuples qui dispose que « ... à libérer totalement l'Afrique dont les peuples continuent à lutter pour l'indépendance véritable et leur dignité et (...) à éliminer le colonialisme , l'apartheid , le sionisme, les bases militaires d'agression et toutes les formes de discrimination , notamment celles fondées sur la race , l'ethnie , la couleur, le sexe , la langue , la religion ou l'opinion publique.»

orale notamment la sagesse contenue dans les contes, les proverbes, les chansons… A propos, il est prouvé que la Charte de Kura kan Fuga dans l'Empire Mandingue au Mali consacrait la dignité de la personne humaine.[45] La Charte était proclamée en 1222 par l'empereur du Mali SOUNDIATA KEÏTA. Cette charte énonce des grands principes tels que : "Toute vie humaine est une vie", "Chacun est libre de dire, de faire, de vivre", "Il faut abolir la faim et l'esclavage"... La simplicité du contenu de la Charte de Kura kan Fuga et de ses termes contribue à en assurer l'intemporalité et a nourri la réflexion menée notamment par les chercheurs du programme Lascaux. Dans les Franchises[46] de Genève de 1387, il était prévu la suppression des travaux forcés, faut-il signaler que de nos jours, certains Etats n'ont pas encore aboli la peine de travaux forcés[47].

58. Il était strictement interdit de pratiquer les arrestations arbitraires et on encourageait la protection des droits et des biens des étrangers. Avec l'édit de Nantes, quelques mesures salvatrices étaient prises pour la promotion de la dignité des personnes, sans aucune discrimination de religion et d'origine. La reconnaissance de la liberté était proclamée, de manière expresse.

59. Les différentes Déclarations précitées et autres pratiques ainsi que les règles de sociétés observées jadis constituent des traces éloquentes de l'effort de la promotion de la dignité et de la liberté des personnes. On peut aisément apprécier les grandes idées relatives aux droits de l'homme dans Magna Carta[48] (Grande Charte) des anglais accordée par le roi Jean, en 1215. En effet, l'article 2 de la Grande Charte dispose que : « Nous avons aussi accordé à tous nos hommes libres du royaume d'Angleterre toutes les libertés spécifiées ci-dessous, pour être possédées par eux et par leurs

---

45 L'article 5 de cette Charte de l'Empire Mandingue disposait déjà que : « Chacun a le droit à la vie et à la préservation de son intégrité physique. La Charte avait aussi institué le Médiateur dans l'Empire.

46 Saidou ARJI, Guide de formation en droits humains et citoyenneté à travers les médias, éd. Nouvelles imprimeries du Niger, 2006, p.15

47 Le code pénal congolais prévoit la peine de travaux forcés pour le détournement des deniers publics bien que les poursuites pour cette infraction sont rarissimes si pas inexistantes. Bien plus, la Constitution interdit toute forme de servitude.

48 Madame ELEANOR Roosevelt qualifia la DUDH de « Magna Carta Universelle ». Lire à ce sujet SIDIKI KABA, op cit., p.80.

héritiers spécifiés ci-dessous, pour être possédées par eux et par leurs héritiers comme les tenant de nous et de leurs héritiers. » Jadis, la préoccupation sur le rapport entre le pouvoir et la liberté était déjà perceptible. Dans le Bill of Rights anglais du 13 février 1689, l'idée du contrôle du pouvoir apparaît, de manière nette : « Que le prétendu pouvoir de l'autorité royale de dispenser des lois ou l'exécution des lois, comme il a été usurpé et exercé par le passé, est illégal. Que c'est un droit des sujets de présenter des pétitions au Roi et tous emprisonnements et poursuites à raison de ces pétitionnements sont illégaux »[49]. La séparation des pouvoirs (exécutif, judiciaire et législatif) prônée par Montesquieu est acceptée comme un principe fondamental par toutes les nations civilisées. Ce principe était, à l'époque, défendu par le Bill of rights en Angleterre.

60. Dans les Franchises[50] de Genève de 1387, il était prévu la suppression des travaux forcés, faut-il signaler que de nos jours, certains Etats n'ont pas encore aboli la peine de travaux forcés[51]. Il était strictement interdit de pratiquer les arrestations arbitraires et on encourageait la protection des droits et des biens des étrangers. Avec l'édit de Nantes, quelques mesures salvatrices étaient prises pour la promotion de la dignité des personnes, sans aucune discrimination de religion et d'origine. La reconnaissance de la liberté était proclamée, de manière expresse. Les différentes Déclarations précitées et autres pratiques ainsi que les règles de sociétés observées jadis constituent des traces éloquentes de l'effort de la promotion de la dignité et de la liberté des personnes. On peut aisément apprécier les grandes idées relatives aux droits de l'homme dans Magna Carta[52] (Grande Charte) des anglais accordée par le roi Jean, en 1215. En effet, l'article 2 de la Grande Charte dispose que: « Nous avons aussi accordé à tous nos hommes libres du royaume d'Angleterre toutes les libertés spécifiées ci-dessous, pour être possédées par eux et par leurs héritiers spécifiés ci-dessous,

49 On peut lire les points 1 et 5 du Bill of rights.

50 Saidou ARJI, Guide de formation en droits humains et citoyenneté à travers les médias, éd. Nouvelles imprimeries du Niger, 2006, p.15

51 Le code pénal congolais prévoit la peine de travaux forcés pour le détournement des deniers publics bien que les poursuites pour cette infraction sont rarissimes si pas inexistantes. Bien plus, la Constitution interdit toute forme de servitude.

52 Madame ELEANOR Roosevelt qualifia la DUDH de « Magna Carta Universelle ». Lire à ce sujet SIDIKI KABA, op cit, p.80.

pour être possédées par eux et par leurs héritiers comme les tenant de nous et de leurs héritiers. » Jadis, la préoccupation sur le rapport entre le pouvoir et la liberté était déjà perceptible. Dans le Bill of rights anglais du 13 février 1689, l'idée du contrôle du pouvoir apparaît, de manière nette : « Que le prétendu pouvoir de l'autorité royale de dispenser des lois ou l'exécution des lois, comme il a été usurpé et exercé par le passé, est illégal. Que c'est un droit des sujets de présenter des pétitions au Roi et tous emprisonnements et poursuites à raison de ces pétitionnements sont illégaux »[53]. La séparation des pouvoirs (exécutif, judiciaire et législatif) prônée par Montesquieu est acceptée comme un principe fondamental par toutes les nations civilisées. Ce principe était, à l'époque, défendu par le Bill of rights en Angleterre.

61. La Déclaration de l'indépendance des Etats Unis du 4 juillet 1776 à Philadelphie était inspirée par la Déclaration anglaise de 1689. C'est un document capital dans l'histoire des droits de la personne humaine de part les aspirations et les valeurs profondes y proclamées car elles incarnent un idéal commun à tout être humain sous tous les cieux. Certes, la Déclaration de l'indépendance des Etats-Unis dispose dans son préambule que : « Nous tenons pour évidentes par elles -mêmes les vérités suivantes : tous les hommes sont créés égaux, ils sont doués par le créateur de certains droits inaliénables. Parmi ces droits se trouvent la vie, la liberté et la recherche du bonheur. Les gouvernements sont établis par les hommes pour garantir ses droits et leur juste pouvoir émane du consentement des gouvernés.»[54] Nous pensons que, de manière consciente ou pas, la Déclaration de l'indépendance des Etats-Unis a inspiré les rédacteurs de la Déclaration française des droits et libertés des citoyens.

62. Comme dit ci-haut, la Déclaration anglaise des droits de 1689, rédigée à la suite des guerres civiles survenues en Angleterre, la Déclaration d'indépendance des États Unis de 1776 et la Déclaration française[55] des droits de l'homme et libertés du citoyen de 1789

53 On peut lire les points 1 et 5 du Bill of Rights.

54 Lire la Déclaration de l'indépendance des Etats-Unis du 4 juillet 1776.

55 Les philosophes des Lumières réagissaient à des conditions politiques et sociales soit inscrire la source des droits de l'homme dans la nature humaine et non dans la divinité, sauvegarder les libertés individuelles face au pouvoir politique monarchique ; le respect du pluralisme religieux et ethnique (suite aux guerres de religion) ; le respect mutuel (par rapport

(proclamant la liberté, la fraternité et l'égalité universelle) démontrent à suffisance que les hommes et les femmes , jadis sous la domination ou la privation des droits et des libertés fondamentales, ont mené un grand combat en faveur de la reconnaissance et du respect de la liberté et de la dignité de tout être humain. En fait, la liberté est une aspiration profonde de l'humanité depuis des longues dates.[56]

63. Le préambule de la Déclaration française des Droits de l'homme et du citoyen du 26 août 1789 met un accent particulier sur l'importance et l'impact du respect des droits et libertés dans un Etat. En effet, dans le préambule de cette Déclaration, il est écrit : « L'ignorance, l'oubli ou le mépris des droits de l'homme sont les seules causes des malheurs publics et de la corruption des gouvernements. ». Quant aux articles 16 et 17, ils disposent que : « Toute société dans laquelle la garantie des droits n'est pas assurée ni la séparation des pouvoirs déterminée, n'a point de Constitution. La propriété étant un droit inviolable et sacré, nul ne peut en être privé, si ce n'est lorsque la nécessité publique,

---

à la tendance des hommes de se disputer violemment des ressources alors rares) et accueillir les populations opprimées d'autres pays ne respectant pas ces droits. Avec la Révolution française de 1789, les droits de l'homme sont pour la première fois consacrés par un régime démocratique.

56 Les philosophes comme Cicéron avaient déjà réfléchi sur la notion de l'universalité comme le rapporte Alfred Fernandez en disant ce qui suit : « La question du fondement de l'universalité rejoint les questions fondatrices de la communauté humaine et même de la destinée humaine, Dieu, la loi, l'Etat, la nature et la condition humaine. Il est impossible de se poser la question de l'universalité, sans savoir ce qu'est l'homme. » Ces affirmations sont très proches de nos préoccupations et son langage est moderne, proche du langage des droits de l'homme. Il résume la tradition de la loi naturelle avec une variante importante : la loi naturelle cicéronienne n'est pas une loi hétéronome, imposée de l'extérieur, elle est « la droite raison » qui s'identifie à la nature humaine. Cette lignée philosophique donnera lieu à la notion de droit naturel et trouvera son prolongement dans les Déclarations anglaise, américaine et française pour ensuite enfanter, dans un dernier développement, la Déclaration universelle.»(Lire Alfred Fernandez Pour l'universalité des droits de l'homme. Des idées pour penser l'universalité)

légalement constatée, l'exige évidemment, et sous la condition d'une juste et préalable indemnité. [57]»

64. La Déclaration française met en exergue plusieurs droits en disposant que:
    - La libre communication de pensées et des opinions est un des droits les plus précieux de l'homme ; tout citoyen peut donc parler, écrire, imprimer librement, sauf à répondre à l'abus de cette liberté dans les cas déterminés par la loi. (Article 11)
    - La société a le droit de demander compte à tout agent public de son administration. (Article 15). Les droits et les libertés proclamés dans toutes ces Déclarations précitées étaient transposés et introduits dans les Constitutions nationales. C'est ainsi que le préambule de la Constitution française de la IV° République du 27 octobre 1946 affirmait les grands principes de droit suivants:
    - La loi garantit à la femme, dans tous les domaines, les droits égaux à ceux de l'homme ;
    - Chacun a le droit de travailler et le droit d'obtenir un emploi;
    - la nation proclame la solidarité et l'égalité de tous les français devant les charges qui résultent des calamités nationales ;
    - la nation garantit l'égal accès de l'enfant et de l'adulte à l'instruction, à la formation professionnelle et à la culture. L'organisation de l'enseignement public gratuit et laïque à tous les degrés est un devoir de l'Etat.

65. Par ailleurs, dans la Constitution des Etats-Unis du 17 septembre 1787, on peut retenir deux amendements importants de 1791 :
    - Dans toutes les poursuites criminelles , l'accusé jouira du droit d'être jugé promptement et publiquement par un jury impartial de l'Etat et du District où le crime aura été commis et auparavant déterminé par la loi , d'être confronté avec les témoins à charge , de faire citer par toutes voies légales des témoins à décharge et d'avoir l'assistance d'un Avocat pour sa défense.(6° Amendement)

[57] La Déclaration française des Droits de l'homme et du citoyen du 26 août 1789 est l'un des textes qui ont inspiré la DUDH.

- L'énumération de certains droits dans la Constitution ne devra pas être interprétée comme annulant ou restreignant d'autres droits concernés par le peuple. (9° amendement)

66. Quant à la RDC, déjà avant l'indépendance, la Loi fondamentale du 19 mai 1960 relative aux libertés publiques consacrait des dispositions relatives aux droits et libertés des citoyens et disposait entre autres que : « La présente loi traduit l'indéfectible attachement des populations congolaises aux droits de l'homme et aux principes de la démocratie. Elle s'inspire de leur primordial souci d'assurer le respect de la personne humaine sans distinction aucune de race, de couleur, de sexe, de langue, de religion, de nationalité, d'opinion ou autre, d'origine sociale, de fortune, de naissance ou de toute autre situation. Elle a pour but de définir les droits dont les individus jouissent au Congo et dont les autorités doivent assurer le respect ou favoriser la réalisation. »[58]

67. La Constitution de la République libanaise en vigueur donne un bon modèle pour les aspirations et les engagements à respecter les droits et les libertés fondamentales des personnes. Son préambule[59] proclame que :
    a. Le Liban est une Patrie souveraine, libre et indépendante. Patrie définitive pour tous ses fils, unitaire dans son territoire, son peuple et ses institutions, à l'intérieur de ses frontières fixées dans cette Constitution et reconnues internationalement.
    b. Le Liban est arabe dans son identité et son appartenance. Il est membre fondateur et actif de la Ligue des Etats Arabes et engagé par ses pactes; de même qu'il est membre fondateur et actif de l'Organisation des Nations-Unies, engagé par ses pactes et par la DUDH. L'Etat concrétise ces principes dans tous les champs et domaines sans exception.
    c. Le Liban est une République démocratique, parlementaire, fondée sur le respect des libertés publiques et en premier lieu la liberté d'opinion et de conscience, sur la justice sociale et l'égalité dans les droits et obligations entre tous les citoyens sans distinction ni préférence.

58 Lire l'article 1er de la loi fondamentale de la RDC du 19 mai 1950, commentée par Me WETSH'OKONDA KOSO Marcel, Les textes constitutionnels congolais annotés, éd. CDHC-Asbl, p.69

59 Constitution de la République libanaise.

d. Le peuple est la source des pouvoirs et le détenteur de la souveraineté qu'il exerce à travers les Institutions constitutionnelles.

68. L'article 8 de la Constitution du Liban, dès sa première rédaction en 1926, parlait de la liberté individuelle garantie et protégée, et de « l'habeas corpus » anglais en affirmant que « Nul ne peut être arrêté ou détenu que suivant les dispositions de la loi [60]».

69. On peut passer en revue toutes les Constitutions des Etats. La plupart d'entre elles, si pas toutes, garantissent de nos jours les droits de l'homme et les libertés fondamentales bien que certaines d'entre elles ne garantissent toujours pas l'universalité des DH. L'analyse de Maître Franck WEIS, le responsable d'Amnesty international Luxembourg en fournit un bel exemple. En fait, selon l'article 10 bis de la Constitution de Luxembourg, « Tous les Luxembourgeois sont égaux devant la loi » tandis que l'article 16 qui garantit le droit de propriété, précise que « nul » ne peut être privé de sa propriété que pour cause d'utilité publique et moyennant une juste indemnité. Curieusement, l'article 111 de la même Constitution prévoit des restrictions pour les personnes de nationalités étrangères en précisant que s'ils se trouvent sur le territoire du Grand-duché, ils jouissent de la protection accordée aux personnes et aux biens, à moins que la loi ne prévoie des exceptions à cette protection.[61]

70. En dépit de la constitutionnalisation des droits de l'homme, le traitement différencié des personnes en fonction de leur nationalité est souvent pratiqué, dans plusieurs Etats. Cette différenciation devra être raisonnable et ne pas remettre en cause le principe de l'universalité des DH et la reconnaissance juridique garantie par l'article 6 de la DUDH tel que démontré avec quelques Arrêts de la Cour constitutionnelle luxembourgeoise.

71. On peut se frotter les mains car la Cour constitutionnelle luxembourgeoise a offert une bonne jurisprudence notamment dans une affaire d'adoption d'un enfant péruvien par une célibataire alors

---

60 Commentaire de Antoine KHAIR sur les Droits fondamentaux et Droit constitutionnel libanais, et son livre sur: « Les communautés religieuses au Liban, personnes morales de droit public », in DROIT et RELIGION, éd. Bruylant, Bruxelles 2003, p. 457 et s.

61 Franck WEIS, « La Constitution luxembourgeoise et les droits et libertés fondamentales de l'être humain », in forum 286, mai 2006, pp 40-42

que l'enfant à adopter se trouvait encore à l'étranger dans son pays d'origine. Les juges ont décidé que le principe d'égalité était applicable « à tout individu touché par la loi luxembourgeoise si les droits de la personnalité sont concernés»[62].

72. Quant aux droits politiques, il convient de préciser que ces droits sont limités aux nationaux et cela ne porte pas atteinte à l'universalité des droits fondamentaux. On parle souvent d'un régime préférentiel dans certains domaines précis. Un travailleur migrant ne peut revendiquer le droit de postuler à la Présidence de l'Etat d'accueil à moins que cet Etat ne l'admette expressément dans sa législation !

73. Pour mieux promouvoir et protéger les DH, s'il faut effectuer une comparaison exhaustive entre les libertés publiques et les droits fondamentaux de la Constitution, le meilleur instrument est (...) la Déclaration universelle des droits de l'homme[63]. Il est vrai que la lecture combinée et efficiente de la DUDH avec les instruments internationaux pertinents, les Observations générales, Recommandations générales et jurisprudence internationale ainsi que les Avis des mécanismes non contentieux internationaux et régionaux contribue indubitablement à la compréhension, à la réalisation et au respect des droits proclamés par la DUDH et de manière générale, à la compréhension de la notion ou portée exacte de « droits de l'homme ».

74. Il apparaît nettement, dans le cadre des Constitutions et des Déclarations précitées que la proclamation des droits et la promotion de la liberté, de la dignité humaine et de l'égalité des personnes sont circonscrites dans un cadre purement géographique limité et réduit. Avec les instruments relatifs aux droits humains, aujourd'hui, les compétences en cette matière se sont étendues du niveau national au niveau international. On parle de l'internationalisation des DH.

75. Il y a lieu de préciser déjà à ce stade qu'en dépit de cette internationalisation des DH, d'aucuns n'ignorent la propension à une certaine réclamation de la souveraineté absolue par quelques dirigeants. Les propos tristement célèbres de Monsieur Joseph

---

[62] Franck Weis recommande la lecture de Patrick Kinsch, L'égalité devant la loi, la jurisprudence de la Cour constitutionnelle de Luxembourg, 1997-2007, Pasicrisie luxembourgeoise 2008, pp. 85-103.

63 Franck WEIS, op cit., pp 40-42

Goebbels, alors Ministre allemand de la propagande et de l'information, parfois entendus encore de nos jours en des termes ou images locales, démontrent la répugnance et la résistance face à l'abandon partiel de la souveraineté nationale consacré dans les Constitutions au profit de la compétence partagée dans les Organisations internationales sur des questions relatives aux droits de l'homme. En fait, le Ministre Joseph Goebbels avait répondu aux attaques contre son gouvernement en ses termes : « Charbonnier est maître chez soi. Nous sommes un Etat souverain ; tout ce qu'a dit cet individu ne vous regarde pas. Nous faisons ce que nous voulons de nos socialistes, de nos pacifistes et de nos juifs, et nous n'avons à subir de contrôle ni de l'humanité, ni de la SDN. [64]» La souveraineté peut-elle servir de prétexte à un gouvernement pour violer les droits de l'homme, impunément et sans aucune indignation des humains ?

76. Pareils propos de souveraineté absolue étaient, jadis, prononcés par Hitler. En effet, Monsieur VYSHINSKY, le représentant de l'URSS, le jour de l'adoption de la DUDH, avait répondu à un intervenant qui avait évoqué ces mots de charbonnier est maître soi en précisant que l'interprétation des causes de la Seconde Guerre mondiale selon que les crimes contre les droits de l'homme allemands avaient conduit à de plus grands crimes contre les droits de l'homme dans d'autres pays et l'affirmation de la souveraineté absolue par l'URSS ne correspondait pas à la réalité.

77. Le Droit international ne concernait jadis que les Etats. C'était à titre exceptionnel que l'on parlait du droit des minorités, du droit des étrangers, du droit des réfugiés et la protection internationale des travailleurs grâce à l'Organisation internationale du travail. Avec l'ONU, on est passé à l'internationalisation des droits de l'homme, comme dit ci-haut. Ceci implique que les droits de l'homme ne relèvent plus exclusivement de la compétence réservée des Etats. Les organisations internationales coopèrent avec les Etats même dans le domaine des droits de l'homme. C'est une nouvelle donne comme nous le démontrerons dans les pages qui suivent. Les droits

---

64 Mario BETTATI, Le Droit d'ingérence, mutation de l'ordre international, Paris, Odile Jacob, 1996, cité par WETSH'OKONDA KOSO Marcel, « La compétence des juridictions congolaises en matière d'examen des conditions d'application des traités internationaux relatifs aux droits de l'homme », *Revue du Barreau de Kinshasa/—Gombe*, n°03/2009, Kinshasa, pp117-134.

de l'homme, comme dit ci-haut, deviennent l'interprétation officielle des articles 1, 55 et 56 de la Charte de l'ONU. Toute violation des droits de l'homme commise dans un pays offense la victime et toute l'humanité de même que toute grande injustice commise dans un pays offense en tout lieu le Droit et l'humanité.

78. En fait, juste après la 2° Guerre mondiale et la création de l'ONU, la communauté internationale avait réagi vigoureusement aux atrocités perpétrées et qualifiées d'atteinte à la conscience de l'humanité. De toute évidence, la communauté internationale avait levé l'option de ne plus tolérer à l'avenir pareils actes déplorés par toute l'humanité notamment les crimes nazis, les bombardements historiques avec leurs conséquences... L'échec de la Société des Nations d'assurer la paix et la sécurité internationales devait être repensé et corrigé par la création de l'ONU qui a innové en retenant parmi ses objectifs la promotion et la protection des droits de l'homme. Pour mieux comprendre le rôle de l'ONU dans le vaste domaine des droits de l'homme, vous nous excuserez de reprendre in extenso quelques dispositions de la Charte car dans son préambule, la Charte de l'ONU fait allusion aux droits fondamentaux, en ses termes : « Nous, Peuples des Nations Unies résolus à préserver les générations futures du fléau de la guerre… à proclamer à nouveau notre foi dans les droits fondamentaux de l'homme, dans la dignité et la valeur de la personne humaine, dans l'égalité des droits des hommes et des femmes, ainsi que des nations, grandes et petites… et à favoriser le progrès social et instaurer de meilleures conditions de vie dans une liberté plus grande .» En effet, dans la Charte de l'ONU, les buts de l'ONU sont : ... Réaliser la coopération internationale en résolvant les problèmes internationaux d'ordre économique, social, intellectuel ou humanitaire, en développant et en encourageant le respect des droits de l'homme et des libertés fondamentales pour tous, sans distinctions de race, de sexe, de langue ou de religion. »[65] Il y a lieu de noter aussi que les Etats se sont engagé à agir tant conjointement que séparément pour la réalisation des DH.

79. « En vue de créer les conditions de stabilité et de bien-être nécessaires pour assurer entre les nations des relations pacifiques et amicales fondées sur le respect du principe de l'égalité des droits des peuples et de leur droit à disposer d'eux-mêmes, les Nations Unies favoriseront :

65 . Article 1er de la Charte de l'ONU.

- Le relèvement des niveaux de vie, le plein emploi et des conditions de progrès et de développement dans l'ordre économique et social;
- La solution des problèmes internationaux dans les domaines économique, social, de la santé publique et autres problèmes connexes, et la coopération internationale dans les domaines de la culture intellectuelle et de l'éducation; Le respect universel et effectif des droits de l'homme et des libertés fondamentales pour tous, sans distinction de race, de sexe, de langue ou de religion.»[66] De ces dispositions de la Charte, il apparaît clairement que, sur le plan international, il s'agit bien de ce document constitutif de l'ONU qui a balisé la voie à la rédaction et à l'adoption de la DUDH. Sitôt créée le 26 octobre 1945, l'ONU avait, lors de la première session de l'AG-NU en 1946, élaboré le projet de Déclaration sur les libertés et les droits fondamentaux. Ce projet était examiné et fut transmis au Conseil économique et social pour un examen profond par la Commission des droits de l'homme avec comme objectif de rédiger une Charte internationale des droits.

80. A sa première session, au début de 1947, la Commission autorisa ses membres à formuler ce qu'elle qualifia de « projet préliminaire de Charte internationale des droits de l'homme ». Cette tâche fut ultérieurement confiée officiellement à un comité de rédaction. La Commission de rédaction de la Déclaration universelle des droits de l'homme (DUDH[67]) comprenait[68] Messieurs René Cassin, Stéphane Hessel, Peng-Chun Chang, Charles HABIB MALIK,William HODGSON, Hernan Santa Cruz, Alexander E. Bogomolov, Charles Dukes, John Peter Humphrey et Eléonore Roosevelt, la dame qui présidait la Commission comme quoi la DUDH ne concerne pas seulement les hommes mais aussi les femmes.[69] Quel processus mis en place pour la rédaction et l'adoption de la DUDH ?

---

66 Art. 56 de la Charte de l'ONU.

67Le texte de la Déclaration Universelle des Droits de l'Homme est trouvable dans ce site : http://www.un.org/fr/documents/udhr

68 L'annexe 1 présente les photos des membres du Comité de rédaction de la DUDH, leur expérience et leur nationalité respective.

69 Le concept « homme » dans la DUDH tout comme « droits de l'Homme » inclut tout être humain sans distinction de sexe. Il s'agit de l'Homme avec le H majuscule, c'est-à-dire homme et femme. Vous nous excuserez parce que, dans ce document, nous n'avons pas écrit partout « droits de l'homme » avec « H » en majuscule.

1.2. LES DROITS DE L'HOMME APRES LA DUDH

81. « L'adoption de la DUDH est un acte historique qui a bénéficié de l'unanimité et de la légitimité pour affermir la paix au sein de l'ONU en plaçant l'individu au centre de ses activités afin de le libérer de l'oppression, de la discrimination, de la torture et des traitements inhumains, de l'esclavage, de l'exploitation de l'homme, des injustices, des affres de la guerre, de la domination de certains acteurs imbus d'autorité et de la violence de toutes sortes. » David WEISSBRODT

A. ADOPTION DE LA DUDH

82. L'élaboration de la DUDH a connu toute une histoire sur laquelle on insistera dans un autre ouvrage en rédaction. Juste une présentation des moments forts de l'adoption de la DUDH par l'AG-NU le 10 décembre 1948 et les différentes tractations pour y arriver, l'analyse de la valeur et l'impact de ce précieux document s'impose à notre monde pour la revalorisation de l'être humain, au sein des Etats et dans les Organisations internationales. C'est à ce titre que l'UNESCO considère la DUDH comme le portique du Monument des droits de l'homme que les Nations Unies se sont chargés d'édifier. L'édifice se présente comme le portique à 4 grands piliers voir les articles 3 à 11 ; les articles 12 à 17 ; les articles 18 à 21 ; les articles 22 à 27 et à la base le préambule et les articles 1 et 2 et le sommet les articles 28 à 30.

83. Si la lutte pour se libérer de l'oppression et de la misère est probablement aussi vieille que l'humanité elle-même, ce sont l'énormité de l'affront fait à la dignité humaine pendant la 2° Guerre mondiale et le besoin d'empêcher que de telles horreurs ne se reproduisent qui ont amené à replacer l'être humain au centre et cela a abouti à la codification des droits de l'homme et des libertés fondamentales, au niveau international[70].

84. En effet, comme le soutient Linda A Malone, « La conception moderne du Droit international relatif aux droits de l'homme est née de la réaction du monde à l'Holocauste et aux atrocités commises par les nazis pendant le conflit. Les criminels de guerre nazis ont été jugés pour violation du Droit international par le Tribunal de

---

70 Manfred Nowak, op. cit., p. iv (Avant-propos de Mme Louise Arbor et M. Anders B. Johnsson)

Nuremberg dont la création a démontré que les droits de l'homme relevaient davantage d'une préoccupation internationale que de la seule politique de chaque Etat.[71] »

85. Par sa résolution 217 A (III) du 10 décembre 1948, à l'occasion de la 183° session plénière, l'AG-NU composée de 56 délégués des Etats avait adopté la DUDH avec 48 Voix ayant voté[72]« Pour », aucune voix contre et 8 abstentions et ce, à Paris dans le Palais de Chaillot. Pour quoi et quel est le sens de ces 8 abstentions ?

86. Comme pour les autres conventions et déclarations internationales, les Etats sont indépendants et égaux au sein de l'AG-NU et dans d'autres OI régionales et sous régionales. Ils ont la latitude de voter les résolutions par oui (Pour) ou non (Contre) soit Abstention. Une abstention n'empêche pas l'adoption d'une Convention ou une Résolution. Même au niveau du Conseil de sécurité où certains Etats jouissent du droit de véto, lorsque ces derniers ne contestent pas ouvertement une décision, la Résolution sera adoptée suivant la règle de la majorité. Les abstentions relèvent du pouvoir discrétionnaire des Etats et peuvent être motivées par certaines raisons évidentes.

87. En ce qui concerne les abstentions lors de l'adoption de la DUDH, on peut relever que l'Afrique du Sud avait refusé l'égalité de race ou de naissance à cause de l'apartheid qu'elle pratiquait ; l'Arabie Saoudite s'était abstenue de signer la DUDH parce qu'elle avait refusé l'égalité entre l'homme et la femme. La Pologne, la Tchécoslovaquie et l'URSS (aujourd'hui Russie, Ukraine et Biélorussie) s'étaient abstenus de signer la DUDH au motif que le principe de l'égalité n'est pas universel. Quant au Yémen et le Honduras, ils n'avaient pas pris part au vote de la Résolution 217 A(III) de l'AG du 10 décembre 1948.

---

71 Linda A. Malone, Les droits de l'homme dans le Droit international, Paris, Nouveaux Horizons, 2004, p.24

72 Les 48 qui avaient voté Pour la DUDH sont : Afghanistan, Argentine, Australie, Belgique, Birmanie, Bolivie, Brésil, Canada, Chili, Colombie, Costa-Rica, Cuba, Danemark, République dominicaine, Equateur, Egypte, Salvador, Ethiopie, France, Grèce, Guatemala, Haïti, Islande, Inde, Irak, Iran, Liban, Liberia, Luxembourg, Mexique, Pays-Bas, Nouvelle-Zélande, Philippines, Siam, Suède, Syrie, Turquie, Royaume-Uni, Etats-Unis d'Amérique, Uruguay et Venezuela.

88. En définitive, on peut retenir que pour un texte aussi sensible et traitant des problèmes jadis relevant de la compétence exclusive des Etats, et ce au lendemain de la 2° Guerre mondiale (pendant la guerre froide), l'adoption du texte de la DUDH , sans contestation et avec 8 abstentions seulement, traduit le compromis , le consensus ou le modus vivendi sur les aspirations profondes de l'humanité et de tout être humain malgré la différence des systèmes juridiques, des philosophies et des religions dans le monde.

89. Signalons que quelques dispositions étaient élaguées du texte présenté à l'Assemblée Générale par la Commission. Il s'agit notamment des points relatifs au sort des minorités, le droit de pétition et la préparation d'un projet de Pacte avec des mesures de mise en œuvre. Ces points étaient renvoyés pour réexamen à la Commission des droits de l'homme.

90. Ni plus ni moins, l'adoption de la DUDH est un acte historique qui a bénéficié de l'unanimité et de la légitimité pour affermir la paix au sein de l'ONU en plaçant l'individu au centre de ses activités afin de le libérer de l'oppression, de la discrimination, de la torture et des traitements inhumains, de l'esclavage[73], de l'exploitation de l'homme, des injustices, des affres de la guerre, de la domination de certains acteurs imbus d'autorité et de la violence de toutes sortes. La DUDH revalorise l'homme, tout homme et tout l'Homme, sans aucune discrimination en proclamant solennellement les droits inhérents à tout être humain(hommes et femmes) et l'engagement des Etats à conjuguer des efforts pour la réalisation effective des droits de l'homme, un des enjeux importants pour la paix et la sécurité internationales...

91. Pour attirer l'attention des Etats sur les DH , permettez la répétition, l'ONU recommande aux Etats de manifester leur fidélité à l'article 56 de la Charte, en ne négligeant aucun moyen en leur pouvoir pour publier solennellement le texte de la DUDH et ensuite, pour faire en sorte qu'il soit publié, affiché, lu et commenté principalement dans les écoles et autres établissements d'enseignement, sans distinction fondée sur le statut politique du pays du territoire[74].

---

73 David WEISSBRODT et la Société anti-esclavagiste internationale, Abolir l'esclavage et ses formes contemporaines, éd. HCDH-ONU, 2002, p.63

74 Lire l'article 56 de la Charte de l'ONU

92. Dès l'élaboration de la DUDH, les commentaires faisaient état du caractère précieux du document. Un des membres du Comité de rédaction de la DUDH avait avoué ce qui suit : « J'ai eu le sentiment très clair que je participais à un événement d'une portée vraiment historique au cours duquel un consensus s'était fait sur la valeur suprême de la personne humaine, une valeur qui n'a pas trouvé son origine dans la décision d'une puissance de ce monde, mais plutôt du fait même de son existence qui a donné naissance au droit inaliénable de vivre à l'abri du besoin et de l'oppression et de développer pleinement sa personnalité. Il y avait dans la grande salle...une atmosphère de solidarité et de fraternité authentiques entre des hommes et des femmes de toutes latitudes, une atmosphère que je n'ai jamais retrouvée dans une quelconque instance internationale.»[75]

93. Il y a de quoi se demander quelle est la place accordée aujourd'hui à ce document en Droit international ? La DUDH, permettez l'insistance, c'est l'instrument juridique fondamental qui fonde les droits de l'homme reconnus universellement et à tous, sans aucune discrimination. Elle a contribué efficacement au processus de la promotion et de la protection de l'humanité, la liberté, la dignité de tout être humain, l'égalité et la fraternité entre les membres de la famille humaine. On peut dire que la DUDH constitue les prémisses de la volonté de l'ONU de promouvoir la réalisation effective et universelle des droits de l'homme telle que projetée et proclamée dans la Charte de San Francisco.

94. Cette réalisation n'est possible qu'avec des personnes convaincues de la noblesse de la cause malgré les obstacles multiples. C'est ainsi que la Déclaration sur les défenseurs des droits de l'homme a été adoptée.(annexe 3) Elle insiste sur l'importance de la DUDH et de deux Pactes internationaux relatifs aux DH en tant qu'éléments fondamentaux des efforts internationaux visant à promouvoir le respect universel et effectif des droits de l'homme et des libertés fondamentales, ainsi que l'importance des autres instruments adoptés par l'ONU et de ceux adoptés au niveau régional. La défense et la promotion des DH sont garanties par le Droit

---

http://www.un.org/french/ga/search/view_doc.asp?symbol=A/RES/217(II I)

75 Propos de Hernán Santa Cruz chilien, membre de la Commission de rédaction de la DUDH.

international et trouvent leur fondement juridique à partir de la DUDH, comme nous en parlerons dans les pages qui suivent.

95. Nous venons de passer en revue l'histoire ayant conduit à l'adoption de la DUDH, texte aussi important qui procède d'une longue histoire de l'humanité. Aujourd'hui, la célébration de l'anniversaire de l'adoption de ce texte en vertu de la Résolution[76] de l'AG-NU du 4 décembre 1950 ne laisse pas tromper sur sa valeur juridique et politique ainsi que les espoirs des populations fondés sur ce document et voire son impact sur l'évolution du Droit international public.

B. LA VALEUR ET L'IMPACT DE LA DUDH DANS LES O.I.

96. L'adoption d'une loi, d'une convention internationale ou de tout autre instrument juridique est généralement une phase solennelle pour démontrer le mérite, la clairvoyance et les ambitions nobles pour tout Etat et toute OI. Quels sont les effets de l'adoption d'une Déclaration ? Quelle est la valeur juridique de la DUDH, son apport à tout l'arsenal juridique présent et à venir ainsi que son apport à la vie sociale? De par son historique (hormis le processus de son élaboration qui sera enrichi dans le deuxième tome) et son adoption, son influence sur tout l'arsenal juridique présent et futur, la DUDH est un document très important. On peut se demander quelle est sa vraie valeur, tant juridique que politique ? A ce sujet, on peut dire que la DUDH comme toutes les autres Déclarations des O.I. n'a pas de caractère contraignant mais hélas, faisant partie de la Charte internationale des droits de l'homme, la DUDH est un document à portée universelle et de grande valeur politique, sociale et juridique qui n'est plus à démontrer , sur le plan international et voire sur le plan national.

97. Le Droit international coutumier (ou tout simplement, le « droit coutumier ») est un droit établi par la pratique courante et régulière

---

76 La 317° séance plénière de l'AG-NU du 4 décembre 1950 invite tous les Etats et toutes les OI intéressées à adopter le 10 décembre de chaque année comme journée des DH, à célébrer, ce jour là la proclamation de la DUDH par l'AG, et à multiplier leurs efforts pour faire réaliser à l'humanité de nouveaux progrès dans ce domaine. Invite tous les Etats à faire connaître chaque année, par l'intermédiaire du SG, la façon dont ils ont célébré la journée des DH.

des États. En fait, si les États agissent d'une certaine façon pendant une assez longue durée parce qu'ils estiment devoir le faire ainsi, ce comportement finit par être reconnu comme une pratique acceptée entre deux ou plusieurs Etats. A la longue, cette pratique constante devient une coutume et voire un principe du droit international, contraignant pour les États, même si cela n'est pas consigné dans un accord particulier. De même, si la DUDH ne constitue pas, en elle-même, un instrument juridique contraignant, elle est censée relever du droit international coutumier. La valeur du Droit coutumier international a été affirmée par la jurisprudence de la CIJ.

98. Pour Eleanor Roosevelt, selon H. Hannum : « Il ne s'agit pas d'un traité, il ne s'agissait pas d'un accord international, il ne s'agit et ne s'agira pas d'une énonciation légale ou d'une obligation juridique. Il s'agit d'une déclaration des principes fondamentaux des droits de l'homme et des libertés qui doivent être entérinés avec l'approbation de l'Assemblée générale par un vote formel de ses membres et servir de modèle à tous les peuples et toutes les nations [77] »

99. Le délégué du Brésil, à l'occasion de l'adoption de la DUDH avait dit : « Le Brésil a relevé que la Déclaration ne reflétait pas le point de vue particulier d'un peuple ou d'un groupe de peuples et n'était pas l'expression d'une doctrine politique ou d'un système philosophique particuliers, mais était le résultat de la coopération intellectuelle et morale d'un grand nombre de nations. C'était ce qui en faisait la richesse et l'intérêt et qui lui donnait en outre une grande autorité morale. »

100. Les droits de l'homme sont à considérer aujourd'hui comme le dénominateur commun de tous les êtres humains ou l'irréductible humain. Pour Boustros Boutros GHALI, « Les droits de l'homme constituent la langue commune de l'humanité [78]». Ils sont supposés affranchis de l'espace et du temps, valables en tous temps et en tous lieux, indépendamment des conditions personnelles, des situations politiques et des appartenances sociales-historiques. Ils sont en outre universels et inaliénables par définition d'où aucun Etat ne saurait les créer, les octroyer ou les abroger, puisqu'ils lui sont antérieurs et supérieurs. De ce fait, ils empêchent les Etats à faire certaines choses et les obligent à en faire d'autres.

---

77 H. Hannum, cité par Jean-Manuel Larralde, op.cit. , p.23-32.
78 Saîdou ARJI, op.cit., p.12

101. Aujourd'hui, la promotion et la protection des droits de l'homme sont reconnues comme une préoccupation et une responsabilité légitimes de la communauté internationale[79]. La Cour internationale de Justice l'a dit clairement dans son arrêt du 27 juin 1986 (Rec. 1986, § 267) : « L'inexistence d'un engagement (en la matière) ne signifierait pas qu'un État puisse violer impunément les droits de l'homme »[80].

102. Le Président de la Cour de La Haye l'a confirmé devant l'AG-NU réunie en session plénière le 26 octobre 1999, en disant que: « À l'orée du premier siècle du troisième millénaire, la Cour (...) milite pour l'organisation internationale, et non pour l'anarchie internationale ou pour une souveraineté étatique qui prétendrait être au-dessus des lois; elle lutte pour les droits de l'homme qui ne peuvent devenir réalité que dans le cadre de systèmes de Droit qui fonctionnent, que ce soit au niveau local, national, ou international (...) »[81]. C'est le cas de le dire, la DUDH avec toute la gamme des droits et des libertés y proclamés a contribué efficacement à l'émergence et à la valorisation des droits de l'homme au sein de l'ONU.

103. La DUDH mettant en œuvre les dispositions pertinentes de la Charte de l'ONU, elle est la base de toute la structure normative de l'ONU, dans le domaine des droits de l'homme. Quelle est sa nature ? Est-elle contraignante pour garantir le respect universel et effectif des droits de l'homme ? En vue de rendre contraignants les droits contenus dans cet instrument pour ainsi passer de l'obligation morale telle que reconfirmée par l'Acte final de la Conférence internationale des droits de l'homme tenue à Téhéran en 1968 vers une obligation juridique, l'Assemblée Générale de l'ONU avait adopté en 1966 le Pacte international relatif aux droits civils et politiques et le Pacte international relatif aux droits

---

79 Selon paragraphe 4 de la Conférence mondiale sur les droits de l'homme, Vienne 1993 Déclaration et Programme d'action de Vienne.

80 Cet Arrêt de la CIJ renvoie à la coutume internationale que nous évoquerons plus tard.

81 Gérard COHEN-JONATHAN, Les droits de l'homme, une valeur internationalisée, in Droits fondamentaux, n° 1, juillet - décembre 2001 (Le texte est trouvable dans ce site : www.droits-fondamentaux.org)

économiques, sociaux et culturels tout en instituant des Organes[82] de surveillance de traité.

104. C'est avec raison que le Professeur Emmanuel DECAUX affirme que : « La DUDH est la pierre angulaire de toute la construction des droits de l'Homme dans le nouvel ordre public international fondé en 1945. Ce faisant, les États internationalisaient la question des droits de l'Homme, conformément à l'article 56 de la Charte des Nations unies qui en avait fait un « objet » de la coopération internationale entre États, comme au sein du système onusien, tout en accordant un rôle important aux OSC. L'ensemble des droits ainsi proclamés l'étaient pour tous, « sans distinction aucune, notamment (...) d'origine nationale, sociale ... » ».[83]

105. En plus du caractère contraignant des Pactes, les principes des droits de l'homme dégagés par la DUDH, acceptés universellement par les Etats et considérés comme l'aspiration légitime de l'humanité et de tout être humain fondent la valeur intrinsèque de la DUDH.

106. Quoi de plus vrai qu'elle ait inspiré plusieurs Conventions internationales[84] portant sur des droits spécifiques ou concernant

---

82 Les organes de traités sont des mécanismes de surveillance de l'application des conventions internationales relatives aux DH. Les individus peuvent saisir ces organes contre les Etats signataires des conventions et qui ne le respectent pas et ce, après avoir épuisé les voies de recours internes. La procédure de la plainte individuelle devant le Comité des droits économiques, sociaux et culturels sera opérationnelle à partir du 5 mai 2013. (M. Attakla Julien A., Bref aperçu des instruments et mécanises de protection des droits de l'homme. Module de formation à l'intention des parlementaires de la RDC organisée par le BCNUDH et le REPADHOC, le 18 avril 2013 à l'Hôtel Invest à Kinshasa-RDC)

83 Emmanuel DECAUX, cité par Mario BETTATI, op.cit., p.37

84 En ce qui concerne l'article 4, la France interprète la référence qui y est faite aux principes de la déclaration universelle des droits de l'homme ainsi qu'aux droits énoncés dans l'article 5 de la même Convention comme déliant les États parties de l'obligation d'édicter des dispositions répressives qui ne soient pas compatibles avec les libertés d'opinion et d'expression, de réunion et d'association pacifiques qui sont garanties par ces textes. En ce qui concerne l'article 6, la France déclare que la question du recours devant les tribunaux est réglée, en ce qui la concerne, selon les normes du droit commun. En ce qui concerne l'article 15, l'adhésion de la France à la Convention ne peut être interprétée comme impliquant une

des catégories de personnes particulières ! Les droits proclamés par la DUDH et d'autres Conventions internationales sont généralement garantis et mis en œuvre par des lois nationales et des mesures politiques, administratives, judiciaires et policières dans chaque Etat.

107. Il n'y a point de doute que la sécurité des personnes et des biens assurée par les Etats et la réalisation du mieux-être ou de l'intérêt général qui est le leitmotiv naturel et l'objet de discours de tous les dirigeants et les agents de l'Etat ne peuvent s'écarter et se contrarier avec les aspirations de promotion et de protection des droits de l'homme. Nous devons aisément comprendre que certains agents publics de l'Etat œuvrent pour la promotion et la protection des droits de l'homme sans le savoir comme, dans le Bourgeois Gentilhomme, « Monsieur Jourdain faisait de la prose sans le savoir »!

108. Aujourd'hui, la DUDH est reconnue comme étant le fondement du Droit international des droits de l'homme. Adoptée depuis 1948, elle a inspiré un corpus très important de Conventions internationales contraignantes[85] relatives aux droits de l'homme et au Droit international humanitaire. Elle proclame quelques droits et libertés fondamentales à considérer comme un standard minimum de droits et libertés reconnus universellement et garantis par le Droit international. La Déclaration a contribué, tant soit peu, à la réalisation des droits de l'homme dans le monde bien que la tâche soit ardue et mérite davantage les efforts de tout un chacun, individuellement ou collectivement, dans les associations et dans différentes institutions nationales et internationales publiques et privées.

109. On peut ainsi présenter, de manière schématique, les instruments onusiens en rapport avec les droits de l'homme :

---

modification de sa position à l'égard de la résolution visée dans cette disposition.

[85] Le Droit international est un droit volontariste et les Etats sont soumis à l'exécution de bonne foi de leurs engagements internationaux parmi les nations civilisées. L'un des critères importants pour apprécier les nations civilisées, c'est justement le respect des droits de l'homme.

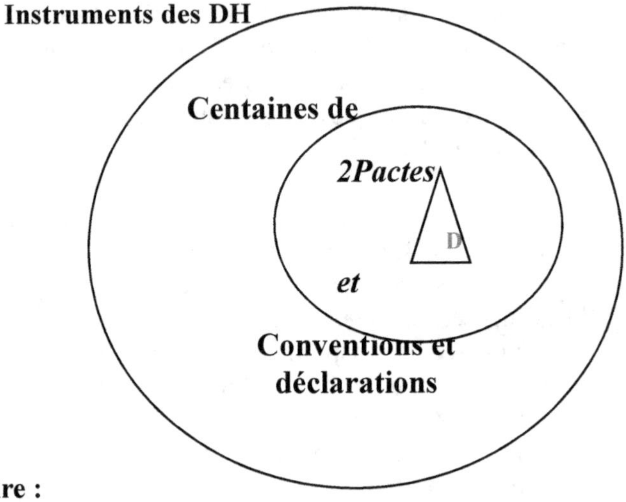

Commentaire :

Le diagramme ci-dessus présente D=la DUDH qui est le noyau de la Charte internationale des droits de l'homme (les 2 Pactes et protocoles) et plusieurs autres normes internationales spécifiques pour la promotion et la protection des droits de l'homme. Le premier instrument adopté par l'ONU est la DUDH avant de lui donner les deux Pactes et leurs protocoles ainsi qu'une centaine d'autres instruments. La DUDH est à ne pas douter le noyau ou le cœur des normes relatives aux droits de l'homme dans le monde.

La DUDH a le mérite certain d'avoir proclamé la première, la reconnaissance universelle des droits inhérents à toute personne du fait de son appartenance à la famille humaine. Les libertés et les droits fondamentaux sont inhérents à tout être humain. Ils sont inaliénables et ils s'appliquent à tous partout dans le monde. La DUDH pose le principe fondamental selon lequel tous les êtres humains sont nés libres et égaux en dignité et en droits nonobstant la nationalité, le lieu de résidence, le sexe, l'origine nationale ou ethnique, la couleur, la religion, la langue ou toute autre situation.

110. En Droit international, pour renforcer l'égalité et le principe de non-discrimination, plusieurs conventions internationales ont été adoptées et ratifiées par les Etats dans les domaines spécifiques. On peut citer notamment la Convention internationale sur l'élimination de toutes les formes de discrimination raciale du 21 décembre 1965, la Convention sur l'élimination de toutes les formes de discrimination à l'égard des femmes du 18 décembre 1979, la

Convention relative aux droits de l'enfant du 20 novembre 1989, la Convention internationale sur la protection des droits de tous les travailleurs migrants et des membres de leur famille du 18 décembre 1990, la Convention internationale sur la protection des personnes souffrant d'un handicap du décembre 2009... Il y a lieu de reconnaître que toutes ses Conventions se réfèrent entre autres à la DUDH.

111. La valeur politique de la DUDH et par ricochet des droits de l'homme est manifeste à travers les manifestations officielles à l'occasion de la célébration de la journée internationale des droits de l'homme[86]. En fait, chaque année, le 10 décembre, depuis 1950, l'ONU et ses Etats membres célèbrent la journée internationale des droits de l'homme. Avec la DUDH, à travers la célébration de la journée des droits de l'homme, un signal fort et important est lancé à tous les dirigeants et à toutes les personnes du monde pour le respect universel de la dignité et de la liberté de la personne humaine au-delà de toutes les diversités culturelles[87].

112. Généralement, à l'occasion de la commémoration de l'adoption de la DUDH, quelques déclarations sont présentées par les hautes personnalités œuvrant dans les organismes internationaux, les institutions publiques nationales et les ONG. Cette commémoration internationale est une démonstration de la valeur du texte et un bon moment de l'évaluation de son application. On peut lire Madame IRINA BOROKOV qui dit: « Le respect des droits de l'homme et l'exigence de leur mise en œuvre nous imposent à tous un examen de conscience radicale. Partout où les droits humains reculent, dans les rues de nos villes ou dans les couloirs des administrations, c'est une régression universelle qui s'opère. »[88]

---

86 Il sera intéressant de passer en revue les différents thèmes et discours présentés le 10 décembre au HCDH et dans différents Etats pour jauger les efforts fournis progressivement pour la réalisation et le respect des droits de l'homme, depuis 1950 à nos jours. Consulter ce site dédié à la journée des droits de l'homme. http://www.un.org/fr/events/humanrightsday/)

87 L'UE reconnaît aux Etats membres « la marge nationale d'appréciation. »

88 Madame Irina BOKOVA, Directrice générale de l'UNESCO, Message à l'occasion de la Journée internationale des droits de l'homme, 10 décembre 2011 http://www.unesco.org

113. Le 9 décembre 2011[89], la veille de la journée internationale des droits de l'homme, l'UNESCO décerna le prix de l'UNESCO-Madanje et Singh à deux remarquables défenseurs des droits humains : M. Khaled Abu Awwad (Palestine) et Mme Anarkali Honaryar (Afghanistan). Khaled Abu Awwad travaillait pour la réconciliation auprès des familles palestiniennes et israéliennes qui avaient perdu des proches dans les violences au proche orient. Quant à Mme Anarkali, elle luttait pour l'amélioration des conditions des femmes et des groupes minoritaires en Afghanistan.

114. Le 10 décembre 2012, Madame Haut commissaire des Nations Unies aux Droits de l'Homme, Navy Pillay, avait interpelé l'humanité sur la nécessité de l'inclusion de tous pour jouir des droits de l'homme étant donné que toute exclusion est source dangereuse de violation des droits de l'homme. Le thème retenu cette année était ainsi formulée : « Inclusion ; le droit de participer à la vie publique. » Le slogan retenu à l'occasion de cette célébration de la journée des droits de l'homme est une interpellation et un réconfort moral pour toute personne devant savoir que sa voix compte pour la prise de solution aux questions de la communauté : « Ma voix compte ».

115. Du 10 décembre 1993, date de la tenue de la Conférence de Vienne sur les droits de l'homme et la création du HCDH au 10 décembre 2013, voilà 20 ans passés ! Pour le Secrétaire Général de l'ONU, « La Conférence mondiale de 1993 sur les droits de l'homme tenue à Vienne a marqué une étape décisive dans l'histoire de l'ONU. L'adoption de la Déclaration et du Programme d'action de Vienne nous ont fait progresser dans la défense des principes énoncés dans la Charte des Nations Unies et la DUDH. Les 7 000 participants à la Conférence ont surmonté de grandes divergences pour établir un document d'une grande puissance qui a fait valoir que les droits économiques, sociaux, culturels, civils et politiques étaient indivisibles et interdépendants, chaque droit contribuant à la jouissance de l'autre.[90]»

116. Le thème retenu pour la célébration de la journée internationale des droits de l'homme (décembre 2013) a un rapport étroit avec la responsabilité des Etats de promouvoir les droits humains d'une part

89 Idem

90 ONU-HCDH : Déclaration et programme d'Action de Vienne.20 ans au travail pour vos droits, 2013, p.5

et d'autre part la nécessité de l'implication de tout le monde pour que ces droits soient respectés. Le HCDH fête ou célèbre ses 20 ans au service de nos droits.[91] Il a travaillé pendant 20 ans pour promouvoir les droits de l'homme conformément à la Charte de l'ONU et à la DUDH. Il importe de connaître et de comprendre les thèmes, les recommandations et les activités importantes de promotion des droits de l'homme dans le monde, depuis l'adoption de la DUDH.

117. Quant au 10 décembre 2014, le thème retenu pour célébrer le 66° anniversaire de la DUDH a un rapport avec la promotion des droits de l'homme 365 jours sur 365. Il est question d'insister sur tous les droits de l'homme à promouvoir au quotidien. La protection des DH s'avère importante tous les jours et dans toutes les sociétés.

118. Le rayonnement de la DUDH est significatif au sein de l'ONU. De toute évidence, c'est l'un des textes ayant le plus grand nombre de traductions dans plusieurs langues parlées à travers le monde hormis la Bible. Bon nombre d'Etats ont intégré les dispositions de la DUDH dans leurs Constitutions nationales. La dignité de la personne humaine exprimée à travers la DUDH avait entrainé une attention particulière sur le phénomène généralisé de l'esclavage et la traite des noirs. Les héros et les martyrs des indépendances en Afrique étaient marqués par l'aspiration profonde à la liberté, à la fraternité, à la dignité et à l'égalité des personnes sans aucune discrimination de sexe, d'âge, de race…et cela transpire dans leurs discours.

119. En effet, avec la DUDH et les autres documents comme la Charte des Nations Unies ainsi que la Résolution de l'AG-NU de 1952 sur les droits des peuples et des nations à disposer d'eux-mêmes[92], les

---

91 L'auteur de cet ouvrage a effectué un stage professionnel au Bureau terrain du HCDH de la RDC en 2006. Les efforts de promotion et de protection des DH par le HCDH pendant les 20 ans passés à travers le monde sont énormes tant sur le plan normatif que sur le plan de la coordination des activités des droits de l'homme dans le monde. Avec les défis à relever, le plus grand atout du HCDH est la collaboration avec l'ONU et tout le système onusien y compris le Conseil des Nations Unies pour les droits de l'homme, l'assistance technique aux Etats et l'implication des Organisations de la société civile dans la recherche des solutions pour la promotion et la protection des DH.

92 Cette résolution considérait que le droit des peuples et des nations à disposer d'eux-mêmes est une condition préalable à la jouissance de

leaders des indépendances avaient eu le courage et l'appui légal pour leurs revendications légitimes de la décolonisation et de l'abolition de l'esclavagisme. A propos de la DUDH, on peut relever avec SIDIKI KABA, que : « Ce document constitue une description éloquente et approfondie des droits de tous les êtres humains. En outre, il donne aux individus une place qu'ils n'avaient jamais eue auparavant dans le Droit international.»[93]

120. Fondés sur les droits de l'homme, les hérauts des Indépendances dans les territoires colonisés ont pu canaliser leurs revendications politico-sociales dans les structures oppressives du colonialisme.[94] Pour M. SIDIKI KABA, les leaders qui se sont battu pour l'indépendance des Etats africains s'étaient inspiré de la DUDH. Dans la lutte pour l'indépendance de ces Etats (Guinée : indépendance le 28 septembre 1958, Dahomey/1er août 1960, Niger/3avril 1960, Haute-Volta/5août : 1960, Côte d'Ivoire : 7août1960, Tchad : 11août1960, République centrafricaine : 13 août1960, Gabon : 17août1960, Sénégal : 20 août 1960 et Mali : 20 août 1960), les leaders africains fondaient leurs revendications sur les principes philosophiques et juridiques édictés par la DUDH. Leur combat fondé sur les valeurs universelles proclamées par la DUDH a eu un retentissement profond auprès des opinions publiques des puissances colonisatrices.[95]

121. La DUDH connaît une très large diffusion dans le monde, du fait de son importance. Plusieurs traductions et sites internet sont consacrés à ce document du fait de son caractère précieux. On peut trouver et consulter la Déclaration universelle multilingue[96]. Dans ce site, la DUDH est traduite dans plus de 70 langues dont : afrikaans,-albanais, allemand, anglais , arabe, aragonais , arménien, asturien, auvergnat ,azéri , basque, bengali, berbère , biélorusse, bosniaque,

---

tous les droits fondamentaux de l'homme, et que chaque membre de l'Organisation doit le respecter.

93 SIDIKI KABA, Défendre la Déclaration universelle des droits de l'homme, éd. Collection Xaam sa Yoon, Sénégal, 1998, p.86.

94 On peut lire ISAYA MAKUNGU ma NGOZI, Le droit à la vie des masses rurales, in Philosophie et droits de l'homme. Actes de la 5° Semaine philosophique de Kinshasa du 26 avril au 1er mai 1981, Faculté de théologie catholique, Kinshasa, 1981.

95 SIDIKI KABA, op.cit., p.8

96 Consulter ce site : http://www.lexilogos.com/declaration_droits_homme.htm

breton, bulgare, catalan, chinois, coréen, corse , créole haïtien , croate, danois , espagnol ,estonien , féroïen, finnois , français , frioulan , frison , gaélique écossais , gaélique irlandais , galicien , gallois , gascon , géorgien , goujarati , grec , khmer , haoussa , hébreu, hindi, hongrois, indonésien, islandais, italien , japonais, javanais, kazakh, kirghize ,kurde, latin , letton , lituanien , lingala, luxembourgeois, macédonien, malais, malgache , maltais, maori, maya, maya (quiché), mongol, nahuatl , néerlandais , népalais , norvégien (bokmål), norvégien (nynorsk) , occitan , ouïghour , ouzbek , persan , picard , polonais , portugais , provençal , romanche , roumain , russe , sango , sarde , serbe , slovaque , slovène , sorabe , somali , suédois , swahili , tadjik , tagalog , tahitien , tamoul , tchèque , thaï , tibétain , turc , turkmen , ukrainien, vietnamien , wallon , wolof , yiddish et zoulou…

122. En somme, au-delà de la multiplicité de traductions de la DUDH, elle a inspiré plus de 100 Déclarations et traités internationaux relatifs aux droits de l'homme. Elle a influencé des dispositions constitutionnelles, des lois nationales et des actes réglementaires, ce qui constitue un système global juridiquement contraignant pour la promotion et la protection des droits de l'homme sur le plan national. Les DH, dit-on, irriguent le Droit positif des Etats.

123. De toute évidence, c'est suite à la DUDH ou à son inspiration qu'une série d'instruments relatifs aux DH ont été élaborés notamment le Pacte international relatif aux droits civils et politiques (PIDCP) et le Pacte international relatif aux droits économiques, sociaux et culturels PIDESC) avec leurs Protocoles facultatifs : le Protocole facultatif se rapportant au Pacte international relatif aux droits civils et politiques adopté par la résolution 2200 A(xxi) du 16 décembre 1966 et le deuxième protocole facultatif se rapportant au Pacte international relatif aux droits civils et politiques, visant à abolir la peine de mort ainsi que le Pacte international relatif aux droits économiques, sociaux et culturels adopté par la résolution 2200 A(xxi) du 16 décembre 1966 entré en vigueur en 1976 et son Protocole additionnel portant création du Comité des droits économiques et sociaux.

124. Les deux Pactes précités ont repris ou complété bon nombre de dispositions contenues dans la DUDH en les rendant ainsi effectivement contraignantes pour les États qui les ont ratifiées. Ils définissent des droits ordinaires tels que le droit à la vie, l'égalité devant la loi et les services publics, le droit à un recours effectif

devant un juge indépendant et impartial, la liberté d'expression, le droit à l'éducation, le droit à un niveau de vie suffisant, le droit au travail, à la sécurité sociale et à l'éducation...

125. La DUDH, les deux Pactes et leurs protocoles additionnels constituent la Charte internationale des droits de l'homme. La DUDH a, à ce jour, influencé plusieurs Conventions internationales, régionales et sous régionales qui traitent des problèmes spécifiques (la race, la torture, les disparitions forcées...) et des problèmes touchant des groupes d'individu ayant besoin d'une protection spéciale (Femmes[97], enfants, personnes souffrant de handicaps, travailleurs migrants, les minorités...).

126. De la DUDH à tous les autres instruments onusiens relatifs aux droits de l'homme, l'effort normatif de l'ONU, dans le domaine des droits de l'homme, est appréciable. Il convient que toute personne s'approprie des droits fondamentaux garantis et les réclamer pour soi et pour les autres. Bien plus, les attitudes et comportement de tout un chacun doivent favoriser la réalisation effective de tous les droits de l'homme pour tous. Les valeurs morales, religieuses, sociales et civiques devraient guider toute personne dans son comportement, au quotidien. Ces valeurs universelles sont recommandées pour appuyer et accompagner l'application des textes juridiques appelés instruments notamment la DUDH et les autres normes relatives aux DH et voire toutes les lois qui dictent les comportements des acteurs étatiques et des citoyens pour la paix et la liberté de tous.

127. Malgré la volonté des Etats exprimée dans leurs négociations et matérialisée dans les instruments des DH, malgré la large traduction et la diffusion de la DUDH en plusieurs langues, malgré les indépendances des Etats ayant échappé au colonialisme et à la traite d'esclaves, malgré la célébration de la journée des droits de l'homme chaque 10 décembre de l'année ; malgré l'introduction des DH dans les Constitutions nationales et malgré les mécanismes mis en place à l'échelon international, régional et national, le chemin à parcourir est encore long pour faire passer les DH des discours aux actes , des

97 Les Etats ont pris plusieurs engagements renforçant l'égalité des personnes en droits et en dignité notamment entre l'homme et la femme tel que stipulé dans la DUDH. Il en ressort ainsi, par exemple, de ratification de la Convention sur l'élimination de toutes les discriminations à l'égard de la femme, de la Déclaration sur la protection des femmes et des enfants en situation des conflits et de la Déclaration sur l'élimination des violences à l'égard des femmes.

actes à la réalisation concrète de la dignité humaine et à la revalorisation de l'être humain.

128. Cette évolution n'est possible qu'avec des valeurs universelles partagées ensemble pour instaurer une culture universelle des droits de l'homme d'où la nécessité impérieuse de l'éducation et la formation aux droits de l'homme. Après la décennie des Nations Unies pour l'éducation aux droits de l'homme, l'Assemblée Générale de l'ONU a adopté le 10 décembre 2004 le Programme mondial d'éducation dans le domaine des droits de l'homme. Ce programme est en cours depuis 2005 afin de promouvoir l'exécution des programmes d'éducation en la matière dans tous les secteurs de la vie et de l'éducation.

129. L'AG-NU a déjà adopté la Déclaration sur l'éducation et la formation aux droits de l'homme depuis le 19 décembre 2011 par la Résolution 66/37. Selon cette Déclaration, compte tenu de son importance , reprenons in extenso, ce qui suit : « L'éducation et la formation aux DH devraient se fonder sur les principes énoncés dans la DUDH et les instruments pertinents et avoir pour but : faire connaître, comprendre et accepter les normes et principes universels relatifs aux DH, ainsi que les garanties en matière de protection des DH et des libertés fondamentales aux niveaux international, régional et national ; développer une culture universelle des DH où chacun soit conscient de ses propres droits et de sa responsabilité à l'égard des droits d'autrui, et favoriser le développement de la personne en tant que membre responsable d'une société libre et pacifique, pluraliste et solidaire ; tendre vers la réalisation effective de tous les DH et promouvoir la tolérance, la non discrimination et l'égalité ; assurer l'égalité des chances en donnant à tous accès à une éducation et à une formation aux DH de qualité, sans discrimination aucune et contribuer à la prévention des violations des DH et à la lutte contre la discrimination , le racisme, les stéréotypes et l'incitation à la haine sous toutes les formes , et contre les attitudes et les préjugés néfastes qui les sous-tendent , ainsi qu'à leur élimination.[98]» L'attrait à l'éducation[99] aux droits de l'homme est la conséquence logique de la place des DH dans les Relations internationales.

---

98 Article 4 de la Déclaration sur l'éducation et la formation aux droits de l'homme. (Annexe 4)

99 Pour Madame MAIMOUNA, fonctionnaire au HCDH : « L'enseignement des droits de l'homme dans tous les programmes scolaires (cherchent) à

130. De nos jours, les droits de l'homme conditionnent parfois les relations internationales. A l'occasion du Sommet de la Francophonie à La Baule, le Président François Mitterrand et tous les Chefs d'Etat et de gouvernement ayant en partage la langue française avaient conditionné les Relations internationales au respect des droits de l'homme et de la démocratie. De son côté, dans sa politique étrangère, l'UE entretient un Dialogue sur les droits de l'homme avec les Etats tiers.[100]

131. Bien avant La Baule, Jimmy Carter, le Président des Etats-Unis, éleva les droits de l'homme au rang des questions internationales, en 1977. Il fit du thème des droits universels une priorité de la politique étrangère américaine, encourageant les partisans des droits de l'homme dans le monde entier. Il tenta de dégager la question internationale des droits de l'homme des rivalités politiques imposées à l'Est et à l'Ouest par la Guerre froide, et des désaccords Nord-Sud entre pays industrialisés et non industrialisés sur les questions économiques. Cette évolution donna un souffle nouveau et une légitimité accrue aux organisations de défense des droits de l'homme partout dans le monde.[101]

132. Les Etats-Unis et les pays européens commencèrent à prendre en considération la situation des droits de l'homme dans leur politique d'aide économique. Et l'Acte final d'Helsinki, signé en 1975, plaça explicitement les droits de l'homme au cœur des relations américano-soviétiques.[102]

133. De toute évidence, « La question des DH dans les rapports Est-Ouest aussi bien que dans les rapports Nord –Sud est devenue une arme politique et diplomatique, une arme idéologique aussi utilisée à des fins de subversion ou de déstabilisation. D'où l'intérêt pour les régimes démocratiques libéraux et pluralistes réclamant les mêmes

---

instaurer, désormais, la culture de la paix comme nouvelle foi dans l'âme et l'esprit des générations présentes et futures. »

100 Sara Guillet, Dialogues droits de l'homme, dialogue politique : éléments de synthèse, in Droits Fondamentaux, n° 6, janvier - décembre 2006 www.droits-fondamentaux.org

101 Georges Clark, les droits de l'homme en bref, Bureau international de l'information Département d'Etat des Etats-Unis d'Amérique (www.america.gov)

102 Georges Clark, op. cit., p.11

valeurs, d'adopter une ligne de conduite analogue, de se concerter au sein de l'ONU et dans les OI régionales, pour arrêter une conduite commune en matière des DH.[103]

134. Abondant dans le même sens, l'ONG américaine HRW considère que : « L'engagement en faveur des droits humains nécessite non seulement que l'on prenne leur défense au niveau national mais aussi que l'on emploie tous les outils disponibles adaptés pour convaincre d'autres gouvernements de les respecter tout autant ».[104]

135. Les pressions publiques faites sur les gouvernants violateurs des droits de l'homme démontrent un soutien indéfectible de toute la communauté internationale aux victimes de violations des droits de l'homme partout dans le monde. Ces pressions exercent indubitablement une influence dans le Chef des dirigeants appelés à améliorer la situation des droits de l'homme dans leurs Etats[105].

136. A la place de la pression face à la souveraineté des Etats et la politique de deux poids deux mesures observées lorsqu'il s'agit de dénoncer les violations des droits de l'homme commises par les Grandes Puissances et les Pays en développement, il y a lieu d'encourager un degré élevé de dialogue ou de coopération avec ceux des dirigeants qui manifestent ouvertement leur volonté d'améliorer la situation des droits humains, tel que démontré par Kenneth Roth dans le Rapport précité.

137. Les Gouvernements indexés de violations massives des droits de l'homme s'opposent catégoriquement aux pressions externes au nom

---

103 Daniel Colard, La Déclaration universelle des droits de l'homme a 40 ans, in Défense nationale. Problèmes politiques et économiques, scientifiques et militaires, janvier 1989, pp 65-80

104 Kenneth Roth, « L'inaction face aux abus. Les risques du dialogue et de la coopération avec les gouvernements qui violent les droits humains », in Rapport mondial 2011 Événements de 2010 de HRW, 2011, pp18-27.

105 La tendance actuelle de la diplomatie secrète, le dialogue et la coopération bilatérale ne remettent pas en cause la valeur politique des droits de l'homme sur le plan international bien qu'elle risque de cautionner l'abandon des populations martyrisées et de leurs défenseurs des droits de l'homme.

de la diversité culturelle[106], de l'égalité souveraine des Etats et du principe de non ingérence dans les affaires internes d'un Etat. A titre d'exemple, prenons le cas de la Chine. Celle-ci, acculée sur la situation de la Birmanie et du Prix Nobel Liu Xiaobo[107], son gouvernement déclara que : « Soumettre une résolution spécifique (à l'Assemblée générale) contre un pays (...) politise la question des droits humains et n'est pas favorable à une réelle coopération en matière de droits humains ».

138. Dans le même ordre d'idée, le Groupe africain à l'ONU avait affirmé qu'il ne soutiendrait les résolutions spécifiques sur un pays qu'avec le consentement du gouvernement ciblé, autrement dit qu'à condition que la résolution n'exerce aucune pression. Les Chefs d'Etat africains se sont parfois exprimé au sein de l'UA pour justifier la nécessité du monopartisme et la prolongation de mandats présidentiels grâce aux révisions constitutionnelles mais hélas ces positions vivement controversées et contraires aux valeurs universelles ne pouvaient s'imposer devant les aspirations et pressions internes[108].

139. Il est curieux de constater que pour certaines raisons, parfois, les dirigeants indexés pour violation des DH, recourent même aux menaces. C'est bien le cas du Président KAGAME ayant réagi vigoureusement à la proclamation de la publication du Rapport mapping des Nations Unies sur les plus graves violations des droits humains et du droit humanitaire international en RDC commises entre mars 1993 et juin 2003. En fait, rejetant les allégations sur les crimes graves présumés commis par l'Armée rwandaise en 1996 et 1997, il menaça, avant la publication du Rapport, de retirer ses

106 La diversité culturelle ne devra pas servir d'alibi pour violer les droits de l'homme et empêcher un droit de regard de la communauté internationale sur les déviations des dirigeants politiques. En fait, les Chefs d'Etats africains ont beau justifier le monopartisme adapté au peuple africain mais ils ont fini par se raviser que la pensée unique est incompatible avec la démocratie et les aspirations légitimes des citoyens dans nos sociétés modernes.

107 Le chinois LIU XIAOBO, Prix Nobel de la Paix 2010 (Voir le tableau sur les Prix Nobel, P.302) et sa femme ont été victimes des détentions, sans motif.

108 Au sujet du monopartisme justifié par la culture africaine, le Président finit par déclarer que « Face à la tempête de l'histoire, un fruit mûr ou pas mûr, il finit par tomber. »

casques bleus des Missions de l'ONU, au cas où le Rapport serait publié avec ses allégations »[109].

140. Quant au prétexte culturel, parfois défendu par quelques politiciens africains, avec des mots flatteurs pour les afro-asiatiques, M. Sidiki KABA dit : « Il est rigoureusement faux de soutenir que les droits de l'homme sont un luxe pour les africains ou les asiatiques et que l'autoritarisme est le trait dominant de leur culture. Quel est l'africain qui veut être victime de l'arbitraire, de la tyrannie, de l'abus de pouvoir, de la torture, de la discrimination, de la violence d'Etat, de la misère, de la famine, de la maladie, de l'ignorance, du chômage, de la faim ? »[110]

141. Sans aucune réserve, les DH sont l'aspiration commune de tous les êtres humains, malgré quelques spécificités d'expression culturelle pour les groupes d'individus. Et d'ailleurs, les OI et les Etats recourent souvent au dialogue avec les autorités étatiques pour échanger autour des questions des droits de l'homme tenant compte des réalités locales. Le dialogue des droits de l'homme instauré sur le plan international dans le cadre du G8 peut nous édifier. Une Déclaration de G8/Afrique dit : « Pour atteindre nos objectifs, nous sommes déterminés à continuer de promouvoir ensemble nos valeurs communes, à savoir la paix, les droits de l'Homme, la gouvernance démocratique et le développement durable ; et nous continuerons d'assumer nos responsabilités respectives et partagées à cet égard, dans un esprit de transparence mutuelle. »[111]

142. L'un des mérites du Droit international dans le domaine des droits de l'homme, on peut insister, c'est d'avoir produit un arsenal important des normes pertinentes relatives aux droits de l'homme à la suite de la DUDH et la Charte internationale des droits de l'homme. On peut à ce niveau énumérer quelques Déclarations et principes directeurs ou Règles adoptés par l'AG-NU. L'énumération ci-dessous n'est pas exhaustive :

---

109 Kenneth Roth, op.cit. pp 18-27.

110 SIDIKI KABA, op.cit., p.95

111 Déclaration conjointe G8/Afrique : des valeurs communes et des responsabilités partagées du Sommet du G8 de Deauville du 26-27 mai 2011. (La Déclaration conjointe était signée entre le G8 et l'Afrique du Sud, l'Algérie, l'Égypte, l'Éthiopie, le Nigéria et le Sénégal, ainsi que la Commission de l'Union africaine.)

- Déclaration sur les droits de l'homme des personnes qui ne possèdent pas la nationalité du pays dans lequel elles vivent ;
- Déclaration d'engagement sur le VIH/sida ;
- Déclaration sur le droit et la responsabilité des individus, groupes et organes de la société de promouvoir et protéger les droits de l'homme et les libertés fondamentales universellement reconnus ;
- Déclaration sur le progrès et le développement dans le domaine social
- Déclaration universelle pour l'élimination définitive de la faim et de la malnutrition ;
- Déclaration sur l'utilisation du progrès de la science et de la technique dans l'intérêt de la paix et au profit de l'humanité ;
- Déclaration sur les droits des peuples à la paix ;
- Déclaration sur le droit au développement ;
- Déclaration universelle sur le génome humain et les droits de l'homme ;
- Principes fondamentaux relatifs à l'indépendance de la magistrature ;
- Principes de base relatifs au rôle du barreau ;
- Principes directeurs applicables au rôle des magistrats du parquet ;
- Principes relatifs à la prévention efficace des exécutions extrajudiciaires, arbitraires et sommaires et aux moyens d'enquêter efficacement sur ces exécutions ;
- Déclaration sur la protection de toutes les personnes contre les disparitions forcées ;
- Principes fondamentaux et directives concernant le droit à un recours et à réparation des victimes de violations flagrantes du droit international des droits de l'homme et de violations graves du droit international humanitaire ;
- Principes fondamentaux relatifs à l'indépendance de la magistrature ;
- Principes de base relatifs au rôle du barreau ;

- Principes directeurs applicables au rôle des magistrats du parquet ;
- Principes relatifs à la prévention efficace des exécutions extrajudiciaires, arbitraires et sommaires et aux moyens d'enquêter efficacement sur ces exécutions ;
- Déclaration sur la protection de toutes les personnes contre les disparitions forcées ;
- Principes fondamentaux et directives concernant le droit à un recours et à réparation des victimes de violations flagrantes du droit international des droits de l'homme et de violations graves du droit international humanitaire ;
- Ensemble de règles minima pour le traitement des détenus ;
- Principes fondamentaux relatifs au traitement des détenus ;
- Ensemble de principes pour la protection de toutes les personnes soumises à une forme quelconque de détention ou d'emprisonnement ;
- Règles des Nations Unies pour la protection des mineurs privés de liberté ;
- Déclaration sur la protection de toutes les personnes contre la torture et autres peines ou traitements cruels, inhumains ou dégradants ;
- Convention contre la torture et autres peines ou traitements cruels, inhumains ou dégradants ;
- Protocole facultatif à la Convention contre la torture et autres peines ou traitements cruels, inhumains ou dégradants ;
- Principes d'éthique médicale applicables au rôle du personnel de santé, en particulier des médecins, dans la protection des prisonniers et des détenus contre la torture et autres peines ou traitements cruels, inhumains ou dégradants ;
- Principes relatifs aux moyens d'enquêter efficacement sur la torture et autres peines ou traitements cruels, inhumains ou dégradants pour établir la réalité des faits ;

- Garanties pour la protection des droits des personnes passibles de la peine de mort ;
- Code de conduite pour les responsables de l'application des lois ;
- Principes de base sur le recours à la force et l'utilisation des armes à feu par les responsables de l'application des lois ;
- Règles minima des Nations Unies pour l'élaboration des mesures non privatives de liberté (Règles de Tokyo) ;
- Ensemble de règles minima des Nations Unies concernant l'administration de la justice pour mineurs (Règles de Beijing) ;
- Déclaration des droits du déficient mental ;
- Déclaration des droits des personnes handicapées ;
- Protection des personnes atteintes de maladie mentale et amélioration des soins de santé mentale ;
- Règles pour l'égalisation des chances des handicapés ;
- Déclaration sur la protection des femmes et des enfants en période d'urgence et de conflit armé ;
- Déclaration sur l'élimination de la violence à l'égard des femmes ;
- Déclaration sur l'élimination de toutes formes d'intolérance et de discrimination fondées sur la religion ou la conviction ;
- Déclaration sur la race et les préjugés raciaux ;
- Déclaration sur les droits des peuples autochtones ;
- Déclaration des droits des personnes appartenant à des minorités nationales ou ethniques, religieuses et linguistiques ;
- Déclaration sur l'octroi de l'indépendance aux pays et aux peuples coloniaux ;
- Résolution 1803 (XVII) de l'Assemblée générale en date du 14 décembre 1962, "Souveraineté permanente sur les ressources naturelles ;
- Déclaration et programme d'action de Vienne ;

- Déclaration du Millénaire pour le Développement ;

143. Toutes les conventions internationales reprises supra sont contraignantes pour les Etats qui les ont ratifiées et la multitude de Déclarations fait l'objet d'une concertation et solidarité remarquables des citoyens du monde engagés à apporter des solutions aux problèmes qui touchent les femmes et les hommes ainsi que les enfants du monde entier et ce, malgré leur caractère non contraignant. Ces Déclarations aboutissent souvent à la signature des Conventions. Les normes internationales relatives aux DH sont élaborées par les Etats qui décident de promouvoir le respect et la dignité de la personne humaine à telle enseigne que même si les Etats ne les ont pas ratifiées, elles jouent un rôle important en Droit international des droits de l'homme.

144. En effet, si les conventions internationales sont contraignantes, les Déclarations, les Règles minima, les Principes directeurs relèvent de ce qu'on appelle le soft law (Droit mou) ou Droit international coutumier qui s'impose aux Etats tant qu'ils sont considérés comme des principes fondamentaux des nations civilisées, des règles erga-omnes ou normes impératives. La DUDH sous examen, relevant du Droit mou, il y a lieu de répondre à la question de savoir « quelle est sa valeur au sein des OI et des Etats »?

1°. La DUDH et les Organisations régionales

145. « Les droits de l'homme se présentent comme un ensemble cohérent de principes juridiques fondamentaux qui s'appliquent partout dans le monde tant aux individus qu'aux peuples et qui ont pour but de protéger les prérogatives inhérentes à tout homme et à tous les hommes pris collectivement en raison de l'existence d'une dignité attachée à leur personne et justifiée par leur condition humaine. »

Kéba MBAYE.

146. L'influence de la DUDH s'étend de l'ONU aux organisations régionales et sous régionales. En effet, l'Union africaine, l'Union européenne, l'Organisation des Etats américains et bien d'autres Organisations sous régionales et culturelles ont adopté leur propre mécanisme de protection et de promotion des droits de l'homme[112].

112 Pour la Conférence mondiale sur les droits de l'homme, Vienne 1993 Déclaration et Programme d'action de Vienne en son paragraphe 4, «

Inspirées ou pas par la DUDH (On peut relever que la Déclaration américaine des droits de l'homme a été adoptée avant la rédaction de la DUDH), les Organisations régionales défendent les mêmes idéaux et valeurs que celles défendues par la DUDH. Sans analyses en détails, nous abordons la présentation de l'UA, de l'UE, de l'OIF, de l'OEA et de la LEA. Nous présentons nos excuses pour avoir présenté l'OIF dans cette rubrique parmi les Organisations régionales d'autant plus que cette dernière est une Organisation universelle et culturelle. Cette incise sur l'OIF est consécutive au rôle important qu'elle joue aux cotés de l'ONU, les Organisations régionales et particulièrement le HCDH.

1. La DUDH et l'Union africaine

147. « La création d'un système continental cohérent de protection des droits de l'Homme en Afrique répond à un mouvement international plus large d'élaboration de systèmes régionaux de protection des droits de l'Homme initié par l'adoption de la Convention européenne de sauvegarde des droits de l'Homme et des libertés fondamentales en 1950 suivie de la mise en place d'une Cour européenne des droits de l'Homme et par l'entrée en vigueur de la Convention américaine des droits de l'Homme en 1969 créant la Cour interaméricaine des droits de l'Homme. Le retard pris dans l'établissement du système africain correspond principalement à l'environnement politique des années 1960 et 1970 marqué par certains chefs d'Etat plus soucieux de brandir le principe de la souveraineté nationale pour cacher les violations des droits de l'Homme commises dans leur pays que de construire un système supra national de protection des droits de l'Homme[113]. » FIDH

148. L'Afrique a la particularité de considérer à la fois les droits de la personne humaine et ceux de tout un peuple. C'est fort de cette philosophie que l'idée d'un instrument de protection des droits de l'homme conçue depuis janvier 1961 par les juristes africains n'a pu voir le jour que le 28 juin 1981 soit vingt ans plus tard sous la dénomination de Charte africaine des droits de l'homme et des

---

Aujourd'hui, la promotion et la protection des droits de l'homme sont reconnues comme une préoccupation et une responsabilité légitimes de la communauté internationale.»

[113] Préface de Souhayr Belhassen dans le livre de FIDH : Guide pratique : La Cour africaine des droits de l'homme et des peuples. Vers la Cour africaine de justice et des droits de l'Homme, avril 2010, p.5

peuples. La Charte a été en fait le fruit des souffrances atroces subies par les peuples africains en République centrafricaine, en Guinée équatoriale, en Afrique du Sud et en Ouganda. (Voir l'histoire de l'Empereur Bokassa 1er, Président Marcia N'gemma et le Maréchal Idi Amin Dada). L'Union africaine (Ex Organisation de l'Unité africaine) a adopté la Charte africaine des droits de l'homme et des peuples en 1986 en reprenant les droits proclamés par la DUDH et tout en y ajoutant quelques aspects des droits importants dans le contexte africain.

149. Au regard de l'analyse de Maurice KAMTO, les seize premiers articles de la Charte consacrés à ces droits sont en effet des réécritures ou des adaptations de diverses dispositions de la UDH[114]. Il donne les exemples suivants : - L'article 2 reproduit textuellement l'article 2 de la DUDH relatif à l'interdiction de différentes formes de discrimination avec l'ajout d'Ethnie dans le cas spécifique de l'Afrique. - L'article 3 de la Charte est une reproduction de l'article 7 de la DUDH avec amputation du dernier paragraphe de l'article 7 de la DUDH. - L'article 4 de la Charte nous renvoie à une présentation laconique et significative de l'article 3 de la DUDH qui se limite à dire que Tout individu à droit a la vie, à la liberté et à la sureté de sa personne. – L'article 5 de la Charte combine les articles 4 et 5 de la DUDH tout en insistant sur le respect de la dignité humaine et la reconnaissance de la personnalité juridique. - L'article 6 de la Charte bien que reprenant l'article 9 de la DUDH ajoute une condition du respect des conditions et des formes justifiant la privation de la liberté, avec l'acceptation des arrestations arbitraires justifiées par l'existence de la loi, même liberticide. - L'article 7 de la Charte englobe les articles 8,10 et 11 de la DUDH avec la particularité de centrer autour du Droit de toute personne à ce que sa cause soit entendue en justice avec toutes les garanties de procès équitable. -L'article 8 de la Charte reprend une partie de l'article 18 de la DUDH, en ajoutant une limitation relative au respect de l'ordre public. Ceci confirme l'aspect du devoir attaché aux droits de l'homme. - La Charte a prévu la liberté d'opinion à l'article 9 à coté de la liberté d'information en ajoutant la clause limitant la liberté par l'exercice des droits et libertés, dans le cadre des lois comme il apparait aussi aux articles 11 et 12 de la Charte. Bien plus, on peut constater que la liberté de pensée a été élaguée. – L'article 14 de la

114 Maurice KAMTO, Charte africaine, instruments internationaux de protection de droits de l'homme, Constitutions nationales : articulations respectives, in Droit et justice, éd. Bruylant, Belgique, 2004, pp 11-47.

Charte a repris l'article 17 de la DUDH relatif au droit à la propriété, malheureusement sans intégrer le droit à la propriété collective prévu dans la DUDH bien que l'Afrique soit confronté sérieusement aux conflits fonciers et des peuples.

150. En effet, dans son étude sur les « Droits de l'homme et l'Afrique », Monsieur Karel VASAK dit : « Ce qui frappe tout d'abord (dans la CADHP), c'est que les Constitutions africaines insistent beaucoup plus que les textes européens, asiatiques ou américains, sur les devoirs qu'a l'individu envers la communauté.»[115] Les conséquences de cet état de choses, selon Karel VASAK, c'est que le système africain plonge ses racines dans les valeurs de la civilisation africaine. Dans celle-ci en effet, l'individu étant intégré au groupe dont la primauté s'impose, ses droits sont indissociables de ses devoirs qui constituent des droits correspondants de celui-ci... la primauté du groupe implique la prévalence des devoirs de celui-ci sur ces droits. »[116]

151. La spécificité des droits de l'homme, dans le contexte africain, selon René Déni-SEGUI, c'est aussi l'insistance sur les droits de solidarité. « Appelés droits de la 3° génération, les droits de la solidarité sont ceux pour lesquels le Tiers-Monde en général et l'Afrique en particulier peuvent s'enorgueillir d'avoir apporté une contribution inestimable. On peut à cet effet, évoquer le droit à l'autodétermination ou droit des peuples à disposer d'eux-mêmes, droit au développement, droit à la jouissance égale du patrimoine commun de l'humanité, droit à la paix et au double plan national et international, et droit à un environnement sain[117]. »

152. Les dispositions de la Charte africaine des droits de l'homme et des peuples sont applicables en complément avec tout l'arsenal du Droit international des droits de l'homme. [118]La CADHP est, dans son inspiration première, une expression de la volonté des Etats africains de se démarquer de l'approche occidentale des droits de l'homme exclusivement centrée sur l'individu (Cette thèse est un peu fragilisée par l'article 14 de la Charte sur le droit à la propriété

115 Karel Vasak cité par René Degni-SEGUI, Les droits de l'homme en Afrique noire francophone (Théories et réalités), Abidjan, 1998, p.58.

116 Degni-SEGUI, op.cit., p.40

117 Degni SEGUI : op.cit, p.44

118 Lire les articles 60 et 61 de la Charte africaine des droits de l'homme et des peuples.

collective tel que stigmatisé ci-dessus) et projetée au reste du monde sous le couvert de l'universalisme. Cette conception est à la base de la DUDH de 1948 dont les textes régionaux latino-américains et européens constituent un instrument d'application privilégié[119].

153. La Charte africaine et les autres normes africaines relatives aux DH sont, en rapport avec les normes européennes, peu connues de même que le système africain de promotion et de protection des droits de l'homme qu'il faille consulter entre autres le site de l'Arrima[120] et découvrir l'ouvrage du Professeur MUTOY MUBIALA.[121] La CADH s'est inspiré de la DUDH et l'a tropicalisé.

154. Quelques Etats africains appliquent les dispositions de la Charte africaine des droits de l'homme et des peuples pour trancher les différends soumis aux juridictions. Ceci se justifie par le fait que la CADHP est d'origine et d'inspiration africaine. Les mesures législatives et réglementaires pèchent souvent en ne précisant pas qu'elles sont des mesures d'application de la CADHP. Les Cours constitutionnelles de quelques Etats se sont référées quelques fois à la Charte africaine. On peut citer notamment le Bénin, le Cap Vert, la Gambie, le Nigeria ; le Sénégal et le Togo tel qu'il est démontré dans les recherches sur 15 pays de l'Afrique de l'Ouest[122].

155. La Commission et la Cour africaine de justice et des droits de l'homme appliquent les normes africaines qui sont multiples et variées. En effet, il y a des normes de l'Assemblée Générale de l'Union africaine et celles de la Commission africaine des droits de l'homme et des peuples. Les normes de la Commission africaine sont constituées essentiellement de Recommandations, de Résolutions, de Principes et de Règles conformément à l'article 45 de la CADHP qui précise les missions de la Commission africaine des droits de

119 P. M. DUPUY, cité par Maurice KAMTO, Charte africaine, instruments internationaux de protection des droits de l'homme, constitutions nationales : articulations respectives, in Droit et justice 54, éd.Bruylant, 2004, pp11-47

120 Consulter le site de l'Afrimap : www.afrimap.org

121 Mutoy MUBIALA, Le système régional africain des droits de l'homme, éd. Bruylant , Bruxelles, 2005, p.299

122 Jean François Flauss, Elisabeth Lambert-Abdelgawad, L'application nationale de la Charte africaine des droits de l'homme et des peuples, éd. Bruylant , Droit et justice, 2004, Belgique, p.266

l'homme et des peuples notamment la promotion des droits de l'homme et des peuples, leur protection, l'interprétation de toutes dispositions de la Charte et l'exécution de toutes les tâches lui confiées par la Conférence des Chefs d'Etat et de gouvernement.

156. Depuis 1988 à 2004, il était répertorié environ 57 Résolutions et 4 Recommandations dont : Recommandation relative aux rapports périodiques (avril 1988), Recommandation relative à quelques modalités de promotion des DH et des Peuples en Afrique (avril 1989), Résolution sur la célébration d'une journée des DH et des peuples le 21 octobre de chaque année (avril 1989), Résolution sur la création du comité des droits de l'homme ou d'autres organismes similaires à l'échelon national, régional ou sous régional (avril 1989), Résolution sur l'intégration des dispositions de la Charte africaine dans la législation nationale des Etats (avril 1989), Résolution sur la procédure relative aux droits de recours et à un procès équitable (mars 1992), Résolution sur le droit à la liberté d'association(mars 1992), Résolution sur le droit à la liberté d'association (mars 1992), Résolution sur l'éducation en matière des droits de l'homme et des peuples (décembre 1993), Résolution sur la promotion et le respect du DIH, et des DHP, Résolution sur les régimes militaires, Résolution sur les mines anti personnelles (mars 1995), Résolution sur les Prisons en Afrique (mars 1995), Résolution sur le respect et l'indépendance de la magistrature (avril 1996), Résolution sur le rôle des Avocats et magistrats dans l'incorporation de la Charte africaine dans les systèmes nationaux et sous régionaux (avril 1996), Résolution sur le processus électoral et la gouvernance participative (avril 1996), Résolution appelant les Etats à envisager un moratoire sur la peine capitale (novembre 1999)... Quant aux normes contraignantes , on peut citer notamment la Convention africaine pour la conservation de la nature et des ressources naturelles, la Convention régissant les aspects propres aux problèmes des réfugiés en Afrique, la Charte culturelle de l'Afrique, la Convention sur l'élimination du mercenariat en Afrique , la Charte africaine des droits de l'homme et des peuples(CADHP) de 1981, la Charte africaine des droits et du bien-être de l'enfant l'Enfant (CADBEE) adoptée à Addis-Abeba en juillet 1990, le Protocole à la Charte de 1981 relatif aux droits des femmes adopté en juillet 2003 à Maputo, le Protocole relatif à la Charte africaine des droits de l'homme et des peuples portant création d'une cour africaine des droits de l'homme et des peuples , la Convention sur la prévention et la lutte contre le terrorisme , et la Convention sur la prévention et la lutte contre la corruption.

157. Le Droit régional africain des Droits de l'homme a la spécificité que plusieurs groupes y sont représentés et l'on des Etats qui relèvent des Organisations arabes. L'appréhension de la question des droits de l'homme au sein de ces organisations intéresse le continent africain à double titre[123]. D'une part, la Ligue des Etats arabes, la plus ancienne des organisations régionales compte en son sein neuf Etats africains à savoir : Algérie, Djibouti, Egypte, Libye, Maroc, Mauritanie, Somalie, Soudan et Tunisie. D'autre part, plus de vingt pays africains sont membres de l'Organisation de la Conférence Islamique (OCI). Dans les textes fondateurs de ces Organisations, la question des droits de l'homme n'est pas abordée de façon directe.

158. En outre, il est intéressant d'évaluer les engagements pris par les Chefs d'Etats africains dans le Nouveau Partenariat pour le Développement de l'Afrique (NEPAD) à Abuja, capitale du Nigeria en octobre 2001. Où en est-on à la veille de l'année 2015 avec l'Initiative pour la paix, la sécurité, la démocratie et la bonne gouvernance, proclamée par le NOPADA ?[124] Au point 71 du NEPAD, les Chefs d'Etats africains disaient que : « l'expérience a appris aux dirigeants africains que la paix, la sécurité, la démocratie, une bonne gouvernance, le respect des droits de l'homme et une

123 APT : Protection des droits de l'homme en Afrique, Genève, 2006, p. 10 (Lire la Préface du Professeur Jean-Baptiste Niyizurugero)

124 Aux points 79 et 80 du NEPAD, les Chefs d'Etats africains exprimaient leur volonté et leur engagement de se consacrer au développement durable, en passant par le respect des valeurs démocratiques universelles et la promotion des droits humains. En effet, avec le NOPADA, « Le continent prend l'engagement de respecter les normes mondiales en matière de démocratie, dont les principales composantes sont le pluralisme politique, l'existence de plusieurs partis politiques et de plusieurs syndicats, l'organisation périodique d'élections démocratiques libres, justes et transparentes afin de permettre aux populations de choisir librement leurs dirigeants. L'objectif de l'initiative pour la démocratie et la gouvernance est de contribuer à renforcer le cadre politique et administratif des pays participants, en accord avec les principes de démocratie, de transparence, de responsabilité, d'intégrité, de respect des droits de l'homme et de la primauté du droit. Elle est renforcée par l'initiative pour la gouvernance économique qu'elle soutient et avec laquelle elle partage des caractéristiques clés. Ensemble, elles doivent contribuer à utiliser l'énergie du continent pour progresser sur la voie du développement et de l'éradication de la pauvreté. »

saine gestion économique sont les conditions préalables indispensables au développement durable. Ils s'engagent à promouvoir ces principes, individuellement et collectivement, dans leur pays, leur région et le continent.»

159. D'après le rapport de Gillian concernant le Mécanisme Africain d'Auto-Surveillance[125] (APRM), le Sénégal et l'Afrique du Sud semblaient avoir en 2004 la meilleure situation globale des droits de l'homme, tandis que l'Algérie, l'Ethiopie, l'Ouganda et le Nigeria se situaient parmi les plus grands violateurs des droits de l'homme et au milieu le Kenya et le Ghana sur les 8 pays, objet d'étude de la situation des droits de l'homme. Cet examen par les pairs est une bonne expérience[126]. Le mécanisme africain d'Auto-Surveillance mérite une attention plus particulière dans le prochain tome de ce livre en vue de comprendre la situation préoccupante des DH en Afrique.

160. Dans un passé récent, la Commission Africaine des Droits de l'Homme et des Peuples (CADHP) a essuyé quelques défaites notamment le refus par les Etats de coopérer. On peut citer les cas et symboliques malheureux de Ken Saron WIWA et ses huit compagnons condamnés et exécutés au Nigeria malgré les mesures provisoires de leur protection prises par la Commission et celui de Madame Mariette SONJALEEN Bosch condamnée à mort et exécutée par le Président du Botswana malgré l'interdiction faite par la Commission. La CADHP est certainement limitée face aux crimes internationaux. C'est ainsi que l'Afrique regorge un nombre considérable des personnes poursuivies par la CPI, ce qui justifia des remous parmi les Chefs d'Etat africains. Le Professeur NYABIRUNGU mwene SONGA soutient que : « Si les juridictions nationales africaines s'acquittent de leur obligation de juger les plus grands crimes et les plus grands criminels, la CPI n'aurait rien à redire. Malheureusement, livrée à elle-même , l'Afrique apparaît comme une terre de l'impunité , comme l'illustre si bien l'exil doré au Zimbabwe de l'Empereur rouge MENGISTU Mariam d'Ethiopie

125 Giliane Cherubin-Doumbia, « Les engagements africains pour les droits de l'homme : Un rapport sur huit pays du NEPAD », in Africa Human Security initiative, Rapport HRSI n°2, 2004, p.10. La revue est trouvable en ligne : www.africanreview.org

126 L'idée du mécanisme de l'examen par les pairs en Afrique est comparable à l'Examen périodique universel au sein du Conseil des droits de l'homme de l'ONU créé en 2006.

ou l'incapacité qui fut celle du démocrate WADE de faire juger le boucher de Djamena Hissen HABRE.[127] »

161. Le Statut de Rome a hissé les DH au sommet de la hiérarchie de toutes les sources du Droit. Cela fait au moins des droits de l'homme la première source applicable devant la CPI et devant toutes les juridictions des Etats parties au Statut, à l'exclusion de toute autre source qui leur serait incompatible.[128] En fait, le Statut de Rome dispose que : « L'application et l'interprétation du Droit prévue au présent article doivent être compatibles avec les droits de l'homme internationalement reconnus et exemptes de toute discrimination fondée sur des considérations telles que l'appartenance à l'un ou l'autre sexe tel que défini à l'art. 7, paragraphe 3, l'âge, la race, la couleur, la langue, la religion ou la conviction, les opinions politiques ou autres, l'origine nationale, ethnique ou sociale, la fortune, la naissance ou toute autre qualité. [129]»

162. En dépit du nombre et de la qualité des mécanismes internationaux de promotion et de protection des DH, les efforts internes des Etats africains sont plus déterminants pour la promotion et la protection des droits de l'homme. Il appartient aux dirigeants actuels et futurs en Afrique de comprendre que les DH sont devenus une préoccupation majeure de l'humanité et qu'il y a lieu d'en accorder une attention particulière. Pour Giliane, « Lorsque des allégations de violations des droits de l'homme sont faites, elles doivent être investiguées et les officiels poursuivis et sanctionnés lorsque les violations sont prouvées. Les Etats doivent aussi faire des efforts concertés pour réparer les atrocités contre les droits de l'homme lorsqu'elles se sont produites. Ceci peut impliquer la fin de l'impunité et raviver la confiance en l'Etat[130]. » De toute évidence, il apparaît clairement que la DUDH a influencé, de manière considérable, les droits de l'homme en Afrique.

---

127 NYABIRUNGU mwene SONGA, Droit international pénal. Crimes contre la paix et la sécurité de l'humanité, Dés, p.58

128 NYABIRUNGU mwene SONGA, op.cit., p.59

129 Article 21 alinéa 3 du Statut de Rome de la CPI.

130 Giliane Cherubin-Doumbia, « Les engagements africains pour les droits de l'homme: Un rapport sur huit pays du NEPAD », in Africa Human Security initiative, Rapport HRSI n°2, 2004, p.10 La revue est trouvable en ligne : www.africanreview.org

2. La DUDH et l'Union européenne

163. La Convention européenne des droits de l'homme a puisé à la DUDH : « En tant que gouvernements d'Etats européens animés d'un même esprit et possédant un patrimoine commun d'idéal et de tradition politique, de respect de la liberté et de prééminence du Droit, à prendre les premières mesures propres à assurer la garantie effective de certains droits énoncés dans la DUDH[131] ».

164. La DUDH est, certes, une source d'inspiration de la Convention européenne des droits de l'homme. L'engagement de l'UE pour soutenir, développer et consolider la démocratie, l'État de droit et les droits de l'homme est au cœur de l'identité de l'UE, enraciné dans les divers instruments juridiques qui régissent les structures de cette Organisation régionale et ses activités. Le Traité sur l'Union européenne de 1992 stipule que l'Union est fondée sur les valeurs indivisibles et universelles de la dignité humaine, de la liberté, de l'égalité et de la solidarité et ceci est basé sur les principes de la démocratie et de l'État de droit.

165. L'UE oriente sa politique de coopération au développement fondée sur les valeurs universelles ci-haut vantées. En effet, la promotion de la démocratie est au centre de la Politique étrangère et de sécurité commune de l'UE, et les relations entre l'UE et ses partenaires sont établies en reconnaissance du fait que la consolidation des institutions démocratiques et des droits de l'homme est une valeur partagée et d'un intérêt commun. En accord avec ces valeurs, l'UE dispense une aide importante aux initiatives et programmes qui cherchent à promouvoir, développer et consolider les DH, les institutions démocratiques et l'État de droit dans les pays partenaires. Depuis le début des années 1990, une clause concernant les droits de l'homme a été ajoutée dans tous les accords avec des pays partenaires. L'Accord de Cotonou de 2000 signé par l'UE et les pays associés des régions d'Afrique, des Caraïbes et du Pacifique (ACP) accorde une importance particulière à la démocratie, à la bonne gouvernance et au respect des droits de l'homme[132].

166. A propos du système européen des droits de l'homme, la base est sans soute la Convention de sauvegarde des droits de l'homme et des

131 Préambule de la Convention européenne des droits de l'homme.

132 UE : Manuel d'observation électorale de l'Union européenne, éd. Commission européenne, 2è édition, 2008 p.14

libertés fondamentales autrement appelée « Convention européenne des droits de l'homme » est entrée en vigueur le 3 septembre 1953. C'est l'instrument de base de l'UE en matière des droits de l'homme se réfère à la DUDH, dans son préambule. En effet, les Chefs d'Etat européens animés d'un même esprit et possédant un patrimoine commun d'idéal et de tradition politique, de respect de la liberté et de prééminence du droit, se sont engagés à prendre les premières mesures propres à assurer la garantie effective de certains droits énoncés dans la DUDH.

167. Cette Convention d'environ 59 articles était soumise aux Etats parties à Rome, le 4 novembre 1950. Aujourd'hui, l'UE a des Protocoles à la Convention et d'autres Conventions relatives aux droits de l'homme ainsi que des Lignes directrices. La Convention européenne des DH reprend intégralement quelques dispositions de la DUDH et en commente d'autres.

168. Pour la mise en œuvre de la Convention, l'UE a développé des Principes importants pour la promotion et la protection des DH et Droit international humanitaire.[133] En fait , le Conseil de l'UE a adopté quelques Lignes directrices devant conduire les Etats dans les domaines spécifiques de DH et DIH notamment la peine de mort de 1998 (version mise à jour en 2008), la Charte sociale européenne de 1961 , la torture et autres peines ou traitements cruels, inhumains ou dégradants de 2001 (version mise à jour en 2008), les dialogues en matière de droits de l'homme avec les pays tiers de 2001 ; les enfants face aux conflits armés de 2003, les défenseurs des droits de l'homme de 2004 ; la promotion et la protection des droits de l'enfant de 2007 ; les violences contre les femmes et la lutte contre toutes les formes de discrimination à leur encontre 2008 et la promotion du droit humanitaire international de 2005.

169. La Cour européenne des droits de l'homme qui est le mécanisme de protection des droits garantis par la Convention européenne des droits de l'homme a contribué efficacement à promouvoir les DH à travers sa jurisprudence très riche. « Le succès du système européen de protection des droits de l'homme est considérable, ce qui pose d'ailleurs un problème au système lui-même, qui doit se réformer afin de pouvoir faire face à l'accroissement exponentiel des requêtes. Assurément, l'adhésion de nouveaux Etats n'est pas la seule explication : cet engouement pour

---

133 Conseil de l'UE : Lignes directrices droits de l'homme et droit international humanitaire, mars 2009, p.87

la Convention européenne est également visible dans les « anciens » Etats membres, le Droit européen des droits de l'homme étant, désormais, invoqué très fréquemment et dans tous les contentieux »[134].

170. Grâce au succès du mécanisme de surveillance des DH, la Cour reçoit au moins 50.000 plaintes individuelles chaque année[135]. Avec le nombre de procédures croissantes, la Cour a initié le traitement des affaires pilotes en vue d'assouplir la tâche et d'aider les Etats à améliorer leur législation nationale et résoudre la situation des violations des DH pour les victimes se plaignant des problèmes similaires, appelés aussi problèmes systémiques, c'est-à-dire qui tirent leur origine d'une non-conformité du Droit national avec la Convention.

171. La Cour a ainsi développé une procédure récente qui consiste à examiner une ou quelques-unes de ces requêtes et à reporter l'examen de la série d'affaires similaires. Lorsqu'elle rend son arrêt dans une affaire pilote, elle appelle le gouvernement concerné à mettre sa législation en conformité avec la Convention et lui indique de manière générale les mesures à prendre.[136]

172. Le Rapport sur l'action du Parlement européen en 2011 fait état des actions de l'Union dans le monde pour promouvoir la démocratie et les droits de l'homme. A la lecture de ce rapport, on peut noter que : « La promotion des droits de l'homme et des principes démocratiques dans leur ensemble restent un élément important dans le travail du Parlement européen. Cette priorité présente un nombre important de facettes. Au cours de l'année 2011, les violations des droits de l'homme ont été discutées dans des sessions plénières et elles ont fait l'objet de diverses résolutions du Parlement; les commissions ont régulièrement évoqué, dans leurs rapports, des questions relatives aux droits de l'homme. Les délégations interparlementaires ont adopté de nouvelles orientations afin que les droits de l'homme soient abordés au cours des rencontres avec leurs interlocuteurs. Le président du Parlement européen, M.

134 Jean-François RENUCCI, Introduction générale à la Convention européenne des Droits de l'Homme Droits garantis et mécanisme de protection, Strasbourg, 2005, p.137

135 CEDH : La CEDH en 50 questions, Strasbourg, Juillet 2012, p.9 (Consulter le site de la CEDH : www.echr.coe.int)

136 CEDH : La CEDH en 50 questions, Strasbourg, Juillet 2012, p.9

Jerzy BUZEK, a estimé que les questions relatives aux droits de l'homme faisaient partie intégrante de son travail. »[137] Les DH occupent une place de choix dans les politiques et les actions des dirigeants au sein de l'UE. Les valeurs partagées sur la base de la DUDH ont produit des attitudes, des comportements et une conscience inestimables en faveur des droits de l'homme. La responsabilité des citoyens européens n'a pas été la moindre aussi ont-ils contribué à jeter les bases d'un système adapté et conforme aux valeurs et principes de la DUDH.

3. La DUDH et L'OIF

173. *« Dans un souci de préserver la paix, élément fondamental pour un développement harmonieux, nous (Nous ajoutons : il s'agit de tous les Etats ayant en partage la langue française) réaffirmons notre détermination à promouvoir la gouvernance démocratique et les droits de l'Homme. Nous souscrivons à tous les droits protégés par les conventions internationales relatives aux droits de l'Homme et nous nous engageons à lutter contre toute forme de discrimination. »* Déclaration de Kinshasa (Annexe 5)

174. L'OIF est une Organisation internationale régionale atypique qui a comme objectifs prioritaires l'aide à l'instauration et au développement de la démocratie, la prévention des conflits et le soutien à l'Etat de droit et aux droits de l'Homme. La Déclaration de Bamako[138]est l'un des textes importants de l'OIF pour la promotion efficace des droits de l'homme. Point n'est besoin de rappeler les objectifs de l'OIF notamment :

- Développer l'esprit de tolérance et promouvoir la culture démocratique dans toutes ses dimensions, afin de sensibiliser, par l'éducation et la formation, les responsables publics, l'ensemble des acteurs de la vie politique et tous les citoyens

137 WEMBOLUA OTSHUDI KENGE Henri, l'appropriation des normes des droits de l'homme par les magistrats pour l'indépendance du pouvoir judiciaire et la protection des droits de l'homme en RD Congo, in Paroles de justice. Revue annuelle de Doctrine, 2010, pp 18-31

138 La Déclaration de Bamako du 3 novembre 2000 est le document de base de l'OIF pour la promotion et la protection des droits de l'homme. Cet instrument prévoit aussi les mécanismes de protection. La Déclaration est trouvable à l'annexe 6.

aux exigences éthiques de la démocratie et des droits de l'Homme ;

- Favoriser, à cet effet, l'émergence de nouveaux partenariats entre initiatives publiques et privées,
- Ratifier les principaux instruments internationaux et régionaux relatifs aux droits de l'Homme, honorer et parfaire les engagements ainsi contractés, s'assurer de leur pleine mise en œuvre et former tous ceux qui sont chargés de leur application effective ;
- Adopter en particulier, afin de lutter contre l'impunité, toutes les mesures permettant de poursuivre et sanctionner les auteurs de violations graves des droits de l'Homme, telles que prévues par plusieurs instruments juridiques internationaux et régionaux, dont le Statut de Rome portant création d'une Cour Pénale Internationale ;
- Créer et renforcer les institutions nationales, consultatives ou non, de promotion des droits de l'Homme ; encourager la création des structures nationales consacrées aux droits de l'Homme et soutenir l'action des défenseurs des droits de l'Homme ;
- Soutien aux groupes minoritaires, qu'ils soient ethniques, philosophiques, religieux ou linguistiques, de la liberté de pratiquer ou non une religion, du droit de parler leur langue et d'avoir une vie culturelle propre et promotion de la dignité des personnes immigrées.

175. L'OIF précise dans la Déclaration de Bamako qu'elle affirme son attachement à la DUDH et aux Chartes régionales ainsi que les engagements du Sommet de Dakar de 1989, de Chaillot de 1991, de Maurice de 1993, de Cotonou de 1995, de Hanoi de 1997 et de Moncton de 1999 s'occupe, dans le cadre de ses activités culturelles, de l'éducation et la formation aux droits de l'homme.

176. Les Chefs d'Etats et de gouvernements, membres de l'OIF ont affirmé, à l'occasion du 12e Sommet de la Francophonie organisée à Kinshasa[139], l'impérieuse nécessité de veiller à ce que la

139 Lire la Déclaration de Kinshasa en annexe5. L'OIF réaffirme à travers cette Déclaration sa détermination à accélérer la ratification par l'ensemble des pays francophones des principaux instruments internationaux relatifs aux droits de l'Homme et leur transposition en droit interne ; renforcer la participation des Etats au sein des mécanismes de promotion et de protection des droits de l'homme notamment au

mondialisation soit au bénéfice de tous et de promouvoir une gouvernance environnementale au service de la qualité de la vie. Ils ont estimé que les défis de la lutte pour la réduction de la pauvreté demeurent pressants au regard du niveau actuel de réalisation des OMD. Ils réaffirment la spécificité de la Francophonie, fondée sur la langue française et les valeurs qu'elle promeut : la diversité culturelle, le multilinguisme, la paix, la démocratie, l'État de droit, les droits de l'Homme, l'égalité entre les hommes et les femmes, le développement durable, l'éducation et la solidarité.

177. M. BAN KI-MOON salue le partenariat entre l'ONU et la Francophonie en faveur du développement et de la paix en Afrique. La coopération sur la réalisation des OMD et l'occasion est propice pour proposer des stratégies pour l'avenir des OMD après 2015. L'ONU et l'OIF s'intéressent aux multiples problèmes de l'organisation des élections, la paix et la sécurité dans le monde notamment au Madagascar, Egypte, Mali, RCA, RDC, Burkina Faso…

178. Faisant allusion au Printemps arabe qu'il salue à l'occasion de la conférence du 25 septembre 2013, Madame Navy PILLAY[140] à

Conseil des droits de l'Homme des Nations unies, pour la mise en œuvre des recommandations de l'Examen périodique universel ; le soutien de la CPI et sa mission de la protection des droits de l'Homme, le rétablissement de l'État de droit et la lutte contre l'impunité ; le renforcement de position commune pour la justice, vérité et réconciliation pour soutenir les États francophones en crise et ou en transition ; la promotion et la création des mécanismes de renforcement du rôle de la société civile et des organisations de défense des droits de l'Homme pour soutenir les progrès en faveur de la paix et de la démocratie dans l'espace francophone ; la promotion de la participation pleine et égale des femmes africaines à la vie politique, économique, sociale et culturelle ; la lutte contre les pires formes de travail , l' accélérer de l'intégration de l'espace francophone dans l'économie numérique mondiale et l'accès de toutes nos citoyens et citoyennes francophones aux technologies numériques ; la reconnaissance du rôle d'Internet comme instrument de promotion des droits de l'Homme, du droit à la liberté d'expression et à la participation démocratique, tout en appelant à l'adoption de normes mondiales et de législations nationales définissant les principes d'une protection effective des données personnelles.

140 Madame Navy PILLAY, Haut Commissaire aux Droits de l'Homme considère que « Le document le plus significatif du dernier quart de siècle

New York sur les Droits de l'homme : 20 ans après la Déclaration de Vienne, l'heure du Bilan, M. IVAN IMONOVIC, Sous Secrétaire Général aux droits de l'homme dit : « Si les attentes en matière des DH ne sont pas respectées, partout dans le monde, les peuples se rebelleront.»

179. Le mécanisme francophone de promotion et de protection des droits de l'homme n'est pas suffisamment connu malgré sa présence, ses multiples actions appréciables et ses mécanismes existants notamment l'Association francophone des commissions nationales de promotion et de protection des droits de l'Homme (AFCNDH), l'Association des ombudsmans et médiateurs de la Francophonie (AOMF), l'Association des institutions supérieures de contrôle ayant en commun l'usage du français (AISCCUF), l'Association internationale des procureurs et poursuivants francophones (AIPPF), l'Association des hautes juridictions de cassation des pays ayant en partage l'usage du français(AHJUCAF)…

2.4. La DUDH et l'OEA

180. L'Organisation des Etats américains était créée depuis 1948 par la Charte de Bogota. Cette Charte a été amendée par le Protocole de Buenos-Aires en 1967, le protocole de Cartagena de Indias en 1985 et le protocole de Managua de 1993. C'est depuis 1948 que la protection des droits fondamentaux de la personne humaine était posée comme l'un des buts de la Charte de Bogota et c'est la raison pour laquelle la Déclaration interaméricaine des droits et des devoirs de l'homme a été adoptée. Cette Déclaration est antérieure à la DUDH de quelques mois[141].

181. Cette Déclaration était suivie par la Convention américaine des droits de l'homme du 22 novembre 1969 et autres normes relatives aux droits de l'homme dont la Convention interaméricaine pour la prévention et la répression de la torture (1985-1987), la Convention interaméricaine sur la prévention, la sanction et l'élimination de la violence contre la femme (1994-1995), la Convention interaméricaine sur la disparition forcée des personnes

---

et l'un des plus importants des 100 dernières années sur la question des DH est la Déclaration et le Plan d'Action de Vienne de1993.

141 Hélène TIGROUJA, Helène TIGROUJA et Ioannis K. PANOUSSIS, La Cour interaméricaine des droits de l'homme. Analyse de la jurisprudence consultative et contentieuse, éd.Bruylant , 2003, p.20

(1994-1996), la Convention interaméricaine sur le trafic international des mineurs (1994-1997) et la Convention interaméricaine pour l' élimination de toutes les formes de discrimination contre les personnes handicapées (1999-2001). Il convient de signaler que quelques Etats de l'OEA ont participé à la rédaction et à l'adoption de la DUDH. La Commission interaméricaine des droits de l'homme est le mécanisme de protection des droits garantis par la Déclaration interaméricaine. La Commission est complétée par la Cour interaméricaine des droits de l'homme qui a son siège est à Washington, D.C.. Créée en 1959, elle est composée de sept membres, élus à titre personnel par l'Assemblée générale de l'OEA, et non en tant que représentant d'un État en particulier (art. 36 de la Convention américaine relative aux droits de l'homme). Ce sont « des personnes jouissant d'une haute autorité morale et possédant une compétence reconnue en matière de droits de l'homme. » (art. 34). La Cour sert notamment d'organe consultatif en matière des droits de l'homme pour l'OEA, et a aussi une fonction contentieuse en plus de son pouvoir de recevoir des pétitions.

182. La Cour a déjà rendu à ce jour plusieurs décisions en matière contentieuse relative aux droits de l'homme. La jurisprudence de la Cour est très riche et a contribué aux cotés d'autres jurisprudences à la promotion des droits de l'homme et particulièrement à la meilleure compréhension des droits consacrés par la DUDH. La jurisprudence ne s'est pas limitée à établir la responsabilité des Etats, auteurs des violations des droits de l'homme mais elle a défini des principes clés en matière de la réparation des préjudices subis par les personnes à la suite des violations des droits de l'homme. En fait, selon la jurisprudence de la Cour, la réparation comprend la restitution, l'indemnisation, la réadaptation ou réhabilitation, la satisfaction et les garanties de non renouvellement[142]. L'article 63-1 de la convention européenne codifie une règle de droit international coutumier, l'un des principes fondamentaux du droit international contemporain relatif à la responsabilité des États. Tout fait illicite imputable à un État engage sa responsabilité internationale pour violation d'une règle internationale et entraîne l'obligation

142 Karine BONNEAU, « Le droit à réparation des victimes de violation des droits de l'homme : le rôle de la Cour interaméricaine des droits de l'homme », in Droits fondamentaux, n° 6, janvier - décembre 2006 www.droits-fondamentaux.org;

consécutive de réparation et de faire cesser les conséquences de la violation (Affaire Velasquez c/Honduras)[143].

183. La Cour et la Commission interaméricaine des droits de l'homme accomplissent merveilleusement de leurs obligations. Après Trinité et Tobago en 1998, le Venezuela en 2013 est le second pays de l'OEA à dénoncer le système de protection des droits de l'homme de l'Organisation, qui regroupe l'ensemble des pays américains, à l'exception de Cuba. Le Canada et les Etats-Unis n'ont pas ratifié la Convention interaméricaine des droits de l'homme.

4. LA LIGUE DES ETATS ARABES ET LA DUDH

184. Le Conseil de la Ligue des Etats arabes a adopté au Caire, le 15 septembre 1994, la Charte arabe des droits de l'homme. Cette Charte fait suite à la Déclaration islamique universelle des droits de l'homme du 19 septembre 198. Cette Déclaration tire son fondement de l'Islam soit du coran.[144] Le Conseil de la Ligue arabe a décidé en mars 2003 de procéder à une nouvelle rédaction de la Charte pour l'aligner sur les principes et instruments internationaux relatifs aux droits de l'homme. Sur la base d'un Protocole d'accord signé par la Ligue des Etats arabes et le Haut Commissariat aux droits de l'homme en avril 2002, un Comité d'experts était créé et chargé de réviser la Charte en mai 2004. Le HCDH manifeste une préoccupation sur quelques dispositions de cette Charte notamment l'état d'urgence, le droit à un procès équitable, l'esclavage, les violences sexuelles, les handicaps et les trafics. La Charte a créé un mécanisme de surveillance comme dans les autres mécanismes régionaux mais malheureusement les plaintes individuelles n'y sont pas prévues.

185. Pour Monsieur Fréderic Sudre, il y a une contradiction radicale entre droits de l'homme proclamés au plan universel et les normes musulmanes dès lors que les Etats musulmans refusent de faire prévaloir les normes universelles sur les normes divines, parce que ce serait blasphémer contre leur auteur qui est Allah[145].

---

143 Hélène TIGROUJA et alii, op. cit., p.40

144 Maurice KAMTO, op.cit., 11-47

145 Frédéric SUDRE, Droit européen et international des droits de l'homme, 8° édition, Puf, Paris, 1989, p.171

186. Dans l'Arrêt Refah Partisi (Parti de la Prospérité) et al. Contre la Turquie (31 juillet 2001), la Cour européenne des droits de l'homme considère que le parti politique en cause, qui visait l'instauration de la charia en Turquie, « peut passer difficilement pour une association conforme à l'idéal démocratique sous-jacent à l'ensemble de la convention et juge en conséquence, que sa dissolution n'enfreint pas la Convention[146].

187. Quelques délégués des Etats arabes ont participé à l'adoption de la DUDH et ils l'ont aussi adopté, en dépit de quelques réserves émises. A titre illustratif, Monsieur RAAFAT, le délégué de l'Egypte manifesta très clairement la position de la religion musulmane à travers deux réserves en rapport avec l'article 17 et 19 de la DUDH. Il dit : « Je dois signaler qu'il existe chez nous comme chez tous les Etats musulmans, certaines restrictions, certains empêchements quant au mariage des femmes musulmanes avec les individus d'une autre religion. Ces empêchements sont d'ordre religieux...Il ne faut pas tenir compte d'autant plus qu'ils ne choquent pas la conscience universelle, comme par exemple, la restriction basée sur la nationalité, la race ou la couleur que nous réprouvons entièrement et que nous ne connaissons pas.[147] »

188. Quant à l'article 19, le délégué de l'Egypte dit : « ... Nous approuvons la liberté de pensée, de conscience et de religion sans aucune réserve mais nous sommes légèrement en désaccord sur la liberté de changer de religion ou de conviction. Très souvent, ...c'est pour réaliser parfois certaines fins très peu louables qu'on change de religion... [148]»

C. LA VALEUR DE LA DUDH AU SEIN DES ETATS

1° De l'Intégration constitutionnelle des droits de l'homme

189. Comme déjà effleuré ci-dessus, le Droit constitutionnel revalorise la DUDH dans plusieurs Etats et systèmes juridiques. En fait, selon GAMBARAZA et DODD, depuis son adoption, des dispositions issues de la DUDH ont été incorporées au sein des ordres juridiques de la Common Law. Cette incorporation résulte le plus souvent de décisions des cours qui ont jugé que certaines de ces

---

146 Idem
147 Fondation Danielle Mitterand : op.cit, p.234
148 Fondation Danielle Mitterand : op.cit, p.234

dispositions appartiennent au Droit international coutumier et ont donc une portée juridique contraignante. Les législateurs et les juges ont toute fois rarement conféré force obligatoire à l'ensemble du texte.[149]

190. Il ne faut pas se leurrer. Dans certains Etats, l'adhésion à la DUDH loin de servir la promotion et le respect des droits de l'homme, c'était un acte d'apparat ou de parade ! Le cas ivoirien, selon Madame Pélagie, est éloquent à ce sujet. « La Constitution de 1959 et 1960 proclament l'attachement du peuple ivoirien aux droits de l'homme tels que définis par les Déclarations de 1879 et de 1948. »[150].Quant à la RDC, dans sa première Constitution élaborée par les congolais[151] le 1er Août 1964, dans son préambule, elle proclama son adhésion à la DUDH en lui consacrant le titre II sur les Droits fondamentaux soit de l'article 11 à l'article 46. La Constitution de la RDC du 18 février 2006 dont le titre II porte sur les droits et libertés fondamentales comprend environ 50 articles sur ses 229 soit de l'article 11 à l'article 61.[152]

191. Nous pouvons lire ce qui suit dans la Loi fondamentale de l'Allemagne : « Conscient de sa responsabilité devant Dieu et devant les hommes, animé de la volonté de servir la paix du monde en qualité de membre égal en droits dans une Europe unie, le peuple allemand s'est donné la présente Loi fondamentale en vertu de son pouvoir constituant »[153]. La Constitution de la RFA du 23 mai 1949 comprend 18 articles sur les Droits fondamentaux. Les idées défendues par la DUDH se retrouvent dans la Constitution sans en faire référence. La Constitution détermine clairement les obligations des Pouvoirs publics. « La dignité de l'être humain est intangible.

149 Marc GAMBARAZA et Adrien RODD, Le statut juridique de la DUDH dans les Etats de Droit anglo-saxon, in Droits Fondamentaux, n°8, janvier 2010-décembre 2010, Trouvable en ligne : www.droits-fondamentaux.org

150 K.A. N'DRI THEOUA Pélagie, Constitution et démocratie en Côte d'Ivoire.

151 WETSH'OKONDA KOSO S. Marcel, « Les textes constitutionnels congolais annotés », éd.CDHC-Asbl, Kinshasa, s.d., p.85. Le constituant originaire de la Loi Fondamentale du 17 juin 1960 relative aux structures du Congo et la Loi Fondamentale du 17 juin 1960 relative aux libertés publiques n'était pas à proprement parler congolais.

152 J.O. de la RDC : La Constitution du 18 février 2006.

153 Préambule de la Constitution Fédérale de l'Allemagne.

Tous les pouvoirs publics ont l'obligation de la respecter et de la protéger. En conséquence, le peuple allemand reconnaît à l'être humain des droits inviolables et inaliénables comme fondement de toute communauté humaine, de la paix et de la justice dans le monde. Les droits fondamentaux énoncés ci-après lient les pouvoirs législatif, exécutif et judiciaire à titre de droit directement applicable. »[154]

192. Aux Etats-Unis, la Constitution est très brève. Elle présente l'idéal de la société américaine en ces termes : « Nous, Peuple des États-Unis, en vue de former une Union plus parfaite, d'établir la justice, de faire régner la paix intérieure, de pourvoir à la défense commune, de développer le bien-être général et d'assurer les bienfaits de la liberté à nous-mêmes et à notre postérité, nous décrétons et établissons cette Constitution pour les États-Unis d'Amérique. »

193. Vers les années 1791, 10 Amendements à la Constitution étaient adoptés en vue d'ajouter et ou de préciser certains droits et libertés fondamentales. Il s'agissait des amendements en rapport avec les libertés des citoyens notamment la liberté de religion, la liberté de la parole ou de la presse, ou le droit qu'a le peuple de s'assembler paisiblement et d'adresser des pétitions au gouvernement pour la réparation des torts dont il a à se plaindre, le droit de porter les armes, la liberté d'association et de pétition, des cautions excessives ne seront pas exigées, ni des amendes excessives imposées, ni des châtiments cruels et exceptionnels infligés ; le droit d'être jugé promptement et publiquement par un jury impartial de l'État...

194. La Constitution américaine et les droits de l'homme qui y sont attachés appartiennent ainsi à un patrimoine commun dont chaque citoyen est à la fois le titulaire, l'interprète et le gardien. Dans la pratique, les droits de l'homme figurent au premier plan des débats nationaux, au point qu'une bataille politique a peu de chance d'être gagnée si elle ne peut pas être présentée comme un combat en faveur des droits de l'homme. L'histoire américaine s'est ainsi construite à travers des grands débats, tels que la lutte contre

---

154 Article 1er de la Constitution de la Fédérale d'Allemagne.

l'esclavage, celle pour les droits civiques, ou plus récemment l'affirmative action[155].

195. Tout en mentionnant les DH dans leur Constitution, ils ont cependant insisté sur les devoirs des citoyens. Il en est ainsi, par exemple, de l'URSS qui disposait à l'article 59 ce qui suit dans sa Constitution de 1977 : « L'exercice des droits et libertés est inséparable de l'exécution de ses devoirs par le citoyen. Le citoyen de l'URSS est tenu de se conformer à la Constitution de l'URSS et aux lois soviétiques, de respecter les règles de la vie en société socialiste et de porter dignement le haut titre de citoyen de l'URSS. »[156]

196. Les Constitutions proclament les droits de l'homme. On ne peut négliger le fait que les Constitutions ne reflètent toujours pas la véritable face des dirigeants par rapport à la protection et la promotion des droits de l'homme. Les juges d'une manière générale et le juge constitutionnel ont œuvré dans plusieurs Etats en véritable gardien des droits fondamentaux pour éviter ce que Luc SINJOUN considère comme l'esthétisation ou la stylisation des droits fondamentaux qui participe de la distinction et relève du dispositif étatique de séduction des bailleurs de fonds et de la communauté internationale plutôt que la volonté politique de promouvoir les droits fondamentaux. Il s'agit de « Constitution-carte de visite »[157]

197. Dans le même ordre d'idée, Maurice KAMTO constate que : «L'élévation des droits de l'homme au sommet de la hiérarchie des normes dans l'ordre juridique de l'Etat[158] quant à l'importance accordée à ces droits et à leurs bénéficiaires même s'il y a lieu de

---

155 Roseline Letteron, L'Universalité des droits de l'homme : apparences et réalités de l'idéologie des droits de l'homme en France et aux Etats-Unis, p.152

156 Fréderic Sudre, Droit européen et international des droits de l'homme, Puf, 8°édition, 2006, p.42

157 SINDJOUN L., « Les nouvelles constitutions africaines et la politique internationale : contribution à une économie internationale des biens politico-constitutionnels, Etudes internationales », Vol 26, n°2, 1995, p 334.

158 Le Professeur NYABIRUNGU enseigne que dans l'enseignement des sources du Droit, les droits de l'homme occupent une place de choix. (Propos à l'occasion d'un Atelier sur l'indépendance du Pouvoir judiciaire en 2012 à Kinshasa.)

craindre qu'il s'agit surtout d'une opération de charme contagieuse avant tout destinée à rassurer les bailleurs de fonds internationaux est, de façon générale, à faire plaisir à une Communauté internationale aussi pressante sur les principes que peu regardante sur l'effectivité » [159].

198. Dans le contexte de Congo-Brazzaville, pour Monsieur Félix BANKOUNDA, « L'idée de Constitution, corollaire de l'État de droit, n'emballe pas une large partie de l'élite congolaise. L'histoire politique de ce pays, depuis l'indépendance, apparaît comme le désaveu d'une Constitution écrite. Il est vrai que généralement, en Afrique, ces textes ne se sont pas justifiés par des exigences endogènes mais par l'application d'une pédagogie internationale très bien présentée, sous le mode métaphorique, par deux constitutionnalistes: « Prétendre entrer dans la société internationale sans Constitution serait un peu comme se présenter à une soirée en costume de bain » (Expression de André Hauriou) »[160]

2°. Des limites des droits de l'homme

199. La souveraineté internationale des Etats est un principe fondamental du Droit international. Le phénomène de la colonisation avec tous les comportements cruels, inhumains et dégradants étaient contraires à la DUDH. Nous avons déjà dit ci-haut que les leaders d'indépendance en Afrique comme NKUAME N'KRUMAH, Patrice Emery LUMUMBA[161], Jerry RAWLING ... avaient la

159 KAMTO M., cité par WETSH'OKONDA KOSO, La protection des droits de l'homme constitutionnellement garantis dans la jurisprudence de la Cour suprême de justice : bilan à mi parcours et perspectives d'avenir, in Revue du Barreau de Kinshasa-Gombe, n°03/2009, Kinshasa, pp117-134.

160 Félix BANKOUNDA, « CONGO-BRAZZAVILLE Une septième Constitution pourquoi faire ? », in Politique africaine, n° 81 (Magazine-Débat 163 Brazzaville), mars 2001.

161 Lire Professeur Thomas TURNER, Ethnogenèse et nationalisme. En Afrique centrale aux racines de Patrice LUMUMBA, éd. L'Harmattan, Paris, 2000, p.456 (LUMUMBA était contre le tribalisme et il avait gagné l'appui d'individus issus de nombreux groupes ethniques sur la base de son nationalisme territorial. Pourtant LUMUMBA était soutenu fermement par son ethnie et les ethnies apparentées à la sienne. Comment a-t-il réussi à concilier ces deux positions apparemment contradictoires ?)

connaissance de la DUDH et autres instruments juridiques de la lutte anticolonialiste, ce qui est du reste confirmé avec force détail par M. Sidiki KABA qui soutient que : « Les leaders des Etats coloniaux se sont fondé sur les principes philosophiques et juridiques édictés par la DUDH. Leur combat a eu un retentissement profond auprès des opinions publiques colonisatrices qui rejetaient cette forme abjecte d'avilissement des peuples et des individus. Les colonisateurs étaient contraints de satisfaire les revendications légitimes d'indépendance »[162].

200. De nos jours, du fait de l'attention considérable de la Communauté internationale sur les droits de l'homme, il faut reconnaître que le principe de la sacro-sainte souveraineté du Droit international classique, est en recul.

201. Lorsqu'il y a des violations des DH, l'objectif du Droit international des droits de l'homme (...) est de protéger les victimes et de prévoir une réparation des dommages résultant des actes commis par les États responsables.[163] Pour Carine Bonneau, en vue de garantir les droits reconnus aux personnes, les victimes des violations de la Convention doivent obtenir réparation. C'est dans ce sens que la Cour interaméricaine des droits de l'homme avait arrêté que : « Les réparations consistent en des mesures qui visent à supprimer, modérer ou compenser les effets des violations commises. Leur nature et leur montant dépendent des caractéristiques de la violation et du dommage causé tant au niveau matériel qu'immatériel[164] »

202. D'une part, le droit à la vérité et le droit à la justice sont systématiquement pris en compte et développés de façon autonome. D'autre part, les dommages consécutifs à leur violation interviennent dans la définition de chaque droit à réparation : la restitution, l'indemnisation, la réadaptation, la satisfaction et les garanties de non-renouvellement, successivement examinés.

---

162 Sidiki KABA, op.cit. , p. 86

163 Karine BONNEAU, « Le droit à réparation des victimes de violations des droits de l'homme : le rôle pionnier de la cour interaméricaine des droits de l'homme », in Droits fondamentaux, n° 6, janvier - décembre 2006, pp1-32

164 Karine BONNEAU, op.cit., pp 1-32

203. Avec les lois d'amnistie qui priment l'impunité, la Cour interaméricaine a jugé qu'elles sont un obstacle au droit à réparation. Les décisions rendues par les juridictions militaires ne comptent pas surtout lorsqu'il s'avère que la justice a été rendue de manière complaisante et que l'on ne peut accepter d'appliquer le principe « Autorité de la chose jugée ou Non bis in idem ». La Cour pénale internationale parle mieux de l'autorité de la chose jugée apparente ou frauduleuse. De même, la compétence des juridictions militaires en matière de droits de l'homme suffit pour qualifier l'impartialité des procédures, de même que la reconnaissance par l'Etat de sa responsabilité internationale implique que les procédures nationales étaient effectivement viciées[165].

204. La souveraineté des Etats recule aussi face à l'institution de la Responsabilité[166] de Protéger qui permet à la communauté internationale d'intervenir impérieusement en faveur, principalement de la sécurité humaine et du respect des droits de l'homme, même sans l'autorisation de l'Etat souverain dont la population est en souffrance[167]. Pour éviter l'arbitraire et reconnaître la souveraineté internationale des Etats, la responsabilité de protéger s'applique dans le respect des normes minimales du Droit international humanitaire et des droits inaliénables de la personne humaine. Cette responsabilité doit être respectueuse du Droit international public (coutumier) comprenant notamment les normes de jus cogens, les normes impératives et ou à valeurs coutumières dont les Etats ne peuvent contester. Qu'en est-il de la pratique ?

205. La Responsabilité de Protéger a permis à la Communauté internationale d'entrer au Soudan malgré l'opposition du gouvernement et ceci en vue d'assister les personnes en détresse … La mise en œuvre de cette Responsabilité de Protéger (RP) est parfois critiquée pour multiples motifs notamment une dose de

165 Karine BONNEAU, op.cit., pp 1-32

166 MUTOY MUBIALA, op cit, p. 43

167 La souffrance qui entraîne la responsabilité de protéger se justifie lorsqu'il y a des pertes considérables en vies humaines, effectives ou appréhendées, qu'il y ait ou non intention génocidaire, qui résultent soit de l'action délibérée de l'État, soit de sa négligence ou de son incapacité à agir, soit encore d'une défaillance dont il est responsable ; ou un « nettoyage ethnique » à grande échelle, effectif ou appréhendé, qu'il soit perpétré par des tueries, l'expulsion forcée, la terreur ou le viol…

politisation exprimée en des termes mathématiques : « Deux poids deux mesures ». Certes, une logique mathématique pour démontrer ce qui n'est pas normal soit assister X dans certaines conditions et ne pas assister Y qui se retrouvent dans les mêmes conditions.

206. Cette institution remet-t-elle en cause le principe fondamental de souveraineté défendu par le Droit international public classique ? En fait, l'institution de la RP en Droit international des droits de l'homme, loin de fouler à pieds la souveraineté des Etats, elle vise le respect effectif et universel des droits de l'homme. La RP s'explique par le devoir d'ingérence humanitaire. Que vaut un Etat ou un gouvernement incapable de fournir à sa population la sécurité[168], les services adéquats pour la satisfaction des besoins primaires et les conditions minimales pour le respect de la dignité de la personne humaine ! La Communauté internationale s'intéresse à l'assistance humanitaire, sans se plier au principe de souveraineté, d'ingérence et de la même ardeur face aux situations explosives[169] dans le monde. Quels sont les moyens à la disposition de la Communauté internationale dans le cadre de la responsabilité de protéger ?

207. Jadis, les Etats souverains avaient des compétences internes strictement réservées. Avec les droits de l'homme, la donne a changé. Ces derniers ne sont plus de la compétence exclusive des Etats. A travers leurs engagements internationaux, les Etats

---

[168] Eric MACLAY présente la notion de RP dans son article sur « La Responsabilité de protéger. Un nouveau paradigme ou boite à outils ? » En ces termes : « L'Etat n'est plus seul acteur sur la scène internationale en matière de sécurité, de même que les menaces deviennent plurielles et complexes. Il est indispensable de comprendre cette évolution de concept de sécurité pour en saisir la portée, la sécurité humaine étant même au centre de la RP. La vision qui place l'individu comme le référent sécuritaire de base, par opposition à l'Etat qui est le référent sécuritaire de la sécurité nationale ou « collective » au sens de la sécurité collective onusienne.

169 Comment a-t-on mis la responsabilité de protéger dans la situation de Darfour qualifiée, par Jan Egeland, de la plus grave crise humanitaire du siècle. Le conflit de la RD Congo est considéré comme la pire depuis la Seconde Guerre mondiale. Consulter la radio BBC : http : //news.bbc.co.uk/1/hi/world/africa/default.stm

acceptent le contrôle des OI et d'autres Etats notamment dans le cadre de l'application des conventions internationales, des mécanismes juridictionnels et quasi juridictionnels de protection des droits de l'homme...

208. La souveraineté des Etats est, bel et bien, limitée par les implications des droits de l'homme qu'il faille à tout individu et particulièrement tout agent et fonctionnaire de l'Etat de s'intéresser à cette notion d'actualité et aux conséquences parfois gravissimes contre les dirigeants. Certains acteurs étatiques ignorent parfois la portée de leurs actes, leurs attitudes et comportements face aux situations délicates parfois orientés par des principes universels considérés comme des standards minimums. Tous les acteurs étatiques engagent le responsabilité de l'Etat en cas de violation des droits de l'homme en vertu du principe de l'Unité de l'Etat en Droit international. La DUDH nous introduit dans les notions fondamentales des droits de l'homme et on peut en dégager quelques principes de base ayant une influence certaine sur la portée du Droit international et de la souveraineté des Etats.

209. En interne comme à l'international, l'idéal de la souveraineté étatique est de conférer plus de pouvoir aux dirigeants d'agir en faveur du mieux-être et de la protection des personnes, de leurs biens, du territoire national et des richesses du pays, sans entraves de quelconque citoyen ou institutions nationales et internationales. Si tout citoyen et toute personne, sans discrimination de nationalité, a le devoir de défendre cette Souveraineté nationale, cette dernière n'a de sens que lorsqu'elle garantit les DH.

210. Il convient de rappeler que la DUDH s'impose comme « le premier mot d'ordre éthique que l'humanité organisée eut jamais adopté[170]» ou « code moral de l'humanité[171].» Recourir à la souveraineté internationale face aux violations flagrantes des droits de l'homme devrait être ressentie comme une honte plutôt qu'un

170 Propos de M. René Cassin rappelé par l'ex- Président français, M. François Mitterrand, dans son discours à l'occasion des cérémonies du 40°anniversaire de la Déclaration Universelle des Droits de l'Homme. Lire Fondation Mitterand : Colloque international des 8 et 9 décembre1988, Paris, 1989, p. 250

171 Federico MAYOR, Ancien Directeur Général de l'UNESCO, dans son allocution à l'occasion du colloque sur le 40° anniversaire de la DUDH en France.

acte digne ou de patriotisme pour un gouvernement à visage humain, dans la mesure où la coopération entre les Etats est fondée sur la solidarité des peuples, la fraternité de tous les êtres humains et la dignité de l'être humain !

211. Les Etats en adhérant aux Actes constitutifs des OI acceptent d'abandonner partiellement leur souveraineté en vue d'atteindre leurs objectifs poursuivis au sein de l'OI. Il en est ainsi avec l'appartenance des Etats à l'ONU et la ratification des Conventions internationales relatives aux DH. Accepter de communiquer des Rapports périodiquement pour rendre compte de la mise en œuvre de la Convention relève de la volonté de l'Etat de respecter ses engagements internationaux et sa bonne foi de s'engager au sein de l'OI. Les bonnes pratiques ont été démontrées par les Etats qui ont accepté de donner effet aux Constatations et Recommandations des Organes de surveillance des Traités tels le Comité des Droits de l'Homme du PIDSC, le Comité du PIDESC, le Comité pour les droits des femmes, le Comité pour les droits de l'enfant… Le cas du Pays-Bas est très significatif[172]. En effet, malgré son désaccord aux Conclusions formulées par le Comité des droits de l'homme, le Pays-Bas accorda une indemnité à l'auteur de la plainte, par respect du Comité ! D'autres Etats ont agi aussi dans le même ou similaire sens[173].

212. L'histoire de la DUDH avant et après son adoption, nous a permis de saisir sa valeur au sein des Etats et des OI. Elle facilite la compréhension des DH et il sied de découvrir des notions générales relatives aux principes de base des DH, les sources et les structures de promotion et de protection des DH.

[172] Leahl LEVIN, Droits de l'Homme. Questions et réponses. Cinquantième anniversaire de la DUDH 1948-1998, éd. Unesco, 1997, p.30

[173] La Finlande a modifié sa loi sur les étrangers afin d'aligner ses dispositions régissant la détention d'étrangers sur le Pacte comme le Comité l'y engageait. Elle a aussi indemnisé la victime. C'est aussi le cas avec l'Ile Maurice, le Canada, la Colombie, l'Equateur, le Pérou, Trinité et Tobago… Lire Leahl LEVIN, op.cit., p.30

QUIZ

1. Les membres du Comité de la rédaction de la Déclaration universelle des droits de l'homme sont les suivants à l'exception de :
    a. Eleanor Roosevelt
    b. René Cassin
    c. Alfred Mumphred
    d. Peng CHUNG
    e. Aucune bonne réponse
    f. f. Aucune mauvaise réponse
2. L'assertion suivante est fausse :
    a. La DUDH était adoptée le 10 décembre 1948 à Chaillot.
    b. La DUDH était adoptée avec 8 abstentions et aucune contestation
    c. Les rédacteurs de la DUDH s'étaient inspirés de la Déclaration d'indépendance des Etats Unis,
    d. Le Bill of Rights, la Magna Carta et la Déclaration française des droits de l'homme et libertés des citoyens ont précédé la DUDH.
3. Le texte de la DUDH est trouvable exclusivement:
    a. A la bibliothèque de l'ONU
    b. Dans le site internet du Haut commissariat des Nations Unies aux Droits de l'homme.
    c. Dans les textes compilés de l'ONU et du HCDH
    d. Toutes les assertions sont bonnes.
4. Commentez les pensées suivantes :
    - L'ignorance, l'oubli ou le mépris des droits de l'homme sont les seules causes des malheurs publics et de la corruption des gouvernements.
    - Le peuple est la source des pouvoirs et le détenteur de la souveraineté qu'il exerce à travers les institutions constitutionnelles.
    - Nous tenons pour évidentes par elles -mêmes les vérités suivantes : tous les hommes sont créés égaux, ils sont doués par le créateur de certains droits inaliénables. Parmi ces droits se trouvent la vie, la liberté et la recherche du bonheur. Les gouvernements sont établis par les hommes pour garantir ses droits, et leur juste pouvoir émane du consentement des gouvernés.

5. Les Deux pays africains qui avaient voté « OUI » pour l'adoption de la DUDH sont :

   a. Guinée et Ghana
   b. Ethiopie et Somalie
   c. Maroc et Afrique du Sud
   d. Ethiopie et Liberia
   e. Aucun pays africain

Chapitre deuxième

LA DUDH ET QUELQUES NOTIONS DE BASE DES DROITS DE L'HOMME

213. « La destruction, chaque année, de dizaines de millions d'hommes, de femmes et d'enfants par la faim constitue le scandale de notre siècle. Toutes les cinq secondes un enfant de moins de dix ans meurt de faim. Sur une planète qui regorge pourtant de richesses... Dans son état actuel, en effet, l'agriculture mondiale pourrait nourrir sans problèmes 12 milliards d'êtres humains, soit deux fois la population actuelle. Il n'existe donc à cet égard aucune fatalité. Un enfant qui meurt de faim est un enfant assassiné.» Jean Ziegler

214. La DUDH est pour les droits de l'homme et les libertés fondamentales, à notre sens, ce que la fondation représente pour une maison. Sans doute, la DUDH est le socle des droits de l'homme comme l'expliquait René Cassin : « La DUDH est le premier jalon de la construction d'un véritable système onusien de protection des droits de l'homme. »[174] Elle a été consacrée comme telle par son adoption par l'AG-ONU à titre de premier instrument des droits de l'homme. Dès lors les problèmes et stratégies en rapport avec les droits de l'homme tournent autour de ce document qu'il faille comprendre qu'elle est sa valeur juridique, sa valeur politique en Droit international et au sein des Etats, les principes fondamentaux des droits de l'homme y développés et quelques mécanismes de protection et de promotion des droits de l'homme.

2.1. LA DUDH ET LES PRINCIPES DES DROITS DE L'HOMME

215. Est-ce que la DUDH a octroyé des droits aux individus ? Est-ce que les droits contenus dans la DUDH ne concernent pas les africains, les arabes, les asiatiques ou les citoyens ressortissants des Pays en développement ? Quel est l'objectif fondamental des droits de l'homme ? quels sont les principes fondamentaux dégagés par la DUDH ? De prime abord, il y a lieu de repréciser que la DUDH proclame des droits inhérents à la personne humaine. Ces droits sont garantis par des règles juridiques, morales, religieuses ... et sont parfois observés sur le plan interne des Etats jusqu'aux entités locales et coutumières. Ces droits sont sous-tendus par quelques idées forces acceptées par les nations civilisées et qui forment le Droit international coutumier. Nous préciserons la portée de l'Observation n° 31 du Comité des droits de l'homme relative à la

---

174 Jean-Manuel Larralde, Lorsque René Cassin commentait la DUDH ; propos du cours publié dans le Recueil des cours de l'Académie de Droit international de 1951, CRDFED, n°7, 2009, p.23-32

nature de l'obligation juridique générale imposée aux États parties au Pacte qui dispose que : « Les règles concernant les droits fondamentaux de la personne humaine» sont des obligations erga-omnes et que, comme il est indiqué au quatrième alinéa du préambule du Pacte, la Charte des Nations Unies impose aux États l'obligation de promouvoir le respect universel et effectif des droits de l'homme et des libertés fondamentales. »

216. En effet, dans la DUDH, on peut dégager quelques principes fondamentaux ou idées-forces acceptées par la majorité d'Etats. Ces principes doivent être connus et acceptés par toute personne dans la mesure où ils reflètent l'aspiration profonde l'humanité et de tout être humain. Ils proclament et garantissent certaines valeurs qui sont à la fois un idéal pour l'humanité et un guide ou un repère de comportement et d'attitude dans la vie de tout individu et tout Etat, au quotidien.

217. Ce faisant, nous parlerons de quelques principes clés notamment les principes de l'égalité des personnes en dignité et en droit, l'universalité des droits de l'homme, l'inaliénabilité des droits de l'homme, la « justiciabilité » des droits de l'homme, l'indivisibilité et l'interdépendance des droits de l'homme, le principe de l'interdiction de la torture et les traitements cruels, inhumains et dégradants, le principe de la fraternité, le principe de la présomption d'innocence et le principe du respect des droits de la défense …

218. Il convient de noter que notre énumération *des principes des droits de l'homme n'est pas exhaustive*. La Déclaration sur le droit et la responsabilité des individus, groupes et organes de la société de promouvoir et protéger les droits de l'homme et les libertés fondamentales universellement reconnus dispose que : « Chacun a le droit, individuellement ou en association avec d'autres, d'élaborer de nouveaux principes et idées dans le domaine des droits de l'homme, d'en discuter et d'en promouvoir la reconnaissance.[175]»

---

175 Article 7 de la Déclaration sur le droit et la responsabilité des individus, groupes et organes de la société de promouvoir et protéger les droits de l'homme et les libertés fondamentales universelles reconnus (Annexe 3), Fiche d'information du HCDH, Les défenseurs des droits de l'homme : Protéger le droit de défendre les droits de l'homme, Fiche d'information, n°29, Genève, 2004, p.57.

219. Les principes fondamentaux des droits de l'homme sont ce que le cœur représente pour la vie d'un homme. Sans cœur ou si le cœur cesse de battre, l'homme n'existe pas. La maîtrise et le respect des principes a un grand prix dans la mesure où elle permet de forger une conviction, une orientation de comportement et une force d'action pour assumer sa dignité et celle des autres. Les agents publics de l'Etat conscients et ayant à cœur les principes fondamentaux des droits de l'homme pourront assurer correctement leur mission et ce, dans le respect des droits des autres. Les principes fondamentaux des droits de l'homme, fort de leur acceptation par les nations civilisées, ils constituent une source importante qui irriguent le Droit positif et revalorise en priorité la dignité de la personne humaine, même face aux lois injustes. Il n'y a qu'à considérer l'égalité des personnes en dignité et en droits, l'interdiction de la torture, le principe de non- discrimination…

A. LE PRINCIPE DE L'EGALITE DES DROITS

220. D'entrée de jeu, l'égalité des droits implique l'égalité de tous devant la loi d'où à situation semblable, il faut des solutions semblables et de surcroit la loi devra tendre vers l'égalité des chances pour tous[176]. Parler de l'égalité des personnes en dignité et en droit[177] apparaît, de prime abord, simple mais en réalité, la notion de l'égalité est très complexe et a beaucoup d'implications quant à la promotion des droits de l'homme. L'égalité des personnes en dignité et en droits a une valeur matricielle sur laquelle se fonde plusieurs droits, principes et actions de promotion et de protection des droits de l'homme.

221. Selon son étymologie, en latin "aequalis", de "aequus", on peut penser à ce qui est uni, juste. L'**égalité** est l'état, la qualité de deux choses égales ou ayant une caractéristique identique (égalité d'âge, de taille ...). Pour l'être humain, l'égalité est le principe qui fait que tous les êtres humains doivent être traités de la même manière,

---

176 Gilles LEBRETON, Les Droits fondamentaux de la personne humaine en 1995 et 1996, éd. L'Harmattan, Paris, 1998, p.31

177 Les êtres humains sont différents de par quelques caractéristiques notamment le sexe, l'âge, la couleur, l'ethnie, la religion mais ils naissent et demeurent sur le plan juridique libres et égaux en dignité et en droits. La reconnaissance des droits de l'Homme inhérents à tout être humain implique l'interdiction de la discrimination.

ils bénéficient de la même protection par les mêmes lois et ont droit à la même dignité. Ils sont soumis aux mêmes devoirs.

222. L'égalité se présente sous diverses formes notamment :

- L'égalité morale portant sur la dignité, le respect et la liberté. Elle est considérée comme étant au-dessus de toutes les autres formes d'égalité.
- L'égalité civique, c'est-à-dire l'égalité devant la loi, par opposition aux régimes des privilèges. Tous les citoyens sont égaux devant les services publics et peuvent y accéder comme travailleurs ou bénéficiaires dans les conditions d'égalité.
- L'égalité sociale qui cherche à égaliser les moyens ou les conditions d'existence.
- L'égalité politique (par rapport au gouvernement de la cité).
- L'égalité des chances mise en avant par le libéralisme. (L'égalité des chances a comme objectif corriger les inégalités de fait en vue d'assurer tant soit peu l'égalité en droit devant la loi et par la loi.)

223. Dans le souci de promouvoir l'égalité des chances, Monsieur l'Avocat général **Tesauro** avait développé la notion d'action positive autrement appelée discrimination positive. En effet, dans ses conclusions dans l'affaire Kalanke, l'Avocat général dit : " Les actions positives ont pour objectif l'exigence d'éliminer les obstacles de fait qui pèsent sur certaines catégories déterminées ou certains groupes déterminés de personnes, qui sont donc désavantagés dans le domaine de l'emploi. Il s'agit de l'un des instruments utilisés pour réaliser l'égalité des chances des groupes minoritaires ou autres groupes désavantagés: la méthode consiste, en règle générale, à accorder un traitement préférentiel à ces groupes.[178]

224. Certains auteurs n'acceptent pas l'expression « discrimination positive »au motif que le terme discrimination est lui-même négatif et logiquement, on ne peut pas associer la discrimination à la qualification positive d'où au lieu de la discrimination positive, on doit privilégier le terme ***« Action positive »*** dans la mesure où les mesures (actions) prises sont salutaires pour les marginalisés, les victimes de la discrimination, les victimes de comportements indélicats et scélérats.

---

178 Les particuliers et l'ordre juridique communautaire, p. 143

225. Dans la pratique, le principe d'égalité suppose parfois de la part des Etats parties, l'adoption des mesures en faveur de groupes désavantagés, visant à atténuer ou à supprimer les conditions qui font naître ou contribuent à perpétuer la discrimination interdite par le Pacte. C'est ainsi que dans les Etats où la situation générale de certains groupes de population empêche ou compromet leur jouissance des droits de l'homme, l'Etat doit prendre des mesures spéciales pour corriger ces erreurs[179].

226. S'agissant du respect du principe de l'égalité des personnes, le Comité pour l'élimination de la discrimination raciale à sa soixante et onzième session du 30 juillet au 17 août 2007 rappela à la RDC que le principe de non-discrimination commande que les caractéristiques culturelles des groupes ethniques soient prises en considération. Il l'engagea vivement à respecter et à protéger l'existence et l'identité culturelle de tous les groupes ethniques vivant sur son territoire. Il l'invita en outre à revoir sa position à l'égard des peuples autochtones et des minorités et, dans cette optique, à prendre en considération la façon dont les groupes concernés se perçoivent et se définissent eux-mêmes[180].

227. Le principe de l'égalité des personnes en droit et en dignité trouve son fondement dans plusieurs dispositions conventionnelles et légales. A titre d'exemple, dans la Charte de l'ONU , comme déjà dit ci-haut, permettez la répétition : « Les buts des Nations Unies sont les suivants : (...) réaliser la coopération internationale en résolvant les problèmes internationaux d'ordre économique, social, intellectuel ou humanitaire, en développant et en encourageant le respect des droits de l'homme et des libertés fondamentales pour tous sans distinction de race, de sexe, de langue ou de religion. »

228. Le Professeur Fréderic SUDRE renseigne que la Cour interaméricaine des droits de l'homme n'a pas hésité à élever ce principe au rang de norme de Jus cogens à travers son Avis n°18 du

179 Point 10 de l'Observation générale 18 du Comité des droits de l'homme : Non-discrimination. 37° Session du Comité des Droits de l'homme en 1989.

180 Rapport du comité pour l'élimination de la discrimination raciale : Observations finales du Comité pour l'élimination de la discrimination raciale à la RDC, 71° Session du 30/7/2001 au 17 /08/2012, p.4

13 septembre 2003, sur la condition des travailleurs migrants en situation irrégulière[181].

229. Le principe de l'égalité, comme nous l'avons dit, implique le principe de non discrimination. L'égalité et la non- discrimination[182] sont au cœur des droits de l'homme. La DUDH et tout le corpus juridique relatif aux droits de l'homme proclament l'égalité des personnes en dignité et en droits.

230. La mise en œuvre de ce principe permet à tout Etat à travers les options politiques et les actions administratives, judiciaires et législatives de faire face, d'atténuer ou de prévenir des frustrations des groupes d'individus vulnérables, pour un motif ou un autre. Ce principe présente l'avantage d'assurer la paix et l'harmonie sociale ayant pour objectif principal le respect des droits des uns et des autres. C'est, certes, une bonne façon de limiter, prévenir et faire l'économie des conflits à partir des attitudes et des comportements évitables. La non-discrimination contribue à promouvoir la paix sociale, la sécurité, le progrès social et la réalisation effective des droits de l'homme. Le respect de ce principe renforce la légitimité et la crédibilité des détenteurs du pouvoir politique qu'ils soient issus des élections ou de la nomination. Il est recommandé que tous les services étatiques à travers les agents de l'Etat à tous les niveaux prêtent attention à l'application de ce principe fondamental de droits de l'homme car il contribue à la promotion de la dignité de la personne humaine et de l'humanité.

231. A l'occasion de la formation des défenseurs des droits de l'homme africains au Bénin, en 2006, M. Félix AHOUANSOU soutint que : « C'est l'égalité devant la Charte et non devant le Droit en général qui est proclamé dans la Charte africaine des droits de l'homme et des peuples.183 » Il faut donc comprendre que l'égalité

---

181 Fréderic SUDRE, Droit européen et international des droits de l'homme, PUF, 8°édition, Paris,1989, 786 p.

182 Daniel TURP, Egalité et non discrimination, Les Droits fondamentaux, Diplôme interuniversitaire de 3°Cycle, Université de Nantes, AUPELF-UREF, UNISAT, France, s.d. (L'Université de Nantes a consacrés un module sur l'égalité et non discrimination destiné au diplôme des Droits fondamentaux.).

183 Commission européenne : Manuel de formation à l'intention des défenseurs des droits de l'homme en Afrique. Les droits individuels

et la non-discrimination ne sont pas en soi des droits, mais des principes directeurs et transversaux qui couvrent tous les droits garantis.

232. Dans les bonnes pratiques et la jurisprudence, on peut signaler le code des pensions militaires en France qui prévoyait à l'article 71 de la loi n°51-561 du 18 mai 1951 (et le Décret n°51-590 du 23 mai 1951) que : « Les militaires servant ou ayant servi à titre d'étrangers ont les mêmes droits que les militaires servant ou ayant servi à titre français, sauf dans le cas où ils participeraient à un acte d'hostilité contre la France. »

233. Face à la non application du code des pensions militaires par le gouvernement français, Monsieur Ibrahim Gueye et 742 autres militaires retraités d'origine sénégalaise mais vivant en France avaient introduit la Communication n°196/1985 au Comité des droits de l'homme. A l'examen de la recevabilité de la communication conformément à l'article 87 de son Règlement intérieur, le Comité rejeta l'argument du gouvernement alléguant l'incompétence temporis du Comité au motif que les violations dont prétendaient les demandeurs portaient sur le droit de pension qui ne concerne pas à l'article 26 du PIRDCP et bien plus, le Comité ne pouvait examiner les violations dont l'origine résidait dans des actes ou événements antérieurs au 17 mai 1984, date à laquelle le Protocole facultatif était entré en vigueur à l'égard de la France.

234. Le comité a estimé ne pas avoir compétence pour examiner la question de savoir si les auteurs de la communication avaient été victimes d'une discrimination à un moment quelconque avant le 17 mai 1984. Mais, il restait à savoir si, après cette date, il n'y avait pas eu violation du Pacte, du fait d'actes ou d'omission liés au maintien en vigueur de lois et décisions relatives aux droits des auteurs de la communication. En conséquence, la Communication était déclarée recevable le 5 novembre 1987.

235. Tenant compte des droits de l'homme et de l'égalité des personnes, à l'instar du jugement de Poitiers du 22 décembre 1980 en faveur de Dia Abdourahmane et l'Arrêt du Conseil d'Etat du 22 juin 1982 tendant à payer les retraités sénégalais au même titre que les français, le Comité des droits de l'homme avait constaté une

---

garantis par la charte africaine des droits de l'homme et des peuples, Bénin, juillet, 2009, pp 11-42 violation de l'article 26 du PIRDCP relatif à l'interdiction de la discrimination dans la mesure où la différence de traitement[184] dont les auteurs étaient victimes n'était pas fondée sur des critères raisonnables et objectifs.

236. Pour insister, la question de l'égalité des personnes en dignité et en droit dans les Etats est capitale pour la paix, le développement et la démocratisation des systèmes politiques. La recherche de cette égalité a été à la base des revendications politiques violentes et non violentes, très souvent réprimée énergiquement. Les personnalités importantes ont payé de leur vie la quête de l'égalité, de la liberté et de la dignité de tout être humain notamment de Patrice-Emery LUMUMBA, Che Gue Vara, Martin LUTHER KING, Steve BIKO, MADIBA MANDELA …

237. D'autres personnalités croupissent dans les prisons, même dans le silence, l'anonymat et l'oubli de toute la communauté. Le témoignage d'AUNG San SUU Kyi, Prix Nobel de la paix 1991 et Chef de l'opposition en Birmanie, est interpellateur. Il dit : « Certaines firmes multinationales ne craignent pas de faire des affaires avec des régimes répressifs. Elles justifient leur engagement économique en Birmanie en prétendant que leur présence aidera en fait le processus de démocratisation. Un investissement qui ne sert qu'à enrichir une élite prospère, toute entière occupée à monopoliser le pouvoir à la fois économique et politique, ne peut contribuer à l'avènement de l'égalité et de la justice, fondement d'une saine démocratie.»[185]

238. Au niveau national, l'adoption des politiques nationales avec la participation des groupes[186] marginalisés, stigmatisés et victimes

---

184 Le principe d'égalité devant la loi et protection de la loi implique qu'à situation semblable, solution semblable. La loi doit aussi être neutre et juste. Les lois qui consacrent les inégalités et le favoritisme sont des lois injustes.

185 Mario BETTATI, op. cit., pp120-122 Lire « Notre combat pour la société démocratique », rédigé par AUNG San SUU Kyi en 1997 et traduit de l'anglais par Sylvestre Gleize.

186 Comment identifier les Groupes marginalisés, stigmatisés et victimes de violations des droits de l'homme ? Le problème ne se pose pas pour les groupes classiques bénéficiant des Déclarations et des Conventions internationales spécifiques tels les enfants, les PVH, les PVV/VIH-SIDA, les femmes, les migrants et leurs membres de famille… Dès lors, qui peut-être considéré comme membre du groupe/ population

de la discrimination est un atout. Le HCDH relève quelques bonnes pratiques dans quelques Etats qui s'attaquent aux inégalités et exige de faire porter ses efforts en priorité sur les groupes marginalisés et vulnérables. « Les pratiques de bonne gouvernance dans le domaine des droits de l'homme peuvent conférer une autonomie accrue aux membres des groupes défavorisés ou minoritaires afin de leur permettre de défendre leurs droits en veillant à ce qu'ils soient pris en compte et représentés dans les politiques et leur élaboration. En Norvège, le Parlement a fait entendre la voix des Samis au Gouvernement norvégien et a permis au peuple Sami d'obtenir son autonomie concernant plusieurs questions importantes pour la survie de sa culture et de son mode de vie. Les cas fournis par l'Ouganda et la Roumanie démontrent que, grâce à l'élaboration de politiques de type participatif, les politiques sociales peuvent être respectueuses des cultures locales et protéger les droits de l'homme. En Ouganda, le droit à l'éducation a été protégé par des politiques respectueuses de la culture, ce qui a permis aux communautés locales de participer à l'élaboration et à l'exécution des politiques. En Roumanie, les réformes de gouvernance ont facilité la communication sur la santé entre la population rom et les pouvoirs publics. Ces réformes ont permis aux membres de la communauté rom de se prendre en charge pour améliorer leur droit à la santé en leur donnant des informations accessibles d'un point de vue culturel sur des questions de santé et le système de santé publique.[187] »

239. Jadis, la discrimination a revêtu plusieurs formes. C'est le cas aux Etats-Unis d'Amérique où les Noirs américains ont bravé une histoire héroïque pour défendre l'égalité de tous les citoyens américains, au fil du temps. La discrimination s'était imposée sur plusieurs fronts. Dans le domaine de l'éducation, avec le fameux principe « séparé mais égal » interdisant aux enfants noirs d'être inscrits dans les meilleures écoles réservées aux Blancs, dans le refus de participer aux élections en multipliant des stratégies jusqu'à

---

autochtone, groupe/minorités éthiques, religieuses et linguistiques ou encore comment apprécier que tel groupe est stigmatisé, marginalisé ? Le mieux à faire, c'est d'écouter les membres du Groupe qui se considèrent comme tel et intégrer ses membres plutôt que de nier toute revendication ou dénonciation de la marginalisation, la stigmatisation et la discrimination !

187 ONU, Pratique de bonne gouvernance pour la protection des droits de l'homme, New York et Genève, 2007, 88 p.

soumettre les Noirs instruits à un examen en vue de participer aux élections. Dans le domaine judiciaire, dans quelques Etats, le fait pour un Noir d'introduire une requête en justice fondée sur la discrimination était érigé en une infraction d'atteinte à l'ordre public. La lutte contre la discrimination par les Blancs et les Noirs américains a eu un impact positif jusqu'à l'éradication du sentiment et pratiques racistes, de manière progressive, jusqu'au point d'élire un Président américain Noir, en la personne de Monsieur BARAK OBAMA !

240. L'indépendance des juges a été un remède efficace pour dompter le racisme. En ce qui concerne, par exemple, la discrimination en rapport avec l'éducation, la question constitutionnelle de la validité des systèmes étatiques d'instruction primaire séparée pour les deux races fut soulevée, dès 1951, dans quatre Etats, le Delaware, la Virginie, le Kansas et la Caroline du Sud. Les quatre pourvois joints parvinrent en 1952 à la Cour Suprême qui, après 18 longs mois de débats et consultations, rendit, le 17 mai 1954, son arrêt historique Brown c/ Board of Education. La Cour déclara que la ségrégation raciale dans les écoles primaires, en vertu de la loi étatique, était incompatible avec le principe d'égalité. La séparation engendrait chez les enfants minoritaires un complcxc d'infériorité en les privant de certains avantages dont ils auraient bénéficié dans une école mixte en vertu des principes qui sont à la base de l'instruction publique dans une démocratie. Ainsi la Cour dit : « Nous avons conclu que, dans le domaine de l'instruction publique, la doctrine de « séparé mais égal » ne trouve pas de place[188] ».

241. La discrimination est un phénomène social. Ce phénomène existe sous plusieurs formes, dans toutes les sociétés et dans des circonstances diverses mais le mérite des sociétés, c'est d'en prendre conscience et lutter pour l'éliminer, tant soit peu à l'instar de tous les efforts de luttes ci-dessus. Les Européens sont confrontés à la question des minorités nationales et religieuses quand les africains se lèvent contre la discrimination ethnique, clanique et tribale. Ce phénomène est un obstacle à la paix sociale, au développement et à la démocratie. Et d'ailleurs, la Cour européenne des droits de l'homme a tenté de préciser les éléments constitutifs d'une société démocratique. Lesquels éléments sont le pluralisme, la tolérance et

188 Alessandra LUINI DEL RUSSO, l'œuvre jurisprudentielle de la cour suprême des Etats-Unis en matière d'égalité raciale, pp 85-101

l'ouverture. Dans l'Arrêt Young, James et Bebster, la Cour dit : « La démocratie ne se ramène pas à la suprématie constante de l'opinion d'une majorité, elle commande un équilibre qui assure aux minorités un juste traitement et qui évite tout abus d'une position dominante.[189]»

B. LE PRINCIPE DE NON-DISCRIMINATION

242. Que signifie la discrimination avant de se lancer dans la lutte contre la non-discrimination ? Dans les paragraphes précédents, nous avons commencé à aborder le problème de discrimination qui est un cas pathologique de l'égalité des personnes. A la lecture de plusieurs Conventions et autres normes internationales notamment la Convention n°111 de l'OIT concernant la discrimination en matière d'emploi et de profession du 5 juillet 1958 et la Convention internationale sur l'élimination de toutes les formes de discrimination raciale adoptée par l'AG-NU le 21 décembre 1965, la Convention concernant la lutte contre la discrimination dans le domaine de l'enseignement adoptée par la Conférence générale de l'UNESCO, la Convention sur l'élimination de toutes les formes de discrimination à l'égard des femmes adoptée par l'AG-NU du 18 décembre 1979... , la discrimination est entendue comme : « Toute distinction, exclusion, restriction ou préférence fondée sur la race, la couleur, le sexe, la religion, l'opinion politique, l'ascendance nationale ou l'origine sociale (ou tout autre situation) qui a pour effet de détruire ou d'altérer l'égalité de chance ou de traitement, détruire ou compromettre la reconnaissance , la jouissance ou l'exercice , dans des conditions d'égalité des droits de l'homme et des libertés fondamentales… »

243. Le principe de non- discrimination est un corollaire du principe de l'égalité devant la loi et la protection par la loi, l'égalité de chance ainsi que l'égalité de traitement entre les personnes. Les situations de discrimination ne sont pas énumérées, de manière limitative[190]. C'est pour cette raison qu'on évoque aussi « Tout autre situation ». Il suffit de constater des violations des droits de l'homme

---

189 Lire Frédéric Sudre, op.cit. , p.214

190Mario BETTATI et alii , op .cit., p.34 (Pour Emmanuel DECAUX, la Déclaration Universelle des Droits de l'Homme comporte des omissions et la plus grosse lacune qui se trouve au cœur de l'Article 2 de la DUDH, c'est la colonisation qui n'est pas remise en cause explicitement.)

récurrentes pour une cause quelconque autre que celles énumérées par la loi et les Traités avec l'effet de remettre en cause l'égalité de chance et de traitement et par ricochet l'empêchement ou l'obstacle à la jouissance ou l'exercice des droits garantis aux personnes pour déclencher un monitoring sur la question pouvant déboucher aux Règles spécifiques.

244. A ce sujet, on peut faire allusion à la maltraitance, à la stigmatisation et à la discrimination dont souffrent les albinos en Afrique. Du fait de l'anomalie congénitale caractérisée par une absence de pigment dans la peau, les cheveux, les poils et l'iris, ils sont privés du droit à l'emploi, le respect à la dignité due à toute personne humaine notamment cracher à leur passage pour marquer le dédain, le fait de cacher un enfant albinos à la cuisine pour qu'il ne soit pas à la portée de vue des visiteurs de « marque » et pire encore, tuer vif les albinos en vue de prendre certaines parties de leurs organes croyant être investis des chances surnaturelles pour ramasser les pierres précieuses dans les chantiers miniers !

245. La jurisprudence est éloquente sur le terme « tout autre situation ». En effet, dans la Communication n°196/1985, Ibrahima Gueye et al. c/France, dans ses constatations, le Comité des droits de l'homme a explicité le concept, en se référant à ses Constatations N°182/1994. « Le droit à l'égalité devant la loi et à une protection égale de la loi sans discrimination ne rend pas toutes les différences de traitement discriminatoires ». Pendant que les auteurs de la communication prétendaient être victimes de la discrimination raciale par le paiement différent de la pension entre les retraités français et étrangers, le Comité des droits de l'homme avait retenu la violation de l'article 26 du PIDCP non sur la base de la discrimination raciale, qui n'était pas prouvée, mais sur base de toute autre situation. »[191]

246. La Cour de cassation française, en Assemblée plénière, interprétant les textes de Droit interne (Code de sécurité sociale) conformément aux articles 14 et 18 de la Convention européenne

---

191 Dans la Communication n°196/1985, Ibrahima Gueye et al. c/France devant le Comité des droits de l'homme. Les auteurs de la Communication ont prétendu être victime de la discrimination raciale par le paiement différent de la pension entre les retraités français et étrangers ayant combattu pour la France avant 1960 mais le Comité a retenu la discrimination avec autres motivations ci haut commentées.

des droits de l'homme, tels qu'ils sont interprétés eux-mêmes par la Cour (Cass. Ass., 16 avril 2004, Drass c/ M. et Mme Lingouala) écarta la condition tenant à la régularité de la situation de séjour sur le territoire et affirma que la jouissance de prestations sociales telles les prestations familiales doit être assurée sans aucune distinction faite sur l'origine nationale[192].

247. La Cour européenne avait conféré à l'article 14 de la CEDH un effet horizontal en admettant que le droit à la non- discrimination trouve son application dans le cadre des relations interindividuelles et ouvre la voie à un contrôle de la compatibilité des actes purement privés, sources d'une différence de traitement, avec l'article 14. Les cours et tribunaux ainsi que les parquets qui y sont rattachés peuvent promouvoir l'égalité et la non- discrimination en élargissant la compréhension de la notion grâce à la jurisprudence internationale, le Droit comparé et l'application de diverses voies à leur portée. La réalisation effective et universelle des droits de l'homme est au prix de l'ingéniosité du personnel judiciaire connecté à la jurisprudence internationale des droits de l'homme et au Droit comparé ainsi qu'à l'irrigation de la législation nationale par les droits de l'homme.

248. De toute évidence, les droits de l'homme avec tous ses instruments et mécanismes à tous les niveaux sont à même de faciliter la compréhension et les aspirations profondes et justes de tout Droit positif. Il est important de raisonner aujourd'hui aux garde fou proposés à la Commission de la rédaction de la DUDH par l'URSS qui préconisait que : « La Déclaration doit garantir le respect des droits de l'homme et des libertés fondamentales pour tous , sans distinction de race, de nationalité, de classe, de religion, de langue ou de sexe, conformément aux principes de la démocratie, de la souveraineté nationale et de l'indépendance politique des Etats. »[193] Le principe de l'égalité et celui de non- discrimination se complètent l'un et l'autre avec le principe de la protection des minorités.

C. LE PRINCIPE DE PROTECTION DES MINORITES

249. Pour la CPJI, « L'idée qui est à la base de la protection des minorités est d'assurer à des groupes sociaux incorporés dans un

---

192 Frédéric SUDRE, Droit européen et international des droits de l'homme, Puf,8°édition, France, 2006, p.263.

193 France Libertés Fondation Danielle Mitterrand, et le Comité spécial des ONG internationales pour les droits de l'homme : op cit, p.247

Etat dont la population est d'une race, d'une langue ou d'une religion autre que la leur la possibilité tout en gardant les caractères par lesquels ils se distinguent de la majorité. »[194]

250. En fait, les droits des minorités sont à la fois des droits individuels et des droits collectifs en ce qu'ils sont garantis du fait de l'appartenance à un groupe considéré comme minoritaire dans un Etat. La question d'appréciation de la minorité ne relève pas de la volonté absolue de l'Etat mais de l'appréciation des critères plus ou moins objectifs. Ce principe est bien explicité par le Pacte[195] qui dispose que : « Dans les Etats où il existe des minorités ethniques, religieuses ou linguistiques, les personnes appartenant à ces minorités ne peuvent être privées du droit d'avoir, en commun avec les autres membres de leur groupe , leur propre vie culturelle, de professer et de pratiquer leur propre religion , ou d'employer leur propre langue. » C'est de bon droit que l'Assemblée générale de l'ONU adopta dans sa Résolution 47/135 du 18 décembre 1992 la Déclaration des droits des personnes appartenant à des minorités nationales, ou ethniques, religieuses et linguistiques.

251. Dans l'histoire, la question des minorités s'est posée avec acuité après la première Guerre mondiale et plusieurs conventions ont permis de résoudre ce problème. On peut citer les traités des minorités conclus en 1919-1920 par les Puissances alliées et associées avec cinq Etats (Pologne, Tchécoslovaquie, Grèce, Roumanie et Yougoslavie) ; des traités bilatéraux tels que les conventions polono-dantzigoise de 10920 et 1921, polono-tchécoslovaque de 1920-1925 ou germano-polonaise de 1922 ainsi que les Déclarations unilatérales des Etats au moment de leur admission à la SDN (Albanie, Estonie, Lettonie, Lithuanie, Finlande et Irak).

252. De nos jours, la question se pose encore dans plusieurs Etats qu'il faille des études plus approfondies et envisager des solutions adaptées à chaque cas surtout en Afrique où l'on trouve des Etats multi-linguistes, multiraciaux ou multiethniques et plusieurs groupes claniques. Il y a aussi des Etats dont certaines ethnies sont disséminées entre deux ou plusieurs Etats avec la conséquence d'apparaître comme minoritaire surtout lorsqu'elles ont une culture ou des souches très différentes d'autres groupes et lorsque les

---

194 Frédéric SUDRE, op.cit, p.35

195 Article 27 du Pacte international relatif aux droits civils et politiques.

politiques s'en mêlent. C'est le cas des Tutsi disséminés au Burundi, au Ruanda, en RDC, en Tanzanie... La particularité de ce groupe est la célèbre histoire du génocide ruandais et gestion de ce conflit tant sur le plan national que sur le plan international.

253. La notion de minorité n'est pas à confondre avec celle des populations autochtones. En effet, les pygmées bénéficient d'une protection spéciale en Droit international des droits de l'homme[196]. De manière générale, le principe du respect des minorités interpelle les Etats à prendre des mesures spéciales pour la protection des membres de ces groupes minoritaires. On peut appliquer des mesures plus spéciales allant jusqu'au traitement préférentiel en leur faveur en cas de compétences égales (Discrimination positive ou actions positives.)

D. LE PRINCIPE DU RESPECT DE LA DIGNITE DE LA PERSONNE HUMAINE

254. « Le droit sans dignité n'est que médiocrité et la dignité sans droit n'est que déraison. », avait dit Blaise Pascal. La dignité apparaît comme une valeur fondamentale qui sous tend les droits de l'homme. On peut dire mieux que la finalité du Droit et des droits de l'homme qui irriguent le Droit positif, c'est le respect de la dignité de la personne humaine et la promotion de l'humanité.

255. C'est la DUDH, le premier instrument international des droits de l'homme qui a proclamé l'égalité des personnes en dignité et en droits, sans toute fois la définir. On est donc passé d'une approche philosophique à une consécration juridique.[197] Le PIDSC et le PIDESC ainsi que d'autres Conventions internationales ultérieures se réfèrent aussi à la dignité inhérente à la personnalité humaine.

256. « La dignité telle que conçue dans les instruments internationaux renvoie à la dignité de l'individu et le respect de l'Humanité. Elle joue un rôle central comme l'une des valeurs

196 L'Assemblée générale de l'ONU adopta dans sa Résolution 47/135 du 18 décembre 1992 la Déclaration des droits des personnes appartenant à des minorités nationales, ou ethniques, religieuses et linguistiques.

197 Emine EYLEM AKSOY, La notion de dignité humaine dans la sauvegarde des droits fondamentaux des détenus, p.57

inspirant les droits de l'Homme et la société démocratique ».[198] La dignité humaine est considérée à la fois comme une source des droits de l'Homme et comme l'objectif ou l'essence de ces droits[199]. Comment le principe est-il appliqué dans la pratique ? Comment cette dignité est-elle enseignée et cultivée [200]dans le système éducatif des Etats ? On peut recommander aux enseignants de recourir aux activités pratiques pour mieux enseigner les droits de l'homme[201], l'éducation à la citoyenneté, le civisme, l'éducation à la paix…

257. Dans la Déclaration de Bamako[202], les Etats membres de l'OIF confirment leur adhésion aux principes fondamentaux dont la démocratie, système de valeurs universelles, fondée sur la reconnaissance du caractère inaliénable de la dignité et de l'égale valeur de tous les êtres humains.

258. Plusieurs Constitutions reprennent, de nos jours, la notion de respect de la dignité humaine érigée en principe. « Le principe du respect de la dignité humaine est un bouclier qui peut se justifier comme moyen d'empêcher toute entrave à la condition humaine. »

259. Outre les Constitutions[203] qui ont intégré le principe dans leur bloc de constitutionnalité, la jurisprudence offre des décisions éloquentes sur la valeur fondamentale de la dignité humaine sur le plan moral et juridique. A titre d'exemple, la Cour européenne des droits de l'homme dans l'affaire Kudla c. Pologne a rendu son Arrêt du 26 octobre 2000 constatant la violation de l'article 3 de la Convention européenne des droits de l'homme. En fait, la Cour dit : « Le fait de ne pas être détenu dans des conditions décentes

---

198 Emine EYLEM AKSOY,op cit, p.20

199 Idem: p.49

200 ONU&HCDH : L'enseignement des droits de l'homme. Activités pratiques pour les écoles primaires et secondaires, Genève, 2004, p.160

201 AFCNDH et OIF : L'éducation aux droits de l'Homme. Comprendre pour agir ensemble. Guide de l'enseignant(e) pour l'éducation aux droits de l'Homme dans l'espace francophone, éd. Sépia, 2009, 212 p.

202 OIF : Déclaration de Bamako (Lire l'extrait de la Déclaration en annexe 6)

203 « Le respect de la dignité humaine prescrit à l'article 7 de la Constitution suisse s'entend comme le noyau des droits fondamentaux. Il ne s'agit pas toutefois d'un droit subjectif, mais un droit objectif qui représente une valeur clé dans l'interprétation des droits fondamentaux »

viole directement la Convention ». Dans leurs commentaires sur ces Arrêts, M. SUDRE propose d'ajouter un article 3bis à la CEDH alors que pour Tulkens, il s'agit pour la jurisprudence de passer "du stade de l'ignorance des conditions générales de détention à celui de la reconnaissance du droit de tout détenu à des conditions respectueuses de la dignité humaine.[204]

260. L'affaire Kalashnikov c/ Russie du 15 juillet 2002 illustre la volonté de la Cour Européenne des droits de l'homme d'imposer des conditions de détention compatibles avec la dignité humaine. La Cour estime que le requérant était soumis à un traitement dégradant eu égard à ses conditions de détention: surpeuplement, absence d'aération, insectes nuisibles, toilettes exposées à la vue des codétenus. Pour la Cour, le seul fait qu'un détenu ait été contraint de vivre, de dormir et d'utiliser les toilettes dans une cellule qu'il partageait avec de très nombreux codétenus était suffisant pour le soumettre à une détresse ou à une épreuve d'une intensité excédant le niveau inévitable de souffrance inhérent à la détention et était de nature à lui inspirer des sentiments de peur, d'angoisse et d'infériorité propres à l'humilier et à l'avilir».[205]Que dire des lieux des détentions dans lesquels les détenus font tous leurs besoins physiologiques ?

261. Le principe de la dignité se rapproche à d'autres principes précités notamment l'égalité et la non discrimination. Tout être humain doit être traité comme une fin en soi, sans considération de la nationalité, de la race, de l'âge, du sexe, de la religion, de la classe sociale, de l'ethnie, des opinions politiques ou de toute autre caractéristique personnelle ou collective. Il mérite d'être traité avec humanité et l'Etat doit non seulement le protéger contre toute atteinte à son intégrité physique, à sa liberté, à son honneur mais il devra aussi prendre des mesures adéquates pour son épanouissement intégral conforme à la dignité dû à tout être humain comme créature sacrée et créée à l'image de Dieu. De même que la torture, tout traitement dégradant dans nos lieux de détention comme partout ailleurs, la privation des droits légitimes, le dénuement ou l'extrême pauvreté, la crainte des catastrophes environnementales et l'humiliation portent atteinte à la dignité de la personne humaine.

---

204 Emine EYLEM AKSOY, op.cit., p.57
205 Emine EYLEM AKSOY, op.cit.,p.59

262. C'est au nom du respect de la dignité de la personne humaine que suite aux Arrêts Marie et Hardouin du 17 février 1995, les magistrats ont cessé d'analyser les punitions disciplinaires infligées aux détenus et aux militaires comme « des mesures d'ordre intérieur » insusceptibles de tout recours contentieux.[206] C'est toujours, soucieux du respect de la dignité de la personne humaine que se justifie le refus d'extradition pour des raisons politiques. « L'Etat doit refuser l'extradition lorsqu'elle est demandée dans un but politique. »[207] Dans la pratique administrative, le Décret du 2 avril 1996 tirant conséquence de l'Arrêt Marie transposa, en France, le principe de la légalité des incriminations et des sanctions à la discipline militaire.

263. La notion de dignité humaine telle qu'interprétée par la doctrine et les juges contient en elle-même une valeur objective contraignante. Par ailleurs, elle interdit un certain nombre de comportements qui lui portent atteinte.[208]La notion du respect de la dignité humaine vise à protéger les intérêts multiples et interdépendants de la personne allant de son intégrité corporelle à son intégrité morale et à son épanouissement personnel. Parmi les comportements interdits, avant d'entrer dans les détails, on peut énumérer la torture. Elle est encore pratiquée dans plusieurs Etats malgré son interdiction absolue, c'est-à-dire l'interdiction dans toutes les circonstances comme l'expliquait KANT.

264. Suite aux événements tragiques du Wall center, un sondage réalisé en octobre 2001 indiquait que 45% des Américains étaient favorables à l'utilisation de la torture contre les terroristes. Ainsi, la pratique et les réactions face à la torture pratiquée en Irak et en Afganistan n'étaient pas cachées. C'est ainsi que les commentateurs ont attribué cette ouverture à la tradition américaine de transparence, à la sévérité des sanctions qu'encourent les politiques qui mentent ou aux progrès de la technologie qui auraient rendu illusoire tout blocage de l'information. Certains, comme André GLUCKSMAN dans une libre opinion du Monde ou Claude IMBERT dans un éditorial du Point, y voient même un des signes de la supériorité de la démocratie américaine sur les systèmes politiques[209].

---

206 Gilles LEBRETON, Op.cit. , p., 218.

207 Idem : Arrêt Koné du 3 juillet en France.

208 Emine EYLEM AKSOY, La notion de dignité humaine dans la sauvegarde des droits fondamentaux des détenus, p.46

209 Bernard Girard, Tortures en Irak : l'inquiétante candeur américaine, p.2

E. LE PRINCIPE DE L'UNIVERSALITE DES DROITS DE L'HOMME

265. Comme son nom l'indique, la DUDH se veut un document universel. Les droits qu'elles proclament sont aussi acceptés et protégés partout, dans le monde. En fait, par le caractère universel de la DUDH, il faut considérer que la Déclaration concerne tous les Etats et tous les êtres humains dans le monde. C'est dans ce même ordre d'idée que la Charte de l'ONU prévoyait entre autres objectifs de l'ONU : la réalisation effective et universelle des droits de l'homme.

266. Pour Monsieur René Cassin, l'un des rédacteurs de la DUDH et le prix Nobel de la paix[210] en 1965, « La DUDH est universelle par son inspiration, par son expression, par son contenu, par son champ d'application, par son potentiel, et elle proclame directement les droits de l'être humain au regard de tous autres, à quelques groupes sociaux auxquels ils appartiennent les uns les autres. »[211]

267. De l'objectif et le souhait proclamés, peut-on parler aujourd'hui, dans le monde, de la réalisation effective et universelle des droits de l'homme? Quoiqu'on dise et quel que soit le souhait, entre la théorie et la pratique, il y a un écart. L'attention, parfois sélective, accordée aux questions des droits de l'homme dans le monde par les Etats et quelques Organisations internationales accuse la politisation des droits de l'homme et non l'idéal ou la vocation universelle à la dignité humaine. La question mérite une étude plus approfondie pour stigmatiser certaines violations massives des droits de l'homme dans certains Etats et proposer des solutions concrètes et appropriées en éclairant la religion de différents mécanismes soit le mécanisme onusien, les mécanismes régionaux et les mécanismes nationaux œuvrant pour la réalisation de tous les droits fondamentaux.

268. Aujourd'hui, dans plusieurs Constitutions nationales, on parle des citoyens et des étrangers. En outre, on doit reconnaître que l'universalité est parfois contestée pour plusieurs raisons notamment la culture. Alfred FERNANDEZ dit : « D'une part, nous

---

210 Voir le Tableau des Prix Nobel de la Paix à la page 302.
211 Fréderic SUDRE, op. cit., p. 43

assistons à une revendication des particularités et à une revalorisation du pluralisme et d'autre part des idéologies ou mieux, des pensées « fortes » et des religions renaissent et se renforcent alors que les décennies précédentes étaient dominées par des consensus. »[212]

269. Monsieur Koffi Annan, le Secrétaire Général honoraire de l'ONU a dit que : « Les droits de l'homme ne sont étrangers à aucune culture, ils appartiennent à tous les pays; ils sont universels »... « Les droits de l'Homme sont le bien de tous. Nul gouvernement, nulle puissance n'a le droit de les accorder à certains pour les refuser à d'autres. Les droits de l'Homme ne sont étrangers à aucun pays et sont inhérents à toutes les cultures : ils sont universels, civiques, culturels, économiques, politiques et sociaux. Les droits de l'Homme ne peuvent être hiérarchisés ou appliqués de façon sélective: ils sont indivisibles et interdépendants »[213].

270. C'est dans ce même ordre d'idée que disait Monsieur Sergio VIERA DE MELLO : « Il faut que tous les droits de l'homme soient à la portée de tous[214] ». En fait, les droits de l'homme sont indivisibles et se complètent les uns les autres. Les droits civils et politiques ont un impact sur les droits économiques, sociaux et culturels, et les droits collectifs et cela, vice et versa. L'ensemble de ses droits fonde la dignité de l'être humain où qu'il se trouve dans le monde malgré quelques différences tolérables tenant au contexte socioculturel.

271. Est-ce que le relativisme culturel menace l'universalité des droits fondamentaux ? L'Organisation Internationale de la Francophonie parle mieux du respect des diversités culturelles qui ne remettent pas en cause les droits fondamentaux attachés à tout être humain dans le monde. L'universalité des droits de l'homme

---

212 Alfred FERNANDEZ, Pour l'universalité des droits de l'homme. Des idées pour penser l'universalité,

213 Kofi A. ANNAN cité par M. Manfred NOWAK : « Droits de l'homme guide à l'usage des parlementaires », l'Union Interparlementaire et le HCDH, n°8, 2005, p.3

214 L'AUDF a adopté cette vision comme devise et présente les émissions de vulgarisation des droits de l'homme à la Chaîne Radio Télé Catholique Elikya sous le label « DH à la portée de Tous.» (www.audfrdc.org)

entraîne la reconnaissance, l'acceptation et la promotion des droits de l'homme à l'échelle planétaire.

272. L'universalité des droits de l'homme justifie l'intérêt que l'on accorde à ces derniers et la valorisation de la personne humaine partout dans le monde. La tolérance de la diversité culturelle et ces capacités ne remettent pas en cause l'universalité des droits de l'homme. Les autorités publiques doivent encourager une observation participative permanente de la mise en œuvre des DH. Cette observation doit impliquer toutes les parties impliquées dans le système social pour la réalisation de tous les DH. L'observation des capacités personnelles et institutionnelles contribue à l'information et à la formation de tous et chacun sur ses propres droits, les droits d'autrui et la responsabilité individuelle et collective pour la réalisation universelle des DH.

273. La DUDH est une bonne illustration de l'universalité des droits de l'homme car tous les Etats signataires ont accepté tous les droits garantis par ce texte en faveur de toute personne humaine où qu'elle se trouve. Du fait de l'universalité, les droits de l'homme sortent de la compétence exclusive des Etats, ce qui implique que les Etats ont des engagements sur le plan international par rapport à leur pratique de la promotion et de la protection des droits de l'homme. Les instances internationales ouvrent leur portes aux privés notamment les ONG qui œuvrent dans tous les Etats pour la promotion et la protection des droits de l'homme à telle enseigne qu'une ONG américaine seule ou en partenariat avec d'autres ONG dans le monde peut dénoncer les violations des droits de l'homme dans un Etat africain, asiatique ou européen. De même, les missions diplomatiques peuvent s'intéresser et faire le rapportage des questions des droits de l'homme dans l'Etat d'accueil !

274. Le Professeur Patrice MEYER-BISCH parle de l'exercice de recueil de la diversité et de l'universalité par éclairage mutuel qui devrait être la vie quotidienne de la démocratie. La démonstration par la « contre-argumentation culturelle[215]», développée par A. Sow, apporte une vérification contrastée de la protection mutuelle de la diversité et des droits culturels. Elle dénonce des pratiques néfastes, contraires aux droits de l'homme, gênant l'épanouissement de la vie

215 Patrice MEYER-BISCH, « L'universalité des droits de l'homme, développée par les droits culturels », in Observatoire de la diversité et des droits culturels », 2009, p.7

sociale et apporte la démonstration du caractère nocif et irrationnel de ces pratiques en faisant appel à une critique et à une valorisation des ressources culturelles.[216]

275. Au-delà de la diversité culturelle, la « Parole de Dieu », la loi, l'Etat et la nature sont unanimes sur certains points de la condition humaine. En effet, les pensées et les religions, de part le monde, ont en commun la reconnaissance et l'acceptation de la dignité humaine à observer soit comme fruit divin, fait et besoin naturel, normes sociales…

276. A titre illustratif, prenons la 3° Déclaration de l'Organisation de la Conférence Islamique de 1990 qui dispose que : « Tous les êtres humains forment une famille dont les membres sont unis par leur soumission à Dieu et par le fait qu'ils descendent d'Adam. Tous les hommes sont égaux[217] dans la dignité humaine... ». Cette pensée est ancrée dans l'esprit des arabes tout comme des tetela[218] et dans plusieurs tribus. Cette pensée se transmet de génération en génération avec comme conséquence une résistance naturelle à la domination.

277. Quant aux États asiatiques, réunis lors d'une conférence régionale organisée en amont de la conférence de Vienne, ils ont adopté la Déclaration de Bangkok qui affirme que l'universalité des droits de l'Homme implique le respect des particularismes. Ils ont affirmé que : « Si les droits de l'homme sont par nature universels, ils doivent être envisagés dans le contexte du processus dynamique et évolutif de fixation des normes internationales, en ayant à l'esprit l'importance des particularismes nationaux et régionaux comme des divers contextes historiques, culturels et religieux.»

278. Concrètement, pour démontrer l'universalité des droits de l'homme au-delà du relativisme culturel, on peut noter qu'aujourd'hui, tous les États Membres de l'ONU ont ratifié au

---

216 Patrice MEYER-BISCH, op.cit., p.7

217 Norbert ROULAND, À propos des droits de l'homme : un regard anthropologique, in Droits fondamentaux, n° 3, janvier – décembre 2003. Trouvable en ligne : www.droits-fondamentaux.org

218 Le Professeur Thomas TURNER, Ethnogenèse et nationalisme en Afrique centrale. Aux racines de Patrice LUMUMBA, éd. L'Harmattan, Paris, 2000, 454 p.

moins un des neuf principaux[219] traités internationaux relatifs aux droits de l'homme et 80 % d'entre eux en ont ratifié quatre ou plus, tout en imprimant ainsi une expression concrète à l'universalité de la DUDH et les droits de l'homme.

279. La discrimination motivée par la diversité culturelle n'est pas acceptable car « La diversité culturelle a besoin, pour prospérer, d'un environnement qui sauvegarde les libertés fondamentales et les droits de l'homme, qui sont universels, indivisibles, liés entre eux et interdépendants. Nul ne peut prétexter de la diversité culturelle pour porter atteinte aux droits de l'homme garantis par le Droit international ou pour en limiter la portée. La diversité culturelle ne doit pas être utilisée pour défendre la ségrégation et des pratiques traditionnelles néfastes visant, au nom de la culture ou la coutume, à consacrer des différences qui vont à l'encontre de l'universalité, l'indivisibilité et l'interdépendance des droits de l'homme. »

280. La reconnaissance et l'acceptation de l'universalité des droits de l'homme entrainent la Responsabilité des Etats de promouvoir et de protéger les droits humains. Cette Responsabilité de l'Etat requiert un comportement approprié de l'Etat à travers ses agents et fonctionnaires. On développe à propos, l'obligation de respecter, de protéger et de mettre en œuvre ou exécuter. En quoi consiste chacune de ses obligations ?

- l'obligation de respecter les engagements formellement souscrits en vertu des Conventions, ce qui impose aux États de ne pas entraver la jouissance égale de tous les droits garantis à tous ceux qui se trouvent dans son espace ;
- l'obligation de protéger les personnes, ce qui exige des États qu'ils préviennent toute forme de violence, d'exploitation et de discrimination par des tiers[220] sur toute son étendue et voire ses ressortissants où qu'ils se trouvent et

---

219 Les principaux traités relatifs aux droits de l'homme sont ceux qui ont des organes de traité. (Voir le Tableau sur les organes de traité.

220 Dans l'affaire A. T. c. Hongrie, le Comité a estimé que la Hongrie avait violé les droits d'une femme qui avait subi des atteintes et agressions physiques répétées de la part de son concubin. Le Comité des droits de l'homme a estimé notamment que l'État partie ne lui avait pas assuré une protection suffisante contre la violence au foyer infligée par un particulier.(Nous ajoutons que tout et fonctionnaire de l'Etat peut faire

- l'obligation d'exécuter (donner effet ou mettre en œuvre), oblige les États à prendre des mesures législatives, administratives, budgétaires, judiciaires et autres qui s'imposent, y compris dans le cadre de la coopération internationale, pour assurer la pleine jouissance des libertés fondamentales et des droits de l'homme par toutes les personnes, sans aucune discrimination.

281. Face à ses obligations envers les personnes (hommes, femmes, enfants et vieux, nationaux soit citoyennes et citoyens et étrangers) dans sa juridiction, l'Etat est considéré comme garant et débiteur des droits de l'homme et sa population créancière ou bénéficiaire (titulaire) des droits de l'homme. Il est donc normal que la population revendique la jouissance de ces droits aux dirigeants élus ou nommés, selon leurs fonctions et dans une certaine mesure, selon les moyens disponibles pour l'Etat concerné[221]. Le rôle non négligeable de l'Etat, c'est la fourniture des services à sa population à telle enseigne que le service public apparaît comme le fondement et la limite du pouvoir gouvernemental[222].

282. Le principe de l'universalité s'explique aussi du fait que les droits de l'homme sont inhérents à l'être humain et inaliénables. C'est à la fois, le dénominateur commun de tous les êtres et l'irréductible humain c.à.d. ce qu'on ne peut priver à un être humain sans porter atteinte à la substance et à l'existence même de l'être humain. A ce niveau, le principe de l'inaliénabilité des droits de l'homme se marie au principe de l'universalité.

283. Les DH sont privés à une catégorie de travailleurs notamment les militaires. Au sein de l'UE, il est demandé aux Etats

---

engager la responsabilité de l'Etat en matière de droits de l'homme lorsqu'il n'a pas agi avec promptitude et célérité suivant ses attributions légales.)

221 Selon une théorie, on parlait , il y a peu de la réalisation progressive des droits de l'homme et des droits programmatoires s'agissant des droits économiques, sociaux et culturels qui dépendent, parfois, du revenu national et du degré de développement.

222 Lire à propos : Didier LINOTTE et Raphaël ROMI, Services publics et droit public économique, 5° édition Juris-classeur, Paris, 2003, p.535

membres[223] d'assurer la protection réelle et effective des droits de l'homme des membres des forces armées, et notamment :

- d'autoriser les membres des forces armées à s'organiser dans des associations professionnelles représentatives ou des syndicats ayant le droit de négocier sur des questions concernant les salaires et les conditions de travail ;
- de mettre en place, lorsqu'elle n'existe pas, une institution civile autonome ;
- le médiateur militaire chargé de promouvoir les droits fondamentaux des membres des forces armées ;
- d'abolir les restrictions existantes aux droits électoraux des membres des forces armées ;
- d'autoriser les membres des forces armées et le personnel militaire à adhérer à des partis politiques légaux ;
- d'adopter ou de modifier leurs législations et réglementations, afin d'assurer leur conformité avec la Convention européenne des Droits de l'Homme et la jurisprudence de la Cour européenne des Droits de l'Homme, y compris les codes militaires et règlements internes militaires;
- d'introduire dans leurs législations respectives le droit à être enregistré en tant qu'objecteur de conscience à tout moment – avant, pendant, ou après la réalisation du service militaire – ainsi que le droit pour les militaires de carrière de demander le statut d'objecteur de conscience ;
- d'adopter d'urgence les mesures indispensables pour mettre un terme aux situations et pratiques scandaleuses de brimades.

284. Dans le cadre régional, l'obligation de respecter les arrêts de la Cour comporte aussi celle de prévenir de nouvelles violations du même type que celles constatées par l'arrêt. Le recours à la justice ou aux mécanismes régionaux de protection des DH contribue à la promotion et à la protection des droits de l'homme aussi faut-il que

223 L'Assemblée d'Etats membres de l'Union européenne constate avec regret que la Convention européenne des Droits de l'Homme et la jurisprudence de la Cour européenne des Droits de l'Homme sont loin d'êtres satisfaisantes notamment en ce qui concerne la situation des soldats dans les forces armées de certains Etats membres. Ainsi, la Recommandation 1742 (2006) a été élaborée pour assurer le respect des droits de l'homme dans les Forces armées.

tout titulaire des droits réclame ses droits violés et que tout justicier comprenne son rôle de garant des droits de l'homme.

285. Quant à la polémique autour de l'universalité et la diversité culturelle, il y a lieu de retenir avec le Professeur Patrice MEYER que le respect mutuel du couple diversité /universalité est un facteur de paix. « Tout respect de la diversité culturelle dans une confiance commune en une universalité toujours à développer est facteur de paix, une dédramatisation des oppositions idéologiques remplacées par le projet commun d'affronter les contradictions inhérentes à la condition humaine de façon interculturelle. »

F. LE PRINCIPE DE JUSTICIABILITE DES DROITS DE L'HOMME

286. Dans le rapport entre créanciers et débiteurs, comme signalé dans les pages précédentes, les personnes victimes des violations des droits de l'homme peuvent recourir aux instances judiciaires et autres en vue d'obtenir réparation, cessation de violation et autres mesures de protection. La « justiciabilité » des droits de l'homme est très importante et marque le point de démarcation entre les obligations morales et les obligations juridiques.

287. En cas de violation des droits de l'homme ou défaillance dans la mise en œuvre des droits de l'homme et libertés fondamentales, les personnes peuvent recourir à plusieurs mécanismes de promotion et de protection. Il existe des mécanismes ou garanties juridictionnelles et non juridictionnelles, des mécanismes universels, régionaux et nationaux ; au sein de l'ONU, on distingue les mécanismes de la Charte de l'ONU, les mécanismes des Organes de traité et des mécanismes spéciaux…

288. Le principe de la justiciabilité des droits de l'homme est renforcé par le droit au recours effectif tel que nous le développerons dans les pages qui suivent. A ce stade, il faut encourager les victimes des actes ayant porté atteinte à leurs droits de dénoncer ces violations pour obtenir réparation, pour en éviter d'autres et surtout pour éviter la violence de la vengeance privée, les frustrations et les conflits graves. La fréquence des violations des droits de l'homme et l'approche ou l'attention y accordée par les acteurs étatiques constituent le thermomètre de la bonne gouvernance, de la démocratie et de l'Etat de Droit.

289. Il y a lieu de déplorer que, dans plusieurs Etats, certaines violations des droits de l'homme atteignent le chiffre noir très élevé du fait que les personnes victimes refusent de les dénoncer et ce, pour multiples raisons comme l'impunité, la corruption et la résignation. La résignation se manifeste dans les cas de violences sexuelles en famille ou dans les milieux professionnels et carcéraux. Il est important d'insister sur la nécessité des dénonciations et le recours en justice. Les enquêtes d'office du parquet et la police judiciaire sont importantes ainsi que la collaboration d'autres services et personnes. Les hôpitaux, les Eglises, les ONG, les Médias et les hommes et femmes de bonne foi peuvent contribuer à la lutte contre les violences sexuelles, la torture et autres atteintes à la dignité de la personne.

290. Le travail appréciable des DDH qui publient des rapports de dénonciation est à considérer et à accueillir avec satisfaction pour servir de point de départ des enquêtes judiciaires. Le travail des ONGDH non seulement qu'il est reconnu dans la législation nationale de plusieurs Etats, il est aussi encouragé par les mécanismes internationaux qui recommandent une large consultation au sein de l'Etat pour présenter les Rapports relatifs aux engagements internationaux et pour la mise en œuvre des recommandations y formulées.

G. LE PRINCIPE DE L'INTERDICTION DE LA TORTURE, DES TRAITEMENTS INHUMAINS, CRUELS ET DEGRADANTS ET L'ESCLAVAGE

291. La dignité de la personne humaine et l'intégrité physique sont incompatibles avec les actes de torture, les traitements inhumains, cruels et dégradants ainsi que l'esclavage. L'interdiction de ces comportements acceptés par tous les Etats à la valeur de principe général et d'obligation impérative pour les Etats « jus cogens ».

292. Sur le plan normatif, depuis les Conventions de Genève de 1948, la torture était interdite même dans les circonstances de guerre. Par la Résolution de l'AG-NU 3452 (XXX) du 09/12/1975, la Déclaration sur la protection de toutes les personnes contre la torture et autres peines ou traitements cruels, inhumains ou dégradants était votée. Selon l'article 2 de cette Déclaration, tout acte de torture ou toute autre peine ou traitement cruel, inhumain ou dégradant est un outrage à la dignité humaine et doit être condamné

comme un reniement des buts de la Charte de l'ONU et comme une violation des droits de l'homme et des libertés fondamentales proclamés dans la DUDH.

293. Comme pour recommander, de manière contraignante, à tous les Etats de donner effet aux droits garantis pour qu'ils soient à la portée de tous sans aucune discrimination d'origine, du lieu où on se trouve, de son origine nationale, la Convention contre la torture et autres peines ou traitements inhumains ou dégradants était adoptée par la Résolution39/46 de l'AG-NU du 10/12/1984. La Convention est entrée en vigueur le 26 juin 1987.

294. Tous les Etats avec les autorités politiques, administratives, militaires, parlementaires et les personnes privées doivent prendre ou faire prendre des mesures efficaces pour empêcher que des actes de torture ne soient commis sur toute l'étendue de leur juridiction dans n'importe quelles circonstances de paix ou de guerre, menace de guerre, instabilité politique intérieure ou de toute autre état d'exception.

295. Les allégations de torture doivent entraîner des enquêtes judiciaires. Les autorités judiciaires sont invitées à rejeter et à refuser la valeur probante des preuves en justice obtenues par la torture lorsqu'il y a des motifs raisonnables de croire qu'on a recouru à cette pratique qui sape l'honneur et la crédibilité des Institutions étatiques censées promouvoir la dignité de la personne humaine.

296. Le principe d'interdiction de la torture n'accepte aucune justification même si elle est tirée de l'ordre de l'autorité hiérarchique. Ainsi, tout ordre tendant à faire commettre des actes de torture est considéré comme un ordre manifestement illégal[224]. Si dans certaines législations nationales, les autorités hiérarchiques qui commettent ou encouragent la torture bénéficient elles-mêmes des

---

224 L'article 28 de la Constitution de la RDC du 18 février 2006 dispose que : « Nul n'est tenu d'exécuter un ordre manifestement illégal. Tout individu, tout agent de l'Etat est délié du devoir d'obéissance, lorsque l'ordre reçu constitue une atteinte manifeste au respect des droits de l'homme et des libertés publiques et des bonnes mœurs. La preuve de l'illégalité incombe à la personne qui refuse de l'exécuter. »

immunités, le Statut de Rome de la CPI énonce le défaut de pertinence de la qualité officielle[225]

297. En effet, l'article 27 du Statut de Rome dispose que : « Le présent Statut s'applique à tous de manière égale, sans aucune distinction fondée sur la qualité officielle. En particulier, la qualité officielle de chef d'Etat ou de gouvernement, de membre d'un gouvernement ou d'un parlement, de représentant élu ou d'agent d'un Etat, n'exonère en aucun cas de la responsabilité pénale au regard du présent Statut, pas plus qu'elle ne constitue en tant que telle un motif de réduction de la peine. Les immunités ou règles spéciales qui peuvent s'attacher à la qualité officielle d'une personne, en vertu du droit interne ou du droit international, n'empêchent pas la Cour pénale internationale d'exercer sa compétence à l'égard de cette personne. »

298. La torture est considérée par la communauté internationale comme un outrage à l'humanité et à la dignité humaine.[226] C'est ainsi que la communauté internationale a accordé une attention particulière aux actes de torture et des peines ou traitements cruels, inhumains ou dégradants. L'Assemblée générale de l'ONU avait adopté le 9 décembre 1975 la Déclaration sur la protection de toutes les personnes contre la torture et autres peines ou traitements cruels, inhumains ou dégradants suivie de la Convention contre la torture et des peines ou traitements cruels, inhumains ou dégradants adoptée par la l'AG-NU le 10 décembre 1984 et entrée en vigueur le 26 juin 1987. Un protocole faculté à convention contre la torture avait suivi en 2000 pour un mécanisme spécial des visites des lieux de détention.

299. Que faut-il entendre par la torture ? Par torture on entend « Tout acte par lequel une douleur ou des souffrances aigues, physiques ou mentales, sont intentionnellement infligées à une

225 L'article 27 du Statut de Rome de la CPI est une disposition salutaire rappelant à l'ordre les autorités bénéficiant des immunités absolues, de fait ou de droit au sein de leurs Etats. La CPI apparaît comme un spectre pour les dirigeants qui se reprochent des violations graves des droits de l'homme de la compétence de la CPI.

226 Amnesty International : Combattre la torture. Manuel pour l'action, éd. Francophones, Paris, 2004, p.187. (Lire le Programme en 12 points d'Amnesty International pour la prévention des actes de torture commis par les agents de l'Etat.)

personne aux fins notamment d'obtenir d'elle ou une tierce personne a commis ou est soupçonnée d'avoir commis, de l'intimider ou de faire pression sur une tierce personne , ou pour tout motif fondé sur une forme de discrimination quelle qu'elle soit, lorsqu'une telle douleur ou de telles souffrances sont infligées par un agent de la fonction publique ou toute autre personne agissant à titre officiel ou à son instigation ou avec son consentement exprès ou tacite[227].»

300. En matière de la lutte contre la torture, sur le plan légal, la RDC offre une bonne pratique en instituant l'imprescriptibilité de cette infraction. En effet, à l'état actuel de la législation, si le tortionnaire peut bénéficier de l'impunité grâce à l'autorité hiérarchique défaillante, au fil du temps, avec les changements de régime, la mort naturelle des personnes, les mutations sur le plan professionnel, il peut répondre de ses actes et se voir sanctionner pour les faits de la torture commis plusieurs années après[228].

301. De la torture aux traitements cruels, inhumains ou dégradants, il n'y a que le degré d'intensité de la souffrance infligée à la personne humaine. Les conditions de détention lorsqu'elles sont particulièrement mauvaises constituent des traitements inhumains et dégradants. Comment, par exemple, comprendre et accepter que des êtres humains soient entassé, comme des sardines, dans un local insalubre et non aéré ? On peut découvrir le Rapport de BCNUDH présentant la situation de quelques prisons surpeuplées de la RDC où au lieu de 1500 personnes, on y retrouve plus de 5000 détenus[229]) ?

302. De même que la torture et les traitements inhumains sont interdits, les châtiments corporels le sont aussi. Le Rapporteur spécial sur la torture est d'avis que le châtiment corporel est en contradiction avec l'interdiction de la torture et autres traitements cruels, inhumains et dégradants. Il n'est pas acceptable d'appliquer des châtiments corporels même s'ils sont prévus par des textes juridiques. De même, en rapport avec les sanctions dites disciplinaires dans les lieux de détention, « Les peines corporelles, la

---

227 Art.1er de la Convention contre la torture et autres peines ou traitements cruels, inhumains ou dégradants. (Cette convention est entrée en vigueur depuis le 26 juin 1987)

228 Amnesty International, op.cit. , p.186

229 BCNUDH/MONUSCO : Rapport sur les cas de décès dans les lieux de détention de la RDC de décembre 2010 à décembre 2012, mars 2012 (Consulter le site web de la Monusco.)

mise au cachot obscur ainsi que toute sanction cruelle, inhumaine ou dégradante doivent être complètement considérées comme fautes disciplinaires (dans le chef des agents et fonctionnaires pénitentiaires)»

H. LE PRINCIPE DE L'INALIENABILITE DES DROITS DE L'HOMME

303. Les droits de l'homme sont innés et inaliénables, en ce sens que nul ne peut en être privé, si ce n'est dans des situations spécifiques, clairement définies par la loi. C'est en naissant que tout être humain est porteur des droits. La seule condition pour être titulaire des droits de l'homme, c'est d'être un homme ou une femme. « Les droits de l'homme et les libertés fondamentales sont inhérents à tous les êtres humains ; leur promotion et leur protection incombent au premier chef aux gouvernements »[230]En rapport avec l'inaliénabilité des droits de l'homme et les libertés fondamentales ainsi que le caractère inné de ses droits, plusieurs questions sont posées et plusieurs théories développées. Une personne peut –elle renoncer à son droit à la vie, en cas de souffrance grave due à une maladie ? Dans le processus de la formation d'un enfant, celui-ci n'est –t-il pas titulaire des droits avant la naissance ? La réponse à ses questions fondamentales mérite une attention particulière pour les défenseurs des droits de l'homme et les politiciens car les Etats sont appelés à prendre position en rapport à la question de l'interruption volontaire de la grossesse et de l'euthanasie.

I. LE PRINCIPE DE L'INDIVISIBILITE DES DROITS DE L'HOMME

304. Le principe de l'indivisibilité des droits de l'homme a comme conséquence l'interdépendance des droits de l'homme. Les droits de l'homme se complètent et il n'ya pas de droits plus importants que d'autres. En fait, si jadis, les droits économiques, sociaux et culturels étaient considérés comme des droits programmatoires c'est-à dire non exigibles à l'immédiat mais dépendant du niveau ou croissance économique des Etats. Cette conception a été battue en brèche et stigmatisée du fait de l'indivisibilité des droits de l'homme. Aucun Etat ne peut préférer certains droits au détriment des autres pour sa population étant

230 Déclaration et Programme d'action de Vienne adoptés par la Conférence mondiale sur les droits de l'homme à Vienne, le 25 juin 1993

donné qu'un droit bafoué se répercute sur la dignité de la personne et sur tous les droits de l'homme. La Conférence mondiale des droits de l'homme en 1993 à Vienne avait proclamé l'indivisibilité des DH. En effet, dans la Déclaration de Vienne issue de cette Conférence, le principe de l'indivisibilité des droits de consacré implique l'interdépendance des droits de l'homme à telle enseigne que les classifications de droits de l'homme et les libertés fondamentales en générations[231] ne sont plus présentées qu'à titre pédagogique. A titre d'exemple, le non paiement des soldes conséquents aux militaires et policiers entraînent des extorsions et des violations graves des DH ! Le non paiement des salaires décents aux enseignants implique une éducation à rabais et la criminalité des jeunes accroît.

J. LE PRINCIPE DE FRATERNITE

305. A l'occasion du Troisième Congrès de l'Association des Cours constitutionnelles ayant en partage l'usage du français (A.C.C.P.U.F.) à Ottawa du 17–22 juin 2003, il a été développé le principe de Fraternité énoncée dans la DUDH. Selon les congressistes ci-haut évoqués, « Le principe de fraternité nous apparaît beaucoup plus général que ceux de solidarité, de justice sociale, voire même d'égalité avec lequel il se trouve en étroite connexité… La notion d'Etat, plus précisément de Patrie ou de Nation, permet l'émergence d'un sentiment de fraternité qui ne soit plus seulement religieux ou philosophique, mais aussi politique, c'est–à–dire fondé sur une appartenance à une même collectivité souveraine, disposant d'un pouvoir d'identification particulièrement important[232]».

306. Peut-on invoquer ce principe de fraternité en justice? La question est pertinente. La fraternité conçue plus comme valeur universelle et selon la religion comme une recommandation divine et voire naturelle se trouve hissée au rang d'un principe fondamental dont les contours méritent d'être bien définis. Dores et déjà, il appartient aux esprits avisés et œuvrant en faveur de la promotion

231 Les droits de l'homme et les libertés fondamentales sont classées en première (droits civils et politiques), deuxième (droits économiques, sociaux et culturels) et troisième génération (droits collectifs : droit à la paix ; droit au développement et droit à un environnement sain)

232 Agnès LEJBOWICZ, La Fraternité en droit international (Consulté dans le site du CEDROMA (Centre D'Etudes Des Droits Du Monde Arabe : www.cedroma.usj.edu.lb)

des droits de l'homme de l'intégrer dans leur travail quotidien. A titre d'exemple, certains constituants ont revalorisé le principe de fraternité en l'insérant dans le bloc de constitutionnalité avec comme conséquence la possibilité de son invocabilité devant le juge. On peut lire dans la constitution septembre 1992 du Madagascar ce qui suit : « LE PEUPLE MALAGASY SOUVERAIN, Résolu à promouvoir et à développer son héritage de société pluraliste et respectueuse de la diversité, de la richesse et du dynamisme de ses valeurs éthico-spirituelles et socioculturelles, notamment le « fihavanana » et les croyances au Dieu Créateur; Conscient, au nom de l'humanisme, de la nécessité de la réconciliation de l'homme tant avec son Créateur et ses semblables qu'avec la nature et son environnement ainsi que de l'importance exceptionnelle des richesses et ressources végétales, animales et minières à fortes spécificités dont la nature a doté Madagascar et qu'il importe de préserver pour les générations futures »[233]

307. Sur le plan international, les Etats en dépit de leurs divergences diverses d'ordre religieux, politique, philosophe ... signent des conventions internationales en se fondant sur l'esprit de fraternité qui caractérise les rapports humains et entre les peuples de différents Etats. Le positivisme consensualiste du Droit international est l'exemple même de la mise en œuvre d'un « esprit de fraternité ».[234]

308. Il y a lieu de constater que les peuples, les groupes ethniques et minoritaires sont éparpillés dans le monde dans tous les Etats à telle enseigne que le monde est composé de personnes se retrouvant dans tous les Etats sans exclusivité. La citoyenneté est liée à un Etat mais aussi à une région spécifique comme la citoyenneté européenne et la citoyenne mondiale. Il y a des enjeux qui concernent toute l'humanité et il y a aussi des intérêts à protéger pour toute l'humanité (le patrimoine commun de l'humanité fondé sur l'esprit de fraternité liant et rassemblant tous les êtres humains). Les mouvements de la société civile se développent en société civile

233 Lire le préambule de la constitution de Madagascar du 12 septembre 1992 avant la révision constitutionnelle du 17 novembre 2010. (Constitution trouvable en ligne)

234 Déclaration des droits des personnes appartenant à des minorités nationales ou ethniques, religieuses et linguistiques, adoptée par l'AG des NU dans sa résolution 45/135 du 18 déc. 1992.

internationale pour affronter les enjeux nationaux et internationaux grâce à l'esprit de fraternité.

309. D'une valeur fondamentale pour la société, la fraternité mérite d'être défendue comme un principe clé à observer pour le respect et la promotion de la dignité de la personne humaine. C'est d'ailleurs dans ce sens que milite l'A.C.C.P.U.F[235]. Les Cours constitutionnelles de certains Etats francophones ont donné une valeur constitutionnelle de plusieurs manières à travers leurs décisions[236].

310. La DUDH oblige à tout être humain, dans les rapports interpersonnels, d'être guidé par l'esprit de fraternité. Cet esprit de fraternité peut bannir le mépris, l'avilissement, la torture, la misère, la stigmatisation, la discrimination…qui portent non seulement atteinte aux droits de la victime mais dégradent la dignité de l'espèce humaine[237]. En effet, les êtres humains sont doués de raison et de conscience. Ils doivent agir les uns les autres avec un esprit de fraternité qui est la conséquence logique de la conscience et la raison dont ils sont dotés et les distinguent d'autres espèces comme les animaux et les végétaux.

---

235 En lisant le Rapport de l'A.C.C.P.U.F., il apparaît qu'à la Cour constitutionnelle de Moldavie, le concept de fraternité (égalité) a donné lieu à un nombre relatif de censures. Par exemple, dans son arrêt n° 21 du 19/4/2001, la Cour a jugé que les dispositions de l'article 30.5 de la Loi du service public viole le principe d'égalité devant la loi, consacré par l'article 16 de la Constitution parce que « ...on établit un régime de procédure pénale non favorable pour une catégorie bien définie de citoyens et notamment les fonctionnaires publics... ».

236 En lisant le Rapport de l'A.C.C.P.U.F., il apparaît qu'à la Cour constitutionnelle de Moldavie, le concept de fraternité (égalité) a donné lieu à un nombre relatif de censures. Par exemple, dans son arrêt n° 21 du 19/4/2001, la Cour a jugé que les dispositions de l'article 30.5 de la Loi du Service public violait le principe d'égalité devant la loi, consacré par l'article 16 de la Constitution parce que « ...On établit un régime de procédure pénale non favorable pour une catégorie bien définie de citoyens et notamment les fonctionnaires publics... ».

237 L'être humain est un être transcendantal dans l'univers car doué de raison et de conscience. L'être humain est noble (le semblable né libre et porteur de la dignité et des droits qu'il faille promouvoir la fraternité entre les êtres humains.la fraternité est manifestement contraire à la colonisation, le racisme, le sectarisme, l'esclavage, l'apartheid, le génocide, le crime contre l'humanité, la torture…)

311. Le principe de fraternité peut mieux s'expliquer par la science et être renforcé par la religion. En fait, la philosophie, la religion, la morale, le Droit... et toutes sciences devraient collaborer pour placer l'homme au milieu de toute activité et ainsi promouvoir la dignité de tout être humain dans un environnement sain, sur toute la surface de la planète Terre. Certaines catégories de personnes plus vulnérables mériteraient une attention particulière. Les recherches telles celles menées par Felisa TIBBITTS et plusieurs autres chercheurs ainsi qu'Institutions sur l'éducation aux droits de l'homme méritent une attention particulière[238].

K. LE PRINCIPE DE LA PROTECTION SPECIALE DES CATEGORIES VULNERABLES

312. Nous insistons sur les principes fondamentaux car ils constituent des garde-fous, des garanties et des voies à suivre de manière quasi-obligatoire pour promouvoir et protéger tous les droits de l'homme à la portée de tous. C'est ainsi que la Déclaration sur le Droit de défendre les droits de l'homme dispose que chacun a le droit, individuellement ou en association avec d'autres, d'élaborer de nouveaux principes et idées dans le domaine des droits de l'homme, d'en discuter et d'en promouvoir la reconnaissance[239]. Face à certaines catégories plus vulnérables de la société et du monde, le devoir de la communauté devra croître.

313. A l'instar de l'Avis célèbre de l'Avocat général dans l'affaire Kalanke[240], il y a lieu que dans les politiques et les programmes de

---

238 AFCNDH et OIF : L'éducation aux droits de l'Homme. Comprendre pour agir ensemble. Guide de l'enseignant(e) pour l'éducation aux droits de l'Homme dans l'espace francophone, éd. Sépia, 2009, 212 p.

239 L'article 7 de la Déclaration sur le droit et la responsabilité des individus, groupes et organes de la société de promouvoir et protéger les droits de l'homme et les libertés fondamentales universellement reconnus. (Voir annexe 3)

240 Lire Agence des droits fondamentaux de l'Union européenne, Cour européenne des droits de l'homme - Conseil de l'Europe : Manuel de droit européen en matière de non-discrimination, 2011, p.48. (Relire la notion de discrimination positive évoquée supra. Voir Affaire Marschall. L'affaire Abrahamsson concernait la validité d'une législation suédoise se situant à mi-chemin entre la priorité inconditionnelle établie par les dispositions mises en cause dans l'affaire Kalanke et la marge

promotion et de protection des droits de l'homme, un accent soit mis sur la protection spéciale des groupes vulnérables. Point n'est besoin de chercher de midi à quatorze heures dans la mesure où certains groupes vulnérables méritent déjà une attention particulière notamment les enfants, les femmes, les minorités ethniques et linguistiques, les populations autochtones…

314. Il convient de souligner que si les actions positives visées par Monsieur l'Avocat général T. étaient limitées à éliminer les obstacles de fait qui pèsent sur certaines catégories déterminées ou certains groupes déterminés de personnes, qui sont donc désavantagés dans tel ou tel autre domaine, il y a lieu d'envisager des mesures positives en vue de rendre la réalisation des droits de l'homme effective et universelle pour la concorde nationale et un nouvel ordre mondial respectueux des droits de l'homme pour tous.

315. Pour la meilleure protection spéciale de ses catégories vulnérables, des mesures spéciales positives s'imposent pendant un laps de temps. C'est dans ce sens que pour la promotion des droits des femmes dans le domaine de la participation politique, il y a un pourcentage de sièges bloqué en leur faveur (free seat) et l'on développe le principe de Parité Homme-Femme, Approche genre, …

316. S'agissant de la protection de l'enfant, toutes les mesures qui le concernent doivent tenir compte de l'intérêt supérieur de l'enfant, la participation de l'enfant selon son âge à la mesure le concernant, la non-discrimination et la survie ou croissance de l'enfant[241]. Ainsi ,

---

discrétionnaire prévue dans l'affaire Marschall. La législation suédoise litigieuse disposait qu'un candidat appartenant au sexe sous-représenté et possédant des qualifications suffisantes pour l'emploi concerné devait être choisi prioritairement à un candidat de sexe opposé, pour autant que « la différence entre les mérites respectifs des candidats n'est pas d'une importance telle qu'il en résulterait un manquement à l'exigence d'objectivité lors de l'engagement». La CJCE a estimé que, de fait, la législation accordait automatiquement la priorité aux candidats appartenant au sexe sous-représenté. Le fait que les dispositions en cause empêchaient qu'il en soit ainsi uniquement lorsqu'il existait une différence importante entre les mérites respectifs des candidats n'était pas de nature à remédier au caractère disproportionné de la législation dans ses effets.)

241 WEMBOLUA OTSHUDI Henri, Anachronisme du Décret du 6 décembre 1950 sur l'enfance délinquante : cas du flou sur la majorité

les droits conférés aux enfants dès leur naissance sont notamment la protection de la santé maternelle (Avant la naissance de l'enfant) , les droits de la famille, le Statut juridique de l'enfant, l'irresponsabilité pénale des enfants de moins de 16 ans et droit pénal au regard des enfants, la Protection sanitaire des enfants, la Protection spéciale des enfants, protection contre la violence, la maltraitance et l'exploitation, la protection spéciale de certaines catégories vulnérables dont les enfants handicapés, les enfants des migrants, les enfants relevant des groupes minoritaires… le droit à l'éducation, l'interdiction du travail des enfants, les conditions de travail spécifiques entre 15 et 18 ans, le droit à une justice spéciale[242]…

317. Il convient de souligner que si les actions positives visées par Monsieur l'Avocat général T. étaient limitées à éliminer les obstacles de fait qui pèsent sur certaines catégories déterminées ou certains groupes déterminés de personnes, qui sont donc désavantagés dans tel ou tel autre domaine, il y a lieu d'envisager des mesures positives en vue de rendre la réalisation des droits de l'homme effective et universelle pour la concorde nationale et un nouvel ordre mondial respectueux des droits de l'homme pour tous.

Tableau n°2 : Application du principe dans l'espace francophone

Etats	Application du principe de fraternité
Belgique	Sauvegarde et maintien de la paix communautaire
République Tchèque	Le principe d'égalité », « l'égalité des chances », « l'équité ». La « non-discrimination » et la « solidarité sociale ».
France	Solidarité, dignité de la personne humaine «mécanisme de solidarité », tantôt à un « principe de solidarité », tantôt à une « politique de solidarité », tantôt à une « exigence de solidarité », tantôt à un « objectif de solidarité »

pénale en R.D.C, in DEI - Nouvelle tribune internationale des droits de l'enfant, n°10-11, décembre 2005, pp 27-32

242 Fabrice CREGUT, Compendium sur les instruments internationaux Relatifs à la justice juvénile - Terre des hommes, Suisse, 2014, 508 p.

Gabon, le Liban, l'Île Maurice, et le Maroc,	Egalité
Suisse	Principe de dignité humaine.
Canada	Société libre et démocratique et autres valeurs[243]

Commentaire : Ce tableau présente l'application du principe par quelques Etats. Cette application varie selon les Etats avec des concepts et ou autres principes à caractère absolu ou relatif allant parfois jusqu'à la censure des décisions judiciaires ou lois. Le tableau est présenté, par nous, sur base du Rapport[244] de l'A.C.C.P.U.F.

318. Que dire à propos des fractions, séparation et division entre les êtres humains allant jusqu'à la fratricide et au génocide ? Les trois religions monothéistes juif, chrétien et musulman sont confrontées à la tendance , d'une part à l'exclusion et l'extrémisme et d'autre part à l'esprit de fraternité qui dément le complexe de supériorité des peuples se fondant sur la religion qui met à part un groupe par rapport à un autre ou à tous les autres. La fraternité est promue par plusieurs normes internationales[245], plusieurs principes

243 En 1986, le juge en chef canadien, Monsieur Dickson disait que : « Les tribunaux doivent être guidés par des valeurs et des principes essentiels à une société libre et démocratique, lesquels comprennent, selon moi, le respect de la dignité inhérente de l'être humain, la promotion de la justice et de l'égalité sociales, l'acceptation d'une grande diversité de croyances, le respect de chaque culture et de chaque groupe et la foi dans les institutions sociales et politiques qui favorisent la participation des particuliers et des groupes dans la société. Les valeurs et les principes sous-jacents d'une société libre et démocratique sont à l'origine des droits et libertés garantis par la Charte et constituent la norme fondamentale en fonction de laquelle on doit établir qu'une restriction d'un droit ou d'une liberté constitue, malgré son effet, une limite raisonnable dont la justification peut se démontrer. » (Lire le rapport de l'ACCPUF« La consécration par la juridiction constitutionnelle du principe de la fraternité », juin 2003, Egypte)

244 Rapport de l'A.C.C.P.U.F, op. cit. , p.42

245 Les Conventions internationales et les Déclarations pertinentes relatives aux droits de l'homme tournent autour du principe de fraternité peu importe les autres concepts et les principes complémentaires comme le

et mécanismes[246] internationaux. Ces principes et normes sont aussi constitutives des sources des droits de l'homme.

2.2. LES SOURCES DU DROIT DES DROITS DE L'HOMME

319. Les sources classiques du Droit sont notamment la loi (au sens large), la jurisprudence, la doctrine, la coutume, les principes généraux, l'équité et le bon sens. Les sources du Droit international des droits de l'homme sont, en fait, les sources du Droit international public et du Droit positif des Etats.

320. A propos, l'article 38 du Statut de la Cour Internationale de Justice dispose que : « La Cour dont la mission est de régler conformément au droit international les différends qui lui sont soumis applique :les conventions internationales ; la coutume comme preuve d'une pratique générale acceptable comme étant le droit ; les principes généraux de droit reconnus par les nations civilisées ; les décisions judiciaires et la doctrine des publicistes les plus qualifiés des différentes nations, comme moyen auxiliaire de détermination de la règle de droit. La cour peut statuer « (ex aequo et bono) c'est-à-dire selon l'équité et le bon sens, si les parties sont d'accord. ».

321. Quelles sont les sources du Droit des droits de l'homme ? Nous avons, tant soit peu, retracé l'historique des droits de l'homme. Les droits de l'homme, c'est une affaire de tout le monde. Aucun domaine des sciences ne peut s'en approprier tout comme l'éducation morale et civique ne peut se concevoir sans une approche holistique.

322. Il est intéressant de découvrir les sources du Droit des droits de l'homme[247]. En effet, si à l'international, les Conventions

---

principe de l'égalité, le principe de la dignité de la personne, le principe de l'humanité et de la solidarité ainsi qu'autant des valeurs universelles qui renforcement la fraternité ou l'amour entre les personnes.

246 Aujourd'hui, plusieurs mécanismes luttent pour l'élimination des discriminations entre les personnes humaines dans le monde notamment les Organes de traités, les Rapporteurs spéciaux... La Cour pénale internationale réprime les crimes de guerre, les crimes contre l'humanité et les crimes de génocide fondés sur la haine fondée sur la race, la religion, langue, ethnie...

internationales, les Déclarations, la Jurisprudence et les principes généraux constituent des instruments des droits de l'homme, dans notre prochain tome, il sera intéressant de découvrir toutes les sources nationales à même de toucher sensiblement les personnes pour un changement qualitatif favorable à la promotion de la dignité humaine.

2.3. LES SUJETS DES DH ET LES OBLIGATIONS DES ETATS

323. Si en Droit international, les sujets originaires sont les Etats avant de s'intéresser aux Organisations internationales et récemment aux personnes privées, le Droit international des droits de l'homme met en présence les personnes bénéficiaires des droits d'une part et l'Etat avec ses agents et fonctionnaires, d'autre part comme signalé ci-haut, sans oublier le droit de regard des OI. Les droits de l'homme trouvent leur fondement juridique dans toutes les sources ordinaires du Droit et d'autres sources plus spéciales telles que les Conventions internationales ratifiées par l'Etat, les principes généraux de droit universellement reconnus et même les déclarations unilatérales des Etats. A titre d'exemple, pour une promesse d'un Chef de l'Etat en faveur de l'abolition de la peine de mort ou un engagement ferme d'un Chef de l'Etat d'améliorer le système judiciaire, il ne sera pas étonnant que le HCDH et les ONG rappellent que tel Chef d'Etat a pris l'engagement solennel d'abolir la peine de mort, d'accorder une autorisation permanente de visite aux Rapporteurs spéciaux…

324. Le Droit international relatif aux droits de l'homme énonce quelques obligations des États dans le domaine des droits de l'homme. Au fait, les Etats ont l'obligation de respecter, de protéger et de mettre en œuvre les droits de l'homme en vue d'assurer le respect universel et effectif des droits de l'homme, selon l'engagement international de tous les Etats membres de l'ONU. Il va sans dire qu'en devenant parties aux traités internationaux relatifs aux droits de l'homme, les États contractent des engagements internationaux. Ses engagements sont constitués des obligations et des devoirs envers les personnes qui sont bénéficiaires des instruments des droits de l'homme ainsi qu'un contrôle par les Etats et les OI de la bonne foi dans l'Etat partie à la

---

[247] NKOY –ea-LONGYA NGONDANKOY, Droit congolais des droits de l'homme, 2004, éd. Academia-Bruylant, 489 p.

Convention. On peut à ce titre se demander aisément quels sont concrètement les devoirs de l'Etat en rapport avec les droits de l'homme ?

325. L'Observation générale n°3 du Comité des droits de l'homme présente la nature des obligations des États parties (Art.2, paragraphe1 du Pacte des obligations de comportement et des obligations de résultat. Les États parties «s'engagent à garantir» que les droits considérés «seront exercés sans discrimination». On peut aussi apprécier tout le sens de l'expression qui figure dans le texte en considérant certaines de ses versions. Dans le texte anglais, l'obligation est «to take steps» (prendre des mesures). En français, les États s'engagent «à agir». Dans le texte espagnol, « a adoptar medidas» (à adopter des mesures). Ainsi, alors que le plein exercice des droits considérés peut n'être assuré que progressivement, les mesures à prendre à cette fin doivent l'être dans un délai raisonnablement bref à compter de l'entrée en vigueur du Pacte pour les États concernés. Ces mesures doivent avoir un caractère délibéré, concret et viser aussi clairement que possible à la réalisation des obligations reconnues dans le Pacte. Les autres mesures qui peuvent être considérées comme «appropriées» aux fins du paragraphe 1 de l'article 2 comprennent, mais non pas exclusivement, les mesures administratives, financières, éducatives et sociales.

326. Il faut donner à l'expression «par tous les moyens appropriés» tout le sens qu'elle a naturellement. Certes, chaque État partie doit décider pour lui-même des moyens qui sont le plus appropriés, vu les circonstances en ce qui concerne chacun des droits, mais le caractère «approprié» des moyens choisis n'est pas toujours évident. Il est donc souhaitable que les rapports des États parties indiquent non seulement quelles sont les mesures qui ont été prises mais aussi les raisons pour lesquelles elles sont jugées le plus «appropriées» compte tenu des circonstances.

327. On a déjà parlé de l'obligation de l'Etat de respecter les droits de l'homme. En fait, l'État à travers ses agents publics ou les personnes agissant sous leurs commandements doit s'abstenir d'intervenir dans l'exercice des droits de l'homme ou de les restreindre. Concrètement, il est interdit aux agents publics de l'Etat entendus comme « Toute personne qui détient un mandat législatif, exécutif, administratif ou judiciaire d'un État Partie, qu'elle ait été nommée ou élue, à titre permanent ou temporaire, qu'elle soit rémunérée ou non rémunérée, et quel que soit son niveau

hiérarchique; Toute autre personne qui exerce une fonction publique, y compris pour un organisme[248] », de poser des actes ayant pour effet d'empêcher aux personnes de jouir de leurs libertés fondamentales et leurs droits garantis par les Conventions internationales. Cette interdiction s'étend jusqu'aux normes nationales notamment la Constitution, les lois au sens large ou les autres sources du Droit.

328. A titre d'exemple, considérons la liberté d'expression et la liberté d'opinion qui sont garantis par l'article 19 de la DUDH. Pour un fonctionnaire ou un agent de l'Etat, restreindre la liberté d'expression ou tout court empêcher une personne de s'exprimer ou de diffuser son opinion, d'une manière ou d'une autre, constitue une violation de droits de l'homme.

329. Le respect des droits de l'homme sous-entend aussi le fait pour les agents et les fonctionnaires de l'Etat de ne pas prendre des mesures rétrogrades ou régressives qui constituent des restrictions, une destruction ou des atteintes aux droits acquis pour les personnes. Sur le plan administratif, tout acte administratif devra être suffisamment motivé lorsqu'il touche aux droits des personnes.

330. Bien plus, les actes d'autres personnes peuvent porter atteinte aux droits et libertés des personnes d'où l'obligation pour l'Etat à travers ses agents et fonctionnaires de protéger les personnes, les groupes de personnes et leurs biens contre les violations des droits de l'homme. Au fait, l'Etat reçoit de toutes les personnes physiques et morales, le pouvoir politique souverain de coordination et de superposition ainsi que le monopole de la contrainte en vue de protéger les personnes et leurs biens, tant sur le plan interne que sur le plan externe. En effet, dans leurs missions respectives, les services de sécurité notamment les Forces armées, la gendarmerie, les cours et tribunaux, les Services d'intelligence … ont la mission de protéger les personnes contre toute atteinte à leurs droits tant du fait des agents de l'Etat privés que des tiers comme les compatriotes inciviques et notamment en cas d' invasion ou agression externe.

[248] ONU : Convention des nations unies contre la corruption, New York, 2004, p.7

331. La protection des personnes sous-entend plusieurs actes tendant à éviter que les droits des personnes ne soient violées[249] ou que lorsque les droits d'une personne sont violés, l'Etat doit le constater, identifier l'auteur, obtenir réparation de la personne victime et prendre des mesures pour que pareil acte ne se reproduise dans ces circonstances. Pour ce faire, ce sont les services judiciaires et de la police ou de sécurité qui doivent être efficaces[250]. En cas de violations massives et récurrentes des droits par des personnes sans fonctions de l'Etat, on peut crier à la défaillance et à la responsabilité de l'Etat[251].

332. L'obligation de donner effet ou mettre en œuvre les droits de l'homme, telle que signalée ci-dessus, consiste à prendre des mesures législatives, administratives, politiques et judiciaires pour la réalisation effective des droits de l'homme ou en faciliter l'exercice. De manière concrète, le Parlement vote les lois justes (conformes aux normes internationales et à l'amélioration des conditions de vie ou le bien être de toute la population), ratifier les conventions internationales notamment les conventions relatives aux droits de l'homme et contrôler, au nom du peuple toutes les institutions publiques pour leur bon fonctionnement en faveur de l'Etat compris comme la sécurité des personnes et leurs biens ainsi que la fourniture des services à la population pour la satisfaction des besoins divers. Pour le Gouvernement, il s'occupe de la gestion de l'Etat au quotidien pour servir la population. Quant au Pouvoir judiciaire, les cours et tribunaux ont la mission de rendre la justice. Le juge est le garant des droits de l'homme. Toutes les contestations

249 Certaines lois nationales ont dépénalisé le délit de presse. La liberté d'expression est limitée par le respect de l'ordre public, les droits et libertés d'autrui et le respect de la loi. NZANGI BATUTU explique la législation nationale dans ce domaine précis.

250 Blaise PASCAL disait : « La justice sans la force est impuissante ; la force sans la justice est tyrannique. La justice sans la force est contredite parce qu'il y a toujours des méchants ; la force sans la justice est accusée. Il faut donc mettre la force et la justice ensemble et pour cela, faire que ce qui est juste soit fort ou ce qui est fort soit juste. »

251 Lorsque l'Etat est incapable de protéger sa population, la communauté internationale peut recourir à « la responsabilité de protéger ». Éric Marclay a écrit : « La Responsabilité de Protéger est un nouveau paradigme ou une boîte à outils ? ». Il démontre le dilemme moral et les contraintes juridiques qui opposent la non-ingérence au Droit, au devoir ou à la responsabilité d'intervenir dans les affaires intérieures d'un pays faillant à ses responsabilités vis-à-vis de sa population.

ou litiges sont susceptibles d'être portés devant les justiciers, cependant le danger d'un pouvoir judiciaire non indépendant est que les Cours et tribunaux apparaissent aux yeux des justiciables et de toute la population comme garant non des droits de l'homme mais plutôt garant inconditionnel de la pérennité du pouvoir ou des dirigeants.

333. Fort de ces trois obligations à la charge de l'Etat, celui-ci est considéré comme débiteur des droits de l'homme tandis que les citoyens deviennent des bénéficiaires ou créanciers des droits de l'homme. En plus des personnes, il faut considérer d'autres bénéficiaires des droits de l'homme tels que les peuples, les groupes spécifiques et donc toute la communauté. Les peuples ont droit à l'autodétermination. La dénomination de la Charte africaine des droits de l'homme et des peuples en dit long. Les catégories vulnérables bénéficient d'une attention plus particulière. On peut citer les personnes vivant avec handicap, les enfants, les personnes en détention, les populations autochtones, les minorités ethniques, linguistiques et religieuses…

334. En ratifiant les traités internationaux relatifs aux droits de l'homme, les gouvernements s'engagent à mettre en place des mesures et une législation nationales compatibles avec les obligations et les devoirs inhérents à ces traités. Le système juridique national fournit donc la protection juridique principale des droits de l'homme. Lorsque les procédures juridiques nationales ne remédient pas aux violations des droits de l'homme, les individus peuvent recourir aux mécanismes ou procédures internationales aux niveaux régional ou international. La communauté internationale veille à ce que les normes internationales des droits de l'homme soient effectivement respectées, mises en œuvre et appliquées par les Etats.

335. De nos jours, les droits de l'Homme ne relèvent plus du pouvoir discrétionnaire des Etats comme par le passé car en ratifiant les conventions internationales et en étant membres des OI, les Etats abandonnent une partie de leur souveraineté d'une part et d'autre part, les Conventions internationales dûment ratifiées ont une autorité supérieure à celle des lois. Bien plus, la ratification des traités oblige les Etats parties à présenter leur rapport sur la situation des droits de l'homme. A titre d'exemple, avec l'EPU instauré par le Conseil des Droits de l'homme de l'ONU, un dialogue constructif est engagé entre les autres Etats représentés par

les Experts désignés (La troïka) et la délégation de l'Etat examiné. C'est presque le même exercice qui s'effectue devant les Organes de traité auxquels les Etats sont parties. La situation est aussi pareille avec les Rapporteurs spéciaux et les experts indépendants désignés pour le suivi de la situation des DH pour une question spéciale ou dans un pays déterminé[252].

2.4. QUELQUES MECANISMES DE PROTECTION DES DROITS DE L'HOMME

336. La proclamation ou la reconnaissance des droits de l'homme garantis par des instruments juridiques contraignants ou soft law avec plusieurs discours politiques ou politiciens ne suffisent pas. Les droits de l'homme et les libertés fondamentales sont garantis, en principe, par des structures organisées[253] qui contribuent à la promotion et à la protection des droits de l'homme.

A. LES ORGANES DE TRAITE

337. Les principales conventions internationales relatives aux droits de l'homme, au sein de l'ONU, ont prévu des organes de surveillance ou chargée de l'application de la convention concernée. La fonction principale de ces organes de traités dénommés « Comité » est d'examiner les rapports soumis par les États parties de manière périodique (de deux à cinq ans selon les traités) et de recevoir des plaintes des individus lésés par la violation de la disposition. En fait, en plus des rapports des États, les organes de traités peuvent recevoir des informations sur la mise en œuvre des dispositions des traités de la part : des institutions spécialisées, fonds et programmes des Nations Unies, d'autres organisations internationales, des INDH, des acteurs de la société civile, en particulier les ONG, les associations professionnelles, les associations confessionnelles, les ordres professionnels, les Mutuelles et les institutions académiques. Après le dialogue avec la

252 Les tableaux ci-dessous présentent les différents mécanismes de protection des droits de l'homme.

253 Les structures organisées de promotion et de protection des DH sont des institutions généralement appelées mécanismes de promotion et de protection des DH. Nous nous excuserons de la présentation, dans ce point, de quelques mécanismes, sans préoccupation de préséance ou importance respective.

délégation de l'État partie pendant lequel la mise en œuvre par l'État des dispositions du traité concerné est examinée, les organes de traités produisent ce qui est généralement appelé des « observations finales » dans lesquelles sont exposées leurs principales préoccupations et recommandations, de nature à aider les Etats à améliorer leur situation des droits de l'homme et comprendre les défis à relever.

338. Les organes de traité publient également des observations générales[254] dans lesquelles ils développent leur interprétation du contenu de la Convention et les obligations des Etats pour la bonne application des dispositions de la Convention. Dans les tableaux ci-dessous, nous parlons des comités et nous présentons quelques Observations générales prises par le Comité des droits de l'homme et le Comité des droits économiques, sociaux et culturels.

---

254 ONU : Instruments internationaux relatifs aux droits de l'homme. Récapitulation des Observations générales ou Recommandations générales adoptées par les organes créés en vertu d'instruments internationaux relatifs aux droits de l'homme, HRI /GEN/I/Rev.9 (Vol I), 27 mai 2008. Il est vivement recommandé de lire ce document qui comprend 18 Observations Générales du Comité des Droits économiques, sociaux et culturels et 32 Observations Générales du Comité des droits de l'homme.

Tableau3 : Les organes de traités

Organes	Traité	Sites officiels
Comité des droits De l'enfant	Convention relative aux droits de l'enfant	ww2.ohchr.org/french/bodies/crc
Comité sur les Travailleurs migrants	Convention internationale sur la protection des droits de tous les travailleurs migrants et des membres de leur famille	www2.ohchr.org/french/bodies /cmw
Comité des droits des personnes handicapées	Convention pour l'élimination de toutes les discriminations a l'égard des personnes vivant avec handicap	www.ohchr.org/fr/hrbodies/crpd
Comité des disparitions Forcées	Convention pour la lutte contre la disparition forcée	www.ohchr.org/EN/HRBodies/CED
Comité contre la torture	Convention contre la torture et autres peines ou traitements cruels, inhumains ou dégradants	www2.ohchr.org/french/bodies/cat
Comité pour l'élimination de la discrimination à l'égard des femmes	Convention sur l'élimination de toutes les formes de discrimination à l'égard des femmes	www2.ohchr.org/french/bodies/cedaw
Comité pour l'élimination de la discrimination raciale	Convention internationale sur l'élimination	www2.ohchr.org/french/bodies/cerd
Comité des droits économiques, sociaux et culturels	Pacte international relatif aux droits économiques, sociaux et culturels	www2.ohchr.org/french/bodies/cescr
Comité des droits de l'homme	Pacte international relatif aux droits civils et politiques	www2.ohchr.org/french/bodies/hrc

Sous comité contre la torture (Organe de visite des lieux de détention)	Protocole facultatif à la Convention contre la torture et autres peines ou traitements cruels, inhumains ou dégradants	

Commentaire :

339. Ce tableau présente les organes de traité et leur convention respective. Les sites officiels de chaque organe méritent d'être consultés pour découvrir les observations ou recommandations générales et voire les recommandations formulées pour chaque Etat, à la suite des rapports périodiques et initiaux des Etats. Tableau 4: Les observations générales des Comités (PIDESC et PIDCP)

	PIRDCP	PIRDESC
Obs. 1	Rapports des États parties	Rapports des États parties (1989);
Obs.2	Directives pour la présentation des rapports Mesures internationales d'assistance technique (art. 22 du Pacte)	Mesures internationales d'assistance technique (art. 22 du Pacte) (1990);
Obs.3	Mise en œuvre du Pacte dans la cadre national (Art.2)	La nature des obligations des États parties (art. 2, par. 1du Pacte) (1990);
Obs.4	Egalité des droits entre hommes et femmes(Art.3)	Le droit à un logement suffisant (art. 11, par. 1 du Pacte) (1991);
Obs.5	Dérogations (Art.4)	Personnes souffrant d'un handicap (1994);
Obs.6	Droit à la vie (Art. 6)	Droits économiques, sociaux et culturels des personnes âgées

		(1995);
Obs.7	Interdiction de la torture et des peines ou traitements cruels, inhumains ou dégradants(Art.7)	Le droit à un logement suffisant (Art.11) : expulsion forcée
Obs.8	Droit à la liberté et à la sécurité de la personne(Art.8)	Rapport entre les sanctions économiques et le respect des droits économiques, sociaux et culturels (1997);
Obs.9	Traitement des personnes privées de leurs libertés (Art.10)	Application du Pacte au niveau national (1998)
Obs.10	Liberté d'opinion (Art.19)	Le rôle des institutions nationales de défense des droits de l'homme dans la protection des droits économiques, sociaux et culturels(1998)
Obs.11	Observation des Etats et Institutions spécialisées(Art.20)	Plans d'action pour l'enseignement primaire (art. 14 du Pacte) (1999);
12	Droit à l'autodétermination(Art.1)	Le droit à une nourriture suffisante (art. 11 du Pacte) (1999);
13	Administration de la justice(Art14)	Le droit à l'éducation (art. 13 du Pacte) (1999)
14	Droit à la vie (Art.6) – Voir Obs.6	Le droit au meilleur état de santé susceptible d'être atteint (art. 12 du Pacte) (2000);
15	Situation des étrangers au regard du Pacte	Le droit à l'eau (2002)
16	Droit au respect de la vie	

	privée (Art.17)	
17	Droits de l'enfant (Art.24)	
18	Non discrimination	
19	Protection de la famille(Art.23)	
20	Interdiction de la torture et des peines ou traitements cruels, inhumains ou dégradants(Art.7) Voir Observation 7	
21	Droit des personnes privées de liberté d'être traitée avec humanité	
22	La liberté de pensée, de conscience et de religion(Art18)	
23	Droit des minorités(Art27)	
24	Question des réserves(Art41)	
25	Participation aux affaires publiques et droit au vote (Art25)	
26	Continuité des obligations	
27	Liberté de circulation (Art 12)	
28	Egalité des droits entre hommes et femmes (Art 3)	
29	Dérogation en période d'état d'urgence (Art 4)	
30	Obligation de présenter des rapports (Art 40)	
31.	La nature de l'obligation juridique imposée aux Etats	
32	Droit à l'égalité devant les tribunaux et les cours de justice et à un procès équitable (Art 14)	

340. Commentaire : Les 2 Pactes relatifs aux droits civils, politiques, économiques, sociaux et culturels garantissent des droits et libertés fondamentales qui sont explicités par le Comité des droits de l'homme et le Comité des droits économiques, sociaux et culturels. Aujourd'hui, pour mieux comprendre la DUDH, il est recommandé de lire les Observations des Comités et les décisions des mécanismes nationaux, régionaux et internationaux de protection des droits de l'homme.

B. LES PROCEDURES SPECIALES

341. En complément aux mécanismes de la Charte, l'ONU prévoit des mécanismes consacrés pour quelques mécanismes spécifiques. Les titulaires de ces mandats sont appelés rapporteurs spéciaux.

1. Les Rapporteurs spéciaux

Tableau5 : Les procédures spéciales

Thèmes de procédures spéciales	Nom du Rapporteur spécial
les droits de l'homme et la lutte contre le terrorisme	Ben Emmerson
la violence contre les femmes	Mme Rashida Manjoo
la traite des personnes, en particulier les femmes et les enfants	Mme Joy Ngozi Ezeilo
sommaires ou arbitraires	M. Christof Heyns,
la vente d'enfants, la prostitution des enfants et la pornographie impliquant des enfants	Mme Najat M'jid Maalla
le droit à la santé	M. Grover Arnand
les droits des populations autochtones	M. James Anaya,
la liberté d'opinion et d'expression	M. Frank La Rue
les droits de l'homme des migrants	M. François Crépeau
le logement convenable	Mme Raquel Rolnik,
le droit à l'eau potable et l'assainissement	Mme Catarina de Albuquerque
le droit à l'alimentation,	M. Olivier DE SCHUTTER

La question des DH et de l'extrême pauvreté255	Magdalena Sepulveda Carmona
La détention arbitraire (Groupe de travail)	M. Malick El Hadji Sow, Mme. Shaheen Sardar Ali et M. Roberto Garretón , M. Vladimir ,Tochilovsky, Mr. Mads Andenas
La lutte antiterroriste	M. Martin Scheinin
Les questions relatives aux minorités	Mme Rita Izsák
Le droit au logement convenable en tant que niveau de vie suffisant	Mme Raquel ROLNIK
Les droits fondamentaux des victimes de la traite des personnes notamment femmes et enfants	Mme Joy Ngozi Ezeilo
Questions des DH et sociétés transnationales et autres entreprises	M. John Ruggie
Conséquences néfastes de mouvement et déversements illicites de produits et déchets toxiques et nocifs pour la jouissance des DH	M. Calin Georgescu
Violences contre les femmes, ses causes et ses conséquences	Mme Radhika Coomaraswamy
Effets de politique d'ajustement structurel et de la dette extérieure sur la jouissance effective des DH en particulier Droits économiques, sociaux et culturels	Rolando E. GIALDINO

342. Commentaires : Ce tableau présente quelques procédures civiles et leurs mandataires. Leur mission est très importante pour analyser les causes, les conséquences et les remèdes pour promouvoir quelques droits spécifiques ci-dessus. Les rapporteurs

255 Les Principes directeurs Extrême pauvreté et droits de l'homme pour la mise en œuvre des droits de l'homme dans les efforts pour lutter contre la pauvreté. Ils sont conçus comme un outil destiné à la conception et la mise en œuvre des politiques de réduction et d'éradication de la pauvreté, et comme un guide sur la façon de respecter, protéger et mettre œuvre les droits des personnes qui vivent dans l'extrême pauvreté dans tous les domaines des politiques publiques.

spéciaux explicitent aussi le contenu de certains droits de l'homme et les libertés fondamentales.

2. Les Experts indépendants

343. Dans les procédures spéciales, il y a lieu de distinguer les rapporteurs spéciaux et les experts indépendants. Le mandat des experts indépendants est lié à une région ou un territoire (mandat géographique) bien précis.

Tableau 6 :

Territoire	*Experts indépendants*
Belarus	**M. Miklós HARASZTI** *Hongrie*
Burundi	Fatsah Ouguergouz
Cambodge	**M. Surya Prasad SUBEDI** *Népal*
Cote d'Ivoire	**M. Doudou DIENE** *Sénégal*
Haïti	**M. Gustavo GALLÓN** *Colombie*
Libéria	
Mali	
Myanmar	**M. Tomás OJEA QUINTANA** *Argentine*
Palestine	**M. Richard FALK** *Etats-Unis d'Amérique*
République Démocratique du Congo	Titinga, Garreton
République islamique d'Iran	**M. Ahmed SHAHEED** *Maldives*
République populaire démocratique de Corée	**M. Marzuki DARUSMAN** *Indonésie*
République arabe syrienne	***M. Paulo Sergio PINHEIRO*** *Brésil*
Somalie	**M. Shamsul BARI** *Bangladesh*
Soudan	**M. Mashood BADERIN** *Nigéria*

Commentaire :

Le tableau présente les rapporteurs spéciaux ou experts indépendants par pays. On peut consulter la page du site du HCDH destiné aux rapporteurs spéciaux : http://www2.ohchr.org/french/bodies/chr/special/countries.htm

C. LE CONSEIL DES DROITS DE L'HOMME

1. Le conseil des droits de l'homme

344. Le 15 mars 2006, l'Assemblée générale de l'Onu adopte par 170 voix (sur 191 pays membres), la création du Conseil des droits de l'homme qui va remplacer la Commission des droits de l'homme de l'ECOSOC, malgré l'opposition des États-Unis, qui ont voté contre, jugeant insuffisants les nouveaux garde-fous posés pour garantir l'exclusion des pays indésirables. C'est la présence trop fréquente, au sein de l'ancienne Commission, de pays peu respectueux des droits de l'homme, selon certains Etats, qui a conduit au remplacement d'un organe onusien discrédité.

345. Le nouveau Conseil est un organe subsidiaire de l'Assemblée générale et a donc un statut institutionnel plus élevé que celui de la Commission qui était un organe fonctionnel du Conseil économique et social. La première élection a eu lieu le 9 mai 2006 et la durée du mandat initial des membres a été déterminée par tirage au sort.

346. La Commission des droits de l'homme du Conseil économique et social était critiquée d'être très politisée et sélective. Elle était très sévère à l'égard de quelques Etats et très tendres envers d'autres. Elle appliquait la politique de deux poids deux mesures. De la Commission au Conseil des droits de l'homme, l'ONU a redonné une place de choix au sein de l'ONU conformément à ses objectifs. En effet, l'organe qui s'occupe des droits de l'homme n'est plus un organe dérivé comme par le passé mais un organe créé par les Etats et ainsi, l'ONU comprend l'Assemblée Générale, le Conseil de sécurité, le Conseil économique et social, et le Conseil des droits de l'homme. Le conseil des droits de l'homme a repris quelques mécanismes et en a innové d'autres comme l'EPU.

2. L'Examen Périodique Universel

347. L'examen périodique universel (EPU) est un mécanisme spécial qui consiste à examiner au sein du Conseil des droits de

l'homme tous les Etats, de manière périodique. Les recommandations du CDH peuvent servir d'une bonne base de données pour une étude de la situation des droits de l'homme dans un pays et dans le monde. Un exercice intéressant pour s'auto-évaluer et évaluer les autres Etats quant au respect de leurs engagements internationaux dans le domaine des droits de l'homme ! La DUDH en est un autre instrument à la disposition des Etats et du Conseil des droits de l'homme pour la réalisation effective et universelle des droits de l'homme.

D. LE HAUT COMMISSARIAT DES NATIONS UNIES AUX DROITS DE L'HOMME

348. Le Haut-commissariat des Nations Unies aux droits de l'homme (HCDH) est considéré comme le Secrétariat Général de l'ONU pour toutes les questions concernant les droits de l'homme. Son siège est situé à Genève. Le HCDH créé à la suite de la Conférence de Vienne de 1993, il a célébré ses 20 ans au service des droits de l'homme, en 2013. Il incarne l'engagement de l'ONU de promouvoir les idéaux et les valeurs universelles de la dignité de la personne humaine.

Tableau7 : Les Haut commissaires

Noms	*Pays d'origine*	*Période*
José Ayala-Lasso	Équateur	1994–1997
Mary Robinson	Irlande	1997–2002
Sérgio Vieira de Mello	Brésil	2003déc (Irak)
Bertrand Ramcharan	Guyana	2003- 2004
Louise Arbour	Canada	2004-2008
Navanethem Pillay	Afrique du Sud	Sept 2008
Prince ZEID		En fonction

Commentaire :

Le tableau nous présente les Haut commissaires ayant dirigé le HCDH depuis 1993 à nos jours. Monsieur Sergio Vieira de Mello a travaillé quelques mois à la tête du HCDH et il est décédé de manière tragique dans une mission en Irak pour représenter le Secrétaire Général de l'ONU.

349. Le Haut-commissaire aux droits de l'homme est le principal responsable des droits de l'homme des Nations Unies. Il établit des rapports et mène des enquêtes à la demande de l'Assemblée générale

et d'autres organes directeurs compétents. Il coopère avec les gouvernements et les organisations internationales, régionales et non gouvernementales en vue de promouvoir et de protéger les droits de l'homme. Il sert de secrétariat pour les réunions organisées par les organismes des Nations Unies qui s'occupent des questions relatives aux droits de l'homme.

350. La mission du Haut-commissariat des Nations Unies aux droits de l'homme (HCDH) est d'œuvrer à la protection de tous les droits de l'homme pour toutes les personnes ; de contribuer à donner aux personnes la possibilité d'exercer leurs droits et d'aider les personnes chargées de faire respecter ces droits à veiller à leur application. Lorsqu'il accomplit sa mission, le Haut-commissariat aux droits de l'homme :

- Accorde la priorité aux violations les plus urgentes des droits de l'homme, aiguës et chroniques, en particulier celles qui constituent un péril immédiat pour la vie;
- Se concentre sur les personnes en péril et vulnérables sur plusieurs fronts;
- Accorde la même attention à tous les droits : civils, culturels, économiques, politiques et sociaux, y compris le droit au développement;
- Mesure l'impact de son œuvre en évaluant les avantages fondamentaux que les individus ont accumulés, grâce à elle, dans le monde entier.

351. Au niveau opérationnel, le Haut- Commissariat aux droits de l'homme travaille avec les gouvernements, les appareils législatifs, les tribunaux, les institutions nationales, la société civile, les organisations régionales et internationales et le système des Nations Unies pour développer et renforcer les capacités, notamment au niveau national, de protection des droits de l'homme dans le cadre des normes internationales.

352. Au niveau institutionnel, le HCDH s'efforce de consolider le programme des droits de l'homme des Nations - Unies et lui apporte un soutien de haute qualité. Le HCDH collabore étroitement avec ses partenaires des Nations Unies pour faire en sorte que les

droits de l'homme demeurent au cœur du travail des Nations Unies[256].

E. LES MECANISMES REGIONAUX

353. Tous les continents organisés en Organisation régionale ont leur mécanisme de promotion et de protection des Droits de l'homme. Les mécanismes régionaux sont complémentaires et subsidiaires aux mécanismes nationaux et onusiens.

Tableau 8: Les mécanismes régionaux

Mécanismes régionaux	Sites officiels
Commission Africaine des Droits de l'Homme et des Peuples Cour africaine des DH et de justice	www.achpr.org/francais/_info/news_fr.html
Cour européenne des droits de l'homme Conseil de l'Europe	http://conventions.coe.int
Forum d'Asie-Pacifique des institutions nationales des droits de l'homme:	www.asiapacificforum.net
Commission intergouvernementale des droits de l'homme de l'ASEAN:	www.asean.org/22769.htm
Commission interaméricaine des droits de l'homme Cour interaméricaine des DH	www.cidh.org/french.htm

Commentaires :

Les Organisations régionales ont leurs instruments et mécanismes spécifiques de promotion et protection des droits humains. Les sites officiels signalés dans la deuxième colonne de ce tableau renseignent sur leur organisation, leur fonctionnement et leurs activités en rapport avec à la promotion et protection des droits de l'homme.

F. LES INSTITUTIONS NATIONALES DES DH, LES ONG ET AUTRES STRUCTURES

354. Les Institutions nationales des droits de l'homme (INDH), comme le nom l'indique, ce sont des mécanismes nationaux et Gouvernementaux de promotion et de protection des droits de l'homme. Selon les Etats, elles sont créées par la Constitution ou par

256Consulter le site de l'ONU : http://www.un.org/fr/rights/overview/ohchr.shtml

une loi. Par delà les multiples formes des INDH, nous pouvons considérer que les meilleures d'entre elles doivent avoir un minimum d'indépendance et des animateurs légitimes et compétents pour contribuer efficacement à la promotion et à la protection des droits de l'homme. Elles jouent un rôle consultatif et technique pour mener des enquêtes sur les violations des droits de l'homme et la protection des victimes des violations des droits de l'homme. « Les INDH doivent faire des recommandations et des propositions à leur gouvernement sur diverses questions relatives aux droits humains, y compris à propos des lois existantes ou des projets de loi, ainsi que concernant les violations des droits humains et la situation générale des droits humains au niveau national.[257] »

355. Les INDH sont soumises à un mécanisme de la cotation pour stimuler les Etats à créer des INDH conformes aux Principes de Paris[258]. Pour mieux comprendre les notions sur les Institutions nationales, il est vivement conseillé de lire le document du HCDH sur la question[259]. L'efficacité des INDH dépend de leur légitimité et la confiance au près de la population qui bénéficie de ses services bien connus du plus large public. Les INDH devraient être ouvertes et accessibles à tous, sans aucune discrimination. La qualité, la compétence et le prestige des animateurs (DDH) des INDH est un atout[260] pour la réalisation de leur mission. La collaboration avec les ONGDH nationales et internationales est un gage pour la crédibilité

---

257 Conseil international pour l'étude des droits humains et HCDH : Evaluer l'efficacité des institutions nationales des droits de l'homme, 2005, p.6

258 La résolution 48/134 de l'Assemblée générale du 20 décembre 1993 adoptée à Paris constitue le document précieux qui détermine les critères des bonnes INDH. Ces Principes concernent le statut des institutions nationales pour la promotion et la protection des droits de l'homme. La conformité des INDH est évaluée à travers un processus d'habilitation très approfondi qui est mené par C'est le Comité international de Coordination des institutions nationales pour la promotion et la protection des droits de l'homme (CIC), sous les auspices du HCDH qui cote et accrédite les INDH jugées conformes aux Principes de Paris.

259 N-U et HCDH : Institutions nationales pour les droits de l'homme. Historique, principes, fonctions et attributions, Série sur la formation professionnelle n°4, New York et Geneva 2006, p.234

260 Conseil international pour l'étude des droits humains et HCDH : Evaluer l'efficacité des institutions nationales des droits de l'homme, 2005, 57 P. (Consulter : www.nhri.net le site des INDH)

et l'efficacité des INDH dans la mesure où les ONG et OSC sont les plus proches de la population dont les marginalisés et les victimes des violations des droits de l'homme. Le monitoring des violations des droits de l'homme, la visite de tous les lieux de détention, la formation en droits humains, l'examen des plaintes et les enquêtes ainsi que la franche collaboration avec toutes les institutions publiques et privées impliquées dans les violations des droits de l'homme y compris les services de sécurité relèvent du mandat des INDH dénommées Commission nationale des droits de l'homme, Ombudsman, Médiateurs, Observatoire national des droits de l'homme…

356. L'autorité des membres des INDH dépendra de leur collaboration avec les autorités nationales et leur charisme personnel, le budget conséquent qui leur est alloué[261], leur statut fixé par la loi et le partenariat qu'ils entretiennent avec tous les mécanismes nationaux, régionaux et internationaux. Le suivi des Avis et recommandations des mécanismes internationaux y compris les mécanismes régionaux déterminera leur efficacité et l'amélioration de la situation des droits de l'homme.

357. Les ONG sont des associations sans but lucratif. Elles sont créées par des personnes qui s'assignent dès le départ leurs objectifs, leurs activités et le fonctionnement de leurs organes pour atteindre les objectifs assignés. Les ONG œuvrent à la base parmi la population. Il ya parmi les ONG celles qui s'occupent des questions spécifiques et d'autres qui embrassent plusieurs thèmes. Avec un seul thème, l'ONG peut avoir plus d'efficacité mais dans certains milieux, il y a lieu de s'interroger sur l'impact de l'ONG dans sa communauté si son mandat est très limité et ne peut répondre aux sollicitations de ses membres et de la base !

358. Les ONG sont appelées à travailler constamment avec les fonctionnaires et agents de l'Etat à tous les niveaux pour l'efficacité de leur travail. Elles sont consultées par le Gouvernement comme

261 Il est conseillé que le Gouvernement et le Parlement s'assurent que les INDH reçoivent les ressources financières à la hauteur de leur mission. Ils devront aussi accorder une attention soutenue à leurs recommandations.

partenaires et peuvent jouir d'un statut particulier[262]au sein des mécanismes régionaux et onusiens de promotion et de protection des droits de l'homme.

359. L'efficacité des ONGDH dépend de leur crédibilité, leur organisation et fonctionnement, leur visibilité, leur ancrage dans la société et les ressources financières dont elles disposent de ses membres par les cotisations, du Gouvernement à titre de subvention et des ONG internationales ou organismes internationaux.

360. Le travail des DDH est délicat dans la mesure où les DDH recherchent la dignité de tous, la liberté et l'égalité de tous alors que certains dirigeants assoient leur autorité sur la négation des valeurs universelles et des droits fondamentaux de quelques individus ou groupes. Ce qui est caché est révélé par les DDH et là où il y a des esprits obscurs, les DDH informent, sensibilisent et forment les personnes tout comme ils apportent une aide pour l'accompagnent des victimes en justice. Pour la défense de tous les droits de l'homme, parfois méconnus ou négligés par les dirigeants, les DDH sont exposés à toutes sortes de risques et, de menaces à leur vie et à leurs droits, en tant que personnes et en tant que DDH[263].

2.4. LES DROITS INDEROGEABLES

361. Certaines valeurs universelles défendues dans les instruments nationaux, régionaux et internationaux échappent à la limitation pour quelques raisons que ce soit comme il en est pour quelques droits limités en temps d'urgence. Le PIRDCP interdit à son article 15 toute interdiction ou limitation les droits ci-après consacrés par la DUDH :

a. le droit à la vie (art 6 PIRDCP)
b. la torture et les traitements ou peines inhumains, cruels et inhumains. (Art 7 PIRDCP)
c. l'interdiction de l'esclavage et la traite des esclaves et la servitude. (Art 8 PIRDCP)

---

262 Les ONG peuvent être affiliées et recevoir le statut consultatif à la Commission africaine des Droits de l'homme et des peuples, au Conseil économique, social et culturel…

263 HCDH : Les défenseurs des droits de l'homme : op.cit. , p.57. (Annexe 3).

d. l'emprisonnement pour violation d'obligation conventionnelle. (Art 11 PIRDCP)
e. la condamnation pour une action ou une omission ne constituant pas un acte délictueux d'après le droit national ou international au moment où ils ont été commis. Interdiction d'imposer une peine plus lourde que celle qui était applicable au moment du délit. . (Art. 15 PIRDCP)
f. le droit à la reconnaissance de la personnalité juridique. (Art. 16 PIRDCP)
g. la protection des droits à la liberté de religion et l'interdiction de l'obligation d'une religion. (art. 18 PIRDCP)

362. Ces droits indérogeables sont repris dans les Constitutions des Etats. A titre d'exemple, la Constitution de la RDC du 18 février 2006 dispose à son article 61 ce qui suit : En aucun cas, et même lorsque l'état de siège ou l'état d'urgence aura été proclamé conformément aux articles 85 et 86 de la présente Constitution, il ne peut être dérogé aux droits et principes fondamentaux énumérés ci-après:

1. le droit à la vie;
2. l'interdiction de la torture et des peines ou traitements cruels, inhumains ou dégradants;
3. l'interdiction de l'esclavage et de la servitude;
4. le principe de la légalité des infractions et des peines;
5. les droits de la défense et le droit de recours;
6. l'interdiction de l'emprisonnement pour dettes;
7. la liberté de pensée, de conscience et de religion.

QUIZ

1. Pour M. Federico MAYOR, « Chaque culture est un mode unique d'interprétation ou de relation au monde et par là est source potentielle d'enrichissement pour toutes les autres cultures, voir pour une culture planétaire. Mais pour concrétiser cet enrichissement potentiel, pour permettre une hybridation bénéfique des cultures, il faut d'une part respecter la diversité pluripolaire des cultures, mais il faut d'autre part instaurer un dialogue entre ces cultures, dialogue qui nécessite une tolérance réciproque et un objet commun, et de plus peut être des "traducteurs interculturels"[264]. » Quel rapport peut-on établir entre cette déclaration et le principe de l'universalité des droits de l'homme ?

2. Peut-on énumérer trois principes des droits de l'homme les plus importants et en dégager les rapports ainsi que leur possibilité d'application, dans différents services ?

3. Expert indépendant et rapporteur spécial : quelles différences et convergences ?

264 CHRISTOPH EBERHARD, Mémoire de Dea, De l'universalisme à l'universalité des droits de l'homme par le dialogue interculturel -un défi de sortie de modernité, Etienne Le Roy, Université de Paris 1,

Deuxième partie

LE CONTENU DE LA DECLARATION UNIVERSELLE DES DH

363. La DUDH à découvrir dans ce texte comprend un préambule qui présente la philosophie, les attentes et la nécessité de la Déclaration pour toute personne, chaque État et toute la communauté internationale à travers "7 Considérants" et ses 30 articles. L'Assemblée générale des Nations Unies avait proclamé la Déclaration universelle des droits de l'homme comme « l'idéal commun à atteindre par tous les peuples et toutes les nations afin que tous les individus et tous les organes de la société, ayant cette Déclaration constamment à l'esprit, s'efforcent, par l'enseignement et l'éducation, de développer le respect de ces droits et libertés et d'en assurer, par des mesures progressives d'ordre national et international, la reconnaissance et l'application universelles et effectives... »

364. Sur le plan juridique, la DUDH est un instrument juridique important qui contribue à la protection et à la promotion des DH. Toute fois, comme le nom l'indique, la Déclaration est un acte juridique non contraignant. Dans la mesure où elle reprend des principes acceptés par toutes les nations, elle entre dans le Droit international coutumier ou droit mou. Le Professeur SIDIKI parle du Droit vert et du Droit mur pour représenter le processus de l'élaboration d'une Convention internationale à partir des conférences, groupes de travail et adoption de déclarations qui, à la longue, deviennent des conventions internationales.[265] Si la Déclaration Universelle des DH, sur le plan juridique, est considérée comme un instrument non contraignant, il faut accepter qu'elle a joué et continue à jouer, du moins sur le plan politique, un rôle déterminant. Les leaders de l'indépendance des Etats colonisés ont été marqués par les droits garantis par cette Déclaration et les injustices[266] dont ils étaient victimes. Il y a lieu d'analyser le préambule de la DUDH et son contenu.

---

265 SIDIKI KABA, op. cit., p.27

266 Le célèbre Discours de LUMUMBA était inspiré par la Déclaration universelle des droits de l'homme et stigmatisait par exemple la discrimination, les traitements inhumains et dégradants, et autres violations des droits de l'homme en ces termes : « Nous avons connu le travail harassant, exigé en échange des salaires qui ne nous permettait ni de manger à notre faim, ni de nous vêtir ou nous loger décemment, ni d'élever nos enfants comme des êtres chers. Nous avons connu les ironies, les insultes, les coups que nous devions subir matin et soir, parce que nous étions des nègres. Qui oubliera qu'à un noir on disait « tu », non certes comme à un ami, mais parce que le « vous » honorable était réservés aux seuls blancs ?

Chapitre Premier

LE PREAMBULE DE LA DECLARATION UNIVERSELLE DES DROITS DE L'HOMME

« Le crime contre les droits de l'homme allemand est devenu le crime contre les droits de l'homme des autres nations, et peu après le crime suprême de la guerre universelle. » (René Cassin).

365. Comme annoncé ci-haut, la DUDH comprend 7 considérants qui constituent son préambule. Pour René Cassin, le préambule de la DUDH consacre les « valeurs communes de l'humanité. »[267] Les Etats recommandent à travers elle que toute personne puisse avoir la DUDH constamment à l'esprit d'autant plus qu'elle contribue à définir les droits garantis par la Charte de l'ONU.

366. En fait, de manière générale, le préambule d'un acte juridique retrace le contexte sociopolitique et économique qui prévaut au moment de sa rédaction, son objectif à suivre à travers l'instrument et la philosophie ayant animé son auteur. En l'espèce, nous reprenons ci-dessous les affirmations du préambule de la DUDH et tentons de les expliciter, un après l'autre.

367. La reconnaissance de la dignité inhérente à tous les membres de la famille humaine et de leurs droits égaux et inaliénables constitue le fondement de la liberté, de la justice et de la paix dans le monde. Cette affirmation est complexe et très large. Elle suggère que l'on reconnaisse à tout être humain ou mieux encore à tout membre de la famille humaine la dignité et les droits qui sont égaux et inaliénables à tout être humain afin que règne la liberté, la justice et la paix dans le monde. Qui est visé dans cette affirmation qui proclame les libertés et droits fondamentaux qui conditionnent la justice, la liberté et la paix dans le monde? Vraisemblablement, la Déclaration vise les Etats qui ont proclamé de leur reconnaissance de leur mission ayant un impact sur la liberté, de la justice et de la paix dans le monde. Il y a lieu de rappeler que c'est après la création de l'ONU et dans la recherche des voies et moyens de réaliser les objectifs de l'ONU qu'il a été créé une Commission ayant abouti à l'élaboration de la DUDH.

368. La DUDH est la conséquence d'une histoire de la barbarie humaine. Elle répond aussi au souci de revaloriser la vie humaine et la dignité inhérente à toute personne. De toute évidence, lorsqu'on parle de la dignité inhérente à tous les membres de la famille humaine, les philosophes, les moralistes et les chrétiens ont une

267 Mario Bettati, op cit., p.175

compréhension sublime de l'être humain, l'espèce ou la race humaine au milieu du monde, de la création et de la nature. A travers les déclarations citées dans la première partie de ce document, il apparaît que la dignité humaine est d'origine divine ou naturelle bien que la DUDH ne l'ait pas exprimé clairement comme dans la Déclaration d'indépendance de 1776. Dans toutes les religions, sans risque d'être contredit, l'être humain occupe une place de choix dans l'œuvre de la création. « Homme et femme, il les créa à son image», peut-on lire dans la Bible !

369. Tout éducateur, tout agent de l'Etat et tout citoyen devra intérioriser cette réalité pour guider nos comportements et actions et pour la transmettre aux générations futures. La dignité et l'égalité de tout un chacun respectés et transmis aux autres, c'est une semence qui donnera une riche moisson de la paix, de la liberté et de la justice pour tous dans la société. Quiconque ne considère pas cette dignité et égalité dus à tous s'expose au mépris de sa propre dignité par les autres, tôt ou tard.

370. La méconnaissance et le mépris des droits de l'homme ont conduit à des actes de barbarie qui révoltent la conscience de l'humanité et que l'avènement d'un monde où les êtres humains seront libres de parler et de croire, libérés de la terreur et de la misère, a été proclamé comme la plus haute aspiration de l'homme. Un coup de cœur pour tous ceux qui ont connu les atrocités commises pendant la 2° Guerre mondiale ! Dans l'histoire de l'humanité, on a constaté quelques événements qui ont endeuillé l'humanité et des nations entières. Généralement, les violations des droits de l'homme attristent toute personne sensible et sont à la base des actes de violence, tout en engendrant un sentiment de vengeance, de rancœur, de frustration, de mépris, de haine, de dégradation de relations interpersonnelles et de l'intensification de l'esprit d'animosité. Au-delà de la raison, c'est de manière instinctive et innée que tout le monde aspire à une société juste où les personnes jouissent de leurs libertés, leurs droits fondamentaux à la vie, à la santé, à un niveau de vie suffisant, à la paix, à une justice indépendante et impartiale… Cette aspiration profonde de l'humanité nous ramène à la dignité de la personne humaine. René Cassin n'a-t-il pas eu raison de dire que la dignité humaine est notre qualité commune ! L'observation de cet idéal par tout être humain est une garantie pour la paix internationale et l'amitié entre les hommes/femmes et les peuples.

371. Le déni des droits de l'homme ou le manque d'attention aux dénonciations des violations des droits de l'homme et aux réclamations relatives à la promotion et à la protection des droits de l'homme, voire les aspirations ci-dessus, c'est soit l'ignorance, l'oubli ou la méconnaissance des droits de l'homme stigmatisés par la communauté internationale. Dans la pratique, tous les Etats membres de l'ONU n'attachent pas la même attention au respect des droits de l'homme sur le plan interne ou sur le plan international. A ce stade, les Rapports issus du monitoring des ONG, des chercheurs, des journalistes, des artistes, des institutions nationales ou internationales publiques et privées, de différents mécanismes de promotion et de protection des DH méritent une attention particulière par les Etats, les acteurs politiques et leurs agents considérés à la fois comme garants, pourvoyeurs ou bien fossoyeurs des droits de l'homme.

372. Le système politique appliqué dans un Etat et à un moment déterminé a un impact déterminant sur le respect des droits de l'homme. C'est à juste titre qu'il est dit que : « **Il est essentiel que les droits de l'homme soient protégés par un *régime* de *droit* pour que l'homme ne soit pas contraint, en suprême recours, à la révolte contre la tyrannie et l'oppression** [268]». L'instauration d'un état de droit et le renforcement de la démocratie sont des conditions sine qua none pour un environnement favorable à la promotion et à la protection des droits de l'homme.

373. Le régime politique relève de la souveraineté de chaque État. La nature de l'état de droit[269] ou l'Etat de police influe sur le respect

---

268 3° considérant du préambule de la DUDH.

269 Dans le Rapport précité du Secrétaire Général de l'ONU le 12 mars 2012 sur «« L'état de droit aux niveaux national et international Rendre la justice : programme d'action visant à renforcer l'état de droit aux niveaux national et international » , il est expressément dit : « Au niveau international, l'état de droit donne une prévisibilité et une légitimité à l'action des États, en renforce l'égalité souveraine et fonde la responsabilité de l'État à l'égard de tous ceux qui se trouvent sur son territoire et relèvent de sa compétence. La pleine mise en œuvre des obligations prévues par la Charte des Nations Unies et par les autres instruments internationaux, notamment ceux du cadre international de défense des droits de l'homme, est au centre de l'action menée collectivement pour maintenir la paix et la sécurité internationales, faire

ou non des libertés et droits fondamentaux. Quelques éléments qui caractérisent un état de Droit sont le respect de l'ordonnancement juridique avec la primauté de la Constitution par rapport à toutes autres règles de Droit, la séparation de 3 pouvoirs classiques de l'Etat ; l'indépendance du pouvoir judiciaire et le respect des droits de l'homme. Le contraire d'un Etat de Droit, c'est l'Etat de police ou Etat de nature, Etat de non droit dans lequel la justice, les institutions publiques et les libertés des personnes sont soumises non à la loi mais à l'arbitraire, aux intérêts égoïstes des individus et à la corruption avec la bénédiction des agents de l'Etat. Dans un pareil système dictatorial, tyrannique et oppresseur, le remède ultime pour le bonheur, la paix et la liberté de la population, c'est la prise de conscience et le recours à toutes les voies de droit ou bien à défaut de solution, l'ultime recours à la révolte.[270]

374. Dans sa préface au livre de Monsieur Gilles BADET, le Professeur Théodore HOLO dit : « La mission sacrée de la Cour constitutionnelle est l'édification d'un état de droit et de démocratie pluraliste, ainsi que l'avènement d'un système politique stable, gage certain d'un développement durable en vue d'assurer au peuple le triptyque Liberté, Sécurité, Prospérité, sans lequel toute quête de dignité humaine serait un leurre[271] ». La question de l'état de Droit et de la démocratie intéresse toute personne car la réalisation effective des droits de l'homme dans un Etat dépend de la nature de son régime.

375. On peut comprendre le concept de l'état de droit tel que conçu par L'ONU. En effet, l'ONU définit l'état de droit comme « un principe de gouvernance en vertu duquel l'ensemble des individus, des institutions et des entités publiques et privées, y compris l'État lui-même, ont à répondre de l'observation de lois

---

face aux nouvelles menaces qui se dessinent et combler les carences de la répression des crimes internationaux. »

270 L'article 64 de la Constitution de la RDC du 18 février 2006, par exemple, dispose que : Tout congolais a le devoir de faire échec à tout individu ou groupe d'individus qui prend le pouvoir par la force ou qui l'exerce en violation des dispositions de la présente constitution. Toute tentative de renversement du régime constitutionnel constitue une infraction imprescriptible contre la nation et l'Etat. Elle est punie conformément à la loi. »

271 Préface du Professeur Théodore HOLO au livre de Monsieur Gilles Badet, op.cit., p.11

promulguées publiquement, appliquées de façon identique pour tous et administrées de manière indépendante, et compatibles avec les règles et normes internationales en matière de droits de l'homme.[272] » Cet état de droit implique des mesures propres à assurer le respect des principes de la primauté du droit, de l'égalité devant la loi, de la responsabilité au regard de la loi, de l'équité dans l'application de la loi, de la séparation des pouvoirs, de la participation à la prise de décisions, de la sécurité juridique, du refus de l'arbitraire et de la transparence des procédures et des processus législatifs.

376. La séparation des pouvoirs propulse l'indépendance du pouvoir judiciaire, garant des droits de l'homme et non des personnes animant les institutions politiques, car les hommes passent et les institutions restent, dit-on. Les magistrats sont les artisans de l'état de droit, de la démocratie et garant du respect des droits de l'homme pourvu que soient mises en avant la conscience, l'indépendance, la compétence et l'appropriation des normes des droits de l'homme par eux[273].

377. Il est essentiel d'encourager le *développement* de relations amicales entre nations. La réalisation de tous les droits de l'homme, du reste, interdépendants et indivisibles, peut être obtenue grâce à la coopération internationale multilatérale ou bilatérale. Les relations amicales entre les nations favorisent la paix et la sécurité entre les Etats. Ces relations amicales impliquent aussi le devoir de coopération dans tous les domaines, dans le respect de l'égalité souveraine des Etats et l'intérêt national de chaque Etat. Les normes nationales et internationales ainsi que les Accords bilatéraux et multilatéraux encouragent les relations amicales entre les Etats.

---

[272] Lire le Rapport du Secrétaire général de l'ONU Au Point 83 de l'ordre du jour à la Soixante-sixième session dont le thème était « L'état de droit aux niveaux national et international Rendre la justice : programme d'action visant à renforcer l'état de droit aux niveaux national et international »

273 WEMBOLUA OTSHUDI KENGE Henri, De l'Appropriation des normes des droits de l'homme par les magistrats pour l'indépendance du Pouvoir judiciaire et la protection des droits de l'homme en RD Congo, in Paroles de justice Revue de Doctrine, 2010, Kinshasa, pp 18-31

378. La constitution de la Confédération helvétique préconise un ordre international juste et dispose que : « La confédération suisse protège la liberté et les droits du peuple et elle assure l'indépendance et la sécurité du pays. Elle favorise la prospérité commune, le développement durable, la cohésion interne et la diversité culturelle du pays. Elle veille à garantir une égalité des chances aussi grande que possible. Elle s'engage en faveur de la conservation durable des ressources naturelles et en faveur d'un ordre international juste et pacifique. » [274]

379. Sur le plan international, l'article premier commun du Pacte international relatif aux droits civils et politiques et Pacte international relatif aux droits économiques, sociaux et culturels dispose que : « Tous les peuples ont le droit de disposer d'eux-mêmes. En vertu de ce droit, ils déterminent librement leur statut politique et assurent librement leur développement économique, social et culturel. Pour atteindre leurs fins, tous les peuples peuvent disposer librement de leurs richesses et de leurs ressources naturelles, sans préjudice des obligations qui découlent de la coopération économique internationale, fondée sur le principe de l'intérêt mutuel, et du droit international. En aucun cas, un peuple ne pourra être privé de ses propres moyens de subsistance. Les Etats parties au présent Pacte, y compris ceux qui ont la responsabilité d'administrer des territoires non autonomes et des territoires sous tutelle, sont tenus de faciliter la réalisation du droit des peuples à disposer d'eux-mêmes, et de respecter ce droit, conformément aux dispositions de la Charte des Nations Unies. »

380. Dans la pratique, l'actualité sur les conflits armés, le commerce international déséquilibré et le terrorisme international défient la paix, le développement économique, social et culturel et le respect des droits de l'homme. Le droit à l'autodétermination et le droit des peuples à la souveraineté permanente sur ces ressources naturelles méritent une attention particulière en vue de promouvoir la réalisation effective et universelle des droits de l'homme.

381. Dans la Charte, les peuples des Nations Unies ont proclamé à nouveau leur foi dans les droits fondamentaux de l'homme, dans la dignité et la valeur de la personne humaine, dans l'égalité des droits des hommes et des femmes, et qu'ils se sont déclarés résolus à

274 Article 2 de la Confédération helvétique acceptée en votation populaire le 18 avril 1999.

favoriser le progrès social et à instaurer de meilleures conditions de vie dans une liberté plus grande.

382. L'ONU et ses Etats membres ont accordé aux droits de l'homme une place importante dans leurs activités. La création du Conseil des droits de l'homme aux cotés de Conseil de sécurité et Conseil économique socioculturel en est une bonne illustration, sur le plan institutionnel. Le respect et la promotion de la dignité de la personne ainsi que la reconnaissance de la valeur de la personne humaine, en tenant compte de l'égalité des sexes, le progrès social et les meilleures conditions de vie ont préoccupé les rédacteurs de la DUDH. Tous sont invités à contribuer à la promotion de l'égalité des personnes, de la dignité humaine en améliorant les conditions de vie, dans une liberté plus grande.

383. Les Etats Membres se sont engagés à assurer, en coopération avec l'ONU, le respect universel et effectif des droits de l'homme et des libertés fondamentales. A travers la DUDH et en complément à la Charte de l'ONU ainsi que les autres instruments internationaux relatifs aux droits de l'homme et tous les mécanismes de promotion et de protection des droits de l'homme, tous les Etats se sont engagés à faire respecter effectivement les droits de l'homme partout au sein des Etats et ce, par les efforts de chaque Etat et la coopération avec l'ONU. Il est évident que l'ONU coopère avec tous les Etats en vue d'assurer le respect universel et effectif des droits de l'homme et des libertés fondamentales. C'est d'ailleurs dans cet ordre d'idées que les Etats ratifient les Conventions internationales, se soumettent au contrôle des organes des traités ou à l'Examen périodique universel... Au-delà des Etats, les OI et les ONG sont des partenaires de l'ONU pour la réalisation universelle et effective des droits de l'homme. A titre illustratif, nous avons parlé plus haut de la Convention de partenariat entre l'OIF et le Haut commissariat des Nations aux Droits de l'homme ainsi que le Statut consultatif reconnu aux ONG dans les mécanismes onusiens de promotion et de protection des droits de l'homme.

384. La coopération pour le respect universel et effectif des DH s'effectue à travers les mécanismes de promotion et de protection des droits de l'homme précités y les juridictions et à défaut, la Cour pénale internationale qui réprime les violations graves de droits de l'homme et les crimes internationaux. Bien que la responsabilité incombe au premier chef aux autorités nationales de punir les auteurs de crimes internationaux et d'autres violations graves des

droits de l'homme, la coopération avec l'ONU et autres OI a abouti par le passé à la création des tribunaux pénaux internationaux ou hybrides comme le Tribunal pénal pour la Yougoslavie, le Tribunal pénal international pour le Ruanda, le Tribunal Spécial de la Sierra-Léone, le Tribunal international pour le Liban. En RDC, les tractations pour l'expérience de la création des Chambres criminelles mixtes spécialisées ont été amorcées pour statuer les cas des violations graves des droits de l'homme d'avant la création de la CPI.

385. Dans le cadre du respect du principe de responsabilité des autorités nationales de punir les auteurs des violations graves des droits de l'homme et garantir les droits des victimes, plusieurs Etats ont recouru aux Commissions d'enquête et missions d'établissement des faits ou Commissions de vérité et réconciliation soit les mécanismes de justice transitionnelle. A défaut de respecter ce principe de responsabilité par les Etats, le rôle de la Communauté internationale s'avère importante. Entre autres, le Conseil de sécurité agissant en vertu du Chapitre VII de la Charte peut recourir au Procureur de la CPI pour mener des enquêtes en vue de déclencher des poursuites judiciaires.

386. La réalisation effective et universelle des DH n'est pas seulement à la charge des Etats et des OI mais c'est aussi une affaire des victimes, des ONG et de toutes les personnes qui s'intéressent à la justice, à la paix, à la sécurité et aux droits de l'homme d'où l'impérieuse nécessité de connaître les notions fondamentales des droits de l'homme pour adopter des comportements, des attitudes et des actions favorables à la promotion et protection des droits de l'homme pour soi-même et pour les autres.

387. Une conception commune de ces droits et libertés est de la plus haute importance pour remplir pleinement cet engagement. La reconnaissance de l'universalité des droits de l'homme est bénéfique à la réalisation effective et universelle des droits de l'homme. Le partage commun des valeurs fondamentales de la société permet à tous les Etats de s'engager pour un même objectif qu'est la dignité, l'égalité et la liberté de tout être humain partout où il se trouve. La réalisation effective et universelle des droits de l'homme ne peut réussir qu'en ayant une même conception de ces droits et libertés fondamentales et en acceptant de les mettre en œuvre et de les protéger partout et pour tous. Est-ce que les philosophies, les religions et les traditions multiples dans le monde reconnaissent ces

valeurs comme un dénominateur commun à tout être humain, de par la volonté de Dieu, de par la nature et de par la raison ?

388. « La conception chinoise du Droit est fondamentalement caractérisée par l'intuition d'une interaction de l'ordre moral sur l'ordre de la nature. Cette intuition des anciens Chinois a trouvé son expression raisonnée et, en quelque sorte, scientifique, dans ce qu'on est convenu d'appeler « la philosophie confucéenne.»[275] La DUDH s'est autoproclamée Universelle. Cette universalité signifie « pour tous les hommes et pour tout Homme[276] ». Il s'agit donc de l'universalité donc dans l'espace, dans le temps et dans toutes les dimensions de l'humain.

389. Qu'il nous soit permis de répéter que les droits de l'homme sont considérés comme l'irréductible humain ou le dénominateur commun de tous les membres de la famille humaine.[277] La pensée contemporaine est actuellement partagée entre deux tendances apparemment opposées : affirmation de l'universalité / revendication des particularités et/ou cultures propres.

390. Les droits humains sont multiples pour combler les multiples besoins de tout être humain. Les droits économiques, sociaux et culturels ont été, à une période, négligée. Plusieurs efforts ont conduit à obtenir le principe de l'interdépendance et l'indivisibilité des droits civils, droits politiques, droits économiques, sociaux et culturels ; droit au développement, droit à la paix, droit à un environnement sain[278]...

391. La Constitution suisse définit également une série de buts sociaux[279]et s'engage, en complément de la responsabilité individuelle et de l'initiative privée, à ce que:

---

275 Jean ESCARRA, Le Droit chinois : aperçu historique, Édition complétée le 1er mars 2006 à Chicoutimi, Québec, p.14

276 Alfred FERNANDEZ, Pour l'universalité des droits de l'homme. Des idées pour penser l'universalité.

277 Boutros BOUTROS GHALI considère les droits de l'homme comme l'irréductible humain c'est-à-dire qu'on ne peut pas priver à un être humain sans lui dénier sa qualité d'être humain. Ce sont des droits inaliénables et inhérents à la nature humaine.

278 La question de l'environnement est récente.

279 Article 41 de la Constitution suisse.

a. toute personne bénéficie de la sécurité sociale;
b. toute personne bénéficie des soins nécessaires à sa santé;
c. les familles, en tant que communautés d'adultes et d'enfants, soient protégées et encouragées;
d. toute personne capable de travailler puisse assurer son entretien par un travail qu'elle exerce dans des conditions équitables;
e. toute personne en quête d'un logement puisse trouver, pour elle-même et sa famille, un logement approprié à des conditions supportables;
f. les enfants et les jeunes, ainsi que les personnes en âge de travailler puissent bénéficier d'une formation initiale et d'une formation continue correspondant à leurs aptitudes;
g. les enfants et les jeunes soient encouragés à devenir des personnes indépendantes et socialement responsables et soient soutenues dans leur intégration sociale, culturelle et politique.
h. La Confédération et les cantons s'engagent à ce que toute personne soit assurée contre les conséquences économiques de l'âge, de l'invalidité, de la maladie, de l'accident, du chômage, de la maternité, de la condition d'orphelin et du veuvage.
i. Ils s'engagent en faveur des buts sociaux dans le cadre de leurs compétences constitutionnelles et des moyens disponibles.
j. Aucun droit subjectif à des prestations ne peut être déduit directement des buts sociaux.

392. Tous les droits de l'homme méritent la même attention. La compréhension des aspirations et objectifs clairement déterminés, la connaissance du contenu de ces droits, l'acceptation du cadre strict de leur restriction et limitation et la responsabilité des uns et des autres, c'est une condition fondamentale pour la coopération entre les Etats et les OI, d'une part et d'autre part, le partenariat entre les autorités publiques et les ONG et les DDH.

QUIZ

1. Quels sont les objectifs de la DUDH ?
2. « Dans une liberté plus grande » : C'est le titre d'un livre tiré du préambule de la DUDH. Qui est l'auteur de ce livre et comment expliquez-vous ce passage de la DUDH ?
3. « Les droits de l'homme sont considérés comme l'irréductible humain ou le dénominateur commun de tous les membres de la famille humaine.» Qui est l'auteur de cette phrase et qu'est que cela signifie ?
4. Qui est responsable de la promotion et de la protection effective et universelle des droits de l'homme ?

Chapitre deuxième

LES DISPOSITIONS DE LA DUDH

393. La promotion et la protection des droits de l'homme sont à situer à un niveau plus élevé que des discours et des intentions. Les jérémiades, les remords ou les mauvais souvenirs comme ils apparaissent dans le préambule de la DUDH sont stériles quant à la réalisation des droits de l'homme. Pour atteindre l'objectif de la réalisation effective et universelle des droits de l'homme, il sied d'accorder une attention spéciale à l'éducation et la formation aux droits de l'homme qui fait gravement défaut dans plusieurs Etats. L'application de la Déclaration sur l'éducation et la formation aux droits de l'homme[280] peut contribuer à la réalisation effective des droits de l'homme. La connaissance, l'apprentissage, l'appropriation ainsi que les attitudes et comportements de toutes les personnes à tous les niveaux de la société sont à recommander à tous. En fait, si toute personne est consciente de son rôle à jouer dans la société voulue juste et respectueuse des droits de l'homme, chacun est leader et défenseur de la dignité humaine.

394. A propos de leader, Henry Kissinger disait : « La tâche du leader est de mener des gens de là où ils se trouvent jusqu'à un point où ils n'ont jamais été. » Quel message les rédacteurs de la DUDH nous ont-ils transmis à travers les trente articles contenus dans la DUDH et où ont-ils voulu nous amener? Avec tout le temps passé soit 66 ans et la multitude de conventions spécifiques ainsi que le laborieux travail des défenseurs des droits de l'homme et des experts à travers le monde, quelle est la portée des dispositions de la DUDH.

395. En réponse à ces questions, nous allons passer en revue les trente dispositions de la DUDH, article par article. Pour besoin de méthodologie et pédagogie, nous présentons ces dispositions de la DUDH en trois points portant successivement sur les droits civils et politiques, les droits économiques, sociaux et culturels ,et les devoirs et l'interdiction de la destruction des droits de l'homme.

2.1. LES DROITS CIVILS ET POLITIQUES

396. Tous les êtres humains[281] naissent libres[282] et égaux en dignité[283] et en droits. Ils sont doués de raison et de conscience et doivent agir les uns envers les autres dans un esprit de fraternité[284].

---

[280] Lire l'Annexe 4 sur la Déclaration sur l'éducation et la formation en droits de l'homme.

281 Observation générale no 5 (Onzième session 1994): Personnes souffrant d'un handicap, p24

397. Que faut-il entendre par « être humain » ? Dans son sens biologique, il s'agit de toute personne humaine. Seul l'être humain est titulaire des droits de l'homme et libertés fondamentales. « Les membres du genre humain (nous commentons ici, autrement présenté comme membre de la famille humaine dans le préambule

---

282 Le terme « libertés publiques » désigne toutes les libertés qui nécessitent l'intervention du pouvoir étatique à travers la Constitution et la législation nationale pour leur reconnaissance, leur organisation et leur garantie.

283 Article 1er de la Loi Fondamentale de l'Allemagne fédérale (comportant 12 articles sur les droits fondamentaux.)

284. Permettez la répétition car le principe de fraternité développé supra aux points 303 et 304 se complète et est enrichi par ces commentaires. La fraternité est un concept complexe et utilisé dans plusieurs domaines. Outre le domaine religieux, le juriste et le défenseur des droits de l'homme en saisit un principe, un devoir, un sentiment... Dans une conférence dédiée à titre posthume à M. Charles Doherty Gonthier par Monsieur Guy CANIVET sur la fraternité dans le droit constitutionnel français, ce dernier rapporte que M. Charles disait que:" Le droit de l'environnement est un de ceux qui impose à l'homme de dépasser son égoïsme et de se tourner vers l'esprit de partage. Ne pas polluer l'espace des autres pays, respecter la biosphère comme un bien commun des hommes et laisser un environnement viable aux générations futures est un devoir de fraternité. ». Le concept fraternité figure à l'heure actuelle dans plusieurs constitutions notamment la Constitution du 4 octobre 1958 qui s'y réfère dans son Préambule et dans son article 2. Le concept ne figure pas dans d'autres constitutions, mais à la place, d'autres concepts sont utilisés, par exemple, la solidarité, la communauté, l'union et la responsabilité à l'égard comme la constitution vaudoise (Suisse) adoptée en 2002. « Sans doute, le concept même de fraternité a-t-il connu, à partir de la fin du siècle dernier, un certain déclin : puisque aussi bien s'est-il vu progressivement et partiellement remplacé, en tant que principe inspirateur des lois, par un autre concept voisin mais néanmoins différent, le concept de solidarité. Pour autant, ce déclin ne saurait être surestimé: non seulement parce que l'idée de fraternité n'a jamais véritablement cessé - même au plus fort de la vogue "solidariste" - d'agir et de cheminer de manière plus ou moins souterraine ; non seulement encore parce que le concept qui prétendait la supplanter n'est jamais véritablement parvenu, en dernière analyse, à absorber et à épuiser toute sa substance. », Selon Philippe ARDAN.

de la DUDH) sont dès leur naissance dotés d'une dignité inhérente à leur personne et d'une vocation commune à la liberté, à l'égalité en droits et à l'obtention d'un traitement fraternel de la part des autres hommes.[285]»

398. Cette disposition importante de la DUDH qui constitue la racine des droits de l'homme a inspiré plusieurs instruments nationaux, régionaux et internationaux relatifs aux droits de l'homme et a donné de la matière aux mécanismes appropriés de protection de droits de l'homme.

399. Qu'en est-il des personnes souffrant d'un handicap physique ou mental ? Le comité des droits de l'homme, dans son observation N°5 à l'occasion de sa onzième session de 1994 a précisé que : « Les personnes souffrant d'un handicap peuvent manifestement se prévaloir de la gamme tout entière des droits consacrés dans la DUDH et voire dans le PIRDCP. Les États sont exhortés à prendre des mesures appropriées, dans toute la mesure de leurs moyens, pour aider ces personnes à surmonter les désavantages liés à leur état. »

400. De tous les êtres vivants, seule l'espèce ou la race humaine bénéficie d'un statut particulier dans le monde. En naissant, dès la maternité et le berceau, tout être humain (homme, femme ou hermaphrodites par erreur biologique) est revêtu de certaines valeurs qui imposent la reconnaissance de son statut particulier par ses semblables. En effet, tout être humain est doté de la raison, la conscience, la liberté, la dignité et tous les droits proclamés dans les Instruments internationaux et nationaux.

401. La différence entre le statut de l'être humain par rapport à d'autres espèces (animales, minérales et végétales) est fondée sur la raison et la conscience ainsi que l'esprit de fraternité entre eux, espèce supérieure[286]. Si l'on protège les autres espèces telles que les

---

285 René CASSIN, « Liberté et égalité. Vingt ans après la Déclaration Universelle. », in Bulletin de la Commission internationale de Juristes, n°31, Suisse, 1968, pp 1-17

286Lire Mario BETTATI, Olivier DUHAMEl et Laurent GREILSAMER, « La Déclaration universelle des droits de l'homme », éd. Gallimard, 2008, France, P.28 (Georges VEDEL dit : « L'homme bénéficie au-dessus de tout être vivant d'un statut transcendantal... Il suffit de savoir que l'homme est doué de raison et de conscience pour lui reconnaître une condition sans pareille.)

arbres, les animaux et les personnes morales, c'est dans l'intérêt des êtres humains. Dans certains Etats, la reconnaissance du statut particulier et la protection de tout être humain a acquis une valeur constitutionnelle, dans l'esprit et dans la lettre !

402. En effet, à titre d'exemple, la Loi fondamentale[287] de l'Allemagne insiste sur la dignité de la personne humaine et rend de manière très claire la responsabilité de tous les agents et fonctionnaires de l'État en proclamant que la dignité de l'être humain est intangible. Tous les pouvoirs publics ont l'obligation de la respecter et de la protéger. En conséquence :

- Le peuple allemand reconnaît à l'être humain des droits inviolables et inaliénables comme fondement de toute communauté humaine, de la paix et de la justice dans le monde.
- Les droits fondamentaux énoncés ci-après lient les pouvoirs législatif, exécutif et judiciaire à titre de droit directement applicable.
- Les concepts « libre » et « liberté » méritent d'être définis. Le philosophe Montesquieu avait écrit qu'il n'y a point de mot qui ait reçu plus de différentes significations, et qui ait frappé les esprits de tant de manières, que celui de liberté. Pouvons-nous dire que « Naître libre » signifie tout simplement que l'être humain, en naissant, il est porteur de tous les droits et toutes les libertés bien qu'il ne puisse exercer toutes les libertés et droits compte tenu de l'âge. Il n'est pas esclave, il n'est pas emprisonné...Pour une accoucheuse : « Tout enfant qui naît manifeste sa liberté en poussant un cri de liberté!»

403. Henri CAPITANT propose deux définitions pour le concept liberté.

- Une définition au sens large et l'autre au sens restreint. En fait, au sens large : « c'est l'ensemble des libertés reconnues à l'individu et aux groupements sociaux et qui apparaissent comme autant de limitations à l'activité de l'Etat et des gouvernants. ». Quant au sens strict : « ce sont celles des libertés individuelles qui permettent au citoyen d'exercer son action sur la vie publique : liberté d'opinion, de presse, de réunion, d'association ».

---

287 Article 1er de La Loi Fondamentale de l'Allemagne fédérale (comportant 12 articles sur les droits fondamentaux)

404. Selon Jean RIVERO, « Les libertés publiques sont des droits de l'homme qui reconnaissent à, celui-ci, dans les divers domaines de la vie sociale, le pouvoir de choisir lui-même son comportement, pouvoir organisé par le droit positif, qui lui accorde une protection renforcée et l'élève au niveau constitutionnel en Droit interne, au niveau supra législatif en Droit européen ». L'expression libertés publiques vise toutes les libertés qui nécessitent l'intervention du pouvoir étatique pour les reconnaitre, les organiser et les garantir.

405. Tous les êtres humains (les femmes[288], les hommes et les enfants[289]) sont nés libres par la volonté du Créateur, pour tous les chrétiens et autres croyants ou d'après la nature et la raison, selon les athées. Les êtres humains méritent en égalité avec tous les semblables la dignité et tous les droits. Ils bénéficient de la raison et de la conscience, ce qui fait leur différence avec d'autres créatures. Il est recommandable à tous les peuples, toutes les nations, tous les individus et les organes de la société de reconnaître l'égalité de tous les êtres humains d'abord en dignité et puis en droits tout en agissant les uns envers les autres dans un esprit de fraternité. Le tortionnaire, peut-il torturer ses parents ou ses sœurs?

406. La fraternité est un devoir à côté des droits pour promouvoir la dignité de tout Homme et tout l'homme sans aucune exclusion. Un être humain ne peut pas être considéré comme un objet ou un esclave. On peut se demander pourquoi l'exclusion de la femme et la privation du bénéfice d'un traitement, dans certains domaines de la vie en famille et dans la société? Pour Maria-Eugenia RODRIGUEZ Palop dans son exposé lors d'une Conférence tenue à l'Université Carlos III de Madrid et lequel exposé était traduit par Beatriz Collantes SANCHEZ et Véronique CHAMPEIL-DESPLATS : « Le problème de la violence à l'encontre des femmes doit s'établir

288 L'article 3 du PIDESC parle clairement de l'égalité des hommes et des femmes. Plusieurs instruments internationaux garantissent cette égalité. Chaque Etat s'occupe de la mise en œuvre de cette parité par des mesures législatives et administratives.

289 Les enfants âgés de moins de 18 ans représentent une catégorie de personnes vulnérables. Caractérisés par le manque de discernement, d'expérience de la vie la dépendance économique et sociale face aux adultes, les enfants ont des besoins et des droits spécifiques. En fait, ils ont droit à la survie, au développement, à la protection…La convention relative aux droits de l'enfant garantis les droits de l'enfant. En RDC, il existe une loi sur la protection de l'enfant du 18 janvier 2009.

dans le cadre de la violence structurelle et du patriarcat. C'était le féminisme radical (représenté aujourd'hui par des auteurs comme Andrea DWORKIN, Catherine MACKINNON et Katheleen BARRY) qui a révélé d'un côté, que la violence à l'encontre des femmes est misogyne, c'est-à-dire, qu'elle surgit de la haine envers les femmes et, de l'autre, a révélé aussi que cette violence est sexiste, étant donné qu'elle prend son fondement dans un sentiment de supériorité de l'homme par rapport aux femmes.[290]» Le rejet et la déconsidération du genre (prise en compte du genre homme- femme) avec la conséquence de violences de toutes les formes tirent leur origine des causes structurelles et culturelles à affronter selon les réalités de chaque groupe social.

407. Quant à l'enfant, son niveau de maturité et sa responsabilité appellent un comportement et des attitudes appropriés tenant compte de sa dignité, de son intérêt et de la limitation de l'exercice de ses droits par des raisons objectives. La situation de l'enfant exige un comportement approprié et fraternel tenant compte des principes fondamentaux notamment la priorité pour la survie et la croissance de l'enfant, la protection de l'enfant, la participation de l'enfant et l'intérêt supérieur de l'enfant.

408. La fraternité combinée avec l'article 29 de la DUDH démontrent à suffisance que « Les auteurs de la Déclaration ont tenu également à marquer leur volonté d'équilibre entre droits et devoirs de l'Homme en proclamant dès l'article 1er le devoir général des êtres humains, tous membres de la même famille, de se comporter dans un esprit de fraternité[291]. »Il se dégage de cet idéal commun à toute l'humanité une recommandation principale notamment adopter des Attitudes et des Comportements emprunts d' un esprit de fraternité et respectueux de quelques principes fondamentaux déjà développés supra (le principe de l'égalité et le principe du respect de

290 Maria-Eugenia RODRIGUEZ Palop, La persistance de la violence contre les femmes malgré la Loi Organique 1/2004 portant mesures de protection intégrale face à la violence de genre , in Revue des droits de l'homme du Credof, n°1, juin 2012.
L'article est trouvable en ligne :(http://revdh.org/2-les-numeros-de-la-revue-des-droits-de-lhomme-2/numero-1-juin-2012/les-conferences/la-violence-persistante-contre-les-femmes-fr/consulté le 17 août 2013) Centre de recherches et d'études sur les droits fondamentaux (CREDOF-Paris Ouest Nanterre-La Défense)

291 René CASSIN, op.cit., pp1-17

la dignité de la personne humaine.) Peut-on évaluer la mise en œuvre de cet article d'où découlent le principe de non-discrimination et tous les droits civils , politiques, économiques, sociaux et culturels, plus de 66 après?

409. Les instruments des OI régionales (UA ; UE ; OEA ...) et culturelles comme l'OIF[292] contribuent à l'instauration d'une société juste dans laquelle tous les droits sont à la portée de tous et partout. Les Constitutions et les lois nationales démontrent l'effort de la mise en œuvre de l'article 1er de la DUDH bien que les défis de la réalisation effective et universelle des DH sur terrain soient énormes. La situation de l'égalité[293], de la liberté, de la dignité et de la fraternité des êtres humains dans le monde ne peut passer inaperçue grâce aux moyens de communication à longue vitesse et à l'échelle planétaire bien qu'il faille reconnaître qu'il y a des opportunités et acquis à consolider notamment les normes ou Instruments et quelques mécanismes[294] et jurisprudences[295]. La maîtrise et la prise de conscience ou l'appropriation des droits et des principes fondamentaux comme la fraternité ainsi que le devoir d'adopter des Attitudes et comportements conséquents méritent d'être renforcées.

410. Les philosophes comme nous l'avons démontré précédemment n'ont pas manqué de s'interroger sur les fondements des droits de l'homme avec cette égalité universelle qui est prônée pour tous les êtres humains. C'est parce qu'ils sont naturels et innés que les droits de l'homme sont inaliénables et imprescriptibles. De nombreux défenseurs de l'idéologie des droits de l'homme s'en tiennent aujourd'hui encore à ce raisonnement. Francis FUKUYAMA, dans son ouvrage intitulé Natural Rights and Natural

---

292 Découvrir la Déclaration de Bamako de l'OIF à l'annexe 6

293 L'égalité en droit est un garde-fou à l'arbitraire. La liberté devra tenir compte de cette égalité entre les personnes, l'égalité devant les charges publiques, l'égalité devant les Services publics, l'égalité devant la loi au sens large, l'égalité de chance...

294 Lire avec attention, approfondir les connaissances et ou recourir aux mécanismes développés dans la première partie du livre.

295 Dans l'Arrêt Campo ALGODONERO c/Mexique, la Cour Interaméricaine des droits de l'homme a condamné l'État du Mexique pour n'avoir pas mis en place les diligences et la surveillance nécessaires afin d'éviter la persécution et la violence à l'encontre des femmes à Ciudad Juárez. En définitive, l'État du Mexique a été condamné pour avoir encouragé et n'avoir pas pallié la violence machiste dans son territoire.

History in The National Interest affirme que « Toute discussion sérieuse sur les droits de l'homme doit se fonder en dernière instance sur une vision des finalités ou des objectifs de l'existence humaine qui, à son tour, doit presque toujours se fonder sur une conception de la nature humaine»[296].

411. Selon lui, seule « l'existence d'une unique nature humaine partagée par tous les habitants du monde peut fournir, au moins en théorie, un terrain commun pour fonder des droits de l'homme universels ». C'est pourquoi, il reste partisan d'un recours au langage des droits (rights talk), celui-ci étant « plus universel et plus facilement compris ». Il ajoute que le discours des droits vaut parce que tous les hommes ont les mêmes préférences, ce qui montre qu'ils sont « en fin de compte fondamentalement les mêmes ».

412. *C*hacun peut se prévaloir de tous les droits et de toutes les libertés proclamés dans la présente Déclaration, sans distinction aucune, notamment de race, de couleur, de sexe, de langue, de religion, d'opinion politique ou de toute autre opinion, d'origine nationale ou sociale, de fortune, de naissance ou de toute autre situation[297]. De plus, il ne sera fait aucune distinction fondée sur le statut politique, juridique ou international du pays ou du territoire dont une personne est ressortissante, que ce pays ou territoire soit

---

296 Alain de BENOIST, A la recherche d'un fondement des droits de l'homme « Natural Rights and Natural History », in The National Interest, été 2001.

297 Les situations des personnes qui méritent attention particulière sont nombreuses. C'est dans ce sens qu'il faut comprendre l'attention du Comité des droits économiques et sociaux portée aux albinos. En effet, dans ces Observations au Rapport périodique de la RDC, le Comité invite instamment l'État partie à faire d'urgence le nécessaire pour que soient menées dans les meilleurs délais des enquêtes efficaces et que soient poursuivies les personnes responsables du meurtre et de la mutilation d'albinos. Il l'exhorte par ailleurs à s'efforcer de lutter contre la discrimination dont des personnes atteintes d'albinisme sont effectivement l'objet dans l'État partie et, à cet effet, d'établir des liens d'étroite coopération avec les associations qui s'emploient à promouvoir et à protéger les droits des personnes atteintes d'albinisme, de soutenir financièrement les activités de ces associations, et de mener des campagnes d'information pour combattre les croyances superstitieuses qui sont préjudiciables à leur bien-être.

indépendant, sous tutelle, non autonome ou soumis à une limitation quelconque de souveraineté[298].

413. D'entrée de jeu, l'article 2 de la DUDH pose le principe de la liberté. Les pouvoirs publics ont l'obligation d'affirmer la primauté de ce principe et de se laisser guider par cet ingrédient de la démocratie comme l'Arrêt de la Cour suprême avait déclaré :« Le Congrès ne fera aucune loi qui touche l'établissement ou interdise le libre exercice d'une religion, ni qui restreigne la liberté de la parole ou de la presse, ou le droit qu'a le peuple de s'assembler paisiblement et d'adresser des pétitions au gouvernement pour la réparation des torts dont il a à se plaindre [299]».

414. Cet article renforce le principe et l'étend à toute personne sans aucune discrimination. En effet, le principe de non-discrimination renforce davantage le principe d'égalité proclamé par l'article 1er. La DUDH énumère les catégories d'êtres humains qui ne doivent pas souffrir de discrimination. Cette énumération n'est pas exhaustive d'où l'expression « Tout autre situation[300] ». La formule de toute autre situation est reprise dans le PIDCP au paragraphe 2 de l'article2.

415. Il est reconnu à tout être humain où qu'il soit le droit de revendiquer les droits garantis dans la DUDH. Il apparaît clairement que la première démarche est celle de l'appropriation des droits

---

298 Article 2 de la DUDH. Il est recommandé de maîtriser les principes d'égalité, de non discrimination et de discrimination dite positive développés dans la première partie de ce livre.

299 Cet arrêt de la Cour suprême des Etats Unis a été commenté dans les pages précédentes.

300 Lisant la Compilation établie par le HCDH en rapport avec le processus de l'EPU pour la RDC à la sixième session du 30 novembre au 11 décembre 2009, il apparaît que le Conseiller spécial du Secrétaire général pour la prévention du génocide a fait allusion à « toute autre situation » de discrimination en RDC, en ses termes : « … il existait un risque très prononcé que des personnes soient prises pour cible en raison de leur origine ethnique, en plus et au-delà des autres causes profondes du conflit. Il a fait observer que le génocide rwandais de 1994 et les allégations contradictoires des divers groupes faisant état d'un génocide en cours à l'est de la République démocratique du Congo étaient des thèmes constamment repris par les acteurs locaux dans de grands discours qui aggravaient radicalement les tensions entre communautés ethniques. »

proclamés et garantis à tous et toutes avant d'examiner les discriminations. Il va sans dire que le principe, c'est l'égalité et l'exception, le recours aux mesures correctives apparemment discriminatoires, selon les catégories spécifiques à protéger.

416. Aujourd'hui, plusieurs instruments internationaux ont vocation à éliminer la discrimination fondée sur la race, le sexe, la religion, l'opinion politique ou toute autre opinion, l'origine nationale ou sociale, de fortune, de naissance ou de toute autre situation. Nous allons passer en revue, tour à tour, quelques situations de discrimination et en évoquer quelques instruments qui contribuent à leur élimination.

A. LA DISCRIMINATION FONDEE SUR LA RACE

417. Les préjugés raciaux et la discrimination fondée sur la race sont à la base de plusieurs conflits et violations des droits de l'homme. Que faut-il entendre par discrimination fondée sur la race ? Quel est l'état des lieux sur la question ? Quels sont les instruments de promotion et de protection y relatifs ?

418. La discrimination raciale vise toute distinction, exclusion, restriction ou préférence fondée sur la race, la couleur, l'ascendance ou l'origine nationale ou ethnique, qui a pour but ou pour effet de détruire ou de compromettre la reconnaissance, la jouissance ou l'exercice, dans les conditions d'égalité , des droits de l'homme et des libertés fondamentales dans les domaines politiques, économiques, social et culturel ou dans tout autre domaine de la vie publique[301].

419. Il est évident que le racisme, la xénophobie, l'intolérance fondée sur la race, la tribu, l'ethnie … sont à la base de plusieurs conflits et violations des droits de l'homme dans le monde et dans les Etats. Il faudra faire la part de chose entre la discrimination et la distinction ou restriction et préférences que l'Etat peut entretenir entre les nationaux ou ressortissants du dit Etat et les non-ressortissants dans certains domaines précis notamment l'exercice du commerce en gros ou en détail. Le principe de réciprocité et

301 Article 1er de la Convention internationale sur l'élimination de toutes les formes de discrimination raciale adopté le 21 décembre 1965 par l'AG-NU et entrée en vigueur le 4 janvier 1969.

quelques conventions bilatérales ou multilatérales fixent certaines de ces questions.

420. La discrimination raciale et ses dérivées est combattue à travers plusieurs instruments nationaux, régionaux et nationaux notamment sur le plan international par : la Convention n°169 relative aux peuples indigènes et tribaux adoptée le 27 juin 1989 et entrée en vigueur le 5 septembre 1991, la Déclaration des droits des personnes appartenant à des minorités nationales ou ethniques, religieuses et linguistiques adoptée par l'AG-NU le 18 décembre 1982, la Convention n° 100 sur l'égalité de rémunération adoptée par la Conférence générale de l'OIT à sa 34° session du 29 juin 1951 et entrée en vigueur le 23 mai 1953 ; la Convention n°111 concernant la discrimination (emploi et profession) adoptée par la Conférence générale de l'OIT à sa 82° session du 25 juin 1958 et entrée en vigueur le 15 juin 1960; la Convention internationale sur l'élimination de toutes les formes de discrimination raciale adopté le 21 décembre 1965 par l'AG-NU et entrée en vigueur le 4 janvier 1969 ; la Déclaration sur la race et les préjugés raciaux adoptée par la Conférence générale de l'UNESCO à sa 20° session le 27 novembre 1978 ; la Convention concernant la lutte contre la discrimination dans le domaine de l'enseignement[302] adoptée par la Conférence générale de l'UNESCO à sa 11° session le 14 décembre 1960 et entrée en vigueur le 22 mai 1962 et la Déclaration sur l'élimination de toutes les formes d'intolérance et de discrimination fondée sur la religion ou la conviction proclamée par l'AG-NU le 25 novembre 1981 par la Résolution 36/55.

421. La Conférence sur la Sécurité et la Coopération en Europe (CSCE) avait initié le mécanisme de Haut Commissaire pour les minorités nationales au sein de l'Europe, depuis décembre 1992[303]. Sa fonction est de donner rapidement une alerte afin que des mesures soient prises rapidement lorsqu'il y a des tensions du fait des questions de minorités. Le Haut Commissaire a le pouvoir de visiter tout Etat membre et recueillir toutes sortes d'information dans les Etats membres, en rapport avec son mandat. Il reçoit toutes les informations utiles de toutes les parties prenantes notamment les

---

302 Un mécanisme de suivi de cette Convention était institué par le Protocole instituant une Commission de conciliation et de bons offices chargée de rechercher la solution des différends qui naîtraient entre Etats parties à la Convention.

303 Leah LEVIN, op.cit., p.50

Autorités du pays, les partenaires internationaux et les ONG en vue de résoudre les problèmes.

422. Le Comité contre la discrimination raciale instituée par la Convention des Nations Unies sur l'élimination de toutes les formes de discrimination raciale est le mécanisme de base pour éliminer la discrimination fondée sur la race.

B. LE DISCRIMINATION FONDEE SUR LE SEXE

423. La discrimination fondée sur le sexe est à la base de plusieurs violations des droits humains, exclusion d'un groupe important de personnes à la jouissance effective des droits et libertés fondamentales. Cet état des choses est à la base de lutte intense dans plusieurs pays pour lutter contre toutes les formes de discrimination liées au sexe. Il y en a qui parlent de sexe faible et de sexe fort. Une autre tendance d'actualité et encore disputée se fonde sur les droits des homosexuels[304]. Cela a été facilement digéré dans certains Etats et pas dans d'autres. Quelques objectifs fondamentaux sont poursuivis à travers la lutte pour la promotion des droits des femmes. Il s'agit de l'autonomisation de la femme, la participation socio-politico- économique de la femme, la protection de la femme contre toutes les discriminations et l'élimination des violences faites à la femme y compris les violences sexuelles et les violences conjugales.

424. Un constat malheureux révèle que « Partout autour du globe, la sous représentation des femmes dans les organes gouvernementaux notamment dans les instances exécutives et législatives de haut niveau, limite leur influence sur la gouvernance et les affaires publiques. [305]». C'est pour faire face à cette situation que le Conseil de sécurité des Nations Unies a pris la Résolution 1325 pour plus de participation et implication des femmes dans les organes internationaux de prise de décision notamment pour résoudre les conflits étant donné que les femmes et les enfants sont souvent les victimes des conflits.

---

[304] HCDH : Nés libres et égaux en dignité et en droits. Orientation sexuelle et identité de genre en Droit international public, New York et Genève, 2012, p.60

305 Lori ASHFORD, « Les femmes au pouvoir et aux postes de décision. », in Département d'Etat Etats-Unis d'Amérique Bureau international d'information, éd.2012, pp96-99

425. Bon nombre de femmes ont réussi dans plusieurs domaines de la vie nationale et internationale ainsi que dans leur combat pour la liberté et la lutte contre la discrimination sexiste. Au niveau de la Présidence et la Primature , on peut citer les Grandes dames comme Madame Michelle Bachelet , Présidente du Chili et première Présidente élue en Amérique du Sud, Madame Violeta de Chamorro(Présidente du Nicaragua), Madame Finnbogadottir, Présidente de l'Islande, Madame Tansu Çiller (Première Ministre Turque), Hanna Suchocka (Première Ministre de la Pologne), Kazimiera Prunskienè (Première Ministre de la Lituanie), Benazir BHUTTO (Première Ministre de Pakistan), Eugenia CHARLES (Première Ministre de Saint Dominique), Kim CAMPBELL (Première Ministre du Canada, Tarja HALONEN(Présidente de Finlande), Ellen JOHNSON (Présidente du Liberia), Louise SAMBA (Présidente de République Centrafricaine), Angela MERKEL (Chancelière allemande), Madame MICHAELLE Jean (Secrétaire Général de l'OIF), Madame Hilary CLINTON…

426. Il y a lieu d'encourager les associations des femmes comme l'Initiative du Concil of Women World Leaders de Madame Madeleine Albright qui regroupe les femmes Chefs d'Etat et de Gouvernement. Le Réseau des Femmes Africaines Ministres et Parlementaires(REFAMP) tout comme d'autres Associations des femmes qui participent à la lutte contre la discrimination fondée sur le sexe et surtout la promotion des droits des femmes.

427. Par contre, dans certaines coutumes comme au Pakistan et aux Indes, on parle de la malédiction de naître fille. Les filles ne s'occupent que des tâches ménagères, elles sont faites pour le mariage et s'attacher à une autre famille. Les filles sont maltraitées dès leur enfance. Elles ne sont pas bien nourries comme les garçons et souvent, elles meurent avant l'âge de cinq ans. Dans toute impunité et au nom de la coutume, les femmes tuent leurs filles croyant mettre fin à la malédiction qu'apporte la naissance de la fille à la famille.

428. Quelques instruments méritent d'être mentionnés :

- La Convention sur l'élimination de toutes les violences faites à la femme adoptée par l'AG-NU le 18 décembre 1979 et entrée en vigueur[306] le 3 septembre 1981 (Le texte juridique contraignant de base relatif aux droits de la femme.)

- La Déclaration sur l'élimination de la violence à l'égard des femmes proclamée par l'AG-NU le 22 septembre 1993 par sa Résolution 48/104.
- La Déclaration sur la protection des femmes et des enfants en période d'urgence et de conflit armé proclamée par l'AG-NU le 14 décembre 1974.

C. LA DISCRIMINATION FONDEE SUR LA RELIGION

429. Le pape Jean-Paul II, dans l'encyclique Evangelium vitæ, affirme que tous les Hommes et seuls les Hommes sont titulaires de droits, car ils sont les seuls êtres capables de reconnaître et d'adorer leur Créateur.

430. Toute personne a le droit de choisir et de manifester sa religion. La Déclaration universelle des droits de la personne par les religions du monde comprend quelques principes très importants et utiles pour lutter contre la discrimination fondée sur la religion. En effet, la Déclaration dispose que : « Toute exclusion des religions du monde comme ressources positives quant aux droits de la personne est nuisible et va à l'encontre de la vie quotidienne; les diverses communautés constituant les peuples du monde doivent non seulement échanger des idées mais également des idéaux; les religions, idéalement, incitent les êtres humains à vivre dans une société juste et non pas juste dans n'importe quelle société; on ne doit pas idéaliser la réalité, mais s'efforcer de réaliser l'idéal[307]. »

431. La religion est une arme redoutable pour le bien ou pour le mal. Les adeptes et ou fanatiques des religions sont souvent instrumentalisés pour des raisons politiciennes et se lancent dans la violence. Les leaders religieux devraient servir Dieu et leurs brebis pour la dignité de l'être humain créé à l'image de Dieu. Il est un truisme de dire que la loi divine et de la nature précèdent et s'imposent à l'Etat. Les dirigeants et les fonctionnaires des Etats viennent et passent alors que les personnes créées à leur

---

306 Le protocole facultatif à la Convention adoptée par l'AG-NU le 6 octobre 1999 et adoptée le 22 décembre 2000.

307 Déclaration universelle des droits de la personne par les religions du monde (Projet de Déclaration Arvind.Sharma@mcgill.ca Janvier 2003) très intéressant par rapport à son objectif.

ressemblance et à la ressemblance de Dieu demeurent. De ce fait, la religion est un outil qui devrait servir les leaders religieux et les leaders politiques à créer un environnement favorable à la promotion et à la protection universelle des DH et non pas à encourager la haine, l'intolérance religieuse et la violence.

D. DISCRIMINATION FONDEE SUR L'ORIGINE NATIONALE

432. La nationalité établit un lien juridique entre une personne et un Etat. Toute personne devra bénéficier au moins de la protection d'un Etat. Comment déterminer la nationalité d'une personne ou quelle en est la preuve? Comment résoudre les conflits au sujet de la nationalité ? certains pays acceptent la double nationalité et d'autres non. En fait, la question de la nationalité relève de la loi de chaque pays[308].

433. Dans une étude de Afrimap, il a été conclu que : « Dans un trop grand nombre de pays africains, les lois et pratiques régissant la nationalité ont pour effet de laisser des centaines de milliers de gens sans nationalité. Les apatrides africains constituent l'un des groupes des populations les plus vulnérables du continent. Ils ne peuvent ni voter ni se présenter à des élections ; ils ne peuvent ni inscrire leurs enfants à l'école, ni voyager librement ou posséder une propriété foncière ; ils ne peuvent pas être employés par l'État; ils sont exposés aux violations des droits humains. La situation d'apatride sous-tend et exacerbe les tensions intercommunautaires, interethniques, et interraciales dans beaucoup de régions du continent. »

434. La discrimination fondée sur la nationalité entraîne plusieurs conséquences néfastes sur la paix, la sécurité et le développement d'un Etat[309]. Il convient d'intérioriser qu'il n'y a pas d'étrangers sur cette planète Terre. La discrimination fondée sur la nationalité ou autre « origine nationale » peut être comprise comme la nationalité qu'une personne possédait initialement, mais qu'elle a soit perdue, soit conserve en complément d'une autre nationalité acquise par naturalisation ; elle peut aussi se référer à l'attachement d'une personne envers une « nation » au sein d'un État (comme l'Écosse dans le Royaume-Uni).

---

308 Bronwen MANBY, « Les lois sur la nationalité en Afrique Une étude comparée », in Afrimap, 2010, p.63

309 Agence des Droits fondamentaux de l'Union européenne : Manuel de Droit européen en matière de non discrimination, Luxembourg, 2011, p.176

E. DISCRIMINATION FONDEE SUR L'OPINION

435. Toute personne a droit de se forger une opinion et de transmettre son opinion à d'autres personnes. L'opinion politique est parfois mal digérée et cela est à la base de la discrimination et des conflits dans la société. Il importe de signaler qu'il est recommandé d'adopter le comportement et attitudes appropriés pour éviter la discrimination fondée sur l'opinion. Entre autres opinions très disputée, il y a l'opinion religieuse et l'opinion politique. La tolérance est requise quant à ce.

F. DISCRIMINATION FONDEE SUR L'ORIGINE SOCIALE

436. Les discriminations fondées sur l'origine sociale et ethnique sont néfastes et portent atteinte à la dignité de la personne humaine. Ces discriminations sont réelles ou supposées et produisent des attitudes et discours qui ne sont pas forcément intentionnels. Elles constituent une entrave majeure à la liberté individuelle et à l'égalité de traitement.

437. Les discriminations[310] se manifestent fréquemment dans le domaine de l'emploi dans le secteur privé et public. L'origine des personnes est souvent à la base d'un drame social qui se manifeste par la mise à l'écart systématique de Curriculum Vitae, le refus de candidature à l'embauche, l'attribution systématique de tâches ou de postes en fonction de l'origine, la déqualification des personnes employées, l'inégalité salariale et dans l'accès à la formation , à la promotion ou l'exécution des missions de service … . Les jeunes sont les plus touchés par la discrimination selon leur origine. Les enfants de parents immigrés originaires du Maghreb et d'Afrique Subsaharienne sont les plus touchés dans l'emploi, en Europe À qualifications et diplômes équivalents, ils sont deux fois plus nombreux à rester au chômage, et sur des durées plus longues que l'ensemble des jeunes. Dans l'emploi, ils occupent plus souvent des postes sous-qualifiés, précaires et à temps partiel. Les femmes d'origine étrangère sont victimes d'une double discrimination fondée sur leur origine et leur sexe.

438. Les Nations Unies protègent toutes les personnes quelle que soit leur origine. La Déclaration des droits des personnes

[310] La Haute Autorité de lutte contre les discriminations et pour l'égalité (Halde), créée par la loi de décembre 2004.

appartenant à des minorités nationales ou ethniques, religieuses et linguistiques est l'un des instruments internationaux de l'ONU pour éliminer les discriminations fondées sur l'origine sociale des personnes.

G. DISCRIMINATION FONDEE SUR LA FORTUNE

439. Plusieurs Déclarations tentent de relever le niveau économique et social qui a un impact non négligeable sur la dignité des personnes. Nous pouvons énumérer notamment la Déclaration sur le progrès et le développement dans le domaine social, la Déclaration universelle pour l'élimination définitive de la faim et de la malnutrition, la Déclaration sur l'utilisation du progrès de la science et de la technique dans l'intérêt de la paix et au profit de l'humanité , la Déclaration sur les droits des peuples à la paix et la Déclaration sur le droit au développement. Les riches peuvent influencer les mesures et actions des dirigeants au détriment des pauvres. On peut observer le phénomène de la distribution de la justice dans un contexte dominé par la corruption. Dans tous les domaines de la vie sociale, les fonctionnaires et les dirigeants devraient tirer attention à la discrimination fondée sur la fortune pour éviter la création des castes et des classes sociales prêtes à saper l'égalité des citoyens.

H. DISCRIMINATION FONDEE SUR LA NAISSANCE OU L'AGE

440. Les enfants sont bénéficiaires des droits de l'homme. Ils constituent une catégorie spéciale à qui l'on a consacré quelques droits spécifiques dénommés droits de l'enfant. Si l'âge est le facteur déterminant qui détermine la personne qui jouit des droits de l'enfant, les Etats fixent dans leur droit interne l'âge de majorité[311].

441. Plusieurs normes relatives aux DH notamment la Convention relative aux droits de l'enfant adoptée par l'AG-NU le 20 novembre 1989 dans sa Résolution 44/25, le Protocole facultatif à la Convention relative aux droits de l'enfant , concernant la vente d'enfants, la prostitution des enfants et la pornographie mettant en

311 Henri WEMBOLUA OTSHUDI, « L'anachronisme du Décret du 6 décembre 1950 sur l'enfance délinquante: cas du flou sur la majorité pénale en R.D.C », in Revue internationale des droits de l'enfant, éd DEI-Belgique, n°12, 2007, pp15-23

scène des enfants adoptée par l'AG-NU le 25 mai 2000 dans sa Résolution 54/263 et entrée en vigueur le 18 janvier 2002 ; le Protocole facultatif à la Convention relative aux droits de l'enfant concernant l'implication d'enfants dans les conflits armés adopté le 25 mai 2000 dans sa Résolution 25/263 et entrée en vigueur le 12 février 2002 ; la Convention n°138 sur l'âge minimum adoptée par la Conférence générale de l'OIT à sa 58° session le 26 juin 1973 ; la Convention n°182 sur les pires formes de travail des enfants adoptée par la Conférence générale de l'OIT le 17 juin 1999 à sa 87° session et entrée en vigueur le 19 novembre 2000 ; les Principes des Nations Unies pour les personnes âgées adoptés par l'AG-NU du 16 décembre 1991 dans sa Résolution 46/91, principes de Riyad, principes de Beijing garantissent les droits des enfants.

I. LA DISCRIMINATION CONTRE LES PERSONNES VIVANT AVEC HANDICAP (Personnes souffrant d'un handicap[312])

442. Les principaux instruments relatifs aux droits des personnes vivant avec handicap sont les Principes pour la protection des personnes atteintes de maladie mentale et amélioration des soins de santé mentale adoptés par l'AG-NU le 17 décembre 1991 dans sa résolution 46/119 , Règles pour l'égalisation des chances des handicapés adoptées par l'AG-NU le 20 décembre 1993 dans sa Résolution 48/96 , Déclaration des droits des personnes handicapées proclamée par l'AG-NU le 9 décembre 1975 dans sa Résolution 3447 (XXX) et la Déclaration des droits du déficient mental proclamée par l'AG-NU le 20 décembre 1971 dans sa Résolution 2856 (XXVI) ainsi que la Convention relative aux droits des personnes souffrant de handicap adoptée le 16 décembre 2006 et entrée en vigueur le 3 mai 2008 sont les principaux instruments de promotion et protection des droits des personnes vivant avec handicap.

443. La DUDH proclame que tous les êtres humains naissent libres et égaux en dignité et en droit, et ce, sans aucune discrimination. Quelques cas sont invoqués à titre exemplatif et la DUDH catégorique sur le principe de non discrimination fait

312 L'Observation générale n°5 a consacré le terme Personne souffrant d'un Handicap au lieu de personnes handicapées laissant supposer que la capacité de l'individu de fonctionner en tant que personne était diminuée.

allusion à toute autre situation. Il est donc normal que les Etats prennent des mesures appropriées pour surmonter les désavantages découlant de la situation d'handicap ou motif d'invalidité qui frappe certaines personnes et ne leur permettent pas de jouir de l'égalité en droits et en dignité.

444. Sur le plan social et médical, le handicap est une déficience vis à vis d'un environnement en termes d'accessibilité, d'expression, de compréhension ou d'appréhension. C'est « toute limitation d'activité ou restriction de participation à la vie en société subie dans son environnement par une personne en raison d'une altération substantielle, durable ou définitive d'une ou plusieurs fonctions physiques, sensorielles, mentales, cognitives ou psychiques, d'un poly handicap ou d'un trouble de santé invalidant. »

445. Face à cette situation qui diminue l'égalité de chance pour une catégorie de personnes, les Etats ont l'obligation d'améliorer leurs conditions de vie et leur situation ayant un impact direct sur leur dignité et sur leur vie économique, sociale et culturelle. Le comité des droits économiques, sociaux et culturels a constaté qu'environ 80% de personnes vivant avec handicap se retrouvent dans les Pays en développement et de plus en plus dans les zones rurales.

446. Les Etats ont l'obligation d'éliminer la discrimination pour raison d'invalidité et la mise en œuvre des droits des personnes handicapées ainsi que la prise en compte de l'égalité de droits des hommes et femmes ainsi que les personnes souffrant d'un handicap, leur droit d'être protégé contre le chômage, leur droit à la sécurité sociale, la protection de la famille ainsi que des mères et des enfants, leur droit à un niveau de vie suffisant, leur droit à la santé physique et mentale, leur droit à l'éducation et leur de participer à la vie culturelle et de bénéficier du progrès scientifique[313].

J. DISCRIMINATION FONDEE SUR AUTRE SITUATION

447. La DUDH a fustigé quelques cas à la base de la discrimination. Les cas à exclure et bannir de nos actes et

---

313 Lire la Convention relative aux droits des personnes vivant avec handicap et l'Observation n°5 du Comité des Droits économiques, sociaux et culturels sur les personnes souffrant d'un handicap(Onzième session de 1994.

comportements sont légion et ce, suivant les réalités locales. A propos, on peut constater que de nos jours dans certains Etats, on parle de l'orientation sexuelle, ce qui n'est bien digérée partout en Afrique. Est-ce une raison pour soumettre les semblables à la torture ou traitement inhumain et dégradant ? Dans certains Etats, on constate un regain d'actes de violence contre les albinos, du fait de certaines croyances rétrogrades et liberticides. En tout état de cause, toute sorte de discrimination devrait attirer l'attention de la communauté pour rechercher la concorde, la paix sociale et la cohabitation pacifique. Une discrimination reste discrimination quelle que soit la cause et les justiciers perspicaces comme démontrés ci-dessus ont retenu « autre situation », là où les requérants ont évoqué, par exemple, la discrimination fondée sur la race[314].

448. Les autorités publiques sont chaque fois interpellées pour enquêter, prendre des mesures appropriées ou formuler des recommandations à toutes les parties prenantes utiles pour résoudre un problème de société qui occasionne la discrimination, dans des proportions inquiétantes. Qu'on se détrompe, il ne faut pas attendre l'aggravation d'une situation pour s'engager à intervenir car dit-on : « Il faut battre le fer quand il est chaud! »

K. LA COLONISATION

449. Pour Monsieur Emmanuel DECAUX, « La plus grosse lacune se trouve au cœur même de l'article 2. C'est la colonisation ! La Déclaration ne la remet pas en cause. Tout au plus, l'article 2 dans son second alinéa vient-il dépasser le cadre territorial des Etats. Parce qu'elle est universelle, la Déclaration n'en finira jamais de proclamer l'égalité des droits de tous les hommes, les colonisés d'hier, comme les exclus d'aujourd'hui. »[315]

450. Il n'est certes pas douteux que la norme de l'article 14 (Cour européenne des droits de l'homme) recèle des obligations négatives. La définition qu'en donne la Cour dans l'arrêt Abdulaziz, Cabales et Balkandali c/ Royaume-Uni260, à savoir qu'il y a discrimination lorsqu'« un individu ou un groupe se voit, sans justification adéquate, moins bien traité qu'un autre », semble mettre l'accent plutôt sur le caractère actif du comportement incompatible avec

---

314 Voir Communication Ibrahima GUEYE et al. c/France à la page 116.
315 Emmanuel DECAUX, cité par Mario BETTATI, op.cit., p.35

l'article 14. Autrement dit, l'Etat ne doit pas, dans ses interventions, commettre de discrimination, ni en droit ni en fait, dans la jouissance des droits énoncés par l'instrument européen. Toute violation devrait donc s'analyser, de ce point de vue, en une entrave active (et illicite) au droit du requérant à la non-discrimination. »

451. La problématique des obligations positives n'est pas pour autant étrangère à cette clause. D'abord, il est acquis, et la Cour l'a expressément jugé dans l'Affaire linguistique belge que le principe de non-discrimination s'applique à tous les droits conventionnels ainsi qu'à toutes les obligations qui en découlent, y compris aux obligations positives. L'obligation de traiter les autres avec esprit de fraternité s'impose non seulement aux autorités publiques mais aussi aux personnes privées. Les agents et fonctionnaires de l'Etat devraient comprendre le rôle de l'Etat, garant des droits de l'homme et adopter des attitudes et comportements conséquents dans l'exercice de leur travail. Ils devraient aller plus loin pour comprendre que la responsabilité de l'Etat s'étend au-delà des mesures administratives, législatives et judiciaires dans les rapports des acteurs étatiques avec les privés mais aussi dans les rapports entre individus. « L'Etat devrait jouer ici aussi son rôle de garant : il devrait veiller à ce que son système juridique ne permette pas la discrimination dans les rapports interindividuels, et à ce que toute violation soit dûment et efficacement sanctionnée »[316].

452. « La situation de minorités : Le Comité note avec préoccupation que dans sa décision du 28 novembre 2003, la Cour suprême n'a pas reconnu la communauté groenlandaise de Thulé comme un groupe distinct capable de faire valoir ses droits, alors que cette tribu se perçoit elle-même comme un tel groupe (art. 2, 26 et 27). L'État partie devrait porter une attention particulière à l'auto-identification des individus concernés lors de la détermination de leur statut en tant que personnes appartenant à des minorités ou à des peuples autochtones. »[317]

453. La situation japonaise de la 2° Guerre mondiale : L'État partie devrait accepter la responsabilité juridique pour le système des «femmes de réconfort» et présenter des excuses sans réserve d'une manière qui soit acceptable pour la majorité des victimes et rétablisse leur dignité, engager des poursuites contre les

---

316. Jean, Op. cit., p.60 et s.

317 Point 13, p.24

responsables encore en vie, prendre des mesures législatives et administratives immédiates et efficaces en vue d'indemniser de manière adéquate toutes les survivantes à titre de droit, sensibiliser les élèves et la population sur cette question, et réfuter et réprimer toute tentative visant à diffamer les victimes ou à nier ces événements.[318]

454. Tout individu a *droit à la vie*, à la liberté et à la sûreté de sa personne.[319]L'article 6 alinéa 1 du Pacte international relatif aux droits civils et politiques dispose que le droit à la vie est inhérent à la personne humaine. La vie est sacrée (Article de la Constitution de la RDC). L'atteinte à la vie d'une personne est sanctionnée par la loi pénale. (Article Code pénal livre II meurtre, empoisonnement...Disparition forcée. Génocide, crime de guerre, crime contre l'humanité...

455. Les Observations générales n° 6 et 14 du Comité des droits de l'homme invitent les Etats à prévenir les guerres et les autres actes de violence collective. Des conflits armés internes et internationaux, des attentats, des actes de barbarie et de la criminalité de toutes sortes, des violences sexuelles inouïes causent la mort à plusieurs personnes dans le monde et ce, inutilement.

456. L'Observation générale n° 6 du Comité des droits de l'homme recommande aux États de prendre toutes les mesures possibles pour diminuer la mortalité infantile et accroître l'espérance de vie, et en particulier des mesures permettant d'éliminer la malnutrition et les épidémies. Il est donc du devoir des Etats de prendre toutes les mesures possibles pour assurer un niveau de vie suffisant et de prévenir les guerres, les actes de génocide et les autres actes de violence collective qui entraînent la perte inutile et arbitraire de vies humaines.

457. Le Droit à la vie est un droit indérogeable c'est-à-dire un droit garanti et protégé dans toutes les circonstances de paix ou de guerre. La Cour européenne, la Cour interaméricaine des droits de l'homme et le Comité des droits de l'homme des Nations Unies ont statué dans de nombreux cas des exécutions sommaires et arbitraires qui constituaient par définition une violation du droit à la vie. (C'est le cas de l'affaire Velasquez.)

---

318 P.34
319Article 3 de la DUDH

458. Les Etats peuvent endosser directement la responsabilité des agents et fonctionnaires ayant donné la mort dans l'exercice ou à l'occasion de leur profession. Pour ces cas, l'Etat devrait considérer la gravité de l'acte de son agent et devrait diligenter, d'office, des enquêtes efficaces et indépendantes aboutissant aux sanctions exemplaires aboutissant à la condamnation des agents véreux par qui la responsabilité et l'image des Etats sont remises en cause.

459. C'est dans ce sens que la Cour européenne des droits de l'homme a voulu renforcer la responsabilité des agents et fonctionnaires de l'Etat qui portent atteinte à la vie des personnes au lieu de les sécuriser grâce aux moyens mis à leur disposition par l'Etat. En effet, dans l'Arrêt KARAGIANNOPOULOS c. GRÈCE du 21 juin 2007, la Cour avait revu sa jurisprudence relative à l'article 2 de la Convention. Elle avait décidé que cette disposition s'applique même s'il n'y a pas eu décès de la victime, dès lors que la force utilisée à l'encontre d'une personne était potentiellement meurtrière et que c'est pur hasard si celle-ci a eu la vie sauve.

460. Qu'en est-t-il alors de la responsabilité inhérente à la mort donnée par une tierce personne? La responsabilité pénale est individuelle. La responsabilité de l'Etat peut être engagée dans certaines circonstances lorsque l'Etat qui a la charge de sécuriser les personnes et leurs biens a failli à sa mission. C'est ainsi que dans l'Affaire Osman contre le Royaume-Uni en 1998, la Cour européenne des droits de l'homme a examiné une requête déposée par la famille d'Ahmed Osman abattu par l'enseignant de son fils qui prétendait qu'il y avait eu violation du droit à la vie. La Cour a considéré que, pour conclure que les autorités avaient manqué à leur obligation de prendre les mesures nécessaires à la protection de la personne dont la vie était menacée par les actes criminels d'un autre individu, deux conditions devaient être réunies :

a. les autorités savaient ou auraient dû savoir à l'avance que le comportement criminel d'un tiers faisait planer une menace réelle et immédiate sur la vie de la victime, et
b. elles ont négligé de prendre les mesures qui étaient de leur ressort et qu'il eût été raisonnable d'attendre d'elles, pour éviter ce risque.

461. Eu égard à ces conditions précitées, les Etats ont l'obligation de protéger les individus contre toute atteinte à leur vie. C'est dans cet ordre d'idée que les Etats sont organisés avec le service de la Police ou la Gendarmerie sur le plan interne et des Forces Armées et

services de sécurité sur le plan international. Les Etats protègent les personnes contre toute atteinte à la vie au-delà de ses frontières notamment dans le cas de l'extradition.

462. Dans l'Affaire Judge contre Canada, le Comité des droits de l'homme des Nations Unies a estimé en 2003 que « Le Canada, en tant qu'État partie qui a aboli la peine capitale, indépendamment du fait qu'il n'a pas encore ratifié le deuxième Protocole facultatif se rapportant au Pacte, visant à abolir la peine de mort, a commis une violation du droit à la vie garanti au paragraphe 1 de l'article 6 en expulsant l'auteur vers les États-Unis alors qu'il est sous le coup d'une condamnation à mort, sans demander l'assurance qu'il ne serait pas exécuté ».

463. La vie étant sacrée telle que reconnue dans la Constitution de plusieurs Etats, la politique de l'ONU est l'abolition universelle de la peine de mort. C'est pour cette raison que le Comité des droits de l'homme est toujours profondément préoccupé par l'application de la peine de mort dans les Etats dont la République islamique d'Iran qui connaît nombre important des condamnations à mort prononcées et exécutées.

464. Malgré la tendance à l'abolition universelle de la peine de mort, plusieurs Etats ont dans leur code pénal une longue liste des infractions, souvent vagues, assorties de la peine de mort. Le Comité stigmatise les méthodes d'exécution (exécutions publiques et la lapidation) et le nombre élevé des cas dans les régions où vivent les minorités ethniques[320]ainsi que la peine de mort retenue à charge des enfants et des femmes enceintes.

465. Les pays qui n'ont pas encore aboli la peine de mort observent le moratoire qui interdit l'exécution en attendant l'abolition définitive de la peine de mort. En plus du moratoire, certaines garanties doivent être de mise. C'est notamment limiter la peine capitale exclusivement aux «crimes les plus graves» au sens du paragraphe 2 de l'article 6 du Pacte et de l'Observation générale no 6 (1982) du Comité relative au droit à la vie, le recours à la grâce présidentielle, l'interdiction de l'exécution publique, le respect des droits de la défense[321]...

---

320 Rappelons qu'il n'existe pas de disposition relative aux minorités ethniques dans la DUDH.

321 Comité des droits de l'homme 103e session 17 octobre-4 novembre 2011

466. A propos de l'initiative de l'abolition de la peine de mort, le Professeur MBATA BETUKUMESU MANGU André dit : « L'italien Cesare Beccaria était le premier à fustiger la peine de mort en soulignant qu'elle n'était ni utile ni nécessaire. Selon Robert Badinter, il considérait la peine de mort comme une guerre de la nation contre un citoyen et qui ne pouvait nullement avancer la cause de l'humanité.[322] »

467. Sur le plan juridique, plusieurs instruments ont aboli la peine de mort de l'ONU, en passant par des Organisations régionales à telle enseigne qu'à ce jour, l'abolition s'impose comme une norme impérative au sein de l'Union européenne. Pratiquement, tous les 47 Etats européens, à l'exception de la Biélorussie, ont aboli la peine de mort[323]. L'abolition parfaite au sein de l'Union européenne fait suite aux Protocoles n°6 et 13 à la Convention européenne des droits de l'homme portant abolition de la peine de mort. La Cour européenne des droits de l'homme a considéré dans deux Arrêts importants notamment Affaires Soering c/ Royaume Uni et Ocalan c/ Turquie que la peine de mort est un traitement inhumain et dégradant. C'est de bon droit que l'abolition de la peine de mort soit une condition d'adhésion à l'Union européenne.[324] Qui sait si avec l'évolution des mœurs et du Droit international des droits de l'homme, l'abolition de la peine de mort pourra servir de clause pour la coopération de l'UE avec l'Afrique comme dans l'Accord de Cotonou entre l'UE et les ACP !

468. En Amérique, un protocole à la Convention américaine relative aux droits de l'homme traitant de l'abolition de la peine de mort a été adopté le 8 juin 1990. Quant à l'Afrique, aucune Convention n'a été signée, dans ce sens, mais on peut apprécier à sa juste valeur quelques Etats africains qui ont aboli la peine de mort ou se trouvent à l'abolition de la peine de mort de fait avec les moratoires signés par les Chefs d'Etat.

Examen des rapports soumis par les États parties conformément à l'article 40 du Pacte dans ses Observations finales sur la République islamique d'Iran.

322 MBATA BETUKUMESU MANGU André, Abolition de la peine de mort et constitutionnalisme en Afrique, éd. L'Harmattan, Paris, 2011, p.24

323MBATA BETUKUMESU MANGU André, op.cit. , p.27

324 Idem : p.28

469. Quelques questions peuvent être posées au sujet de l'abolition de la peine de mort. Dans les Etats qui n'ont pas encore ratifié, l'abolition est un sujet de passion plus de la politique, de la philosophie et la morale que de Droit[325]. Est-ce que l'abolition peine de mort peut encourager la criminalité ? Est-ce que dans un Etat post-conflit, l'abolition de la peine de mort est un acte dangereux lorsqu'on accorde des amnisties ou lorsque les criminels de guerre sont gratifiés par des postes dans l'Armée ou dans la sphère politique ? Est-ce que les parlementaires qui soutiennent mordicus la peine de mort sont eux-mêmes disposés à exécuter la peine de mort publiquement, par pendaison ou par balles d'arme et ce, sans cagoules ?

470. La mort est un cauchemar pour les êtres humains normaux. Créatures extrêmement vulnérables, les êtres humains ont besoin d'une certaine forme de protection[326]. La réglementation sur la peine de mort est stricte, au sein des Etats. Peut-on considérer que comme il est interdit à l'Etat de tuer par voie extrajudiciaire et par l'application de la peine de mort, il existe un droit de mourir pour les personnes? Loin de là. On peut à cet effet se référer à l'affaire Pretty contre le Royaume-Uni. La Cour européenne y a résolument répondu par la négative. Les médecins n'ont pas non plus le droit de donner la mort au motif d'alléger les souffrances à un patient. Quant à la question du début de la vie, on peut dire à ce stade que : « La question est pourtant d'importance car les conséquences des manipulations génétiques, des expérimentations sur l'embryon humain ou encore des procréations médicalement assistées peuvent être très graves. »[327] La vie de l'être humain est pour les droits humains, ce qu'est le cœur pour l'organisme humain. C'est autour de la vie que gravite d'autres droits fondamentaux.

471. Qu'en est-il de la liberté placée côte à côte au droit à la vie à l'article 3 de la DUDH ? Sans aucune définition dans les lois ou dans les conventions internationales, la doctrine nous enseigne que la liberté est la faculté reconnue à l'homme d'agir de manière autonome, c'est un pouvoir d'autodétermination en vertu duquel

---

325 Il est recommandé de lire l'ouvrage du Député national MBATA BETUKUMESU ayant introduit une proposition de loi portant abolition de la peine de mort au Parlement de la RDC en 2010.

326 Kenneth MINOGUE, Historique de la notion des Droits de l'homme, in Nouveaux Horizons, 1989, pp9-25.

327 Jean-François RENUCCI, op.cit., p.12

l'homme choisit son comportement personnel… La liberté est de ce point de vue une prise de conscience par l'individu à la fois des nécessités sociales et également de sa propre responsabilité[328].

472. Inspiré des Observations générales du Comité des droits de l'homme, nous pouvons affirmer que « Toute liberté implique pour toute personne un choix judicieux à l'abri de toute coercition extérieure et un pouvoir d'atteindre (un ou plusieurs objectifs) pratiquement la fin ou les fins en soi. C'est la liberté individuelle liée à la responsabilité qui constitue l'âme de la démocratie, à l'intérieur de chaque groupe social et de l'Etat. Les Libertés inhérentes à l'Homme, qui sont le signe de son autonomie et la condition du développement de sa personnalité, ne sont pas les seules. Il y a aussi les libertés collectives qui offrent à chacun le moyen de défendre ses idées et ses intérêts dans la vie sociale. La liberté collective dont jouissent les citoyens d'un Etat, c'est ce que le Professeur René Cassin appelle l'indépendance[329].

473. L'article 4 de la Déclaration des droits de l'homme et du citoyen de 1789 dispose que : « La liberté consiste à pouvoir faire tout ce qui ne nuit pas à autrui : ainsi, l'exercice des droits naturels de chaque homme n'a de bornes que celles qui assurent aux autres membres de la société la jouissance de ces mêmes droits. Ces bornes ne peuvent être déterminées que par la loi». Les constitutions et les lois nationales ainsi que les normes internationales garantissent les libertés et en fixe les limites.

474. On parle des libertés publiques pour exprimer les libertés garanties par le Pouvoir public. Il se pose un problème de la conciliation d'une part des libertés et droits fondamentaux et d'autre part de l'exercice du pouvoir politique. Les libertés des personnes sont multiples et sont développées dans d'autres dispositions de la DUDH. D'autres libertés ne sont reconnues que dans certaines lois nationales[330].

---

328 Florence CROUZATIER-Durand, Fiches de libertés publiques et droits fondamentaux, éd. Ellipses Édition Marketing S.A., Paris, 2009, p.9

329René CASSIN, op.cit., pp1-17

330 A titre d'exemple, le droit d'interruption volontaire de la grossesse est reconnu, en France par la loi Veil de 1975 (voir 74-54 DC du 15 janvier 1975, Interruption volontaire de grossesse) alors que plusieurs Etats du monde n'acceptent pas l'avortement.

475. Les juges sont considérés à juste titre comme « garant des libertés et des droits fondamentaux » dans la mesure où, ils ont le pouvoir de censurer tout acte émanant du Pouvoir politique lorsqu'il restreint ou fait obstacle à l'exercice des libertés par les personnes. La jurisprudence Benjamin de 1933 sanctionne les mesures de police administrative lorsqu'elles sont disproportionnées par rapport aux troubles à éviter[331]. Nous développerons dans les pages qui suivent quelques libertés notamment la liberté d'expression, la liberté d'opinion…

476. Nul ne sera tenu en esclavage ni en servitude; l'esclavage et la traite des esclaves sont interdits sous toutes leurs formes.[332]

477. Il est interdit de traiter un être humain comme un esclave ou un objet sans droit comme signalé ci-haut. Un être humain ne peut être exploité dans n'importe quel travail pour enrichir autrui. L'article 8 alinéa 3 du PIDSC dispose que : « Nul ne sera astreint à accomplir un travail forcé ou obligatoire ».

478. Si l'esclavage a été la première des violations des droits de l'homme combattues par la communauté internationale, ce fléau n'appartient pas seulement à l'histoire mais c'est un phénomène encore d'actualité avec des nouvelles formes selon le contexte socioéconomique et religieux. Plusieurs personnes subissent encore l'esclavage, la traite, la servitude pour dettes, la prostitution forcée et le travail forcé. Les pires formes de travail des enfants ne sont-elles pas une forme d'esclavage?

479. Abondant dans le même sens, Leah LEVIN dit que : « De nos jours, l'esclavage demeure une négation impitoyable de la dignité humaine. Profondément enracinées dans les structures économiques et sociales, dans la pauvreté, la discrimination, l'ignorance, la tradition et la cupidité, ces pratiques restent extrêmement difficiles à éliminer.[333] »

480. Toutes les pratiques qui réduisent l'être humain à l'état d'objet pouvant être possédé ôtent à leurs victimes la dignité et les empêchent d'exercer leurs droits fondamentaux, qui sont communs à tous les êtres humains indépendamment du sexe, de la nationalité, de

331 Conseil d'État, 19 mai 1933, Benjamin, Lebon, France, p. 541
332Article 4 de la DUDH
333 Leahl LEVIN, op.cit. p. 102.

la situation sociale ou de l'emploi. Un être humain ne peut être considéré comme la propriété d'autrui. Les causes de l'esclavage sont la pauvreté, l'exclusion sociale, l'analphabétisme, l'ignorance et toutes les formes de discrimination.

481. Les principes et directives concernant les droits de l'homme et la traite des êtres humains (2002) ont été élaborés par le HCDH afin de donner des orientations de politique concrètes et reposant sur les droits fondamentaux en ce qui concerne la prévention de la traite et la protection des victimes. Un Fonds de contributions volontaires des Nations Unies pour la lutte contre les formes contemporaines de l'esclavage a été rendu disponible par l'ONU.

482. « Si le droit à la vie fait l'objet d'un article déterminé de la Convention (l'article 2), le droit à l'intégrité s'inscrit dans des dispositions multiples. L'article 3 protège contre la torture, les traitements ou peines inhumains ou dégradants quand l'article 4 énonce l'interdiction de l'esclavage, de la servitude et du travail forcé, qui est une forme particulière d'atteinte à l'intégrité de la personne. Il y a aussi l'article 8 qui, bien qu'il protège le droit à la vie privée et familiale, a été interprété par la Cour européenne des droits de l'homme, en particulier dans la dimension «vie privée», comme protégeant contre certaines formes d'atteintes à l'intégrité physique, tel le viol. »[334]

483. Existe-t-il un droit de mourir ? Non, la vie est sacrée et il n'existe pas de droit à la mort en dépit du fait que la mort est naturelle. On peut lire l'affaire Pretty c. Royaume-Uni. A la question ci-dessus, la Cour européenne a répondu par la négative. Qu'en est-il des actes qui précipitent la mort et des interventions meurtrières de la police ?

484. Pour la Cour européenne, en effet, « le non-encadrement par des règles et l'abandon à l'arbitraire de l'action des agents de l'Etat sont incompatibles avec un respect effectif des droits de l'homme. Cela signifie que les opérations de police, en plus d'être autorisées par le droit national, doivent être suffisamment bornées par ce droit, dans le cadre d'un système avec des garanties adéquates et

---

334 Jean-François AKANDJI –KOMBE, Les obligations positives en vertu de la Convention européenne des Droits de l'Homme Un guide pour la mise en œuvre de la Convention européenne des Droits de l'Homme, in Précis sur les droits de l'homme, no 7, p21

effectives contre l'arbitraire et l'abus de la force, et même contre les accidents inévitables »[335]

485. Les allégations faisant état de violations des droits de l'homme par les éléments de police pendant leurs opérations obligent les Etats à mener des enquêtes pour ne pas légitimer ses actes et abus. Le but de pareille enquête, ainsi que le souligne de manière récurrente la jurisprudence, est d'assurer la mise en œuvre effective des dispositions protectrices du droit interne et, « lorsque le comportement d'agents ou autorités de l'Etat pourrait être mis en cause, de veiller à ce que ceux-ci répondent » des faits survenus sous leur responsabilité ...(Mastromatteo c. Italie, 24 octobre 2000, § 89; Nachova et autres c. Bulgarie, 26 février 2004)»[336].

486. La solution quant au déclenchement de l'enquête variera suivant que les faits litigieux relèvent de l'article 2 ou de l'article3. En cas de mort violente ou suspecte, les autorités sont tenues d'agir d'office dès que les faits sont portés à leur attention, sans attendre une plainte formelle des proches. Par contre, sur le terrain de l'article 3, il est constant qu'elles ne sont obligées d'agir qu'à partir du moment où elles ont été saisies par la victime ou par les proches d'allégations de mauvais traitement. Comme la Cour constitutionnelle polonaise l'a souligné, à juste titre. La nécessité de maintenir la confiance légitime des citoyens en l'Etat et en ses lois, inhérente à l'Etat de droit, exige que les autorités éliminent de l'ordre juridique les dispositions entraînant des dysfonctionnements et corrigent les pratiques contraires à la loi.

487. Nul ne sera soumis à la torture, ni à des peines ou traitements cruels, inhumains ou dégradants[337]. La torture est définie comme tout acte par lequel une douleur ou des souffrances aiguës , physiques ou mentales , sont intentionnellement infligées à une personne aux fins notamment d'obtenir d'elle ou d'une tierce personne des renseignements ou des aveux , de la punir d'un acte qu'elle ou une tierce personne a commis ou est soupçonnée d'avoir commis , de l'intimider ou de faire pression sur une tierce personne, ou pour tout autre motif fondé sur une forme de discrimination quelle qu'elle soit, lorsqu'une telle douleur ou de telles souffrances sont infligées par un agent de la fonction publique ou toute autre

335Jean François AKANDJI, op cit. , p.25
336Jean François AKANDJI, op cit. , p.26
337Article 5 de la DUDH

personne agissant à titre officiel ou à son instigation ou avec son consentement exprès ou tacite. Ce terme ne s'étend pas à la douleur ou aux souffrances résultant uniquement de sanctions légitimes, inhérentes à ces sanctions ou occasionnées par elles.[338]

488. L'article 5 de la DUDH a inspiré la Convention européenne des droits de l'homme de 1950, la Convention interaméricaine de droits de l'homme de 1969, la Charte africaine des droits de l'homme et des peuples de 1981 qui interdisent aussi la torture. Dans la formulation de la Charte africaine, il est dit : « La personne humaine est inviolable. Tout être humain a droit au respect de sa vie et à l'intégrité physique et morale de sa personne. Nul ne peut être privé arbitrairement de ce droit. [339]»

489. Pour l'Afrique, on peut signaler la Résolution sur les lignes directrices et mesures d'interdiction et de prévention de la torture et des peines ou traitements cruels, inhumains ou dégradants dénommées « Les lignes directrices de Robben Island. » Cet instrument précieux recommande les Etats africains à ratifier les instruments régionaux et internationaux relatifs aux droits de l'homme ; promouvoir et soutenir la coopération avec les mécanismes internationaux criminalisant la torture[340].

490. Interdire l'usage de lieux de détention non autorisés et veiller à ce que l'enfermement d'une personne dans un lieu de détention secret ou non officiel par un agent public soit considéré comme un délit; interdire la détention au secret; prendre des dispositions pour que toute personne détenue soit immédiatement informée des motifs de sa détention; prendre des dispositions pour que toute personne arrêtée soit immédiatement informée des charges portées contre elle; prendre des dispositions pour que toute personne privée de liberté soit déférée sans délai devant une autorité judiciaire où elle bénéficie du droit de se défendre elle-même ou de se faire assister par un défenseur de préférence de son choix;

338Article 1er de la Convention contre la torture et autres peines ou traitements inhumains ou dégradants.

339 Article 4 de la Charte africaine des droits de l'homme et des peuples.

340 Jean-Baptiste NIYIZURUGERO et Ghislain Patrick LESSENE, Les lignes directrices de Robben Island. Guide pratique pour la mise en œuvre, Addis-Abbéba, avril 2008, p.76

491. Le Comité des droits de l'homme a accueilli avec satisfaction l'introduction au Madagascar dans le Code pénal un article spécialement consacré à la torture, qui dispose notamment que la responsabilité pénale pour les actes de torture n'est pas soumise à la prescription.[341] La loi de la RDC portant criminalisation de la torture du 10 janvier 2009 a emboité le pas au Madagascar sur ce caractère imprescriptible de la torture. Bien plus, l'article 64 de la Constitution de la RDC du 18 février 2006 classe le principe de l'interdiction de la torture parmi les droits de l'homme indérogeables. Selon la jurisprudence du Tribunal international de Nuremberg, l'auteur de tortures est devenu –comme le pirate et le marchand d'esclave avant lui- hostis humani generis, l'ennemi de tout le genre humain.[342]

492. Malgré les lois et quelques jurisprudences, la torture est encore pratiquée dans plusieurs Etats et plusieurs personnes en sont victimes dans les milieux carcéraux, cachés ou obscurs. Quelle est la perception que les autorités judiciaires se font dans leur milieu ? Comment réagissent-elles face aux actes de torture ? comment les personnes conçoivent- elles la torture infligées aux membres du groupe ? Est-ce que tous les lieux de détention sont répertoriés et visités dans un Etat ou sur le plan local ?

493. Dans la pratique judiciaire, tous les actes posés ou déclarations obtenues sous la torture ne peuvent être considérés comme valables. Il faut qu'à cet effet, les autorités judiciaires et les victimes déclenchent, en cas d'allégation de tortures, des enquêtes pour sanctionner les auteurs et indemniser les victimes. Les peines et les traitements cruels, inhumains ou dégradants sont interdits. Tout traitement de l'être humain doit tenir compte de la dignité humaine[343].

---

341 Rapport du Comité des droits de l'homme, Volume I, Quatre-vingt-quatorzième session (13-31 octobre 2008), Quatre-vingt-quinzième session (16 mars-3 avril 2009), Quatre Vingt- seizième session ,13-31 juillet 2009, p.21

342 Arrêt Filartiga contre Pena-Irala (Tribunal pénal international de Nuremberg), cité par A. MALONE LINDA, op.cit., p.47

343 L'article 5 de la Charte africaine des droits de l'homme et des peuples dispose que : « Tout individu a droit au respect de la dignité inhérente à la personne humaine et à la reconnaissance de sa personnalité juridique. Toutes formes d'exploitation et d'avilissement de l'homme notamment l'esclavage, la traite des personnes, la torture physique ou morale, et les

494. C'est ainsi que la Convention contre la torture charge tous les Etats de prendre toutes les mesures nécessaires pour interdire, prévenir et réparer les actes de torture et mauvais traitements dans toutes les situations de garde ou de surveillance, notamment dans les prisons, les hôpitaux, les écoles, les institutions chargées de la protection de l'enfance, les personnes âgées, les malades mentaux ou les handicapés, et autres institutions, dans le cadre du service militaire ainsi que dans les situations où la non-intervention des autorités renforce et accroît le risque des individus portent atteinte à autrui.

495. Outre la protection des personnes dans les lieux ci-haut cités, il y a lieu de retenir qu'en Droit international, il est interdit d'expulser ou de refouler une personne vers un Etat où on peut craindre qu'elle sera soumise à la torture. L'acte de torture porte atteinte non seulement à l'intégrité physique et morale de la victime mais aussi à la dignité humaine, à la dignité du tortionnaire et à l'humanité.

496. Le Comité contre la torture reçoit des communications des particuliers lorsque l'Etat a violé ses engagements internationaux en rapport avec l'interdiction de la torture moyennant le respect de quelques conditions de procédure et le bien fondé de la plainte avec des preuves[344] que la personne a été victime de la torture.

497. L'auteur doit prouver qu'il risque d'être soumis à la torture et que les motifs de croire que ce risque existe sont aussi sérieux qu'il est décrit plus haut et que le risque est encouru personnellement et actuellement. Chacune des deux parties peut soumettre toute information pertinente à l'appui de ses affirmations. Les éléments suivants, qui ne constituent pas une liste exhaustive d'indicateurs applicables, seront pris en compte:

a. Y a-t-il dans l'État intéressé des preuves de l'existence d'un ensemble de violations systématiques des droits de l'homme, graves, flagrantes ou massives (voir par. 2 de l'article3)?

---

peines ou les traitements cruels, inhumains ou dégradants sont interdites. »

344 Les victimes de la torture, les membres de famille et les OSC ont la lourde mission de documenter ou apprêter les preuves de l'existence de la torture avant de déposer une plainte car bénéficiant, dans certains Etats précités comme la RDC et le Madagascar de l'imprescriptibilité de l'action.

b. L'auteur a-t-il été torturé ou maltraité dans le passé par un agent de la fonction publique ou toute autre personne agissant à titre officiel ou à son instigation ou avec son consentement exprès ou tacite? Dans l'affirmative, s'agit-il d'un passé récent?
c. Existe-t-il des éléments de preuve de nature médicale ou d'autres éléments de preuve de sources indépendantes à l'appui des allégations de l'auteur qui affirme avoir été torturé ou maltraité dans le passé? La torture a-t-elle laissé des séquelles?
d. La situation visée à l'alinéa a ci-dessus a-t-elle changé? La situation interne en ce qui concerne les droits de l'homme a-t-elle changé?
e. L'auteur s'est-il livré, à l'intérieur ou à l'extérieur de l'État intéressé, à des activités politiques qui font qu'il court un risque particulier d'être soumis à la torture s'il est renvoyé, refoulé ou extradé dans l'État en question?
f. Existe-t-il des preuves de la crédibilité de l'auteur?
g. Existe-t-il des incohérences factuelles dans ce que l'auteur affirme? Si tel est le cas, ont-elles une incidence sur le fond?[345]

498. L'article 7 du Pacte international relatif aux droits civils et politiques interdit de soumettre une personne à une expérience médicale sans son consentement. Quant aux peines, selon l'article 10 du Pacte international relatif aux droits civils et politiques, « Toute personne privée de sa liberté est traitée avec humanité et avec le respect de la dignité inhérente à la personne humaine.»

499. Monsieur Gérard COHEN renseigne que : « Le 10 décembre 1998 (dans l'affaire Furundzija), une Chambre de première instance du Tribunal pénal international pour l'ex-Yougoslavie a affirmé que l'interdiction de la torture avait acquis le caractère de règle de jus cogens. Visant sans ambiguïté l'affaire Pinochet, le tribunal déclare que cette règle impérative fonde une compétence universelle de répression qui l'emporte sur toute autre règle de droit international concernant l'extradition ou les immunités diplomatiques, par exemple. »[346]

500. L'œuvre de la Cour européenne des droits de l'homme est très enrichissante et inspiratrice dans ce domaine de la lutte contre la

345Observation générale n°1: Application de l'article 3 de la Convention contre la torture (Refoulement) dans le contexte de l'article 22(Communications), Seizième session (1996), p. 141
346Gerard Cohen -JONATHAN, op cit., p. 160

torture. « C'est tout usage de la force physique sur une personne en situation d'infériorité, car privée de liberté (comprenant un moment de l'arrestation, de la garde à vue, l'internement administratif, la détention au parquet, à la prison et dans tous les lieux de détention secrets ou sous le contrôle de l'autorité judiciaire), qui est prohibé et tombe sous le coup de l'article 3 de la Convention européenne des droits de l'homme. » Pour Monsieur Frédéric Sudre, la Cour européenne retient la présomption de gravité à toute atteinte à l'intégrité physique de ses personnes privées de liberté ou en situation d'infériorité.[347] La torture en plus des traumatismes causés sur la victime déshumanise et avilit l'espèce humaine. L'obligation des autorités nationales consiste d'abord à prendre des mesures pour empêcher que les agents et fonctionnaires de l'Etat se gardent de commettre des actes de torture et traitement inhumain dans toutes circonstances même en cas de la lutte anti-terroriste , les infractions dites politiques comme l'atteinte à la sûreté de l'Etat, haute trahison, espionnage…

501. En plus de cette obligation de l'Etat de s'abstenir de porter atteinte à l'intégrité physique de ses membres, l'Etat devra protéger tous les citoyens face à ses agents et aux tiers. L'obligation de protection est précisée par la Cour européenne des droits de l'homme dans son Arrêt Algûr c/Turquie (22 octobre 2002). La protection passe notamment par le droit de demander un examen par un médecin de son choix ainsi que l'accès à un Avocat et à un membre de famille et une prompte intervention judiciaire qui garantissent la prévention des mauvais traitements.

502. Bien plus, pour les autorités nationales, il ne suffira pas que ses agents et fonctionnaires ne commettent la torture et traitements inhumains ou empêcher les tiers à le faire comme une catégorie des détenus sur les autres mais aussi la démonstration de la volonté de respecter les engagements internationaux et de lutter contre la torture en déclenchant des poursuites judiciaires chaque fois que des allégations sont faites. Il s'agira là de l'obligation procédurale prévue par les articles 12 et 13 de la Convention contre la torture et autres peines ou traitements cruels , inhumains ou dégradants du 10 décembre 1984 et entrée en vigueur le 26 juin 1987 qui disposent que : « Tout Etat veille à ce que les autorités compétentes procèdent immédiatement à une enquête impartiale chaque fois qu'il y a des motifs raisonnables de croire qu'un acte de torture a été commis sur

347 Arrêt Tequin c/ Turquie, 9 juin 1998. Lire Fréderic Sudre, op.cit., p.288

tout territoire sous sa juridiction. » et « Tout Etat partie assure à toute personne qui prétend avoir été soumise à la torture sur tout territoire sous sa juridiction le droit de porter plainte devant les autorités compétentes dudit Etat qui procéderont immédiatement et impartialement à l'examen de sa cause. Des mesures sont prises pour assurer la protection du plaignant et des témoins contre tout mauvais traitement ou toute intimidation en raison de la plainte déposée. Ou de toute déposition faite. »

503. Le chemin de la lutte internationale contre la torture est encore long. Quelques mécanismes sont mis en place, les instruments juridiques et même des fonds des Nations Unies existent mais la pratique de la torture est quasi-généralisée. Le Rapport de l'Amnesty international le démontre et en appelle à la Campagne mondiale Stop la Torture. Salil Shetty, Secrétaire Général de Amesty International introduit le Rapport de 2014, en ces termes : « Décharges électriques. Passages à tabac. Viols. Humiliations. Simulacres d'exécution. Brûlures. Privation de sommeil. Torture à l'eau. Longues heures dans des postures contorsionnées. Utilisation de tenailles, de substances médicamenteuses et de chiens. Ces mots sonnent à eux seuls comme un cauchemar. Pourtant, tous les jours et dans toutes les régions du monde, ces horreurs inimaginables sont une réalité pour des milliers d'hommes, de femmes et d'enfants. La torture est une pratique odieuse. Elle est barbare et inhumaine. Rien ne saurait la justifier[348.] »

504. La campagne recommande[349] quelques mesures à observer lors de l'arrestation notamment les arrestations doivent être réalisées uniquement par des fonctionnaires habilités et pour des motifs valables, les personnes arrêtées doivent être informées des raisons de leur arrestation et de leurs droits, les personnes arrêtées ont le droit de prévenir leur famille et d'autres personnes, des mesures doivent être prises pour empêcher la torture et les mauvais traitements pendant le déplacement des détenus, notamment entre le lieu de détention et le tribunal et un registre officiel des arrestations doit être tenu. Cependant la détention au secret et la détention dans des lieux tenus secrets doivent être interdites ; pour cela, il faut par exemple garantir au détenu l'accès à sa famille, à un avocat, aux tribunaux et à des soins médicaux ; tous les prisonniers doivent être traités avec

348 Amnesty International : Rapport La Torture en 2014. 30 ans d'engagement non tenus, Londres, 2014, p.55

349 Idem : p.16 et s.

humanité et détenus dans des conditions dignes et propices à leur bien-être physique et mental ; ils doivent pouvoir accéder facilement à un mécanisme indépendant, impartial et efficace leur permettant de porter plainte sans craindre de représailles.

505. Quant aux mécanismes généraux de contrôle et de supervision, tous les lieux où se trouvent des personnes privées de liberté doivent faire l'objet d'un contrôle effectif mené en toute indépendance par des mécanismes de supervision efficaces. Ces mécanismes doivent aussi surveiller le comportement des organes chargés de l'application des lois ; la surveillance des lieux de détention peut être assurée par les organisations et organes suivants: les institutions nationales de défense des droits humains , les mécanismes nationaux de prévention mis en place en vertu du Protocole facultatif se rapportant à la Convention contre la torture ou selon un modèle similaire, les organisations non gouvernementales nationales, régionales et internationales , les mécanismes régionaux, tels que le rapporteur spécial de la CADHP sur les prisons et les conditions de détention ou le Comité européen pour la prévention de la torture , les organismes internationaux, tels que le Sous- Comité des Nations unies pour la prévention de la torture et autres peines ou traitements cruels, inhumains ou dégradants, le Comité contre la torture et le rapporteur spécial de l'ONU sur la torture.

506. La coopération internationale dans ce domaine est à encourager. La compétence universelle, le contrôle de l'extradition et le mouvement des ONG nationales et internationales peuvent booster le respect du principe de l'interdiction absolue de la torture et ainsi faciliter l'élimination ou la réduction de la torture et autres pratiques inhumaines et dégradantes. L'enseignement, l'information, la sensibilisation et la formation du personnel civil et militaire chargé de l'application des lois, DDH et toute personne sont vivement recommandés.

507. Chacun a le droit à la reconnaissance en tous lieux de sa personnalité juridique.[350] Toute être humain a des droits et devoirs que tout individu et organe doivent reconnaître et respecter partout où il se trouve. Un étranger jouit de tous les droits garantis dans cette Déclaration sauf certains droits politiques garantis par la Constitution à ses citoyens.

350Art 6 de la DUDH

508. Tous sont égaux devant la loi et ont droit sans distinction à une égale protection de la loi. Tous ont droit à une protection égale contre toute discrimination qui violerait la présente Déclaration et contre toute provocation à une telle discrimination.[351]

509. La loi proclame le droit à l'égalité devant la loi, traite et protège tous les êtres humains avec égalité. La loi doit protéger, en toute égalité, toutes les personnes contre tout acte tendant à priver ou à réduire la jouissance des droits en égalité avec tous les êtres humains.

510. La discrimination et la provocation à la discrimination sont interdites. Pour rappel, la discrimination s'entend de tout acte qui vise toute distinction , exclusion, restriction , préférence fondée sur la race, la couleur, l'ascendance ou l'origine nationale ou ethnique , qui a pour but ou pour effet de détruire ou de compromettre la reconnaissance, la jouissance ou l'exercice , dans des conditions d'égalité , des droits de l'homme et des libertés fondamentales dans les domaines politique, économique, social et culturel ou dans tout autre domaine de la vie publique.[352]

511. Il y a lieu de stigmatiser la marginalisation de certains groupes de personnes dans les Etats, du fait des conditions naturelles comme la teinture de la peau pour les albinos, l'infirmité physique ou mentale pour les personnes vivant avec handicap, la maladie pour le cas des Personnes Vivant avec le VIH/SIDA… Une sensibilisation des personnes sur leur confiance en soi d'une part et le respect de l'autre d'autre part s'avère importante. Les agents de l'Eta aguerris, devraient dans l'exercice de leurs fonctions, prendre des mesures adéquates pour ne pas violer le principe de la non-discrimination.

512. Toute personne a droit à un recours effectif devant les juridictions nationales compétentes contre les actes violant les droits fondamentaux qui lui sont reconnus par la constitution ou par la loi.[353]

---

351 Art 7 de la DUDH

352 On peut lire l'Article 1er de la Convention sur l'élimination de toutes les formes de discrimination à l'égard des femmes adoptée le 18 décembre 1979 et l'article 1er de la Convention internationale sur l'élimination de toutes les formes de discrimination raciale adoptée le 21 décembre 1965.

353 Article 8 de la DUDH

513. Cette disposition de la DUDH garantit à toute personne le droit de saisir la justice contre tous les actes qui violent ses droits et libertés garantis par la Constitution et les lois y compris les Conventions internationales ratifiées par le pays. En fait, toute personne victime de la violation de ses droits garantis par des instruments juridiques a le droit de saisir la justice pour réparation du préjudice subi.

514. Le recours effectif devant les juridictions nationales implique des droits et des devoirs réciproques entre les personnes et les Etats. Il apparaît nettement de cette disposition de la DUDH que toute personne a droit à un recours effectif devant les services judiciaires. Que faut-il entendre par ce droit ? Il s'agit là de l'accès à la justice qui sous-entend pour l'Etat l'obligation de l'implantation des cours et tribunaux de proximité, la présence des effectifs de magistrats et magistrates conscients, motivés et indépendants ainsi que les agents et fonctionnaires compétents et motivés pour assurer une saine administration de la justice.

515. Les magistrats conscients et compétents doivent trancher les conflits conformément aux lois, à la Constitution et aux Conventions internationales dûment ratifiées par l'Etat. La plupart de Constitutions déterminent la place qu'occupent les Conventions dans l'ordonnancement juridique national. Dans le système moniste, les Conventions internationales occupent une place supérieure par rapport aux lois nationales. En cas de conflit entre une loi et une Convention internationale relative aux droits de l'homme, il est recommandé d'appliquer la Convention. Il va de soi que la compétence requise pour les justiciers dépend aussi de la connaissance et la maitrise des normes internationales relatives aux droits de l'homme qui irriguent le Droit interne. Pour le Professeur Franz VILJOEN de l'Université de Pretoria, s'agissant de la Charte africaine des droits de l'homme et des peuples, il dit : « La Charte africaine peut être utilisée comme guide en matière d'interprétation, pour déterminer le sens d'une disposition explicite de la Constitution ou de tout autre acte législatif de l'Etat concerné ou, plus généralement, en tant que fonction de l'interprétation judiciaire[354].»

354 Franz VILJOEN, L'application de la Charte africaine des droits de l'homme et des peuples par les autorités nationales en Afrique australe et orientale, Droit et Justice n°54, éd.Bruylant, Belgique , 2004, pp 73-98 .

516. A titre d'exemple, devant la Haute Cour tanzanienne, dans l'affaire Ephraïm contre Pastory, le juge MWALUSANYA défendant l'égalité des droits entre homme et femme au sujet de la vente de terre du clan avait dit : « … la Tanzanie a également ratifié la Charte africaine des droits de l'homme et des peuples qui , dans son article 18, interdit toute sorte de discrimination fondée sur le sexe…les principes énoncés dans les documents susvisés sont une norme au dessous de laquelle une nation civilisée aurait honte de tomber. Il est clair …que le droit coutumier en question défie notre Déclaration des droits ainsi que les Conventions internationales dont nous sommes signataires. »

517. La connaissance du droit par les justiciables ainsi que les garanties de procès équitables relève d'un droit fondamental de toute personne et d'un devoir citoyen car dit-on, « Nul n'est censé ignorer la loi ». Plusieurs lois nationales relatives au Statut des magistrats font une obligation à ceux–ci d'informer les justiciables de leurs droits.

518. L'accès à la justice, c'est aussi l'exécution des décisions judicaires. Cette phase est très délicate du fait des interférences politico-militaires dans le secteur de la justice. Les obstacles à l'exécution des décisions judiciaires démontrent parfois le manque de l'indépendance du pouvoir judiciaire et la fragilité ou l'absence de l'autorité de l'Etat. Monsieur Jéol dit que l'indépendance du pouvoir judiciaire est proclamée dans toutes les Constitutions africaines sans que soient toujours prévus les moyens de l'assurer.[355]

519. A propos de l'indépendance du pouvoir judiciaire, le juge canadien Dickson a dégagé, dans l'affaire Beauregard, deux volets de la fonction de l'indépendance du pouvoir judiciaire notamment la reconnaissance que les tribunaux sont chargés uniquement de statuer sur les affaires individuelles. Le pouvoir judiciaire doit également protéger la Constitution et les valeurs fondamentales telles que l'égalité, la préservation du processus démocratique…Aux Etats Unis, la croyance en l'indépendance judiciaire s'accompagne d'une croyance tout aussi forte en la responsabilité démocratique.[356]

---

355 M. Jéol cité par MATADI NENGA GAMANDA, Le Droit à un procès équitable, éd. Droit et Idées Nouvelles, Kinshasa, 2002, p.45

356 WEMBOLUA OTSHUDI Henri, De l'appropriation des normes des droits de l'homme par les magistrats pour l'indépendance du pouvoir

520. Selon l'article 2 du Statut universel du juge, l'indépendance du pouvoir judiciaire doit être garantie par une loi spécifique. Le juge, en tant que dépositaire de l'autorité judiciaire, doit pouvoir exercer ses fonctions en toute indépendance par rapport à l'administration de la justice[357].

521. Dans une société démocratique, les juges sont les gardiens des libertés fondamentales dont les avocats sont les garants. Et de même qu'il n'y a pas d'Etat de droit sans juges et avocats indépendants, de même l'indépendance des premiers est l'interface ou la garante de celles des seconds. Il ne saurait y avoir de magistrats véritablement indépendants si le barreau ne l'est pas.[358]

522. L'article 10 de la DUDH et l'article 14 du Pacte international relatif aux droits civils et politiques[359] se complètent et fournissent quelques détails sur le procès équitable. .....Il convient de rappeler que le Comité des droits de l'homme a confirmé que « Le droit d'être jugé par un tribunal indépendant et impartial est un droit absolu qui ne souffre d'aucune exception[360].»

---

judiciaire et la protection des droits de l'homme en RDC, in Parole de justice, 2010, Kinshasa, pp 18-31

357 WEMBOLUA OTSHUDI Henri, op.cit., pp 18-31

358Bertrand FAVREAU, L'indépendance des avocats et des magistrats : une condition de l'état de droit, Bruxelles, 4 juillet 2003, p.2

359 Cette disposition garantit l'égalité de tous devant les tribunaux et les cours de justice, la présomption d'innocence, les garanties de procès pénal telles que le droit d'être informé des motifs et nature de l'accusation pénale, être jugé dans un délai raisonnable, le droit à l'assistance judiciaire même d'office, la comparution des témoins à charge et à décharge, le droit à un interprète, le droit de ne pas s'avouer coupable, l'intérêt supérieur de l'enfant pour la justice des mineurs, le droit au double degré de juridiction(droit d'interjeter appel), le droit à l'indemnisation en cas d'erreur judiciaire révélée après, l'application du principe non bis in idem.

360 Claire CALLEJON, Les principes des Nations Unies sur l'administration de la justice par les tribunaux militaires : pour une justice militaire conforme au droit international, in Droits fondamentaux, n° 6, janvier - décembre 2006 www.droits-fondamentaux.org Communication n° 263/1987, affaire Gonzalez del.

523. L'OPJ/IPJ et le magistrat de parquet ainsi que les Avocats (y compris les Défenseurs judiciaires) et en définitive les juges ont une lourde mission de veiller au respect des garanties des droits de l'homme dans tous les actes tout au long de l'instrumentation ou instruction d'une affaire pénale et voire la conduite des enquêtes[361].

524. L'Exécution des jugements, évoqué ci-dessus, fait partie des composantes du droit à un procès équitable et il incombe à l'Etat et ses services habiletés à exécuter les décisions de justice, sans entraves de qui que ce soit et de quelque institution que ce soit, d'assurer l'exécution des jugements conformément à la législation nationale et ainsi protéger les droits des personnes. La portée positive de l'article 6§ 1 a été également étendue en aval avec l'arrêt Hornsby contre la Grèce, dans lequel la Cour européenne des DH, au nom de l'effectivité des droits garantis par la Convention, a jugé que « l'exécution d'un jugement ou arrêt, de quelque juridiction que ce soit doit être considérée comme faisant partie intégrante du procès au sens de l'article 6 de la Convention européenne des droits de l'homme.» L'inexécution d'un jugement constituera alors un manquement à cette disposition et par ricochet, une violation de l'engagement international par l'Etat partie à la Convention.

525. Dans des cas réellement exceptionnels, l'inexécution de jugement peut se justifier et ne pas engager la responsabilité internationale de l'Etat. Il en sera ainsi lorsque l'exécution se heurte à un intérêt supérieur à démontrer, de manière objective. En tout état de cause, des difficultés économiques ne sauraient exonérer l'Etat de sa responsabilité en cas d'inexécution d'une dette judiciaire, par exemple. De même, une obligation de rechercher l'exécution d'un jugement auprès des autorités n'exonère pas l'Etat de son obligation[362].

---

361 Lire MATADI NENGA GAMANDA et Dominique Allix déjà cités ci-dessus. MATADI NENGA GAMANDA, Le Droit à un procès équitable, éd. Droit et Idées Nouvelles, Kinshasa, 2002, p.45

362 Pour Régis DE GOUTTE, cette disposition de l'article 8 de la DUDH signifie le droit à un juge ou à un tribunal. La Cour européenne des droits de l'homme a même considéré que l'absence d'enquête suffisamment approfondie par un procureur pouvait priver les victimes de voies de recours effectives. Lire Mario BETTATI et alii, op.cit., p.59-62

526. L'impunité et l'absence d'une justice indépendante mettent en mal ce droit fondamental de recours à la justice et consacrent une société permissive qui détruit, dans une certaine mesure, les assises d'un environnement propice[363] au respect des droits de l'homme. Le passage biblique « La justice élève une nation» vaut son pesant d'or. L'impunité sous toutes ses formes constitue pour l'Etat une violation des droits de l'homme dont la responsabilité peut-être horizontale ou verticale. En effet, lorsque les victimes de la criminalité ou de la violation des droits de l'homme sont dépourvues du droit d'accès à la justice, la responsabilité de l'Etat est engagée par rapport au non respect de ses engagements internationaux et les personnes peuvent recourir aux instances internationales.

527. La DUDH garantit le droit au recours par devant les juridictions nationales. Ce recours n'est pas limitatif dans la mesure où les Etats prévoient plusieurs mécanismes pour protéger les droits de l'homme notamment le recours gracieux ou quasi-juridictionnel développé dans la première partie de ce livre et le recours devant les juridictions nationales et voire internationales telles que la Cour européenne des droits de l'homme, la Cour africaine des droits de l'homme et des peuples. En effet, nous avons parlé plus haut des mécanismes non juridictionnels tels que les Institutions nationales des droits de l'homme, les Ministères des Droits humains, les ONG, les cadres institutionnels de concertation entre les institutions publiques et les organisations de la société civile... L'efficacité de tous ces mécanismes dépend de leur mandat, leur fonctionnement, leur autonomie, leur composition et leurs animateurs et le respect des critères définis et éprouvés universellement tel le cas des Principes de Paris[364] pour les institutions nationales des droits de l'homme. Chaque Etat organise ces mécanismes de promotion et de protection des droits de l'homme et leur accorde des mandats précis.

528. Le travail de ces mécanismes peut promouvoir et protéger les droits de l'homme. On peut encourager le recours juridictionnel national. Son efficacité est tributaire de la question fondamentale de l'indépendance du pouvoir judiciaire et l'indépendance des magistrats et des Avocats. Ce recours devant les juridictions

363 L'Etat de droit et la démocratie sont les formes d'Etat dans lesquelles les droits de l'homme trouvent plus de chance de la réalisation effective.

364 N-U et HCDH : Institutions nationales pour les droits de l'homme. Historique, principes, fonctions et attributions, Série sur la formation professionnelle n°4, New York et Geneva 2006, p.234

nationales n'exclut pas le recours sur le plan international comme signalé ci-haut. Sur le plan international, il existe des mécanismes contentieux et non contentieux au niveau de l'ONU et de chaque continent (Mécanismes régionaux). Le recours aux mécanismes internationaux est parfois conditionné par l'épuisement de toutes les voies de recours interne[365]. Les mécanismes non juridictionnels peuvent être saisis, sans épuisement des voies de recours, pour des cas d'urgence.

529. Quant à la justice pour mineurs, elle nécessité nécessite une attention particulière. Pour tous les enfants compris dans la tranche d'âge de 13 à 18 ans[366], une justice spéciale[367] est consacrée sur le plan international et suivie, tant bien que mal, par les Etats. Les priorités de cette justice sont la protection de l'enfant, l'interdiction de la peine de mort[368], des tribunaux spéciaux pour enfants, Etablissement spécial de garde…

530. Une bonne administration de la justice pour mineurs tenant compte des spécificités de l'enfant devra tenir compte de quelques normes spécifiques notamment la Convention des Nations Unies relative aux droits de l'enfant, la Charte africaine sur les droits et le

365 A titre d'exemple, en Afrique, les personnes peuvent recourir à la Commission ou à la Cour africaine des droits de l'homme et des peuples contre l'Etat. Ces mécanismes appliquent la Charte Africaine des Droits de l'Homme et des Peuples (CAPHP) de 1981, la Charte Africaine sur les Droits et le Bien Etre de l'Enfant (CADBEE) adoptée à Addis- Abbéba en juillet 1990 et le Protocole à la Charte de 1981 relatif aux droits des femmes adopté en juillet 2003 à Maputo. A ces instruments conventionnels, il faut ajouter les résolutions normatives de la Commission de Banjul notamment le Comité africain d'experts sur les droits et le bien-être de l'enfant.

366 Henri WEMBOLUA OTSHUDI, L'anachronisme du Décret du 5 décembre 1950 sur l'enfance délinquante. Cas du flou sur la majorité pénale , in Nouvelle tribune internationale des droits de l'enfant, éd.DEI, N°10 et 11, Belgique, 2005, pp25-32,

367 Joséphine IDZUMBUIR ASSOP, La justice pour mineurs au Zaïre, Ed Université Africaine, 1994

368 Valéry DEMAECCKER, La peine de mort dans le Pacte international relatif aux droits civils et politiques et la Charte arabe des droits de l'homme. Réflexion sur les approches onusiennes et arabes/islamiques, in Nouvelle tribune internationale des droits de l'enfant, éd.DEI, N°10 et 11, Belgique, 2005, pp8-17

bien- être de l'enfant adoptée par l'AG- OUA le 18 juillet 1990, l'Ensemble de Règles Minima des Nations Unies concernant l'administration de la justice pour mineurs adoptées par l.AG Nations Unies résolution n°40/33 du 29 novembre 1985 (Règles de Beijing), la Déclaration mondiale en faveur de la survie, de la protection et du développement de l'enfant adoptée au sommet mondial pour l'enfance le 30 septembre 1990, les règles minima des Nations Unies pour l'élaboration des mesures non privatives de libertés (Règles de Tokyo) adoptée par l'AG-NU, les Principes directeurs des Nations Unies pour la prévention de la délinquance juvénile de 1990 (Principes Directeurs de Riyad), l'Ensemble des Règles des Nations Unies pour la protection des mineurs privés de liberté de 1990, XIIème Congrès de la Havane, le Protocole facultatif à la Convention relative aux droits de l'Enfant concernant l'implication d'enfants dans les conflits armés...Il y a lieu , dans le monde d'aujourd'hui de dire avec Monsieur Benoit Van KEIRSBILK, que la justice pour mineurs est une « nécessaire priorité[369]. » 311. L'organisation des voies de recours en faveur de toute personne est une tâche importante pour les Etats étant donné que les violations de droits de l'homme, les injustices, les abus d'autorité, la criminalité...sont des phénomènes sociaux. Une bonne attention devrait être accordée à la sanction tant sur le plan administratif, disciplinaire que judiciaire ainsi que la réparation des préjudices. Il n'y a pas de droit ni de justice aussi longtemps que les hommes et les femmes ne pourront se plaindre et obtenir réparation auprès des mécanismes établis par les Etats quant à ce. La capacité et l'ingéniosité des Etats à gérer les conflits et à apporter solution aux victimes, c'est le gage de la crédibilité des détenteurs du pouvoir politique, de la paix et le progrès social ainsi que l'affermissement de la nation.

531. La Cour pénale internationale entrée en vigueur le 2 juillet 2002 est un outil très important de lutte contre les graves violations du Droit international humanitaire et droits de l'homme sur le plan international pour suppléer aux carences ou compléter les juridictions nationales. D'autres mécanismes internationaux stimulent les Etats à mieux organiser leur système de recours juridictionnel et non gracieux. Nous aborderons après, avec tous les

[369] Le Président de DEI-Belgique et membre du Comité exécutif international de Défense Enfants International qui lutte contre l'enfermement des enfants.

détails, les mécanismes de promotion et de protection des droits de l'homme.

532. Le Comité des droits de l'homme s'intéresse à l'administration de la justice. Nous lisons par exemple dans les Observations finales du Comité des droits de l'homme en sa 86° session du 26 avril 2006 ce qui suit : « L'État partie devrait poursuivre et améliorer le programme de formation des magistrats et des avocats, y compris ceux qui sont déjà en fonction, sur le contenu du Pacte et des autres instruments internationaux relatifs aux droits de l'homme ratifiés par la République Démocratique du Congo. Le Comité attend que de plus amples informations sur les recours effectifs mis à disposition des particuliers en cas de violations des droits énoncés dans le Pacte lui soient communiquées dans le prochain rapport périodique, des exemples concrets de cas dans lesquels des tribunaux ont invoqué les dispositions du Pacte, ainsi que des clarifications sur le fonctionnement des tribunaux coutumiers. [370]»

533. Nul ne peut être arbitrairement arrêté, détenu ni exilé.[371]Toute personne a le droit de circuler librement soit aller et venir à tous lieux publics ou non interdits pour la satisfaction de ses intérêts. Cette liberté de circulation n'est pas sans limites étant donné qu'en cas de commission d'infraction, une arrestation peut être décidée en vue On ne peut priver à une personne le droit de circuler librement sans respecter ses droits et les lois nationales. Les arrestations arbitraires constituent un obstacle à la liberté de circulation. La liberté est le principe et l'arrestation, une exception tel que proclamé par les nations civilisées. La loi détermine les conditions d'arrestation des personnes sous réserve du respect de la dignité due à toute personne humaine.

534. En cas d'instruction d'une affaire criminelle ou pénale, l'arrestation appelée garde à vue et la détention préventive ou provisoire est une mesure exceptionnelle justifiée par le besoin de l'instruction et la paix sociale. Cette détention ne peut excéder une durée raisonnable au regard de la gravité des faits reprochés à la personne mise en examen (Lire l'article 1441 du Code de Procédure Pénale de la France) et de la complexité des investigations

370 Observations finales du Comité des droits de l'homme en sa 86° session du 26 avril 2006

371 Article 9 de la DUDH

nécessaires à la manifestation de la vérité.[372] Dans l'affaire TOMASI c/France par sa Décision du 27 août 1992, la Cour européenne des Droits de l'Homme a retenu les critères pour apprécier le caractère raisonnable de la durée de détention soit les motifs du maintien de la détention et la conduite de la procédure par l'autorité judiciaire[373].

535. La détention est définie par le Groupe de travail sur la détention [374] comme une détention contraire aux dispositions des droits de l'homme contenues dans les principaux instruments internationaux de protection des droits de l'homme. Plus spécifiquement, le Groupe de travail a défini trois catégories de détentions arbitraires :

1. Détention en l'absence de fondement légal à la privation de liberté (par exemple, lorsqu'une personne est toujours détenue après avoir purgé sa peine ou en dépit d'une décision d'amnistie qui lui est applicable) ;
2. Détention d'une personne pour avoir exercé les droits et libertés garantis par la Déclaration universelle des droits de l'homme et le PIDCP.
3. Détention d'une personne à l'issue d'un procès non conforme aux normes de procès équitable énoncées dans la Déclaration universelle des droits de l'homme et autres instruments internationaux pertinents.

---

372 DOMINIQUE ALLIX, Les Droits fondamentaux dans le procès pénal, éd Montchrestien, Paris, 1997, p.51

373 Idem

374Le Groupe de travail est composé de 5 Membres. Il reçoit les plaintes des victimes d'arrestation arbitraire, membre de famille et ONG pour saisir les Membres du Gouvernement. Les membres du Groupe gardent leur indépendance. Quelques personnalités ayant œuvré au Groupe de travail : M. Malick El Hadji Sow (Sénégal), depuis 2008 (Président-Rapporteur), Mme. Shaheen Sardar Ali (Pakistan), depuis 2008 (Vice-Président), M. Roberto Garretón (Chili), depuis 2008, M. Vladimir Tochilovsky (Ukraine), depuis 2010 et Mr. Mads Andenas (Norvège), depuis 2009 et bien avant (Ms. Manuela Carmena Castrillo, since 2003 ; Ms. Leïla Zerrougui (Algeria), depuis 2001, Ms. Soledad Villagra (Paraguay), depuis 2000, Mr. Tamás Ban (Hungary), depuis 2001 et Mr. Seyed Mohammad Hachemi (Islamic Republic of Iran), depuis2002.

536. Suite au Rapport du Groupe de travail sur les détentions arbitraires, le Conseil des Droits de l'homme des nations Unies encourage également tous les États:

a. À accorder l'attention voulue aux recommandations du Groupe de travail;
b. À prendre les mesures appropriées pour veiller à ce que leur législation, leur réglementation et leurs pratiques restent conformes aux normes internationales pertinentes et aux instruments de droit international applicables;
c. À respecter et à promouvoir le droit de quiconque se trouve arrêté ou détenu du chef d'une infraction pénale d'être traduit dans le plus court délai devant un juge ou une autre autorité habilitée par la loi à exercer des fonctions judiciaires, et d'être jugé dans un délai raisonnable ou libéré;
d. À respecter et à promouvoir le droit de quiconque se trouve privé de sa liberté par arrestation ou détention d'introduire un recours devant un tribunal afin que celui-ci statue sans délai sur la légalité de sa détention et ordonne sa libération si la détention est illégale, conformément aux obligations internationales qui incombent aux États;
e. À veiller à ce que le droit visé à l'alinéa d ci-dessus soit également respecté en cas d'internement administratif, y compris lorsque cette mesure est prise en application de la législation relative à la sécurité publique;
f. À veiller à ce que quiconque se trouve arrêté ou détenu du chef d'une infraction pénale dispose du temps et des facilités nécessaires à la préparation de sa défense, y compris la possibilité d'engager le conseil de sa Vingt-quatrième session à veiller à ce que les conditions de la détention avant jugement ne nuisent pas à l'équité du procès;
g. À offrir des garanties, pour toute forme de détention, contre les privations de liberté illégales ou arbitraires;
h. Encourage aussi tous les États à coopérer avec le Groupe de travail et à envisager sérieusement de répondre favorablement à ses demandes de visite, afin de lui permettre d'exécuter son mandat avec plus d'efficacité.[375]

375 Les Etats peuvent coopérer avec les mécanismes internationaux de promotion et de protection des droits de l'homme en invitant les experts, en acceptant la demande d'un expert de visiter le pays ou en signant une invitation permanente pour tous les mécanismes.

537. Les Procureurs[376] et les poursuivants soit les autorités habilités et revêtues du pouvoir d'arrêter, ils ont la lourde charge de respecter les conditions légales et procédurales de détention et le respect de la dignité de la personne sous risque de tomber sous le coup de l'arrestation arbitraire et torture[377]. Quelques conditions de formes et de fond sont précisées dans les lois nationales.

538. En rapport avec la forme, certaines personnes sont chargées d'arrêter. A titre d'exemple, ne peut arrêter que les Officiers de police judiciaire et les Procureurs des magistrats assermentés. Les lois nationales de procédure pénale fixent les conditions procédurales telles que le temps d'arrestation allant de 6 heures à 21 heures à l'exception des infractions flagrantes et les titres justificatifs de détention ainsi que le lieu approprié de la détention. Quant aux conditions de fond, on peut évoquer les motifs pertinents qui justifient l'arrestation notamment les motifs substantiels de commission d'une infraction punissable de plus de 6 mois, la crainte de la fuite du présumé auteur de l'infraction et l'identité douteuse de l'inculpé ou du prévenu selon le cas de la personne en détention provisoire/préventive et la personne en attente d'un jugement. Faut-il ajouter que la personne condamnée par une décision judiciaire reste détenue dans une prison et soumise à un régime pénitentiaire en vue de la rééducation et la réinsertion sociale, dans le respect strict du traitement avec humanité. Dans la pratique, les arrestations arbitraires sont fréquentes. Elles occasionnent souvent la torture et le disfonctionnement de l'appareil judiciaire.

539. Quant à l'exil forcé, il est interdit. On ne peut pas forcer un citoyen de quitter son pays d'origine pour aller vivre ailleurs. L'amendement d'interdiction de forcer à l'exil était intervenu et accepté vers la fin des travaux de la Commission et ce, avant l'adoption de la DUDH.

540. Pour M. Louis JOINET, les mesures d'éloignement notamment expulsion, refoulement, reconduite à la frontière, bannissement et l'extradition ont un caractère arbitraire.

---

376 En sa qualité d'autorité publique, le parquet doit être un exemple pour la société en matière de protection des droits de l'homme. C'est important pour la profession, mais aussi pour la fiabilité et la crédibilité de l'ensemble du gouvernement.

377 La loi portant statut des magistrats en RDC dispose à l'article 47 que la torture des magistrats est constitutive d'une faute disciplinaire.

541. Toute personne a droit, en pleine égalité, à ce que sa cause soit entendue équitablement et publiquement par un tribunal indépendant et impartial, qui décidera, soit de ses droits et obligations, soit du bien-fondé de toute accusation en matière pénale dirigée contre elle[378]. En fait, chacun a le droit de bénéficier en toute égalité des services d'un tribunal habilité par la loi devant lequel siègent des magistrats intègres, compétents et non influencés[379] pour trancher les conflits en matière civile , pénale,

378Article 10 de la DUDH

379 J.O. De la RDC, loi organique n°06 /020 du 10 octobre 2006 portant statut des magistrats, n° spécial 47° année du 20 octobre 2006. L'article 47 dispose : Sont notamment constitutifs de fautes disciplinaires

1. le fait, pour un magistrat du Parquet, de ne pas rendre son avis dans les délais suivants : a) endéans dix jours au pénal ; b) endéans trente jours pour les matières du travail ; c) endéans trente jours pour les affaires civiles ou commerciales ;2. le fait pour les juges de ne pas rendre une décision dans les mêmes délais ;

3. le fait pour un magistrat de chercher directement ou indirectement à entrer en contact avec les parties en cause avant son avis, ou sa décision, selon le cas ;

4. le fait de procéder à des arrestations et détentions arbitraires ;

5. le fait de ne pas informer l'inculpé ou prévenu de ses droits, conformément aux articles 17 et 18 de la Constitution ;

6. le fait d'encourager ou de pratiquer la torture ;

7. le fait pour un magistrat de violer les termes de son serment ; le fait pour un magistrat, au cours de l'instruction, de se rendre coupable des tortures ou d'autres traitements cruels, inhumains, dégradants ou encore d'harcèlements et des violences sexuelles.

Au Burkina Faso, l'Article 50 de la loi organique n° -036-2001/an portant statut du corps de la magistrature (Tout manquement par un magistrat aux devoirs de son état, à la réserve, à l'honneur à la délicatesse ou à la dignité, constitue une faute disciplinaire. Cette faute s'apprécie, pour le magistrat du parquet, compte tenu des obligations qui découlent de sa subordination hiérarchique. Quant au Bénin, la loi N°2001-35 DU 21 FEVRIER 2003 Portant Statut de la Magistrature en République du Benin Publiée au J.G. 115e année N°6 du 15 mars 2004, pages 171 et Suivants, selon l'article 57.- Tout manquement par un magistrat aux convenances de son état, à I' honneur, à la délicatesse ou à la dignité constitue une faute disciplinaire. Cette faute disciplinaire est appréciée par le Conseil Supérieur de la Magistrature.

administrative, commerciale, constitutionnelle, du travail...Tous les droits de l'homme civils, politiques, sociaux , culturels... peuvent être invoqués devant le juge.

542. Les garanties d'accès à la justice comme service public[380] de l'Etat et un tribunal indépendant et impartial pouvant assurer un procès équitable soit les qualités de juge constituent des droits fondamentaux pour les citoyens. Face à la corruption presque généralisée dans le secteur de la justice, le trafic d'influence et l'impunité qui sont des obstacles sérieux et surtout dans les pays post-conflit[381], les dirigeants doivent recourir à une expertise dans le domaine des droits de l'homme notamment l'assistance technique[382] du personnel de l'opération de maintien de la paix, les experts indépendants de l'ONU, l'expertise locale...

543. Dans un Etat post-conflit avec la présence d'une opération de maintien de la paix, les dirigeants doivent comprendre le mandat de l'opération de maintien de la paix dans le domaine des droits de l'homme et celui des ONG en vue de collaborer dans la transparence et avec efficacité. Quelques directives pour la collaboration avec les agents de la Force publique, directives concernant les activités liées

---

380 Comme dit ci-haut, « Le service public est le fondement et la limite du pouvoir gouvernemental.» Pour la réussite de la gestion du pouvoir public, les principes fondamentaux suivants doivent être observés : la continuité du service public, l'égalité du service public, l'adaptation constante et la neutralité.

381 HCDH, Les instruments de l'Etat de droit dans les sociétés sortant d'un conflit. Cartographie du secteur de la justice, New York et Genève, 2006, p.71

382 Idem. (Les Etats post-conflits manquent généralement certains attributs d'un Etat normal. Pour le HCDH, une expertise technique dans le domaine des DH s'impose pour s'occuper effectivement de la réparation de préjudice subi par ceux qui saisissent le juge et le tribunal dans un système judiciaire problématique du fait du dysfonctionnement de l'appareil judiciaire discrédité aux yeux de la population, des policiers à la base des violations des droits de l'homme, des prisons aux infrastructures incommodes et petites pour une population carcérale débordante ; la société civile paupérisée et préoccupée par la recherche de survie, le tissus économique délabré , le Parlement dépourvu du contrôle effectif des institutions et limité dans le choix des priorités pour le budget à doter les institutions, la corruption et le trafic d'influence régnant en maître au dépend du pouvoir judiciaire.)

aux prisons et aux centres de détention ainsi que les directives spécifiques d'enquête sur les allégations de traitements cruels, inhumains ou dégradants infligés par la Police ou pendant une période d'incarcération sont proposées par le HCDH sur base de l'expérience riche des opérations de maintien de la paix à travers le monde[383].

544. Comme dit ci-haut, dans un pays post-conflit, il y a souvent dysfonctionnement des Institutions. La séparation de trois pouvoirs classiques de l'Etat et l'indépendance du pouvoir judiciaire ainsi que celle des magistrats et des Avocats sont à chercher pour assurer des procès équitables en vue du respect des droits fondamentaux et de l'instauration d'un Etat de Droit. Il convient de signaler que quelques normes importantes ont été édictées à l'intention des Magistrats et Avocats pour asseoir cette indépendance. Il s'agit des Principes directeurs applicables au rôle des Magistrats de Parquet[384], les Principes fondamentaux relatifs à l'indépendance de la magistrature.[385]

545. Toute personne accusée d'un acte délictueux est présumée innocente jusqu'à ce que sa culpabilité ait été légalement établie au cours d'un procès public où toutes les garanties nécessaires à sa défense lui auront été assurées. Nul ne sera condamné pour des actions ou omissions qui, au moment où elles ont été commises, ne constituaient pas un acte délictueux d'après le droit national ou international. De même, il ne sera infligé aucune peine plus forte que celle qui était applicable au moment où l'acte délictueux a été commis.[386]

---

383 HCDH, op. cit., p.71

384 L'article 4 des Principes directeurs applicables au rôle des Magistrats de Parquet dispose que : « Les Etats veillent à ce que les magistrats du parquet puissent s'acquitter de leurs fonctions professionnelles en toute liberté, sans faire l'objet d'intimidations, sans être harcelés, sans subir d'ingérence non fondée et sans devoir assumer de façon injustifiée une responsabilité civile, pénale ou autre. »

385. L'article 2 dispose que : « Les magistrats règlent les affaires dont ils sont saisis impartialement, d'après les faits et conformément à la loi, sans restriction et sans être l'objet d'influences, incitations, pressions, menaces ou interventions indues, directes ou indirectes, de la part de qui que ce soit ou pour quelque raison que ce soit. »

386. Article 11 de la DUDH

546. Cette disposition de la DUDH combinée avec l'article 10 que dessus constituent la matrice de ce qu'on appelle « le droit au procès équitable[387].»

547. La DUDH met en évidence quelques principes généraux de droit applicables dans le domaine judiciaire. Il s'agit bien des principes chers du Droit pénal : La présomption d'innocence et brocart latin : Nullum nulla poena sina lege[388].

548. La CSJ de la RDC a considéré comme violation du principe constitutionnel de la présomption d'innocence prévue par l'article 19 de la Constitution de la Transition, le fait que la loi relative à l'Observatoire National des Droits de l'Homme exclut de la possibilité d'être membre de cette Institution nationale tout candidat faisant l'objet de poursuites judiciaires du Chef de crimes de guerre, de crimes contre l'humanité, crimes de génocide et crimes économiques.[389] Il urge de comprendre que le fait d'être poursuivi en justice ne signifie pas automatiquement que la personne est coupable et doit être privée de ses droits !

549. Quelques principes fondamentaux interviennent dans un procès en matière pénale. Il s'agit de la présomption d'innocence[390],

---

387 Lire MATADI NENGA GAMANDA, Le Droit à un procès équitable, éd. Academia Bruylant DIN, Kinshasa, 2002 et DOMINIQUE ALLIX, Les Droits fondamentaux dans le procès pénal, éd Montchrestien, Paris, 1997, p.98

388 Pour le Professeur KALOMBO MBANGA, dans son Cours de Droit pénal Général à l'Université de Lubumbashi en 1992, ses principes constituent le fondement du procès pénal, dans une société civilisée. Le brocart latin avait déjà son correspondant dans les valeurs traditionnelles africaines.

389 CSJ, 2 juillet 2004, R. Const. 11/TSR, Règlement intérieur de l'Observatoire national des Droits de l'Homme, cité par Marcel WETSH'OKONDA, op. cit. p.384.

390. Une personne poursuivie en justice, arrêtée ou détenue n'est pas automatiquement à considérer comme un malfaiteur, un délinquant, un criminel ou une personne à exposer à la risée du public ou à torturer. Du temps de la vengeance privée et sans l'existence de l'Etat, chacun pouvait se rendre justice, selon son goût et ses moyens. Ce comportement est dépassé de nos jours mais parfois avec beaucoup de chagrin là où règne l'impunité et le disfonctionnement de l'appareil judiciaire.

le principe de la légalité des infractions et des peines ; le principe du contradictoire et la charge de preuve qui incombe à l'accusateur. L'article 14 du Pacte international relatif aux droits civils et politiques explicite cette disposition avec le principe de la présomption d'innocence et les garanties d'un procès équitable.

550. Le rôle précieux du juge pour la paix et le progrès dans la société ne souffre d'aucun doute mais l'indépendance du juge (y compris magistrats de parquet et Avocats) et l'indépendance du pouvoir judiciaire ne passent que par l'appropriation des principes fondamentaux des droits de l'homme et des valeurs qui les sous-tendent par les justiciers et la majorité de la population. De toute évidence, les yeux de tous les justiciables sont rivés vers le service judiciaire comme l'exprime si bien le Professeur Ambroise KAMUKUNY qui dit : «… la promotion de l'indépendance, de la transparence et de la responsabilité judiciaire permet à la justice de mériter le titre de dernier rempart contre les violations des droits de l'homme, la corruption et la mauvaise gouvernance[391]. »

551. Nul ne sera l'objet d'immixtions arbitraires dans sa vie privée, sa famille, son domicile ou sa correspondance, ni d'atteintes à son honneur et à sa réputation. Toute personne a droit à la protection de la loi contre de telles immixtions ou de telles atteintes.[392]

552. La vie privée est garantie. L'honneur et la réputation sont garantis à toute personne. Les atteintes à l'honneur et à la réputation constituent les infractions d'imputation dommageable, d'injures, d'outrages et de diffamation. Il est interdit de s'ingérer dans la vie privée, famille, domicile et correspondance d'une autre personne. Les lois pénales prévoient des infractions comme violation de domicile, violation du secret de la correspondance, diffamation, injures et imputations dommageables.

553. Par ailleurs, les visites domiciliaires, les perquisitions auxquelles sont assimilées les fouilles corporelles *et les écoutes téléphoniques* portent directement atteinte à l'intimité et la vie privée des personnes qu'il faille respecter leur régime juridique.

554. Toute personne a le droit de circuler librement et de choisir sa résidence à l'intérieur d'un Etat. 2. Toute personne a le droit de

---

391 KAMUKUNY MUKINAY NGAL Ambroise, Droit constitutionnel congolais, éd. universitaires africaines, Kinshasa, 2011, p.296

392 Article 12 de la DUDH

quitter tout pays, y compris le sien, et de revenir dans son pays.[393] Chacun a le droit de résider ou d'aller où il veut à l'intérieur de son pays quelle que soit la forme de fédéralisme, décentralisation...On peut aussi sortir et revenir dans son pays librement sous réserve des formalités administratives pour le VISA en vue d'entrer et séjourner dans un autre pays. Il peut arriver qu'une personne soit obligée de se déplacer à l'intérieur de son pays et il a droit à une protection nationale et internationale.

555. Les personnes déplacées sont considérées comme des personnes ou des groupes de personnes qui ont été forcés ou contraints à fuir ou à quitter leur foyer ou lieu de résidence habituel, notamment en raison d'un conflit armé, de situations de violence généralisée, de violations de droits de l'homme ou de catastrophes naturelles ou provoquées par l'homme ou pour en éviter les effets[394].

556. La Convention des Nations Unies du 18 décembre 1990 sur les droits de l'homme de tous les travailleurs migrants et des membres de leur famille garantit les droits des personnes qui, en bonne et due forme, quittent leur pays et travaillent avec leurs membres de famille dans un autre.

557. La Constitution de la RDC du 18 février 2006 exprime clairement ces droits en disposant que : « Aucun congolais ne peut être expulsé du territoire de la République. Aucun congolais ne peut, pour des raisons politiques, ethniques ou autres, être contraint à l'exil ou à résider hors de son lieu de résidence habituelle. Tout congolais a le droit de circuler librement sur toute l'étendue du pays, d'y établir sa résidence, de le quitter et d'y revenir et qui n'ont pas franchi les frontières internationalement reconnues d'un Etat »[395].

558. Que dire (des conditions) de l'expulsion des Sans papiers dans certains Etats européens, la chasse aux non originaires du Katanga en 1990 sous la II° République de Mobutu avec l'ex Gouverneur de Province KYUNGU WA KUMWANZA, le phénomène « d'ivoirité » en Côte d'Ivoire !! Pour des motifs politiques, certains dirigeants ont recouru à toutes les mesures possibles en vue de réduire à néants leurs adversaires.

---

393 Article 13 de la DUDH

394 OIM : Droit international des migrations. Migrations et droits de l'homme, n°3, Genève, 2005, p.163

395 Article 33 de la Constitution de la RDC du 18 février 2006.

559. Devant la persécution, toute personne a le droit de chercher asile et de bénéficier de l'asile en d'autres pays[396]. Sur le plan juridique, l'asile est la protection qu'accorde un État d'accueil à un individu sur son territoire pour lui permettre d'échapper aux risques pour sa vie, sa liberté ou sa sécurité, auxquels il est exposé dans son propre pays.

560. Le réfugié est une personne qui craint d'être persécutée pour des motifs de race, de religion, de nationalité, d'opinion, politique ou d'appartenance à un groupe social particulier, et qui ne veut se placer sous la protection de son pays d'origine[397]. Dans les péripéties de l'élaboration de la DUDH, les membres de la Commission avait préféré le concept « bénéficier » de l'asile plutôt que de « recevoir » l'asile.

561. L'asile se distingue du droit général de l'immigration[398]. En fait, face au déplacement des personnes d'un Etat à un autre , parfois en contrevenant aux normes établies par chaque Etat souverain, il est créé un Droit international des migrations qui fixe les principes et les normes découlant de la souveraineté des Etats et ayant un impact direct sur la gestion des migrations notamment en protégeant les

---

396 Article 14 de la DUDH

397 Le Prince Sadruddin Aga KHAN, Le Droit d'asile et l'article 14 de la DUDH, in revue du Comité international de Juriste, pp 28-35

398 Les pays de l'Union européenne ont décidé en 1997 (traité d'Amsterdam) d'harmoniser leurs politiques d'asile et d'immigration en s'imposant des normes juridiques communes. Les enjeux de renoncement de souveraineté nationale sont sensibles et l'harmonisation reste très partielle. Le domaine du contrôle des frontières est celui qui a avancé le plus vite, avec notamment asile et immigration le visa commun Schengen et le fichier associé, les sanctions aux transporteurs d'immigrants illégaux, le fichier d'empreintes digitales électroniques des étrangers illégaux, la reconnaissance mutuelle des décisions d'éloignement, les charters communs d'expulsion et la négociation d'accords de réadmission avec les pays d'origine. Parallèlement à cette harmonisation, certains pays pratiquent, à quelques-uns, une « coopération renforcée » pour mettre en place des mesures opérationnelles de police communes (comme l'envoi d'officiers de police européens dans les pays tiers pour le contrôle de l'embarquement dans les avions ou l'organisation d'opérations d'interception en mer de bateaux susceptibles de transporter des migrants).

frontières, en définissant les principes d'octroi de la nationalité, en admettant les étrangers sur son territoire, en renvoyant à la frontière les étrangers non en règles, en expulsant ou en extradant les étrangers poursuivis pour violations des lois du pays d'origine ou d'accueil pour la sécurité la sécurité nationale et la coopération judiciaires.

562. Quant aux droits et obligations des Etats dans leurs relations mutuelles par rapport aux demandeurs d'asile et aux réfugiés, c'est la Convention internationale de Genève relative au Statut des réfugiés de 1951 gérée par le Haut commissariat des Nations Unies sur les réfugiés qui est d'application. Le Droit international des migrations et des réfugiés sont mis en œuvre par chaque Etat.

563. La dernière réforme du droit d'asile en France est entrée en vigueur le 1er janvier 2004 aux termes de la loi du 10 décembre 2003. Les points essentiels de cette réforme concernent la disparition de l'asile territorial et son remplacement par la protection subsidiaire, Ce droit ne peut être invoqué dans le cas de poursuites réellement fondées sur un crime de droit commun ou sur des agissements contraires aux buts et aux principes des Nations Unies. Une personne persécutée ou maltraitée dans son pays a le droit d'obtenir refuge dans un autre Etat.

564. Tous les réfugiés et les personnes déplacées susmentionnés ont le droit de retourner librement dans leurs foyers d'origine en toute sécurité;

- Les États parties sont tenus de veiller à ce que le retour des réfugiés et personnes déplacées susmentionnés soit librement consenti et de respecter le principe du non-refoulement et de la non-expulsion des réfugiés;
- Tous les réfugiés et personnes déplacées susmentionnés ont, une fois de retour dans leurs foyers d'origine, le droit de se voir restituer les biens dont ils ont été dépouillés au cours du conflit et d'être dûment indemnisés pour les biens qui ne peuvent leur être restitués. Tout engagement pris ou déclaration faite sous la contrainte en ce qui concerne ces biens est nul et non avenu;
- Tous les réfugiés et personnes déplacées ont, une fois de retour dans leurs foyers d'origine, le droit de participer pleinement et à égalité aux affaires publiques à tous les niveaux, d'avoir accès à égalité aux services publics et de recevoir une aide à la réadaptation

565. Tout individu a droit à une nationalité. Nul ne peut être arbitrairement privé de sa nationalité, ni du droit de changer de nationalité[399]. La nationalité tisse un lien entre une personne et un Etat. Toute personne a droit à la nationalité qui lui reconnait des droits et devoirs en tant que citoyen de cet Etat. On ne peut priver à une personne arbitrairement sa nationalité. L'apatridie est interdite. Chaque Etat a une législation relative à la nationalité. Généralement, même par le fait de naître sur le territoire d'un Etat, on peut acquérir la nationalité de cet Etat (Jus soli). Plusieurs Etats reconnaissent le droit d'avoir deux ou plusieurs nationalités. Il y a des Etats qui accordent gracieusement leur nationalité sur base de la loterie comme le cas des Etats-Unis avec la loterie DV et ce, en plus de l'application de principe jus soli et jus sanguinis. La politique d'immigration de plusieurs Etats est favorable à offrir leur hospitalité aux étrangers qui remplissent leurs conditions[400].

566. Curieusement, il existe des apatrides, des personnes sans nationalités. Ils ont la personnalité juridique comme tout être humain et bénéficient d'une protection spéciale de l'Etat dans lequel ils résident. En fait, la nationalité établit un lien juridique entre une personne et un Etat. Toute personne devra bénéficier au moins de la protection d'un Etat. Comment résoudre les conflits tenant à la nationalité ? Certains pays acceptent la double nationalité et d'autres non. En fait, la question de la nationalité relève de la loi de chaque pays[401] et des Conventions spécifiques entre les Etats.

567. Dans une étude de Afrimap, il a été conclu que : « Dans un trop grand nombre de pays africains, les lois et les pratiques régissant la nationalité ont pour effet de laisser des centaines de milliers de gens sans nationalité. Les apatrides africains constituent l'un des groupes des populations les plus vulnérables du continent. Ils ne peuvent ni voter ni se présenter à des élections ; ils ne peuvent ni inscrire leurs enfants à l'école, ni voyager librement ou posséder une propriété foncière ; ils ne peuvent pas être employés par l'État; ils sont exposés aux violations des droits humains. La situation d'apatride sous-tend et exacerbe les tensions intercommunautaires,

---

399Article 15 de la DUDH

400 Voir le Droit international des migrations et le Droit international des réfugiés.

401 Bronwen MANBY, « Les lois sur la nationalité en Afrique Une étude comparée », in Afrimap, 2010, p.63

interethniques, et interraciales dans beaucoup de régions du continent. »

568. En RDC, la question de nationalité est très sensible qu'il y a des problèmes presqu'interminables avec le groupe ethnique « Banyaruanda » et un moratoire sur la question de la double nationalité. Au sujet de la problématique de la nationalité, en 1996, la Cour suprême a examiné une requête de deux membres du Parlement de « transition » (le Haut Conseil de la République — Parlement de Transition/HCR-PT), MUTIRI MUYONGO et KALEGAMIRE NYIRIMIGABO, demandant qu'elle annule la décision du Parlement de les exclure pour cause de doute sur leur nationalité congolaise (en fait, à l'époque zaïroise). La Cour a accepté la requête et annulé la décision du Parlement de transition aussi bien sur la forme que sur le fond. Elle a surtout jugé que la nationalité congolaise de ces deux parlementaires était suffisamment établie par leurs certificats de nationalité ou leurs cartes d'identité délivrés par le ministère de l'Intérieur et que d'autres preuves n'étaient pas nécessaires[402].

569. La question de la nationalité est régie sur le plan international par quelques normes générales relatives aux droits de l'homme. Il y a aussi quelques instruments spécifiques dont la Déclaration sur les droits de l'homme des personnes qui ne possèdent pas la nationalité du pays dans lequel elles vivent, la Déclaration sur l'octroi de l'indépendance aux pays et aux peuples coloniaux, la Convention de La Haye concernant certaines questions relatives aux conflits de lois sur la nationalité et la Convention sur la réduction des cas d'apatridie de 1961.

570. A partir de l'âge nubile, l'homme et la femme, sans aucune restriction quant à la race, la nationalité ou la religion ont le droit de se marier et de fonder une famille. Ils ont des droits égaux au regard du mariage, durant le mariage et lors de sa dissolution.[403] Le mariage ne peut être conclu qu'avec le libre et plein consentement des futurs époux.

571. La famille est l'élément naturel et fondamental de la société et a droit à la protection de la société et de l'Etat. A l'âge de la

402 Lire Mabanga MONGA MABANGA, cité par Bronwen MANBY, op cit, p.63

403 Article 16 de la DUDH

majorité nubile, généralement 18 ans, tout homme ou toute fille a le droit de se marier à une personne de son choix et de fonder famille. Dans le mariage, l'homme et la femme ont des droits égaux pendant le mariage et après le mariage. La famille est la cellule de base de la société et mérite une protection de l'Etat et de la société. Les interdictions par les familles de mariage consenti par les futurs époux pour des raisons fondées sur la race, la tribu, l'ethnie ou la religion par les familles sont interdites.

572. Toute personne a droit à la liberté de pensée, de conscience et de religion; ce droit implique la liberté de changer de religion ou de conviction ainsi que la liberté de manifester sa religion ou sa conviction, seule ou en commun, tant en public qu'en privé, par l'enseignement, les pratiques, le culte et l'accomplissement des rites.[404]

573. La situation de la liberté de religion au Danemark risque de plonger dans la discrimination des religions par rapport à l'Eglise anglicane luthérienne. En effet , le Comité note que le Danemark devrait envisager de réviser sa législation et ses pratiques administratives en ce qui concerne l'appui financier direct apporté à l'Église établie et confier aux autorités de l'État les fonctions administratives relatives à l'enregistrement des actes d'état civil et à la gestion des cimetières[405].

574. Quant à la liberté de pensée dans tous les domaines, les convictions personnelles et l'adhésion à une religion ou une croyance, le Comité appelle l'attention des États parties sur le fait que la liberté de pensée et la liberté de conscience sont protégées à égalité avec la liberté de religion et de conviction. Le caractère fondamental de ces libertés est également reflété dans le fait qu'aux termes du paragraphe 2 de l'article 4 du Pacte, il ne peut être dérogé à l'article 18, même en cas de danger public exceptionnel.

575. De nombreux individus ont invoqué le droit de refuser le service militaire (objection de conscience) en se fondant sur le fait que ce droit découle des libertés que leur attribue l'article 18.Pour répondre à leurs demandes, un nombre croissant d'États ont, dans leur législation, exempté du service militaire obligatoire leurs

---

404 Article 18 de la DUDH

405Consulter le site : http://www.un.org/cyberschoolbus/humanrights/f-declaration/about.asp#guide

citoyens qui professent sincèrement des convictions religieuses ou autres interdisant l'accomplissement de ce service, et ils lui ont substitué un service national de remplacement.

576. L'article 18 protège les convictions théistes, non théistes et athées, ainsi que le droit de ne professer aucune religion ou conviction. Les termes «conviction» et «religion» doivent être interprétés au sens large. L'article 18 n'est pas limité, dans son application, aux religions traditionnelles ou aux religions et croyances comportant des caractéristiques ou des pratiques institutionnelles analogues à celles des religions traditionnelles. Le Comité est donc préoccupé par toute tendance à faire preuve de discrimination à l'encontre d'une religion ou d'une conviction quelconque pour quelque raison que ce soit, notamment parce qu'elle est nouvellement établie ou qu'elle représente des minorités religieuses susceptibles d'être en butte à l'hostilité d'une communauté religieuse dominante.

577. Le Comité est d'avis que le paragraphe 4 de l'article 18 permet d'enseigner des sujets tels que l'histoire générale des religions et des idées dans les établissements publics, à condition que cet enseignement soit dispensé de façon neutre et objective. La liberté des parents ou des tuteurs légaux de faire assurer l'éducation religieuse et morale de leurs enfants conformément à leurs propres convictions, prévue au paragraphe 4 de l'article 18, est liée à la garantie de la liberté d'enseigner une religion ou une conviction proclamée au paragraphe 1 du même article. Le Comité note que l'éducation publique incluant l'enseignement d'une religion ou d'une conviction particulière est incompatible avec le paragraphe 4 de l'article 18, à moins qu'elle ne prévoie des exemptions ou des possibilités de choix non discriminatoires correspondant aux vœux des parents et des tuteurs.

578. Tout individu a droit à la liberté d'opinion et d'expression, ce qui implique le droit de ne pas être inquiété pour ses opinions et celui de chercher, de recevoir et de répandre, sans considérations de frontières, les informations et les idées par quelque moyen d'expression que ce soit.[406]

579. Voltaire avait dit : «Pas de liberté pour les ennemis de la liberté » et « je désapprouve ce que vous dites mais je défendrai

406 Article 19 de la DUDH.

jusqu'à la mort votre droit de le dire.»[407]Il exprimait mieux la liberté d'expression et ses limites. Cette liberté est exercée avec beaucoup[408] de risques dans plusieurs Etats. Elle connaît des limitations parfois injustifiées bien qu'elle soit considérée par le Comité des droits de l'homme comme « chien de garde de l'Etat de droit et de la démocratie. [409]» Dans l'Arrêt Handyside c/ Royaume Uni du 7 décembre 1976, la Cour européenne des droits de l'homme a dit : « La liberté d'expression est l'un des fondements essentiels d'une société démocratique, l'une des conditions de son progrès et de l'épanouissement de chacun. »

580. Les régimes autoritaires supportent difficilement la liberté d'expression[410]. En fait, la vérité sur les abus, les violations flagrantes des droits de l'homme et du droit humanitaire ainsi que la mauvaise gouvernance restent cachées mais les journalistes d'investigation usent de plusieurs moyens pour chercher, recevoir et répandre les informations utiles pour la bonne marche de la société et le triomphe de la vérité. Avec les technologies d'information et de communication, le monde est devenu très petit à telle enseigne que, dans un espace d'une minute, le monde entier peut être informé de ce qui se passe dans un lieu caché du monde où se commettent des violations des droits de l'homme, et, avec des images à l'appui.

581. La Déclaration de principes sur la liberté d'expression en Afrique adoptée par la Commission africaine des droits de l'homme et des peuples en 2002, (…) souligne que « Un monopole de l'Etat sur la radiodiffusion-télévision n'est pas compatible avec le droit à la liberté d'expression ». Cette Déclaration recommande que : « Tous les organismes de radiodiffusion-télévision contrôlés par l'Etat et le gouvernement doivent être transformés en organismes de radiodiffusion-télévision de service public devant rendre des comptes au public.[411] »

---

407 Voltaire cité par Roseline LETTERON, op. cit. p.156

408 Frederic SUDRE, op.cit, p.491

409 Observation

410 Dans l'Arrêt Handyside, la CEDH précise que « Vaut non seulement pour les informations et les idées ou idées accueillies avec faveur ou considérées comme inoffensives ou indifférentes, mais aussi pour celles qui heurtent, choquent ou inquiètent. »

411 Hendrik BUSSIEK, Wilfrid RAOUL, Herve ADOUN et Francois KOFFI Awoudo, Eileen Manka TABUWE et Hendrik BUSSIEK, Les

582. Bien plus, *la* Déclaration[412] sur le droit et la responsabilité des individus, groupes et organes de la société de promouvoir et de protéger les droits de l'homme et les libertés fondamentales universellement reconnus dispose à l'article 6 ce qui suit : « Chacun a le droit, individuellement ou en association avec d'autres:

- De détenir, rechercher, obtenir, recevoir et conserver des informations sur tous les droits de l'homme et toutes les libertés fondamentales en ayant notamment accès à l'information quant à la manière dont il est donné effet à ces droits et libertés dans le système législatif, judiciaire ou administratif national;
- Conformément aux instruments internationaux relatifs aux droits de l'homme et autres instruments internationaux applicables, de publier, communiquer à autrui ou diffuser librement des idées, informations et connaissances sur tous les droits de l'homme et toutes les libertés fondamentales;
- D'étudier, discuter, apprécier et évaluer le respect, tant en droit qu'en pratique, de tous les droits de l'homme et de toutes les libertés fondamentales et, par ces moyens et autres moyens appropriés, d'appeler l'attention du public sur la question. »

583. Malgré la reconnaissance de cette fonction sociale importante par la communauté, les personnes qui se lancent dans le noble métier de journalistes subissent souvent des traitements cruels allant de l'interdiction d'exercer leur profession, à la confiscation du matériel de travail, à l'arrestation, à l'enlèvement jusqu'à l'assassinat. Le journaliste ou professionnel des médias, dans son travail au quotidien, contribue à la promotion et protection des droits de l'homme et fort de son travail, il est traité et considéré comme un défenseur des droits de l'homme. Le journaliste est un défenseur des droits de l'homme qui s'ignore comme Monsieur le Jourdain faisait de la prose sans le savoir. Pour un travail professionnel, le journaliste ferait mieux de s'informer et se former entre autres dans le domaine des droits de l'homme en rapport avec sa spécialisation[413].

---

organes audio-visuels publics en Afrique. Enquête Projet cas du Bénin, OSIWA et OSMP, 2014, Bénin, p.128

412 Lire l'article 6 de la Déclaration qui est en Annexe 3.

413 L'auteur a prodigué ce conseil aux journalistes à l'occasion d'une formation organisée par l'AUDF ONG avec les journalistes à Kinshasa au Centre Carter au mois de novembre 2013.

584. Les journalistes sont soumis parfois à une vie de calvaire. On peut évoquer le cas célèbre d'Anna Politkovskaïa. Journaliste russe, elle était célèbre dans le monde entier pour ses enquêtes sur les exactions en Tchétchénie, la corruption et les mensonges du pouvoir. Elle a été plusieurs fois primée en Russie, et par le Pen Club International, en 2002. Elle a reçu au Danemark, en février 2003, le prix du Journalisme et de la Démocratie, décerné par l'OSCE. Régulièrement menacée, elle a subi une tentative d'empoisonnement en 2004, alors qu'elle se rendait dans le Causase. Ayant choisi de rester en Russie, pour continuer à exercer son travail, le 7 octobre 2006, Anna Politkovskaïa a été tuée par balle dans le hall de son immeuble à Moscou[414].

585. Il est déplorable que certaines lois limitent la liberté d'expression soi-disant pour sauvegarder certaines valeurs. C'est le cas de la loi du 13 juillet 1990, dite loi Gayssot, qui interdit la négation des crimes commis par les nazis. « La liberté d'expression cède alors le pas devant des valeurs jugées supérieures fondées sur le respect des victimes du génocide et sur le devoir de mémoire souvent invoqué[415] »

586. La liberté d'opinion et d'expression est garantie par les instruments internationaux, la Constitution et les lois de chaque pays cependant les obstacles à l'exercice de cette liberté sont multiples. Entre autres limites à l'exercice de cette liberté, on peut citer le droit d'accès à l'information. Marie Soleil Frère a stigmatisé cette forme d'entrave en ces termes : « L'accès aux sources a toujours constitué un problème crucial dans les pays autoritaires où les réticences de l'Etat de livrer l'information sont énormes : toute information concernant l'administration est considérée comme un secret d'Etat[416]. »

587. Avec la mondialisation et les exigences de transparence, on assiste à la généralisation de la revendication des lois d'accès à

414Anna POLITKOVSKAIA, la vérité assassinée », 9.10.2006 Consulté dans le site : http://www.liberation.fr/actualite/monde/209396.FR.phpLibération

415 Anna POLITKOVSKAIA, la vérité assassinée », 9.10.2006 Consulté dans le site : http://www.liberation.fr/actualite/monde/209396.FR.phpLibération

416 Michel NZANGI BATUTA, La liberté d'opinion et d'expression et ses limitations légales en RDC, Kinshasa, 2007, p.21

l'information. A défaut de la loi d'accès à l'information, dans la stratégie des journalistes, ils demandent audience pour obtenir l'information à la source ou encore demandent par écrit l'information et en cas de refus, les rumeurs sont diffusées en mentionnant que les sources ne veulent pas donner leur version officielle. Les Etats de vieille démocratie comme les Etats-Unis misent beaucoup sur la liberté d'expression. Cette liberté a été revalorisée par des décisions judiciaires.

588. La liberté d'expression s'exprime conjointement avec le droit à l'information ainsi que le droit d'accès à l'information, garantis par des lois dans certains Etats. Il est prouvé que l'information objective est un réel bien public et par contre l'information partiale peut inciter les lecteurs, y compris les décideurs politiques, à prendre des mauvaises décisions et voire provoquer des dissensions sociales et des actes de violence.

589. Les chevaliers de la plume ont certes une mission noble d'informer et de former les personnes. Dans cette mission noble du journaliste dans la société doit être comprise notamment la promotion et la protection des droits de l'homme. La prestation des journalistes présente des avantages heureux et des risques fâcheux. Suite à l'information partisane, l'information sans fondement et sans professionnalisme et le manque d'information qui caractérisent souvent les régimes dont le Pouvoir est exponentiellement fort alors que les droits et les libertés fondamentales sont réduits, la liberté de la presse souffre et les chevaliers de la plume courageux en souffrent.

590. Comment comprendre ses propos de Voltaire : «Pas de liberté pour les ennemis de la liberté » et « je désapprouve ce que vous dites mais je défendrai jusqu'à la mort votre droit de le dire » ?[417] La liberté est fondamentale pour toute société démocratique. Les Chefs d'Etats de l'espace francophone ont rappelé leur engagement à respecter la liberté de la presse dans la Déclaration de Kinshasa en ses termes : « Nous rappelons que la liberté de la presse, qui repose sur la pluralité des médias et la libre communication de l'information, de la pensée et des opinions, constitue une composante essentielle de la vie démocratique. Nous saluons à cet égard les avancées positives dans bon nombre de nos États pour garantir l'indépendance des médias et leur régulation

417 Roseline LETTERON, op cit. , p.156

démocratique et transparente, et une autorégulation conforme à la déontologie professionnelle. Nous nous engageons à assurer les conditions d'exercice de cette liberté et une protection effective des journalistes et des autres acteurs de la presse dans l'exercice de leurs métiers, tant au niveau de la législation, de la protection judiciaire que de la sécurité physique.[418] » Pour contrer les atteintes à la liberté d'expression dans plusieurs Etats, il faut élaborer un verrou infaillible prenant en compte l'abolition du délit de presse, le renforcement de la discipline du corps, l'octroi des subventions et l'élaboration des lois facilitant l'accès à l'information sous peine des poursuites des fonctionnaires malicieux.

591. Toute personne a droit à la liberté de réunion et d'association pacifiques. Nul ne peut être obligé de faire partie d'une association[419]. Le droit à la liberté de réunion est consacré par les lois nationales et les constitutions des Etats. La réunion est un rassemblement temporaire pour échanger les idées, planifier des activités, informer ou se former… Cette liberté est redoutée dans les régimes autoritaires, dans la mesure où à l'occasion d'une réunion, les participants peuvent dénoncer les abus et la mauvaise gouvernance ou encore réfléchir sur les stratégies pour promouvoir l'alternance au pouvoir. Suivant l'impact des réunions, elles peuvent souffrir de limitation et les responsables qui les organisent subir des tracasseries. Il convient de souligner que les réunions qui encouragent le recours à la violence sont interdites (*Associations terroristes, les Mercenaires, les Rebelles, les miliciens...)* et constituent des actes matériels de l'organisation d'une association des malfaiteurs, du reste, faits infractionnels prévus et sanctionnés par les lois pénales.

592. A coté de la liberté de réunion, la DUDH a prévu la liberté d'association. Les deux libertés ne se confondent pas mais poursuivent les mêmes objectifs dans des contextes différents. Les associations sont créées par des personnes qui poursuivent les mêmes objectifs et mettent ensemble les moyens humains, financiers et autres pour la réalisation de leurs objectifs. Toute personne a le droit d'organiser et de participer aux réunions pacifiques. Ces dernières jouent un rôle capital pour l'épanouissement des personnes, le renforcement de la solidarité des membres de la base à la nation, la participation politique,

418 Déclaration de Kinshasa, point 20 (Voir annexe 7)
419 Article 20 de la DUDH.

économique et culturelle de tout un chacun à toutes les activités de son milieu et de sa nation. C'est aussi un bon cadre pour avoir la possibilité de jouir de plusieurs droits ou les revendiquer.

593. Dans la pratique, il y a des réunions publiques et des manifestations pacifiques qui sont organisées comme un moyen d'expression tendant à transmettre un message à l'opinion publique et aux décideurs. Les législations nationales soumettent les manifestations pacifiques et les réunions publiques à l'autorisation préalable ou l'information de l'activité à l'autorité endéans un laps de temps. Ce dernier régime est plus démocratique. Dans plusieurs Etats, les manifestations pacifiques sont interdites, en violation des libertés individuelles. Les manifestants sont parfois réprimés et brutalisés.

594. Peut-on considérer que les personnes ou les citoyens ont un droit illimité par rapport à la liberté de réunion et d'association ? On peut se référer aux articles 21 et 22 du PIDSC qui ont fixé les limites de ses deux droits présentés séparément. Apparemment, le Pacte insiste plus sur les limites à l'exercice de ses droits qu'il n'a précisé la portée de ses droits. Le droit de réunion est reconnu. Quelle différence existe-t-il entre le droit reconnu et le droit garanti ?

595. Personne ne peut être obligée d'adhérer à une association. La création et/ou l'adhésion dans les Partis politiques, les ONGDH, les ONGD, les mutuelles, les ASBL, les syndicats[420], les Associations des jeunes… est libre, sous réserve du respect de la loi, de l'ordre public et des droits d'autrui.

596. En Afrique, pendant la décennie de 1960 à 1990, avec le monopartisme, l'adhésion au Parti unique considéré parfois comme Parti-Etat était une négation des droits et libertés fondamentales avec le prétexte de la diversité culturelle. L'authenticité défendue par le Président MOBUTU de la RDC serait très utile en Afrique si la théorie s'était limitée à mettre en valeur les pratiques traditionnelles positives et non pas justifier le monopartisme.

---

420 Le droit syndical est consacré par une disposition spéciale de la DUDH et l'article 6 du Pacte international relatif aux droits civils et politiques ainsi que la Convention de l'OIT de 1948 concernant la liberté syndicale et la protection du droit syndical.

597. Toute personne a le droit de prendre part à la direction des affaires publiques de son pays, soit directement, soit par l'intermédiaire de représentants librement choisis. Toute personne a droit à accéder, dans des conditions d'égalité, aux fonctions publiques de son pays. La volonté du peuple est le fondement des pouvoirs publics, cette volonté doit s'exprimer par des élections honnêtes qui doivent avoir lieu périodiquement, au suffrage universel égal et au secret ou suivant une procédure équivalente assurant la liberté du vote[421]. Chaque citoyen dans son pays a le droit de participer à la gestion du pouvoir politique en votant librement les politiciens (dans les Assemblées législatives et Gouvernement central, provincial ou local) ou en se faisant élire. Le recrutement dans les fonctions de l'Etat doit respecter l'égalité des citoyens et procéder au test d'appréciation des qualités selon le critère préétabli.

598. Le vote libre de chaque citoyen est la base de la légitimité de tout pouvoir politique soumis à la volonté du peuple périodiquement pour le renouvellement de la confiance ou la sanction négative lorsque les dirigeants n'ont pas honoré leurs engagements ou donné satisfaction à la population par leur gestion.

599. L'expérience albanaise sur la participation politique est éloquente. Les dirigeants politiques ont reconnu que permettre aux citoyens ordinaires d'exprimer leur opinion sur des questions relatives à la Constitution contribuerait à l'élaboration d'un document légitime qui serait la propriété du peuple albanais. De même, il était prévu d'informer et d'instruire le public du déroulement du processus constitutionnel afin de dissiper d'éventuels désaccords quant au processus et à la Constitution. Un processus constitutionnel transparent, ouvert à tous et participatif offre une chance de trouver plus facilement un accord sur l'avenir du pays et de consacrer des garanties en matière de protection des droits de l'homme comme moyens de stabilisation et de démocratisation[422].

600. L'article 25 du PIDSCP reconnaît et protège le droit de tout citoyen de prendre part à la direction des affaires publiques, de voter et d'être élu, et le droit d'accéder aux fonctions publiques. Quel que soit le type de Constitution ou de gouvernement adopté par un État, l'article 25 fait obligation aux États d'adopter les mesures d'ordre législatif ou autres qui peuvent être nécessaires pour que les citoyens

---

421 Article 21 de la DUDH.
422 ONU-HCDH : Op.cit.

aient la possibilité effective d'exercer les droits qu'il protège. L'article 25 appuie le régime démocratique fondé sur l'approbation du peuple et en conformité avec les principes du Pacte.

601. Les droits reconnus aux citoyens par l'article 25 sont liés aux droits des peuples de disposer d'eux-mêmes et de déterminer librement leur statut politique, mais ils concernent plus la participation politique. Il est reconnu à tout citoyen, à titre individuel, le droit de participer aux processus qui représentent la direction des affaires publiques. La bonne gouvernance et la démocratie oblige[423] !

602. Tout citoyen a le droit de participer à la gestion du pouvoir public soit individuellement soit par l'intermédiaire de ses représentants et ce, sans discrimination notamment de race, de couleur, de sexe, de langue, de religion, d'opinion politique ou de toute autre opinion, d'origine nationale ou sociale, de fortune, de naissance ou de toute autre situation. En principe, toute distinction entre les citoyens de naissance et les citoyens par naturalisation est incompatible[424] avec l'article 21 de la DUDH.

603. Le concept de direction des affaires publiques englobe l'exercice du pouvoir politique dans les institutions législatives, exécutives, administratives et judiciaires. Cette direction comprend l'administration publique ainsi que la formulation et l'application de mesures de politique générale aux niveaux national, local, régional et international. Les Constitutions et les lois nationales déterminent les conditions d'accès aux fonctions publiques.

---

[423] En fait, la démocratie est un droit fondamental pour tous dans un Etat. La démocratie, selon la Déclaration de Bamako en annexe, est définie comme un système de valeurs universelles fondée sur la reconnaissance du caractère inaliénable de la dignité et de l'égale valeur de tous les êtres humains ; chacun a le droit d'influer sur la vie sociale, professionnelle et politique, et de bénéficier du droit au développement[423]. Cette institution constitue aussi un bon cadre ou condition pour l'éclosion et le respect des droits humains.

424 La question de nationalité se pose avec acuité, en Afrique. Certains pays ont adopté des législations souples sur l'acquisition de la nationalité et d'autres campent sur l'exclusivité de la nationalité. L'acquisition de la nationalité d'un pays accorde certains droits déterminés. Lire Bronwen Manby , Les lois sur la nationalité en Afrique Une étude comparée, éd. Open society et Afrimap, 2010, 120 p.

604. La direction des affaires publiques par les citoyens et les citoyennes d'un Etat peut s'effectuer à travers les élus. Dès lors, que signifie l'organisation des élections honnêtes, libres et périodiques, dans le sens de la DUDH ? Le Comité des droits de l'homme répertorie quelques conditions notamment le cadre légal garantissant l'exercice effectif du droit de vote, la liberté de voter un candidat de son choix, voter pour ou contre toute proposition soumise à référendum ou à un plébiscite. Au-delà du vote, les personnes sont libres d'apporter leur appui ou de s'opposer au gouvernement sans qu'elles ne soient poursuivies ou tracassées du fait de leur choix politique. Il s'agira d'une opposition éclairée et participative fondée sur l'objectivité, l'intérêt général et le respect de la légalité. Avec le vote, l'organisation des élections honnêtes et périodiques, les citoyens peuvent décider de confier le pouvoir à une personne ou à un groupe ayant la majorité de voix ou révoquer pacifiquement leurs dirigeants[425].

605. En fait, lorsque les citoyens participent à la direction des affaires publiques par l'intermédiaire de représentants librement choisis notamment les députés et ou les sénateurs selon la configuration du Parlement mono ou bicéphale, ils contrôlent l'action gouvernementale et toutes les Institutions. Ces derniers ainsi que les élus sont aussi responsables et redevables à la population, par le biais du processus électoral, de la façon dont ils exercent ce pouvoir conformément à la constitution. Le contrôle parlementaire objectif peut entraîner la déchéance des mauvais gestionnaires du pouvoir politique, par la motion de confiance ou de défiance. Ce contrôle, véritable pouvoir à la portée des élus du peuple, lorsqu'il est exercé avec patriotisme, il ennoblit la population et cela manifeste le respect et la reconnaissance de la souveraineté qui émane de la population et non d'un individu ou d'un groupe d'individus. Bien plus, pour le peuple ayant participé aux élections, un bon contrôle parlementaire est la preuve qu'il est souverain et il peut donner le pouvoir à qui il veut pour la réalisation de ses droits civils , politiques, sociaux, culturels et collectifs contenus dans la Constitution, les lois nationales , les engagements internationaux pris dans les OI et les conventions internationales dûment ratifiées. Les concepts tels que le bien-être, intérêt général, le progrès social… sont vides de sens et ne peuvent être mieux exprimés qu'en terme de la réalisation effective des droits civils , politiques, économiques, sociaux, culturels et collectifs (paix , développement, environnement sans)…

---

425 JICQUEL Jean, Suffrage universel, in La Déclaration Universelle des Droits de l'Homme, éd. Gallimard, 1998, France, pp117-119

606. La participation qualitative de la population au contrôle de la gestion du pouvoir politique grâce au débat public, le dialogue avec leurs représentants et les dirigeants ainsi que l'exercice responsable de la liberté d'expression, de réunion et d'association constitue un cadre idéal pour le progrès et le respect des droits de l'homme. Ceci nous amène au problème épineux de la reconnaissance et la protection nationale et internationale des défenseurs des droits de l'homme.[426] Ces derniers contribuent à la bonne gestion de la chose publique, même en dehors des Institutions ou Services publics.

607. L'accès des personnes dans des conditions d'égalité aux fonctions publiques est garanti par le deuxième paragraphe de cette disposition en examen. L'accès au Service public de l'Etat, sans égards aux critères de mérite et d'égalité des chances engendre des mécontentements, des remous, des frustrations, des discriminations, de l'animosité allant jusqu'aux conflits, parfois armés et meurtriers. On peut observer la multiplicité des coups d'Etat en Afrique. Ces coups d'Etat expriment à la fois le diagnostic des règnes sans partage et l'acquisition de pouvoir par des voies peu démocratiques[427]. Dans les Etats confrontés aux défis de l'emploi et de la sécurité de l'emploi, l'accès aux services publics doit être mieux géré en organisant et en publiant largement les postes vacants et en soumettant les candidats aux tests de recrutement sérieux. Certaines mesures palliatives d'embauche sont envisageables au-delà du test pour jauger les compétences, le mérite et les enjeux sociopolitiques. Il s'agit notamment de quota/ représentation géographique ou ethnique[428]. Le problème d'emploi sera abordé au point sur les droits économiques, sociaux et culturels (DESC).

2.2. LES DROITS ECONOMIQUES SOCIAUX ET CULTURELS

608. Les Professeurs Didier LINOTTE et Raphaël ROMI considèrent que « L'Etat est garant est responsable de l'ordre, de la sécurité publique. Mais aujourd'hui et de plus en plus, il s'agit de

---

426 HCDH : Les défenseurs des droits de l'homme : Protéger le droit de défendre les droits de l'homme Fiche d'information n°29, Genève, 2004, p.57. (Annexe 3).

427 Voir le coup d'Etat de Pierre BUYOYA au Burundi le 26 juillet 1996, François BOZIZE en RCA le 15 mars 2003 et les cas de Comores en 1995, Congo en 1997, RD Congo en 1997, Cote d'Ivoire en 1999, Guinée en 2008, Guinée Bissau en 1999 et 2003, Haiti en 1991, Mali en 1991, Mauritanie en 2005 et 2008, Niger en 1996 et 1999, Tchad 1975, Egypte en 2003…

428 Relire les notions sur le principe de discrimination positive.

sécurité économique.[429]» Aujourd'hui, la sécurité économique et les droits économiques, sociaux et culturels (DESC) sont les défis majeurs des Etats.

609. Monsieur Danilo TÜRK a proposé quelques postulats[430] de base pour attirer l'attention particulière de toute la communauté internationale sur les droits économiques, sociaux et culturels. Il convient de connaître ces postulats avant d'examiner les dispositions de la DUDH relatives aux DESC. En effet, Monsieur Danilo constate et propose ce qui suit pour que la Communauté internationale et les Etats contribuent à la promotion des DESC.

a. L'obligation de garantir l'exercice des DESC est conventionnelle et solidaire pour tous les Etats et les OI à différents niveaux de responsabilité.
b. Il faut utiliser «toutes les ressources disponibles» pour garantir l'exercice de ces droits et ce, malgré les vicissitudes du climat économique intérieur et extérieur.
c. Tous les droits de l'homme doivent être exercés selon le principe de l'égalité d'accès et des chances, en fait et en droit pour tous tout en prenant des mesures spéciales pour les plus vulnérables et les plus défavorisés.
d. Les États dont la législation contient des obligations spécifiques en ce qui concerne les droits économiques, sociaux et culturels, sont tenus, indépendamment de leur niveau de développement économique, de garantir à tous le respect des droits de subsistance minimums.
e. Les obligations juridiques concernant l'exercice des droits économiques, sociaux et culturels sont multidimensionnelles. Au niveau macroéconomique, elles visent notamment les gouvernements et les organismes nationaux et locaux ainsi que les tiers susceptibles de manquer à ces obligations, la communauté internationale des États, les organisations et les institutions intergouvernementales.
f. Il découle du point e) que tous les agents auxquels leur mandat impose, implicitement ou explicitement, d'œuvrer à la réalisation des DESC devraient prendre conscience du rapport direct entre leurs activités et l'application de ce groupe de droits, et faire en sorte que les politiques, projets, perspectives et programmes

[429] Didier LINOTTE et Raphaël ROMI, Services publics et droit public économique, 5°édition Juris-classeur, Paris, 2003, p.52

430 HCDH : Droits économiques, sociaux et culturel. Manuel destiné aux Institutions nationales des droits de l'homme, Série n°12 sur la formation professionnelle, New York et Genève, 2004, p. 158

qu'ils conçoivent ne puissent entraver leur exercice ou porter atteinte à la capacité de l'État de s'acquitter de ses propres responsabilités juridiques.

g. Les droits de l'homme n'existent pas dans le vide. L'exercice de tous les droits, y compris les droits socio-économiques, dépend d'une gamme étendue de choix et de forces économiques, sociaux, politiques, historiques, philosophiques et juridiques. Chacun d'eux, conjugué aux autres, jouera un rôle important dans la réalisation des DESC. Aucun ne doit être surestimé et aucun ne doit être négligé.
h. L'intégration et l'internationalisation de plus en plus poussées de l'économie mondiale, ainsi que les structures et les processus politiques et sociaux rendent la coopération et la responsabilité internationales encore plus importantes.

610. Toute personne, aussi bien seule qu'en collectivité, a droit à la propriété[431]. Nul ne peut être arbitrairement privé de sa propriété. Toute personne, seule ou en groupe, a le droit de posséder[432] et d'acquérir des biens meubles et immeubles sinon on décriera l'éviction forcée. En droit interne, quelques infractions sont organisées notamment l'extorsion, la destruction méchante, l'escroquerie, le stellionat, le vol... La Convention de l'Union européenne dispose que : « Toute personne physique ou morale a droit au respect de ses biens. Nul ne peut être privé de sa propriété que pour cause d'utilité publique et dans les conditions prévues par la loi et les principes généraux du droit international[433]. En reconnaissant à chacun le droit au respect de ses biens, l'article 1 garantit en substance le droit de propriété. Les mots « biens », «

---

431 Article 17 de la DUDH.

432 La dignité de la personne commande la possession d'un minimum de moyens financiers, matériels et conditions adéquates de logement, de l'alimentation, de l'habillement... C'est pour quoi dans de nombreux États parties, dans le domaine de logement, un des principaux objectifs de la politique en matière de logement devrait consister à permettre aux secteurs sans terre ou appauvris de la société d'accéder à la propriété foncière. Il faut définir les obligations des gouvernements à cet égard afin de donner un sens concret au droit de toute personne à un lieu sûr où elle puisse vivre dans la paix et la dignité, y compris l'accès à la terre (.Récapitulation des observations générales ou recommandations générales adoptées par les organes créés en vertu d'instruments internationaux relatifs aux droits de l'homme, p.23

433 L'article 1 du Protocole no 1.

propriété », « usage des biens », en anglais « possessions » et « use of property », le donnent nettement à penser, de leur côté, les travaux préparatoires le confirment sans équivoques : les rédacteurs n'ont cessé de parler de « droit de propriété » pour désigner la matière des projets successifs d'où est sorti l'actuel article 1er. Or, le droit de disposer de ses biens constitue un élément traditionnel fondamental du droit de propriété. (Arrêt Marckx c. Belgique de la Cour européenne des Droits de l'Homme).[434] L'article 1 du Protocole n°1 ne reconnaît pas un droit à acquérir des biens.

611. Il n'est donc guère surprenant que non seulement la possession de biens immeubles ou meubles, mais celle d'actions, de droits de propriété intellectuelle, de sentences arbitrales définitives ou du droit de percevoir un loyer en vertu d'un bail méritent également la qualification de « biens».[435]

612. Toute personne a droit à la sécurité en cas de chômage, de maladie, d'invalidité, de veuvage, de vieillesse ou dans les autres cas de perte de ses moyens de subsistance par suite de circonstances indépendantes de sa volonté[436]. Que faut-il entendre par cet alinéa 2 de l'article 26 de la DUDH, en cours d'examen? La maternité et l'enfance ont droit à une aide et à une assistance spéciale. Tous les enfants, qu'ils soient nés dans le mariage ou hors mariage, jouissent de la même protection sociale.

613. Le droit à la sécurité sociale englobe le droit d'avoir accès à des prestations, en espèces ou en nature, et de continuer à en bénéficier, sans discrimination, afin de garantir une protection, entre autres, contre:

a. la perte du revenu lié à l'emploi, pour cause de maladie, de maternité, d'accident du travail, de chômage, de vieillesse ou de décès d'un membre de la famille;
b. le coût démesuré de l'accès aux soins de santé;
c. l'insuffisance des prestations familiales, en particulier au titre des enfants et des adultes à charge. La sécurité

434 Aida GRGIC, Zvonimir MATAGA, Matija LONGAR et Ana VILFAN, « Précis sur les droits de l'homme. Un guide sur la mise en œuvre de la Convention européenne des Droits de l'Homme et de ses protocoles », n° 10, 2007 (Le droit à la propriété dans la Convention européenne des Droits de l'Homme).

435 Idem : p.7

436 Article 26 de la DUDH

sociale, par sa fonction redistributrice, joue un rôle important dans la réduction et l'atténuation de la pauvreté, en évitant l'exclusion sociale et en favorisant l'insertion sociale.

614. Le droit à la sécurité sociale est garanti par les lois nationales et le droit international. Sa place dans les droits de l'homme était clairement affirmée dans la Déclaration de Philadelphie de 1944, qui préconisait qu'il fallait procéder à «l'extension des mesures de sécurité sociale en vue d'assurer un revenu de base à tous ceux qui ont besoin d'une telle protection ainsi que des soins médicaux complets».

615. La sécurité sociale a été reconnue comme un droit de l'être humain par les articles 22 de la DUDH. En 2001, la Conférence internationale du Travail, rassemblant la tripartite constituée par les représentants des États, des employeurs et des travailleurs, reconnaît que la sécurité sociale «est un droit fondamental de l'être humain et un instrument essentiel de cohésion sociale»[437]. Pour des plus amples informations sur le travail, il est recommandé de consulter le Site officiel de l'Organisation international du Travail[438].

616. Toute personne, *en* tant que membre de la société, a droit à la sécurité sociale. Elle est fondée à obtenir la satisfaction des droits économiques, sociaux et culturels indispensables à sa dignité et au libre développement de sa personnalité, grâce à l'effort national et à la coopération internationale, compte tenu de l'organisation et des ressources de chaque pays[439].

617. Le travail et la sécurité sociale, dans une institution publique ou privée est un droit pour toute personne adulte. Il permet à tous de gagner un salaire devant permettre de satisfaire, en priorité les besoins primaires, s'épanouir intégralement selon les talents et jouir des droits fondamentaux (droits économiques, sociaux et culturels). Cette satisfaction contribue à la dignité personnelle du travailleur et celle des membres de sa famille. Toute personne a le droit d'être protégé dans son travail et même après l'exercice du travail. Que devenir après un accident de travail ou, si l'on n'a pas envisagé une

---

437Trente-neuvième session (2007) Observation générale no 191: Le droit à la sécurité sociale (Art. 9 du Pacte), p.177

438 Consulter le site officiel de l'OIT : www.ilo.org

439 Article 22 de la DUDH

prise en charge, pendant les moments difficiles ? A travers la sécurité sociale, la DUDH vise la satisfaction des droits économiques, sociaux et culturels. Il ne s'agit pas de besoins à énumérer mais plutôt des droits qu'on peut réclamer. Nous explicitons cette question au point 627 en parlant des conditions de vie suffisantes et des droits programmatoires. Le PIDESC et les OMD tirant à leur fin avec un bilan mitigé ainsi que plusieurs autres Accords régionaux et internationaux sont à prendre en compte pour améliorer le vécu quotidien des personnes à même d'obtenir satisfaction de leurs besoins sociaux de base. Les ONG s'intéressent, à ce jour, aux droits civils et politiques et aux DESC ainsi que la Responsabilité sociétale des Entreprises et voire les droits de solidarité pour plus de paix, un développement durable dans un environnement sain et partage équitable du patrimoine de l'humanité. C'est l'application, pure et simple, du principe de l'indivisibilité et de l'interdépendance des DH.

618. Toute personne a droit au travail, au libre choix de son travail, à des conditions équitables et satisfaisantes de travail et à la protection contre le chômage[440].

619. Le travail est un droit fondamental pour toute personne majeure. Il permet aux personnes de gagner une rémunération à même de faciliter la satisfaction des besoins primaires. Le travail facilite la jouissance de plusieurs droits fondamentaux et l'épanouissement intégral de tout individu et la dignité des membres de la famille à sa charge. Le travail n'est pas seulement un droit, il est aussi un devoir sacré pour tout citoyen et toute citoyenne appelés à participer au développement du pays.

620. Le droit au travail peut mieux illustrer l'interdépendance entre les droits civils et les droits économiques, sociaux et culturels. En fait, tout travailleur a droit à un bon salaire lui permettant avec sa famille de mener une vie digne. A travail égal, salaire égal sans discrimination liée au sexe. Toute personne peut adhérer ou créer un syndicat pour la défense des intérêts de la profession. Ce droit implique la liberté d'expression. Le travail permet à toute personne de mieux s'épanouir tant dans vie privée, sa famille et dans la société.

440Article 23 de la DUDH

621. L'article 6 du PIDESC prévoit la possibilité à toute personne de gagner sa vie par un travail productif pour lui permettre de jouir des libertés politiques et économiques fondamentales. Parmi les mécanismes de promotion du droit au travail et ses droits voisins, nous pouvons citer l'Inspection du travail, le Ministère de l'Emploi et prévoyance sociale, les Offices chargés de l'Emploi et l'Organisation internationale du travail. L'existence, le bon fonctionnement et le dynamisme de toutes ses institutions peuvent rassurer de la bonne volonté politique d'un Etat de promouvoir et protéger le droit au travail.

622. L'OIT a adopté huit conventions fondamentales relatives à la liberté syndicale et la protection du droit syndical depuis 1945 notamment la Convention sur le droit d'organisation et de négociation collective (1946), la Conventions sur le travail forcé (1930), la Convention sur l'abolition du travail forcé (1957), la Convention sur l'égalité de rémunération (1951), la Convention sur l'âge minimum(1973), la Convention sur les pires formes de travail des enfants (1993) et la Convention concernant la discrimination(emploi et profession 1953) et la Convention de tous les travailleurs migrants sans papiers.

623. Tous ont droit, sans aucune discrimination, à un salaire égal pour un travail égal. Quiconque travaille a droit à une rémunération équitable et satisfaisante lui assurant ainsi qu'à sa famille une existence conforme à la dignité humaine et complétée, s'il y a lieu, par tous autres moyens de protection sociale. Toute personne a le droit de fonder avec d'autres syndicats et de s'affilier à des syndicats pour la défense de ses intérêts.

624. Toute personne a droit au repos et aux loisirs et notamment à une limitation raisonnable de la durée du travail et à des congés payés périodiques.[441] En fait, toute personne a le droit de se reposer et de bénéficier des loisirs. La durée du travail ne doit être très longue. On ne peut dépasser par exemple, 8 heures de travail, sous réserve des heures supplémentaires payées. Le travail qui ne tient pas compte du timing de 35 heures par semaine tend à exploiter les personnes. Tout travailleur a droit à un congé payé périodiquement. Les loisirs dépendent des progrès technologiques et conditions économiques sinon c'est un luxe. Les pauvres et les personnes vivant avec handicap sont généralement privés de loisirs.

441 Article 24 de la DUDH.

625. « Toute personne a droit à un niveau de vie suffisant[442] pour assurer sa santé, son bien-être et ceux de sa famille notamment pour l'alimentation[443], l'habillement, le logement, les soins médicaux ainsi que pour les services sociaux nécessaires; elle a droit à la sécurité en cas de chômage, de maladie, d'invalidité, de veuvage, de vieillesse ou dans les autres cas de perte de ses moyens de subsistance par suite de circonstances indépendantes de sa volonté. »

626. L'article 25 de la DUDH porte sur les droits économiques et sociaux. Tous les Etats ont la responsabilité de garantir ces droits à leurs populations. Les pays socialistes et les pays en développement ont beaucoup misé sur la promotion de ces droits qui incluent les droits à la sécurité sociale, au plein emploi, à des conditions de travail équitables, à l'éducation, aux soins médicaux, à un niveau de vie approprié et à la participation à la vie culturelle de la collectivité.[444]

627. La DUDH a été complétée par le Pacte international relatif aux Droits économiques, sociaux et culturels qui, en plus de détails apportés à certains droits, il a garanti d'autres droits. La Déclaration du millénaire pour le développement de 1990 évoqué ci-haut constitue un engagement et une promesse de plus faite par les dirigeants des Etats du monde pour voir la réalisation effective et universelle des droits économiques et sociaux, base du développement humain. En fait, le Pacte international relatif aux droits économiques, sociaux et culturels qui a développé deux autres droits collectifs importants notamment le droit à l'autodétermination hérité de la Déclaration américaine d'indépendance de 1776 et le droit de tous les peuples à disposer librement de leurs richesses et de leurs ressources naturelles.

---

442 Article 25 de la DUDH.

443 « La faim continue d'être un défi au plan mondial, et assurer que tous les enfants sont en mesure de terminer leur éducation primaire demeure une cible fondamentale, mais non atteinte, qui a un impact sur tous les autres objectifs. Le manque d'installations sanitaires sûres entrave le progrès en matière de santé et de nutrition, la perte de la biodiversité se poursuit rapidement, et les émissions de gaz à effet de serre continuent de représenter un risque majeur pour les peuples et les écosystèmes », selon M.BAN KI-MOON dans son Rapport sur la réalisation des OMD.

444 Linda A MALONE, Les droits de l'homme dans le Droit international, éd. Nouveaux horizons ARS, Paris, 2004, p.27

628. La Charte africaine des droits de l'homme et des peuple couvre notamment le droit au travail (art 17), le droit au développement économique, social et culturel (art 22), le droit à un environnement sain (art 24) et le droit à la libre-disposition par les peuples de leurs richesses et de leurs ressources naturelles (art 21).

629. A propos du niveau de vie suffisant, plusieurs éléments servent de critère d'appréciation et l'on évoquera notamment la santé et les soins médicaux, l'alimentation, le logement, la sécurité sociale... Ces droits sont classifiés parmi les droits économiques, sociaux et culturels. Ils sont appelés droits programmatoires[445] dans la mesure où ils dépendent des ressources et du niveau économique des Etats. Les Etats sont appelés à concevoir une politique, un plan et un programme pour offrir des services à sa population [446].

---

445 Article 2 paragraphe 1 du Pacte international relatif aux droits économiques, sociaux et culturels dispose que : « Les Etats parties au présent Pacte s'engagent à agir , tant par son effort que par l'assistance et coopération internationales , notamment sur les plans économique et technique, au maximum de ses ressources disponibles, en vue d'assurer progressivement le plain exercice des droits reconnus dans le présent Pacte par les moyens appropriés, y compris en particulier l'adoption de mesures législatives.»

446 Pour la RDC, après examen du Rapport étatique sur les DESC, le Comité des droits économiques, sociaux et culturels attira l'attention de l'État partie sur sa déclaration intitulée «Appréciation de l'obligation d'agir « au maximum de ses ressources disponibles » dans le contexte d'un Protocole facultatif au Pacte» (E/C.12/2007/1) et recommande que l'État partie, qui procède actuellement au vote de son budget annuel pour 2010, augmente de manière substantielle ses dépenses nationales consacrées aux services sociaux et à l'assistance sociale, notamment le logement, l'alimentation, la santé et l'éducation, de façon à assurer, conformément au paragraphe 1 de l'article 2, la réalisation progressive des droits économiques, sociaux et culturels consacrés dans le Pacte. Le Comité demande également instamment à l'État partie de suivre une approche fondée sur les droits de l'homme dans le cadre de l'élaboration de son budget et de l'utilisation de l'aide internationale au développement, en prévoyant des lignes budgétaires stratégiques claires en faveur des groupes et des provinces les plus désavantagés et marginalisés. Il encourage en outre l'État partie à promouvoir la transparence et la responsabilité afin d'améliorer l'efficacité de la mise

Quoiqu'il en soit, les Etats ont des engagements internationaux en vue de réaliser des services sociaux[447].

630. Le développement humain est l'élargissement des libertés et des capacités permettant aux personnes de mener une vie qu'elles jugent, à juste titre, satisfaisante. Cet aspect va au-delà de la satisfaction des besoins essentiels. Si l'on admet que la qualité de vie dépend de nombreux aspects qui peuvent avoir une valeur intrinsèque, les libertés et les capacités sont également très différentes des niveaux de vie et de la consommation.[448]L'article 25 de la DUDH est complexe en ce qu'il comprend plusieurs éléments qui ont éclaté en différents droits en Droit international des droits de l'homme. A propos, il convient d'analyser le droit à la santé et aux soins médicaux, le droit à l'alimentation, le droit au logement, le droit à la sécurité sociale…

A. LE DROIT A LA SANTE ET AUX SOINS MEDICAUX

631. Le niveau de vie suffisant permet à toute personne de subvenir aux soins médicaux et à se protéger contre les maladies. Il est évident que la vie de tout être humain est tributaire de sa santé. Dès lors, la santé est un droit fondamental. Le Pacte international relatif aux droits économiques, sociaux et culturels parle du droit à un meilleur état de santé physique et moral en ses termes : « Les Etats parties reconnaissent le droit qu'à toute personne de jouir du meilleur état de santé physique et mental qu'elle soit capable d'atteindre. Les mesures que les Etats parties prendront en vue d'assurer le plein exercice de ce droit devront comprendre les mesures nécessaires pour assurer :

- la diminution de la mortinatalité et de la mortalité infantile, ainsi que le développement sein de l'enfant.

---

en œuvre des Programmes de développement financés par les donateurs internationaux.

447 La Déclaration sur les Objectifs du millénaire pour le développement poursuit 8 objectifs : « Éliminer l'extrême pauvreté et la faim ; Assurer l'éducation primaire pour tous ; Promouvoir l'égalité des sexes et l'autonomisation des femmes ; Réduire la mortalité infantile; Améliorer la santé maternelle ; Combattre le VIH/sida, le paludisme et d'autres maladies; Assurer un environnement durable et Mettre en place un partenariat mondial pour le développement »

448 PNUD : Rapport sur le développement humain 2011, p.20

- l'amélioration de tous les aspects de l'hygiène du milieu et de l'hygiène industrielle.
- la prophylaxie et le traitement des maladies épidémiques, endémiques, professionnelles et autres, ainsi que la lutte contre ces maladies.
- la création de conditions propres à assurer à tous des services médicaux et une aide médicale en cas de maladie[449] »

632. Le droit au meilleur état de santé susceptible d'être atteint tel qu'il est formulé par le Comité des droits économiques, sociaux et culturels est intimement lié à d'autres droits de l'homme et dépend de leur réalisation. Il s'agit notamment du droit à l'alimentation, au logement, au travail, à l'éducation, à la dignité humaine, au respect de la vie privée, à l'accès à l'information, à la liberté d'association, de réunion et de mouvement[450].

633. Cette formulation du droit à la santé élargit le champ d'application du droit à la santé comparativement à la définition de la santé par l'OMS. En effet, pour l'OMS, le droit à la santé signifie « Un état de complet bien être physique, mental et social, et ne consiste pas seulement en une absence de maladie ou d'infirmité. »[451]

634. Le meilleur état de santé susceptible d'être atteint dépend des facteurs biologiques, sociaux- économiques, facteurs individuels et facteurs génésiques d'autant plus que la propension individuelle à la maladie et l'adoption des modes de vie malsains ou à risque, les relations sexuelles ainsi que les droits précités ont un impact certain sur l'état de santé de tout être humain.

635. Pour les Etats en développement, le combat contre la pauvreté peut améliorer ou mieux offrir plus de chance aux personnes de jouir du meilleur état de santé physique et mental. C'est dans cette optique qu'il incombe à l'Etat à travers les autorités habilitées de prendre des mesures multisectorielles en partenariat avec les parties intéressées comme les Institutions spécialisées de l'ONU et les ONG en vue d'apprêter des installations, des biens et

449 Article 12 du PIDESC.

450 Lire l'observation n° 14 du Comité des droits économiques, sociaux et culturels à l'occasion de la 22°session de 2000.

451 Lire le préambule de la Constitution de l'OMS.

des services ainsi que des programmes fonctionnels en matière de santé publique.

636. Les installations sanitaires devront être accessibles, sans discrimination et à un coût abordable. Une attention particulière devra être accordée à une catégorie de personnes appartenant aux groupes vulnérables comme les personnes en détention, les minorités et les populations autochtones, les femmes, les enfants, les personnes atteintes du VIH/SIDA, les malades mentaux, les personnes vivant avec handicap…

637. Outre le personnel soignant qualifié et motivé, la charge de l'Etat est à situer aussi au niveau de la prise en charge significative de la femme pour l'accouchement, la santé sexuelle et génésique à travers la formation ou campagne de planing familial. Quant à la protection de l'enfant, les soins périnatals, néonatals et post-natals doivent être de qualité pour ainsi diminuer la mortinatalité et la mortalité infantile.

638. Pour mieux apprécier les fournitures de l'Etat dans le domaine sanitaire, il conviendra de voir comment est assuré la prophylaxie et le traitement des maladies épidémiques, endémiques, professionnelles …ainsi que la lutte contre ses maladies. Quels sont les programmes de prévention et d'éducation sanitaire ? Existe-t-il un système de soins médicaux d'urgence en cas d'accidents, d'épidémies et de catastrophes ? Quid des programmes de vaccination, de dépistage de maladie et de l'assainissement du milieu? La question de la santé est globale et appelle la conjonction de plusieurs efforts tant sur le plan national que sur le plan international. A l'international, selon la Déclaration d'Alma-Ata, « Les inégalités flagrantes dans la situation sanitaire des peuples, aussi bien entre pays développés et pays en développement qu'à l'intérieur même des pays, sont politiquement, socialement et économiquement inacceptables et constituent de ce fait un sujet de préoccupation commun à tous les pays. »

639. Sur le plan national, l'Etat devra mobiliser les moyens financiers, matériels, infrastructurels et humains pour entretenir et promouvoir la santé de sa population, facteur du développement économique et social. En matière d'accès aux soins de santé comme pour les autres droits de l'homme, l'Etat évitera toute discrimination mais attirera plus d'attention à certaines catégories de personnes vulnérables. Les mesures rétrogrades dans les questions de santé

devront être évitées par tout agent et fonctionnaire de l'Etat au risque de porter atteinte aux droits déjà garantis et au principe de l'évolution progressive !

B. LE DROIT A L'ALIMENTATION

640. Pour le Rapporteur spécial honoraire des Nations Unies sur le droit à l'alimentation, le Professeur Jean Ziegler, « Le droit à l'alimentation est le droit d'avoir un accès régulier, permanent et libre, soit directement, soit au moyen d'achats monétaires, à une nourriture quantitativement et qualitativement adéquate et suffisante, correspondant aux traditions culturelles du peuple dont est issu le consommateur, et qui assure une vie psychique et physique, individuelle et collective, libre d'angoisse, satisfaisante et digne »[452]

641. En 1999, dans son Observation générale n°12 intitulée le droit à une nourriture suffisante, le Comité des droits économiques, sociaux et culturels, disait : « Le droit à une nourriture suffisante est indissociable de la dignité intrinsèque de la personne humaine et est indispensable à la réalisation des autres droits fondamentaux consacrés dans la charte internationale des droits de l'homme.» Du droit à l'alimentation ou droit à la nourriture, il n'y a qu'un pas bien que pour jouir du droit à l'alimentation, il faut avoir de la nourriture. Le droit à une nourriture suffisante comprend :

- la disponibilité de nourriture exempte de substances nocives et acceptables dans une culture déterminée, en quantité suffisante et d'une qualité propre à satisfaire les besoins alimentaires de l'individu.

642. L'accessibilité ou possibilité d'obtenir une nourriture d'une manière durable et qui n'entrave pas la jouissance des autres droits de l'homme. L'absence de nourriture plonge les personnes dans une situation de dégradation non souhaitable pour tout être humain moyen et normal. Peut-on concevoir qu'un être humain normal vivre sans manger ? Si la faim et la famine constituent la règle, il y a là un problème. En réalité, avant d'arriver, il y a certes, plusieurs autres droits qui sont violés et tout un système de promotion et de protection des droits de l'homme inopérant. C'est avec raison que Jean Ziegler dit : « La faim, c'est l'exclusion. Exclusion de la terre,

452 PNUD, op.cit., p6

du revenu, du travail, du salaire, de la vie et de la citoyenneté. Quand une personne arrive au point de ne plus rien avoir à manger, c'est que tout le reste lui a été dénié. C'est une forme moderne d'exil. C'est la mort dans la vie. »[453] Les pédagogues disent clairement que : « ventre affamé n'a pas point d'oreilles.»

643. « Le droit à une nourriture suffisante est réalisé lorsque chaque homme, chaque femme et chaque enfant, seul ou en communauté avec d'autres, a physiquement et économiquement accès à tout moment à une nourriture suffisante ou aux moyens de se la procurer. »[454]

644. Faut-il préciser que de nombreux pays ont inclus le droit à l'alimentation et parfois même explicitement le droit à l'eau potable dans leur législation. Selon une enquête menée par le Bureau juridique de la FAO sur la base de 69 rapports nationaux soumis entre 1993 et 2003, « il est possible ou probablement possible de saisir la justice dans 54 pays en invoquant le droit à l'alimentation.»

645. De même que les enseignants avertis adoptent une attitude conséquente face aux élèves affamés, de même tout Etat devrait prendre des mesures idoines pour la fourniture de la nourriture, l'incitation de la population à produire les denrées alimentaires et à prévenir la faim et la famine sur tout son territoire.

646. La Charte africaine des droits de l'homme et des peuples ne reconnaît pas explicitement le droit à l'alimentation cependant, plusieurs autres droits, comme par exemple le droit à la santé (articles 16 et 60), ont un rapport étroit avec l'alimentation. Quant à la Charte africaine des droits et du bien-être de l'enfant, elle fait allusion à l'alimentation. En fait, les Etats qui l'ont accepté se sont en effet engagés, en reconnaissant le droit à la santé des enfants, à leur fournir une alimentation adéquate et de l'eau potable[455]. Dans son Rapport intitulé « Destruction massive. Géopolitique de la faim », le Professeur Jean Ziegler a démontré que la destruction, chaque année, de dizaines de millions d'hommes, de femmes et

---

453 Rapport de FAO, cité par Christophe Golay et MelikÖzden, Le Droit à l'alimentation est un droit humain fondamental stipulé par l'ONU et reconnu par des traités régionaux et de nombreuses constitutions nationales, CETIM, p 5

454 Rapport de FAO, op. cit. , p.5

455 Article14 de la Charte africaine des droits et du bien-être de l'enfant

d'enfants par la faim, constitue le scandale de notre siècle. Toutes les cinq secondes, un enfant de moins de dix ans meurt de faim, sur une planète qui regorge pourtant de richesses...Dans son état actuel, en effet, l'agriculture mondiale pourrait nourrir sans problèmes 12 milliards d'êtres humains, soit deux fois la population actuelle. Il n'existe donc à cet égard aucune fatalité. Un enfant qui meurt de faim est un enfant assassiné. À cette destruction massive, l'opinion publique oppose une indifférence glacée. Tout au plus lui accorde-t-elle une attention distraite lors de catastrophes particulièrement « visibles[456].»

C. LE DROIT AU LOGEMENT

647. Le droit à un logement décent ou suffisant est garanti par le PIDESC et a été explicité par les Observations Générales n°4 en 1991 et n°7 en 1997 du Comité des droits économiques, sociaux et culturels. Le droit fondamental de la personne humaine à un logement convenable est le droit de tout homme, femme, jeune et enfant d'obtenir et de conserver un logement sûr dans une communauté où il puisse vivre en paix et dans la dignité. Dans la pratique, pour les pauvres du monde dont la majorité de la population du monde, le logement convenable est un rêve !

648. L'Experte des Nations Unies sur le logement, Madame ROLNIK, Rapporteuse spéciale des Nations Unies sur le droit au logement, appelle les Etats à un changement des politiques de logement basées sur les seules considérations financières vers une approche des politiques de logement basées sur les droits de l'homme en vue de créer de véritables opportunités pour promouvoir et réaliser le droit au logement en faveur de plusieurs personnes.

649. En effet, dans les circonstances d'évictions forcées comme la destruction des maisons, l'occupation des concessions..., il a été décidé que «Les décisions d'éviction forcée sont prima faciès contraires aux dispositions du Pacte et ne peuvent être justifiées que dans les situations les plus exceptionnelles et conformément aux principes applicables du droit international».

456 Jean ZIEGLER, Destruction massive. Géopolitique de la faim, éd. du Seuil, Paris. Lire Jean ZIEGLER, Rapports et Communiqués, 2000-2004, Genève. Disponible : www.ohchr.org/french/issues/food/

650. L'Observation générale n°7 relatif au droit à un logement suffisant précise que plusieurs autres déclarations antérieures sur la question ont été prises en établissant que les gouvernements, les propriétaires et les institutions telles que la Banque mondiale doivent faire empêcher les expulsions forcées et prévenir ainsi des violations des droits de l'homme.

651. Le Comité des DESC invite les Etats à s'abstenir de faire procéder à des expulsions forcées et doit veiller à ce que la loi soit appliquée à ses agents ou aux tiers qui procèdent à ces expulsions, de manière abusive c.à.d. sans garantie pour les personnes expulsées ou victimes de démolition d'autres possibilités de logement car au terme de l'Observation, les Etats doivent veiller à ce que, suite à une expulsion, une personne ne se retrouve sans toit ou puisse être victime d'autres violations des droits de l'homme même si la personne est fautive ou a respecté la loi. C'est dans cet ordre d'idée qu' à titre illustratif, le Comité des DESC avait examiné la situation de la RDC qui est préoccupante suite à l'éviction forcée ou l'expulsion de 300 familles de leur habitation à Kinshasa dans la Commune de Kasa-Vubu, en 2009[457]. Cette situation de destruction des constructions dites « anarchiques » est préoccupante, en RDC. En juin 2014, un débordement de destruction de quelques maisons érigées au sein du cimetière de Kinsuka/Mont Ngafula à Kinshasa, a a occasionné la destruction de plus de 2.000 maisons causant ainsi plusieurs violations des droits de l'homme à plus de 5.000 personnes dont hommes, femmes et enfants. L'absence de politique de logement crée une insécurité de logement sans précédent exacerbé par des démolitions intempestives sans tenir compte du logement des personnes ! Ce qui paraît plus paradoxal est que plusieurs victimes de destructions dites « anarchiques » détiennent des certificats d'enregistrement, titre foncier.

---

457 Le Comité (Comité des droits de l'homme) est préoccupé par le fait qu'en dépit de la médiocrité et de l'insalubrité des conditions de logement dans l'ensemble de l'État partie et de l'explosion démographique des villes, aucun budget n'a été prévu au cours des trente dernières années pour améliorer les conditions de logement de la population et que l'État partie n'a toujours pas adopté de politique globale en matière de logement. En outre, il est préoccupé par la situation précaire dans laquelle se trouvent plus de 300 familles qui ont été expulsées de force de leur logement dans la localité de Kasa-Vubu à Kinshasa en mars 2009 sur ordonnance du Ministère de l'agriculture sans bénéficier d'une indemnisation suffisante.

D. LE DROIT A L'EAU

652. L'eau est devenue, dans le monde actuel, une matière précieuse. Dans son Observation générale N°15, adoptée en novembre 2002, le Comité des DESC apporte des précisions sur le contenu du droit à l'eau et le définit comme le droit à : « un approvisionnement suffisant, physiquement accessible et à un coût abordable, d'une eau salubre et de qualité acceptable pour les usages personnels et domestiques de chacun.» L'eau est un enjeu international du moment. Elle constitue une frontière naturelle de plusieurs Etats. Elle nourrit des milliers de personnes dans le monde avec son fonds marin. Elle nous sert pour l'équilibre de l'écosystème... Une quantité adéquate d'eau salubre est nécessaire pour prévenir la mortalité due à la déshydratation et pour réduire le risque de transmission de maladies d'origine hydrique ainsi que pour la consommation, la cuisine et l'hygiène personnelle et domestique. Avec le phénomène de la désertification et les enjeux environnementaux, l'eau est devenue une préoccupation du Droit international public et l'accès de la population à l'eau potable et en grande quantité, un droit fondamental.

653. Toute personne a droit à l'éducation[458]. L'éducation doit être

---

458 Article 26 de la DUDH. L'éducation a fait objet de beaucoup de discussion dans la Commission chargée de rédiger la DUDH. Nous présentons ici le processus pour permettre aux lecteurs de se faire une idée sur cet enjeu important. Le processus de l'adoption du droit à l'éducation est retracé ci-dessous :
Le remaniement du texte originel du Secrétariat par le professeur Cassin :

- examen du premier projet du professeur Cassin par le Comité de rédaction à sa première session (Lake Success, New York, 9 -25 juin 1947), suivi de l'établissement par le professeur Cassin d'un second projet (texte révisé) ;
- révision du second projet du professeur Cassin par le Groupe de travail de la Déclaration institué par la Commission des droits de l'homme à sa deuxième session (Genève, 2 -17 décembre 1947), suivie de l'adoption par la Commission de deux articles concernant l'éducation (articles 31 et 31 bis) ;
- communication du projet de déclaration ainsi révisé aux États Membres au début de 1948, pour observations, et convocation d'une deuxième session du Comité de rédaction (Lake Success,

gratuite, au moins en ce qui concerne l'enseignement élémentaire et fondamental. L'enseignement élémentaire est obligatoire. L'enseignement technique et professionnel doit être généralisé;

New York,3 - 21 mai 1948), lors de laquelle le Comité renumérota 27 et 28 les deux articles sur l'éducation, sans en modifier le texte ;

- révision des articles 27 et 28 par la Commission des droits de l'homme à sa troisième session (Lake Success, New York, 24 mai -18 juin 1948), et adoption par la Commission d'un article unique sur l'éducation composé de deux paragraphes, qui devint l'article 23 dans une nouvelle version de la déclaration ;
- révision de l'article 23 par la Troisième Commission de l'Assemblée générale et addition d'un troisième paragraphe, avec renumérotation de l'ensemble des articles de la déclaration, l'article 23 devenant l'article 27;
- renumérotation des articles par l'Assemblée générale, l'article 27 devenant l'article 26. Adoption de la Déclaration par l'Assemblée générale. Toute éducation de qualité devra viser le plein épanouissement des apprenants et le renforcement du respect des droits de l'homme ainsi que le sens de compréhension, de tolérance et d'amitié entre toutes les nations et les groupes raciaux, religieux.. et la réalisation des objectifs et principes de l'ONU .Les parents décident de l'orientation scolaire de leurs enfants. A cette étape de la discussion, une nouvelle notion allait être introduite. M. Wilson (Royaume-Uni), tout en marquant « son accord de principe avec les représentants de la France et de l'Union soviétique », émit l'avis que le texte devait « être remanié afin d'établir d'une manière plus précise les intentions du Comité ; cet article devrait spécifier que l'accès à l'enseignement technique, professionnel et supérieur doit être ouvert à tous sans distinction de race, de sexe, de langue ou de religion, et que l'on tiendra compte uniquement des mérites personnels » (E/CN.4/AC.1/SR.14). C'est la première fois qu'apparaît la notion de « mérite ». M. Santa Cruz (Chili) avança la même idée mais en des termes différents : « L'accès à l'instruction [supérieure et professionnelle] doit être ouvert à tous dans des conditions égales, suivant les dons et le désir de chacun de profiter des moyens mis à sa disposition ». Le Comité de rédaction opta en l'occurrence pour le terme « mérite», qui fut donc retenu par le professeur Cassin dans son second projet de texte (révisé) de la déclaration.

l'accès aux études supérieures doit être ouvert en pleine égalité à tous en fonction de leur mérite. L'éducation doit viser au plein épanouissement de la personnalité humaine et au renforcement du respect des droits de l'homme et des libertés fondamentales. Elle doit favoriser la compréhension, la tolérance et l'amitié entre toutes les nations et tous les groupes raciaux ou religieux ainsi que le développement des activités des Nations Unies pour le maintien de la paix.

654. A suivre le processus de l'élaboration de cette disposition sur le droit à l'éducation, il y a lieu de se demander l'intérêt de ce droit et sa signification. En fait, il est évident que tout être humain est doué de raison et de conscience. C'est la caractéristique transcendantale de l'espèce humaine. De par la nature, l'être humain semble être le plus exposé à la nature. Permettez la répétition de Kenneth MINOGUE qui a écrit que : « De tous les êtres animés qui peuplent le globe, écrivait Hume, il n'y en a qui, semble –t-il à première vue, la nature se soit exercée avec plus de cruauté que contre l'homme, par la quantité infinie de besoins et de nécessités dont elle l'a écrasé et par la faiblesse des moyens qu'elle lui accorde pour subvenir à ses nécessités. » Pour dompter la nature, l'être humain a besoin de l'éducation. Les parents ont, par priorité, le droit de choisir le genre d'éducation à donner à leurs enfants.

655. Au niveau de l'Etat, Monsieur MANFRED dit : « Pour que l'état de démocratie soit durable, il faut donc un climat et une culture démocratiques constamment nourris et enrichis par l'éducation et d'autres moyens culturels et d'information. Une société démocratique doit dès lors s'attacher à promouvoir l'éducation, au sens le plus large du terme, incluant, en particulier, l'éducation civique et la formation à une citoyenneté responsable.[459] »

656. Toute personne a le droit d'étudier, de se former et d'apprendre. La gratuité de l'enseignement peut être facilitée par la coopération internationale[460]. Cette gratuité tient compte de la réalité des choses. Les valeurs universelles telles que la paix à rechercher par tous, dans les relations de tous les jours et entre les groupes, la tolérance qui comble les imperfections humaines et rend acceptables le contact

---

459 Manfred Nowak, op. cit., p.150 (On peut s'imprégner de la Déclaration sur l'éducation et la formation en droits de l'homme en annexe.)

460 Lire les Articles 28 et 29 de la Convention relative aux droits de l'enfant.

des personnes, parfois de caractère incompatible ou les Etats dont les intérêts concurrents ne peuvent être renforcées que grâce à l'éducation.

657. Les obligations positives de l'Etat dans le domaine de l'éducation consistent à faciliter aux personnes l'accès aux établissements scolaires (Nous ajoutons : appréciables en qualité, en qualité et aussi bien repartis géographiquement). Les progrès techniques notamment les Technologies d'information et de communication TIC devront profiter à tout le monde, de manière effective et efficiente.

658. L'éducation a un rôle primordial dans la société. L'UNESCO reprend dans le Préambule de son Acte constitutif ce qui suit :« Les guerres prenant naissance dans l'esprit des hommes c'est dans l'esprit des hommes que doivent être élevées les défenses de la paix ; que l'incompréhension mutuelle des peuples a toujours été, au cours de l'histoire, à l'origine de la suspicion et de la méfiance entre nations, par où leurs désaccords ont toujours dégénéré en guerre».

659. La réalisation de tous les droits de l'homme exige, dans une certaine mesure, l'éducation et la formation des personnes. Selon l'Observation générale 13 du Comité économique, socio et culturel, « Le droit à l'éducation[461] est à la fois un droit fondamental en soi et une des clefs de l'exercice des autres droits inhérents à la personne humaine. En tant que droit qui concourt à l'autonomisation de l'individu, l'éducation est le principal outil qui permette à des adultes et à des enfants économiquement et socialement marginalisés de sortir de la pauvreté et de se procurer le moyen de participer pleinement à la vie de leur communauté. L'éducation joue un rôle majeur, qu'il s'agisse de rendre les femmes autonomes, de protéger les enfants contre l'exploitation de leur travail, l'exercice d'un travail dangereux ou l'exploitation sexuelle, de promouvoir les droits de l'homme et la démocratie, de préserver l'environnement ou encore de maîtriser l'accroissement de la population. L'éducation est de plus en plus considérée comme un des meilleurs investissements financiers que les États puissent réaliser. »

660. Parlant du droit à l'éducation, il y a lieu d'insister aussi sur le droit à l'éducation et formation aux droits de l'homme. Quelle est

461 L'article 13 du Pacte du Pacte international relatif aux droits économiques, sociaux et culturels garantit aussi le droit à l'éducation.

cette éducation de qualité qui peut passer outre la formation de la personnalité de l'individu et le respect de la dignité personnelle ou le respect de son entourage? L'un des grands défis des Etats , en matière des droits de l'homme, est celui de veiller à ce que l'éducation vise au renforcement du respect des droits de l'homme et des libertés fondamentales, tel qu'il apparaît dans le préambule de la Déclaration sur l'éducation et la formation aux droits de l'homme[462].

661. L'impact de l'éducation sur la paix et le développent est indubitable. Le Professeur NGOMA BINDA démontre avec pertinence qu'aucune nation ne peut se développer sans un sens élevé de civisme et de conscience morale. Si donc nous désirons progresser, dit-il, il faut absolument générer la vie éthique dans toutes les fibres de la vie nationale. Pour cela, il y a, on le sait, plusieurs générateurs du sens civique et éthique, parmi lesquels on doit compter la bonne gestion du pouvoir politique, l'existence des conditions de vie décents, la sanction positive et rigoureuse ainsi que l'éducation de l'esprit et des cours, des intelligences et des consciences[463].

662. « Toute personne a le droit de prendre part librement à la vie culturelle de la communauté, de jouir des arts et de participer au progrès scientifique et aux bienfaits qui en résultent. Chacun a droit à la protection des intérêts moraux et matériels découlant de toute production scientifique, littéraire ou artistique dont il est l'auteur ».[464]

663. Par la vie culturelle d'une communauté, entendons ici les productions intellectuelles, artistiques, religieuses...d'un groupe social (citoyennes et citoyens d'un Etat, tribu, clan...) Les productions sont variées et il peut s'agir de l'art (arts plastiques, arts martiaux...), de la littérature (poésie, roman, nouvelles, théâtre, cinéma), de la science et inventions, du sport, du cinéma, de la musique... Prendre part à la vie culturelle relève de certains droits fondamentaux reconnus à toute personne notamment la liberté d'expression, de pensée, de religion et d'association et le droit au travail. La participation à la vie culturelle de son milieu contribue à l'intégration d'une personne dans son milieu et la cohésion au sein

---

462 Lire la Déclaration sur l'éducation et la formation en droits de l'homme. (Annexe 3)

463 NGOMA BINDA, op.cit., pp 309-324.

464Article 27 de la DUDH.

du groupe[465]. Cette participation, ainsi que le progrès de la science, est souvent une source de revenus pour les personnes. Les artistes, les scientifiques, les chercheurs et les écrivains ont le droit à la protection de leurs inventions ainsi que le droit d'auteur. C'est ainsi que, selon la législation nationale, des lois spéciales protègent la propriété intellectuelle et le droit d'auteur.

664. Les dispositions pertinentes de la DUDH relatives à la participation à la vie culturelle et au progrès scientifique ainsi que les bénéfices à en tirer ont été explicitées par le Comité des droits économiques, sociaux et culturels[466]. Dans le domaine des technologies notamment les TIC, des milliers de personnes bénéficient, aujourd'hui, des réseaux sociaux *(Appareil cellulaires, E-mails, blog, Facebook, Twitter, You tube...)* à plusieurs égards. A titre d'exemple, dans le domaine de l'éducation, on a développé des enseignements et formations ouvertes et à distance. (De la même manière que quelques universités américaines, l'Agence universitaire de la Francophonie offre environ 80 formations diplomantes à distance des Universités prestigieuses de la Francophonie. Dans les 4 coins du monde, il y a le développement des enseignements des masses qui révolutionnent l'enseignement et le monde. On parle des MOOCs ou Cours en Ligne Ouverte et Massifs (CLOM), en français.[467]

665. Les TIC et les réseaux sociaux présentent un intérêt particulier pour la promotion et la protection des droits de l'homme. Les grands réseaux comme Avaaz comprenant environ 3 millions d'abonnés ont réussi à influencer des politiques nationales, des enjeux mondiaux et le respect des droits de l'homme[468]. Avec les TIC, le travail des défenseurs des droits de l'homme connaît une plus-value. A considérer les différents outils et usages exploités par les DDH pour la sensibilisation, la formation, le monitoring, le rapportage, les

465 Lire l'Observation n°17 du Comité des droits économiques, sociaux et culturels.

466Trente-cinquième session (2005), Observation générale no 17: Le droit de chacun de bénéficier de la protection des intérêts moraux et matériels découlant de toute production scientifique, littéraire ou artistique dont il est l'auteur (art. 15 du PIDCP)

467 On peut consulter le site : www.refer.org

468 La révolution du printemps arabe est une illustration éloquente pour les effets de la jouissance des technologies nouvelles dans le domaine de communication.

pétitions signées en ligne… A titre d'exemple, l'Amnesty international présente la situation des violations des droits de l'homme par les Multinationales à travers Vidéo en ligne et Pétition[469] à signer pour le lobbying. Au fait, les TIC sont aussi des nouveaux droits de la personne !

666. Contrairement à certains droits de l'homme, les droits de propriété intellectuelle ont généralement un caractère provisoire, et ils peuvent être révoqués, concédés sous licence ou attribués à un tiers. Les droits de propriété intellectuelle, souvent à l'exception des droits moraux, peuvent être cédés, limités dans le temps et dans leur portée, négociés, modifiés, voire perdus. Les droits de l'homme sont intemporels et sont l'expression des prérogatives fondamentales de la personne humaine[470].

667. Les droits de propriété intellectuelle sont instrumentaux, en ce qu'ils sont des moyens dont les États peuvent se servir pour promouvoir l'esprit d'innovation et de créativité, encourager la diffusion de productions créatives et innovantes, ainsi que le développement d'identités culturelles, et préserver l'intégrité des productions scientifiques, littéraires et artistiques, dans l'intérêt de la société dans son ensemble. Le droit de chacun de bénéficier de la protection des intérêts moraux et matériels découlant de toute production scientifique, littéraire ou artistique dont il est l'auteur préserve le lien personnel qui l'unit à sa création et qui unit les peuples, communautés ou autres groupes à leur patrimoine culturel collectif, ainsi que leurs intérêts matériels fondamentaux, qui leur sont nécessaires pour leur permettre d'avoir un niveau de vie suffisant.

2.3. LES DROITS A UN NOUVEL ORDRE ET DEVOIR DES PERSONNES

A. LE DROIT À UN NOUVEL ORDRE

668. « Appelés droits de la 3° génération, les droits de la solidarité sont ceux pour lesquels le Tiers-Monde en général et l'Afrique en

469 http://www.faitespaslautruche.org Consulter vidéo sur la responsabilité des multinationales et la pétition dans le site de Amnesty international.

470Trente-cinquième session (2005), Observation générale no 17: Le droit de chacun de bénéficier de la protection des intérêts moraux et matériels découlant de toute production scientifique, littéraire ou artistique dont il est l'auteur (art. 15 du PIDCP), p.147

particulier peuvent s'enorgueillir d'avoir apporté une contribution inestimable. On peut à cet effet, évoquer le droit à l'autodétermination ou droit des peuples à disposer d'eux-mêmes, droit au développement, droit à la jouissance égale du patrimoine commun de l'humanité, droit à la paix et au double plan national et international et droit à un environnement sain. » René Degni-SEGUI.

669. « Toute personne a droit à ce que règne, sur le plan social et sur le plan international, un ordre tel que les droits et libertés énoncés dans la présente Déclaration puissent y trouver plein effet. »[471]

670. Dans la classification classique des droits de l'homme, à titre pédagogique, on évoque les droits civils et politiques (Première génération), les droits économiques, sociaux et culturels (Deuxième génération) et les droits collectifs (Troisième génération). A la lecture de la DUDH, cette classification tripartite ne correspond pas à proprement parler aux dispositions de la DUDH quant à la troisième génération. L'ordre proclamé par la DUDH comme un droit suscite plusieurs questions notamment que signifie ordre ? Quel est le rapport entre d'une part, le nouvel ordre voulu sur le plan social et sur le plan international et d'autre part, les libertés fondamentales et les droits de l'homme?

671. La liberté et les droits humains sont tributaires du nouvel ordre soit un environnement social et international propice. Que faut-il entendre par le plan local figurant à l'article 28 de la DUDH ? Nous considérons ici l'Etat à la place du plan local d'autant plus que ce sont les Etats qui sont garants du respect des droits de l'homme, en vertu des Conventions internationales signées et ratifiées. L'environnement propice pour l'éclosion des valeurs universelles et le respect de la dignité humaine est sans conteste l'Etat de droit et l'Etat démocratique.

672. En effet, l'environnement national et international peut favoriser la réalisation effective et universelle des droits de l'homme. Mais hélas, pourquoi la conquête et la conservation du pouvoir politique entrainent-ils des pertes de vies humaines, des actes de torture et violences de toutes sortes ? Pourquoi une goutte de pétrole appelle-t-elle une goutte de sang et les minerais attirent-t-ils des conflits internationaux ? Pourquoi un Etat de droit est –il propice à promouvoir le développement économique alors qu'un

471 Article 28 de la DUDH

Gouvernement fort n'a que du temps et des moyens pour violer les droits de l'homme et les libertés fondamentales?

673. De toute évidence, le cadre juridique, économique, social et politique du Monde est déterminant pour la jouissance et l'exercice effectif et universel des droits de l'homme et des libertés fondamentales. Cette disposition de la DUDH peut être mieux comprise en se référant, dans sa dimension internationale, à plusieurs égards notamment l'impunité des crimes internationaux, la coopération internationale au détriment de quelques Etats et la problématique du droit à l'autodétermination.

674. L'article premier commun de deux Pactes (PIRDC et PIDESC) commentés ci-dessus mérite un Rapporteur spécial pour en examiner les causes, les conséquences et les pistes de solution pour son application car il ne suffit pas de dire que « Tous les peuples ont le droit de disposer d'eux-mêmes. » pour qu'ils puissent prendre leur destinée en mains. De même, il ne suffit pas qu'un Gouvernement se déclare souverain pour qu'il puisse exercer sa souveraineté, attribut du pouvoir politique conféré par la population en vue d'assurer le bien être de toute la communauté et la protection de la population et le territoire.

675. Sur le plan national et ou local, la forme politique de l'Etat, la lutte contre la corruption endémique et l'impunité face aux violations des droits de l'homme et toutes formes de criminalité ainsi que la qualité de la participation politique ...peuvent impacter le respect des droits de l'homme. Pour les Etats, quel que soit l'acte posé avec, bien entendu des préjudices graves aux personnes, pour le besoin de sécurité ou pérennité du pouvoir, on peut évoquer facilement la « raison d'Etat », le « secret d'Etat », « acte de souveraineté », la « sécurité de l'Etat »... Critiquant cette excuse facile pour couvrir les violations des droits de l'homme, l'Assemblée parlementaire de l'UE considère que le contrôle judiciaire et parlementaire du gouvernement et ses agents revêt une importance cruciale pour renforcer l'Etat de droit et la démocratie. Cela s'applique aussi, et surtout, aux organes dit spéciaux dont les activités sont généralement tenues secrètes. « Les services de renseignement et de sécurité de l'Etat, dont l'existence ne saura être mise en cause, ne doivent cependant pas devenir un « Etat dans l'Etat » dispensé de rendre compte de leurs actes, sous peine de

l'émergence d'une culture d'impunité néfaste qui minerait le fondement même des institutions démocratiques.[472]»

676. Le courroux des Chefs d'Etat menaçant le retrait des Etats africains via l'Union africaine du Statut de Rome de la CPI révèle l'existence d'un ordre local (national) fermé et secret ayant une incidence sur la promotion et la protection des droits de l'homme, au sein des Etats. Nombreux souhaiteraient que la CPI déclenche des poursuites contre les présumés auteurs de crimes de sa compétence quelle que soit leur origine du Nord ou du Sud, de l'Est ou de l'Ouest dans la mesure où ils seraient impliqués dans les violations graves des droits de l'homme! Le défaut de pertinence de la qualité officielle est une épée de Damoclès qui pèse sur les Chefs d'Etat qui imposent un règne de terreur (avec des violations des droits de l'homme) et les acteurs qui acquièrent le pouvoir politique après avoir décimé des milliers de personnes.

677. Quant à l'auto-détermination des peuples, en vertu de ce droit, les Etats devraient déterminer librement leur statut politique, assurer leur développement et promouvoir le respect des droits de l'homme. Pour atteindre ses fins, tous les peuples peuvent disposer librement de leurs richesses et de leurs ressources naturelles, sans préjudice des obligations qui découlent de la coopération internationale, fondée sur l'intérêt mutuel et le droit international. En aucun cas, un peuple ne pourra être privé de ses propres moyens de subsistance[473].

678. Il n'y a aucun doute que le système ou l'ordre international, à travers le respect du principe de l'autodétermination des peuples, joue un rôle prépondérant dans la réalisation effective des droits de l'homme. Si l'on peut reconnaître l'œuvre grandiose de l'ONU et de la communauté internationale pour la fin de l'esclavage et de la décolonisation, la question du respect du droit à l'autodétermination, par les Etats et les multinationales, est encore un grand défi qui

---

472 UE : Rapport du 16 septemebre2011 de la Commission des questions juridiques et des droits de l'homme de l'Assemblée parlementaire sur « Les recours abusifs au secret d'Etat et à la sécurité nationale : obstacles au contrôle parlementaire et judiciaire des violations des droits de l'homme. »

473 Lire l'Article premier du Pacte international relatif aux droits civils et politiques et Pacte international relatif aux droits économiques, sociaux et culturels.

mérite une attention soutenue sur le plan international et sur le plan local.

679. Selon l'Observation générale n°12 du Comité des droits de l'homme au regard de l'article premier du Pacte relatif aux droits civils et politiques, les Etats passent sous silence la question du droit à l'autodétermination, dans leurs Rapports périodiques. Parfois les renseignements fournis par les Etats sont insuffisants.[474] Quels sont les facteurs qui empêchent aux Etats de jouir de leurs richesses et ressources naturelles ? Est-ce que les Etats et la communauté internationale facilitent le droit des peuples à l'autodétermination et plus particulièrement la jouissance des richesses et des ressources naturelles en faveur des peuples et des individus quand on sait qu'il y la interdépendance et indivisibilité des droits de l'homme ? Au tant toute personne est fondée de réclamer le respect de ses droits individuels, au tant toute personne peut s'intéresser à un environnement international favorable aux droits de l'homme et à un Etat de droit ou la démocratie. « La démocratie[475], système de valeurs universelles, est fondée sur la reconnaissance du caractère inaliénable de la dignité et de l'égale valeur de tous les êtres humains. Chacun a le droit d'influer sur la vie sociale, professionnelle et politique et de bénéficier du droit au développement. »[476] Sur le plan social, il y a plusieurs échelons tels que l'Etat, les Provinces, le Territoire….

680. Toute personne peut réclamer que toutes les libertés et les droits fondamentaux proclamés par la DUDH soient respectés et promus dans son milieu et partout dans le monde. Ainsi, toute personne peut réclamer qu'un ordre, un régime politique, un système politique, économique, social ou culturel tant sur le plan national qu'international soit favorable au respect des droits de l'homme dans un Etat et dans le monde en vue de contribuer à la réalisation effective et universelle des droits de l'homme prônée par la Charte de l'ONU.

---

474 Point 3 de l'Observation générale n°12 du Comité des droits de l'homme sur l'Article 1er du PIRDC, 21° session 1984.

475 Lire l'annexe 6 de la Déclaration de Bamako explicite le contenu de la démocratie.

476 OIF : Déclaration de Bamako (Annexe 6)

681. Selon l'ancien Rapporteur spécial[477] sur la réalisation des droits économiques, sociaux et culturels, tous les agents auxquels leur mandat impose, implicitement ou explicitement, sur le plan national ou international, d'œuvrer à la réalisation des droits économiques, sociaux et culturels devraient prendre conscience du rapport direct entre leurs activités et l'application de ce groupe de droits, et faire en sorte que les politiques, projets, perspectives et programmes qu'ils conçoivent ne puissent entraver leur exercice ou porter atteinte à la capacité de l'État de s'acquitter de ses propres responsabilités juridiques.

682. En conséquence, la réalisation des droits économiques, sociaux et culturels est à la charge non seulement des États, mais aussi des acteurs non étatiques tels que les institutions financières internationales, les sociétés multinationales et les personnes privées. Il est déplorable que, très souvent, les politiques appliquées par les multinationales et les institutions financières internationales violent les droits économiques, sociaux et culturels dans les pays en voie de développement malgré leur potentialité des ressources et richesses nationales. Il est recommandable que les Multinationales et les Institutions financières œuvrant aussi avec les Institutions spécialisées et les Programmes de l'ONU intègrent l'approche des Droits de l'Homme dans leur fonctionnement. Le rôle des dirigeants de ces Institutions n'est pas moindre pour ou contre l'idéal de promotion des droits de l'homme.

683. Les États qui sont membres des institutions financières internationales devraient faire périodiquement rapport aux organes de surveillance des Traités sur la manière de ses Institutions de s'acquitter de leurs obligations et l'impact de leurs actions sur les droits de l'homme. Quant aux Multinationales, soumises au Droit positif de leur Etat de siège, elles sont soumises au Droit de l'Etat d'accueil bien que dans la pratique, elles ont une position de domination, dans les Etats en développement.

684. On peut se demander que peut être l'apport du Protocole facultatif aux DESC tant, ils évident que l'environnement ou l'ordre économique international n'est pas très favorable à assurer la promotion de la dignité de la personne humaine et l'épanouissement intégral de tous du fait de certains acteurs qui dirigent les Etats et les

477 «Normes relatives aux droits économiques, sociaux et culturels: 3. Les postulats de base proposés par Danilo Türk».

multinationales ? L'entrée en vigueur le 5 mai 2013 du Protocole facultatif relatif aux droits économiques, sociaux et culturels adopté par l'AG-NU, depuis le 10 décembre 2008, accorde au Comité la compétence de recevoir et d'examiner des communications individuelles et interétatiques. L'application de ce Protocole facultatif au PIDESC peut « booster » des bonnes politiques, programme et stratégies pour promouvoir les droits économiques, sociaux et culturels dont entre autres les objectifs du millénaire pour le Développement.

685. A propos du développement, le Pape Paul VI avait écrit dans l'Encyclique Populorum progressio que : « Le développement est le nouveau nom de la paix ». Ainsi donc, la paix, les droits de l'homme, la sécurité intérieure et extérieure sont étroitement liés. La majorité d'États membres de l'ONU s'attachent aux principes fondamentaux, valeurs universelles et droits fondamentaux proclamés par la DUDH en vue d'atteindre les objectifs ci-dessus. En ce qui concerne la réalisation des droits économiques, sociaux et culturels, elle est handicapée par certaines institutions internationales, les ressources disponibles et la corruption endémique[478] ainsi que le défaut d'une bonne gouvernance et les

478Le Comité économique exhorte l'État partie (RD Congo) à adopter des mesures vigoureuses, efficaces et assorties d'un calendrier pour promouvoir la bonne gouvernance et combattre la corruption. À cet égard, il demande instamment à l'État partie:

a) De reconnaître qu'il est urgent d'éradiquer la corruption dans tous les services gouvernementaux et au sein des forces de police aux niveaux national, provincial et local;

b) De faire mieux prendre conscience au personnel politique, aux parlementaires, aux fonctionnaires nationaux et locaux et aux agents de la force publique des conséquences néfastes de la corruption;

c) De former les juges, les procureurs, les policiers et les autres agents de la force publique à la stricte application des lois anticorruption;

d) De revoir le régime des peines applicables aux infractions liées à la corruption;

e) De prendre les mesures voulues afin que les fonctionnaires et le personnel militaire, notamment en leur versant des salaires, n'aient pas recours à l'extorsion envers les civils;

f) De veiller à la transparence de la conduite des autorités publiques, en droit comme dans la pratique;

g) D'appliquer l'accord tripartite signé avec l'Afrique du Sud et l'ONUDC;

conflits internes ou internationaux armés ou non armés. Parfois, l'impunité des auteurs de violations des droits de l'homme et l'exploitation illégale des ressources naturelles des pays, y compris par des entreprises étrangères, constituent des obstacles majeurs à l'exercice des droits économiques, sociaux et culturels dans l'État partie. C'est à l'État partie qu'il incombe au premier chef de garantir la sécurité sur son territoire et de protéger sa population civile en ce qui concerne l'état de droit, les droits de l'homme et le droit international humanitaire[479].

B. LES DEVOIRS ET LES LIMITES AUX DROITS DE L'HOMME

686. « L'individu a des devoirs envers la communauté dans laquelle seul le libre et plein développement de sa personnalité est possible.

Dans l'exercice de ses droits et dans la jouissance de ses libertés, chacun n'est soumis qu'aux limitations établies par la loi exclusivement en vue d'assurer la reconnaissance et le respect des droits et libertés d'autrui et afin de satisfaire aux justes exigences de la morale, de l'ordre public et du bien-être général dans une société démocratique. Ces droits et libertés ne pourront, en aucun cas, s'exercer contrairement aux buts et aux principes des Nations Unies ».[480]

687. L'exercice et la jouissance des DH et des libertés fondamentales connaissent quelques limites strictement et exclusivement pour promouvoir l'épanouissement individuel, les droits des autres et l'intérêt de tous les membres de la communauté. Il est important de noter, dorénavant, que toute personne est soumise à certains devoirs envers sa communauté. Parmi ces devoirs, on peut énumérer le respect des lois, des conventions internationales, des droits d'autrui, des bonnes mœurs, de l'ordre public et du bien être général.

688. Le devoir envers la communauté revêt des formes multiples. Dans la charte africaine des droits de l'homme et des peuples et

---

h) De fournir, dans son prochain rapport périodique, des informations détaillées sur les initiatives anticorruption, ainsi que sur les progrès accomplis et les obstacles rencontrés dans la lutte contre la corruption.

479 Comité des droits économiques, sociaux et culturels, Quarante-troisième session, Genève, 2-20 novembre 2009Observations finales du Comité des droits économiques, sociaux et culturels de la République démocratique du Congo.

480 Art 29 de la DUDH

selon la conception africaine, les droits représentent la contre partie des devoirs. A ne pas douter, tout membre de la communauté ne peut jouir de ses droits que si tout un chacun respecte ses obligations et les droits des autres. Les limites à l'exercice des droits de l'homme et des libertés fondamentales fondées dans une société démocratique sont orientées vers l'instauration d'un environnement favorable à l'éclosion et à la réalisation effective et universelle des droits de l'homme. C'est ici que Madame Mireille Delmas Marty dit : « Les droits de l'homme s'arrêteraient là où la raison d'Etat commence. »

689. Qu'est-ce qu'est la raison d'Etat pour justifier la limitation ou les violations des droits de l'homme ? Qui incarne cette raison d'Etat lorsqu'on dit que le peuple est souverain et aucun individu ou groupe d'individu ne peut s'approprier cette souveraineté ? On ne peut pas rêver car l'Etat est représenté par des personnes mandatées par la population. A certains égards, les dirigeants recourent à la souveraineté pour protéger leurs propres intérêts notamment la conservation du pouvoir politique, à tout prix. La limitation des libertés et des droits fondamentaux peut-être interprétée au-delà de la morale, de l'ordre public et du bien –être général néanmoins la DUDH a déjà fixé les garde-fous pour ménager le pouvoir et les libertés dans un Etat de droit. C'est avec raison que Madame Mireille Delmas-Marty dit : « En somme, la DUDH ne tend ni à condamner, ni à légitimer, mais à « Raisonner la raison d'Etat », c'est-à-dire la confronter à la raison juridique et démocratique.[481] »

690. Il y a lieu d'évoquer à ce niveau la notion des droits indérogeables que l'on peut opposer à la « raison d'Etat », à la rigueur de la puissance publique et de l'arbitraire. En fait, les Etats ne peuvent pour aucune circonstance limiter ou empêcher la jouissance de ces droits proclamés indérogeables ou irréfragables dans les Constitutions nationales et dans les Conventions internationales relatives aux droits de l'homme. Certains droits et libertés fondamentales sont dits indérogeables ou intangibles du fait de leur acceptation universelle comme des valeurs qui fondent la dignité de la personne humaine. Fréderic Sudre parle du noyau dur des droits de l'homme[482]. On peut à cet effet, énumérer les droits indérogeables dans la CADHP, la convention européenne des droits de l'homme et le Pacte international relatif aux droits civils et

481 Mario BETTATI et Coll., op.cit., p.154

482 Frédéric SUDRE, Droit international et européen des droits de l'homme, 8° éd., Puf, Paris, 2006, p.203

politiques. Cinq droits communs à ces instruments internationaux sont le droit à la vie, le droit de ne pas être torturé ni de subir des traitements inhumains et dégradants, le principe de l'interdiction de l'esclavage et de la servitude ainsi que le principe de la non rétroactivité de la loi pénale.

691. En outre, le PIDCP et la CADHP ont en commun le droit à la reconnaissance de la personnalité juridique et le droit à la liberté de pensée , de conscience et de religion alors que la CADHP gonfle le nombre de ses droits indérogeables allant de l'interdiction de la prison pour dette à la protection de la famille, droit à un nom, droits de l'enfant, droit à une nationalité et droits politiques. A l'instar de 3 instruments internationaux relatifs aux droits de l'homme précités, les 4 Convention de Genève sur le Droit de guerre prévoient aussi ces droits indérogeables dont l'interdiction de la torture[483] et traitement inhumain et dégradant repris à l'article 3 commun de toutes ces conventions. Les droits indérogeables font partie des normes impératives du Droit international des droits de l'homme et DIH.

692. « Assurer la pleine jouissance des droits de l'homme est la responsabilité de l'Etat, mais l'affaire de tous », tel est le thème de la journée internationale des droits de l'homme du 10 décembre 2013 soit 65 ans après l'adoption de la DUDH. L'Etat est responsable de la promotion et la protection des droits de l'homme conformément à ses engagements internationaux et constitutionnels mais, toute personne peut y contribuer, dans la mesure du possible.

693. Il va sans dire que la réalisation des droits de l'homme nécessite un minimum de confiance en soi et du respect de l'autre. Tant que les individus n'auront pas cultivé la confiance en soi, la dignité individuelle restera un rêve et le respect des droits des autres, un leurre. Cette disposition capitale de la DUDH ramène à l'article premier qui évoque la raison et la conscience ainsi que le comportement de toute personne en vers les autres, dans un esprit de fraternité.

[483] En 2014, un pays sur deux pratique toujours la torture. Et les régimes autoritaires ne sont pas seuls en cause. Certains États démocratiques aussi. Tous les jours, des milliers d'hommes, de femmes, d'enfants parfois, sont livrés à l'omnipotence de bourreaux si souvent impunis. Lire ACAT : Monde tortionnaire. Rapport ACAT 2014, Paris, 2014, 366 p.

694. L'Assemblée Générale de l'ONU est consciente de l'importance fondamentale de l'éducation et de la formation aux droits de l'homme pour la promotion, la protection et la réalisation effective de tous les droits de l'homme. Elle a renouvelé son appel aux Etats d' inscrire les droits de l'homme, le droit humanitaire, la démocratie et l'état de droit[484], la paix, la démocratie, le développement et la justice sociale au programme de tous les établissements d'enseignement ... afin de susciter une compréhension et une prise de conscience communes, en vue de renforcer l'adhésion universelle aux droits de l'homme.[485]

695. Les droits et les libertés fondamentales ne peuvent s'exercer en violation des objectifs et des principes de l'ONU sinon ils sont dépouillés de tout fondement de légitimité. Ni les créanciers ni les débiteurs des droits de l'homme ne peuvent justifier l'exercice et la jouissance des droits de l'homme ou les efforts à fournir pour leur promotion par la violence, les antivaleurs, la discrimination, l'intolérance, les violations des droits de l'homme et la destruction des droits de l'homme.

C. L'INTERDICTION DE LA DESTRUCTION DES DROITS DE L'HOMME

696. Aucune disposition de la présente Déclaration ne peut être interprétée comme impliquant, pour un État, un groupement ou un

---

484 Dans le Rapport su Secrétaire Général de l'ONU à la 66°Session de l'Assemblée Générale de l'ONU le 16 mars 2012, Monsieur BAN KI-MOON considérait que : « Au niveau national, l'état de droit est au cœur du contrat social conclu entre l'État et les individus relevant de sa compétence. C'est grâce à ce principe que la justice imprègne la société à tous les niveaux. L'état de droit garantit la protection de tous les droits de l'homme sans exception, donne aux citoyens comme aux non citoyens des voies légitimes de recours contre les abus de pouvoir, et permet le règlement pacifique et équitable des différends. L'état de droit est assuré par des institutions nationales qui peuvent élaborer et faire appliquer des lois claires et publiques et qui assurent la fourniture de services publics justes, équitables et responsables à tous sur un pied d'égalité. Le renforcement de l'état de droit favorise la création d'un environnement propice au développement humain durable mais aussi à la protection et à l'autonomisation des femmes, des enfants et des groupes vulnérables (personnes déplacées, apatrides, réfugiés, migrants). »

485 Lire la Déclaration sur l'éducation et la formation aux droits de l'homme en annexe.

individu, un droit quelconque de se livrer à une activité ou d'accomplir un acte visant à la destruction des droits et libertés qui y sont énoncés.486

697. Aucun Etat, comprenons les fonctionnaires et les agents de l'Etat, aucun groupe d'individus quelle que soit la dénomination ou le caractère civil , militaire, politique, commercial et voire même aucun individu au monde n'a le droit de violer les droits et les libertés des personnes garantis par la Constitution, les lois ou autres textes juridiques en évoquant ou mieux en prétextant la jouissance ou l'exercice des droits qui sont consacrés dans la DUDH. Et d'ailleurs, l'interprétation des dispositions relatives aux droits fondamentaux devra être large en ce qui concerne les droits garantis alors que l'application des restrictions qui les affectent étroite. Cela se traduit par le principe « In dubio pro libertate » (Le doute profite à la liberté).

698. La tendance de certains Etats à recourir à la stratégie « vaccinatoire »[487] consistant à combattre le mal par le mal au risque de détruire la démocratie sous prétexte de la défendre est critiquée. Que comprendre par la destruction des droits de l'homme et la violation des droits de l'homme ? La destruction des droits de l'homme, selon Hugues DUMONT, François OST et Sébastien VAN, procède de l'intention délibérée de porter atteinte à ces droits et libertés en eux-mêmes. Elle porte atteinte à la substance même du Droit, il le vise dans sa face institutionnelle, au-delà du tort particulier causé à tel ou tel autre.[488]

699. En plus des élections démocratiques, libres et transparentes, la démocratie exige la justice, la tolérance, la transparence, la responsabilité, l'intégration et la participation active avec large inclusion de tous les groupes sociaux de la communauté en vue de promouvoir et de défendre les droits humains.

700. Le HCDH félicite et encourage les initiatives prises par les Etats pour promouvoir le respect des DH. Quelques cas relevés ont attiré notre attention. En effet, quelques réformes de gouvernance ont contribué à protéger le droit de prendre part à la direction des affaires publiques, soit directement, soit par l'intermédiaire de

---

486Art 30 de la DUDH

487 Hugues DUMONT, François OST et Sébastien VAN DROOGHENBROCK, La responsabilité, face cachée des droits de l'homme, p.30

488 Idem : p.31

représentants librement choisis en vertu de l'article 25 du PIDCP en Afrique du Sud, Philippines, Albanie et Norvège. Le droit des femmes de se présenter aux élections et de prendre part à l'élaboration de la politique de l'État en vertu de la Convention sur l'élimination de toutes les formes de discrimination à l'égard des femmes de l' article 7 comme dans le cas fourni par la Palestine est une bonne pratique. De même, les droits sociaux et économiques, y compris le droit de jouir du meilleur état de santé physique et mentale que l'on soit capable d'atteindre en vertu de l'article 12 du Pacte international relatif aux droits économiques, sociaux et culturels, comme dans le cas fourni par le Brésil peut aussi servir de modèle.

701. Le Pacte international relatif aux droits économiques, sociaux et culturels adopté en 1966 reste le traité fondateur en ce qui concerne les droits suivants: l'Autodétermination (art. 1er); le Travail et conditions favorables de travail (art. 6 et 7); le Droit de constituer des syndicats et d'y adhérer (art. 8); la Sécurité sociale (art. 9); la Protection de la famille, de la mère et de l'enfant (art. 10); le Niveau de vie suffisant, y compris une nourriture, un vêtement et un logement suffisants (art. 11); le meilleur état de santé et les meilleurs soins de santé qu'il soit possible d'atteindre (art. 12); l'Éducation (art. 13) et l'Enseignement primaire, gratuit et obligatoire (art. 14); la Participation à la vie culturelle; bénéfice du progrès scientifique; le bénéfice de la protection des productions scientifiques, littéraires ou artistiques dont l'individu est l'auteur (art. 15).

702. Ces droits sont justiciables, indivisibles et interdépendants avec les droits civils et politiques. Ces droits impliquent quelques obligations pour les Etats. Dans le projet de directives et principes sur les droits économiques, sociaux et culturels dans la CADHP, les Etats africains ont dégagé quelques obligations concrètes auxquelles sont soumis les Etats pour réaliser les DESC[489]. En effet, ces obligations sont celles de prendre des mesures, l'interdiction des mesures régressives, les obligations essentielles minimales,

---

[489] Les lignes directrices relatives aux rapports des Etats parties sur les droits économiques, sociaux et culturels dans la charte africaine des droits de l'homme et des peuples (LES LIGNES DIRECTRICES DE TUNIS) en annexes précisent les droits économiques en Afrique et déterminent les obligations des Etats quant à ce, car les droits sont appelés à transmettre des Rapports à la Commission sur leurs mesures législatives et administratives d'application de la Charte.

l'obligation de prévenir toute discrimination dans la jouissance des DESC et l'obligation d'élaborer une politique nationale.[490]

703. Les Etats doivent éviter toutes les formes d'accords qui sapent la jouissance des DESC par les individus et/ou les peuples relevant de leur autorité. A cet égard, les Etats doivent prévenir les abus relatifs aux ressources nationales par les groupes économiques nationaux et internationaux. Les politiques macroéconomiques doivent faciliter et non pas retarder l'accès des individus et des peuples aux ressources et leur jouissance des droits économiques, sociaux et culturels. Le respect d'accords existant entre les Etats ou avec les institutions financières internationales ne doit pas être une excuse ou justifier la non-assurance de la jouissance des droits économiques, sociaux et culturels protégés en vertu de la Charte africaine.[491]

704. Les droits et les libertés fondamentales consacrés par la DUDH constituent « l'idéal commun à atteindre par tous les peuples et toutes les nations afin que tous les individus et tous les organes de la société, ayant cette Déclaration constamment à l'esprit, s'efforcent, par l'enseignement et l'éducation, de développer le respect de ces droits et libertés et d'en assurer, par des mesures progressives d'ordre national et international, la reconnaissance et l'application universelles et effective. » Plusieurs personnes se sont sacrifié ou enduré pour de sacrifices pour défendre les libertés fondamentales. Il convient de préciser que toutes les activités en vue de promouvoir les droits fondamentaux et les libertés fondamentales sont honorées par la communauté internationale, les Etats, les milieux locaux, les Associations et toutes les personnes qui sont épris de paix à l'instar de ceux qui ont bénéficié du Prix Nobel[492].

705. De la proclamation à l'appropriation des droits par les personnes, il y a lieu de signaler que pour l'application de la DUDH, on proposait un amendement à l'article 30 tendant à ajouter un paragraphe devant faire mention des mesures nationales

490 Point 16. D du Projet de directives et principes sur les droits économiques, sociaux et culturels dans la Charte africaine des droits de l'homme et des peuples, p9

491 Article 30, p13

492 On peut consulter le tableau ci-dessous qui répertorie tous les bénéficiaires du Prix Nobel depuis 1944 jusqu'à nos jours. Le Docteur MUKWENGE a loupé le prix pour sa prise en charge des victimes de violences sexuelles en RDC mais il en a obtenu d'autres.

d'application de la DUDH. « Les droits de l'homme et les libertés fondamentaux de l'homme et de citoyen énumérés dans la présente Déclaration sont garantis par les lois des Etats. Toute violation, toute restriction directe ou indirecte de ces droits constituent une violation de la présente Déclaration et est incompatible avec les principes élevés proclamés par la Charte des Nations Unies. [493]»

706. Les organes de surveillance tel le Comité des droits de l'homme formule des Recommandations[494] aux Etats pour les aider techniquement à mettre en œuvre les droits de l'homme consacrés dans les principaux instruments des DH en complément aux dispositions pertinentes de la DUDH. On peut lire à propos ses recommandations du Comité des droits de l'homme formulées à l'intention d'un Etat au PIDSCP : « L'Etat partie devrait prendre toutes les mesures appropriées pour s'assurer que toutes les violations des droits de l'homme portées à sa connaissance fassent l'objet d'enquêtes, et que les responsables de telles violations soient poursuivis et sanctionnés.

707. Le Comité invite instamment l'État partie à recenser d'urgence la population pénitentiaire et à allouer les fonds nécessaires pour distribuer de la nourriture aux détenus. Il lui demande également de

---

493 France Libertés Fondation Danielle MITTERRAND et le Comité des ONG internationales pour les droits de l'homme : op.cit., p.249

494 A titre d'exemple pour la RDC, Le Comité attira l'attention de l'État partie sur sa déclaration intitulée «Appréciation de l'obligation d'agir "au maximum de ses ressources disponibles" dans le contexte d'un Protocole facultatif au Pacte» (E/C.12/2007/1) et recommanda que l'État partie revoie à son budget annuel pour 2010 à la hausse en augmentant de manière substantielle ses dépenses nationales consacrées aux services sociaux et à l'assistance sociale, notamment le logement, l'alimentation, la santé et l'éducation, de façon à assurer, conformément au paragraphe 1 de l'article 2 pour assurer la réalisation progressive des DESC. Le Comité demanda en outre à l'État partie de suivre une approche fondée sur les droits de l'homme dans le cadre de l'élaboration de son budget et de l'utilisation de l'aide internationale au développement, en prévoyant des lignes budgétaires stratégiques claires en faveur des groupes et des provinces les plus désavantagés et marginalisés. Il encouragea aussi l'État partie à promouvoir la transparence et la responsabilité afin d'améliorer l'efficacité de la mise en œuvre des programmes de développement financés par les donateurs internationaux.

doter chaque prison d'un budget raisonnable et de réduire le surpeuplement des prisons, notamment en recourant à des méthodes substitutives à la détention provisoire et en relâchant toutes les personnes encore détenues en violation des normes internationales. L'État partie devrait également fermer immédiatement tous les lieux de détention illégaux et garantir l'accès des organisations internationales et des organisations non gouvernementales à tous les lieux de détention. »

708. En définitive, on peut retenir avec l'Observation n° 31 point 6 du Comité des droits de l'homme que : « L'obligation juridique énoncée au paragraphe 1 de l'article 2 du Pacte international relatif aux droits civils et politiques est à la fois négative et positive. Les États parties doivent s'abstenir de violer les droits reconnus par le Pacte, et toute restriction à leur exercice doit être autorisée par les dispositions pertinentes du Pacte. Dans les cas où des restrictions sont formulées, les États doivent en démontrer la nécessité et ne prendre que des mesures proportionnées aux objectifs légitimes poursuivis afin d'assurer une protection véritable et continue des droits énoncés dans le Pacte. De telles restrictions ne peuvent en aucun cas être appliquées ou invoquées d'une manière qui porterait atteinte à l'essence même d'un droit énoncé dans le Pacte. »

Tableau : Les Prix Nobel de la paix

Noms	Nationalité	Année	Noms	Nationalité	Année
H. Dunant F. Pass	Suisse Français	1901	Comité international de la Croix-Rouge	Genève	1944
E. Ducommun A. Gobat	Suisse Suisse	1902	T. W. Wilson.)	Américain	1919
W. R. Cremer	Grande Bretagne	1903	L. Bourgeois	Français	1920
Institut de droit international		1904	K. H. Branting C. L. Lange	Suède Norvège	1921
B. von Suttner	Autriche	1905	F. Nansen.)	Norvège	1922
T. Roosevelt	États-Unis	1906	J. A. Chamberlain C. G. Dawes	Anglais Américain	1925
E. T. Moneta L. Renault	Italie France	1907	F. Buisson L. Quidde	(Fr.), (All.)	1927
K. P. Arnoldson F. Bajer	Suède Danemark	1908	F. B. Kellogg	(É.-U.)	1929
A. M. F. Beernaert P. H. B. Balluet d'Estournelles de Constant	Belgique France	1909	N. Söderblom	(Suède)	1930
Bureau internati	Berne	1910	J. Addams N. M. Butler	Américain	1931

onal de la paix,					
T. M. C. Asser A. H. Fried	Pays-Bas Autriche	1911	N. Angell	Anglais	1933
E. Root	États -Unis	1912	A. Henderson	Anglais	1934
H. La Fontaine	Belgique	1913	C. vonOssietzky	Allemand	1935
Comité internati onal de la Croix-Rouge	Genève	1917	C. Saavedra Lamas	Argentin	1936
T. W. Wilson	États-Unis	1919	Vicomte E. Cecil of Chelwood	Anglais	1937
L. Bourgeoi s	France	1920	Comité Nansen		1938
K. H. Branting C. L. Lange	Suède Norvège	1921	Comité international de la Croix-Rouge, à	Genève	1944
J. A. Chamber lain C. G. Dawes (All.)	G.-Bretagne États.-Unis	1925	C. Hull	Américain	1945
A. Briand G. Stresema nn	France Allemand	1926	E. G. Balch (J. R. Mott	Américain Américain	1946
F. Buisson L. Quidde	France Allemagne	1927	The Friends Service Council The American Friends	Anglais Américain	1947

			Service Commitee		
F. B. Kellogg	Américain	1929	J. Boyd Orr	Anglais	1949
N. Söderblom	Suédois	1030	R. Bunche	Américain	1950
J. Addams N. M. Butler	Américain Américain	1931	L. Jouhaux	Français	1951
N. Angell	Grande-Bretagne	1933	A. Schweitzer	Français	1952
A. Henderson	Anglais	1934	G. C. Marshall	American	1953
C. von Ossietzky	Allemand	1935	HCR	Genève	1954
C. Saavedra Lamas	Argentin	1936	L. B. Pearson	Canadien	1957
Vicomte E. Cecil of Chelwood	Anglais	1937	D. Pire	Belge	1958
Comité Nansen		1938	P. Noel-Baker	Anglais	1959
A. Luthuli	Sud-africain	1960	D. Hammarskjöld	Suédois	1961
Linus C. Pauling	Américain	1962	CICR-Ligue Internationale des sociétés de la Croix-Rouge		1963
M. L. King	Américain	1964	• Unicef		1965
René Cassin	Français	1968	• Organisation international		1969

			e du travail		
N.E. Borlaug	Américain	1970	W. Brandt	Allemand	1971
H. Kissinge r Le Duc Tho* (Viêt-nam)	Américain Refus	1973	Sato Eisaku S. MacBride	Japonnais Irlandais	1974
A. Sakharov	Russe	1975	M. Corrigan B. Williams	Irlande Irlandais	1976
Amnesty Internati onal		1977	• M. Begin A. • El-Sadate	Israëlien Égyptien	1978
Mère Teresa	Indien	1979	• A.Pérez Esquivel	Argentin	1980
HCR		1981	• A.Mirdal A.Garcia Robles	Suèdois Mexicain	1982
Lech Walesa	Polonais	1983	• D. Tutu	Sud africain	1984
Internati onale des médecins pour la préventio n de la guerre nucléaire		1985	• E. Wiesel	Américain	1986
Ó. Arias Sánchez	Costaric ain	1987	• Forces de l'ONU pour le maintien de la paix.		1988
Dalaï-lama	Tibétain	1989	• Mikael Gorbatchev	Russe	1990
Aung San	(Birmanien	1991	• R. Menchú	(Guatemal tèque	1992

SuuKyi					
F. de Klerk N. Mandela	Sud Africain …	1993	• Y.Arafat S.Peres Y. Rabin	(Palest.), (Isr.), (Isr.)	1994
SuuKyi	Birmanien	1995	• C.F.Ximenes Belo • J.Ramos-Horta	(Timor-Oriental), (Timor-Oriental)	1996
1997	Campagne internationale pour l'interdiction des mines antipersonnel (International Campaign to Ban Landmines, ICBL) et Jody Williams (coordonnatrice de cette campagne		• David Trible John Hume		1998
Médecin sans frontières		1999	• Kim Dae-jung (politique "Rayon de soleil)	Corée du Sud	2000
ONU	SG ONU : Koffi Annan	2001	• Jimmy Carter	E-U	2002
Me ShirinEbadi.	Iranienne	2003	• WangariMaathai.	Kenya	2004
Mohamed El-Baradei	Égyptien	2005	• Yunus Muhammad • Banque de	(Bangladais)	2006

(AIEA)			micro crédit "Grameen Bank		
Al Gore panel de l'ONU sur le climat (Giec).	E-U	2007	• Martti Ahtisaari	Finlande	2008
Barack Obama,	Américain	2009	• Liu Xiaobo	Chinois	2010
Ellen Johnson-Sirleaf, Leymah Gbowee, Tawakkul Karman	Libérian Yéménite	2011	Union européenne		2012
OIAC organisation pour l'interdiction des armes[495] chimiques		2013	Kailas Satyarthi Malala Yousoufzai	Indien Pakistanaise	2014

Commentaire :

Nous présentons dans ce tableau les différentes personnalités et institutions qui ont bénéficié du Prix Nobel de la paix. Leur vie et leur lutte peuvent servir de modèles dans l'éducation et la formation en droits humains et à la paix. Les bénéficiaires de ce Prix sont des citoyens du monde pour avoir défendu une cause acceptée universellement dans leur pays ou dans un coin déterminé.

495 Le but principal des armes, c'est donner la mort ou détruire bien qu'elles apportent un semblant de sécurité. A plus forte raison les armes chimiques qui détruisent et les hommes et la nature. Le Prix Nobel de la Paix accordé à l'OIAC en 2013 vaut son pesant d'or.

Quiz

1. DUDH : quel apport à l'évolution de la promotion et protection des DH ?

CONCLUSION

709. Ce livre est un document important pour la promotion des DH. Son adoption par les Etats et la déclaration politique de l'attachement à ce document précieux à travers les Constitutions nationales, c' est une preuve éloquente de la place de choix que la communauté internationale, les Etats et les défenseurs des droits de l'homme accordent à la promotion de la dignité de la personne humaine, l'égalité en droits entre les hommes et les femmes sans aucune discrimination de race, de religion et d'origine étatique.

710. Les propos ou pour mieux dire la prophétie de Haut commissaire des Nations Unies aux Droits de l'homme, Madame Navy PILLAY, sont interpellateurs. « Si les attentes en matière des DH ne sont pas respectées, partout dans le monde, les peuples se rebelleront.» Ceci rencontre le constat des rédacteurs de la Déclaration française des droits de l'homme et des libertés du citoyen qui considérait que « L'ignorance, l'oubli ou le mépris des droits de l'homme sont les seules causes des malheurs publics et de la corruption des gouvernements. ». Loin de révolter quiconque, ce constat est interpellateur et impose à la communauté internationale et aux Etats le devoir de redoubler les efforts pour l'éducation et la formation aux droits de l'homme. La vulgarisation de la DUDH est à prendre dans le contexte de l'éducation et la formation en droits de l'homme susceptibles d'impulser la culture des droits de l'homme, de la paix, de la solidarité, de la fraternité et de la justice. La connaissance des DH peut susciter des bonnes attitudes et comportements des dirigeants et des personnes et voire même des bonnes pratiques à encourager et à imiter en vue de créer un environnement favorable au respect de tous les droits de l'homme pour tous.

711. La célébration de la journée internationale des droits de l'homme le 10 décembre de chaque année pour commémorer l'adoption de la DUDH sur recommandation de l'Assemblée générale de l'ONU devra interpeller toute personne et aiguiser le sentiment de la citoyenneté mondiale qui couve les valeurs universelles notamment la dignité humaine, la solidarité, la fraternité, le respect de tout être humain, la conscience et le sens de responsabilité qui contribuent à l'intériorisation et à l'appropriation des principes fondamentaux des droits de l'homme tels que l'interdiction de la torture et des traitements inhumains, l'interdiction de l'esclavage et la traite des êtres humains, les principes de l'égalité et de la non- discrimination, la fraternité et la solidarité, la « justiciabilité » des droits de l'homme, l'universalité et l'interdépendance des droits de l'homme, la présomption d'innocence et les droits de la défense...

712. Si la responsabilité des Etats et de leurs agents publics est bien assumée, la réalisation effective et universelle des droits de l'homme sera possible. Ainsi, tout agent public de l'Etat devra s'imprégner des notions de base des droits de l'homme pour relever la dignité de la personne humaine, dans l'exercice de son pouvoir. Bien plus, toute personne y compris l'agent public de l'Etat devra s'approprier les droits et libertés fondamentales garantis par la DUDH et les autres normes relatives aux Droits de l'Homme. Une bonne formation en droits humains offre la chance à chacun de se défendre et de défendre les autres. Tout agent conscient de ses responsabilités pour le respect des droits de l'homme et voire tout agent informé et bien formé en droits humains, c'est une opportunité pour éviter plusieurs cas de violations des droits de l'homme car cet agent ne se rangera pas du côté des fossoyeurs des droits de l'homme et des ennemis de l'humanité. Il ne sabotera pas les avancées significatives dans le domaine de la promotion et de la protection des DH grâce aux mécanismes nationaux, régionaux et internationaux mis en place. L'éducation sur les DH, par les DH et pour les DH s'impose aux Etats et à toutes les personnes.

713. Selon le Professeur Joe Verhaegen : « La protection des droits de l'homme est sans nul doute l'un des éléments marquants de l'évolution du Droit et singulièrement du droit international, dans la pratique contemporaine.» La DUDH a servi de tremplin au développement du Droit international des droits de l'homme. Elle devra être comprise dans son contexte historique et dans tous les efforts de l'humanité à l'interpréter et l'intégrer dans le Droit positif des Etats et dans les instruments régionaux et internationaux des droits de l'homme. En fait, les droits de l'homme irriguent le Droit positif et la DUDH représente pour les DH ce que représente le cœur pour une personne humaine !

714. Les droits de l'homme et les libertés fondamentales, c'est le dénominateur commun de tous les êtres humains et c'est aussi le langage actuel de l'humanité. Personne ne peut se passer des droits de l'homme qu'il faille s'informer, se former, apprendre et s'en approprier. Cet ouvrage n'a aucune prétention d'avoir présenté toutes les questions relatives aux DH néanmoins, quelques notions de base sur les droits de l'homme à travers la DUDH ont été abordées pour comprendre ce que représentent, 66 ans après l'adoption de la DUDH, les droits de l'homme et les libertés fondamentales, dans le monde.

Annexe 1 : Les rédacteurs de la DUDH

 Eleanor Roosevelt 1884-1962 États-Unis Présidente du Comité de rédaction	 Peng-Chun Chang 1893-1957 Chine Vice-président du Comité de rédaction	 Charles Habib Malik 1906-1987 Liban Rapporteur du Comité de rédaction
 William Hodgson 1892-1958 Australie Membre dela Commission des droits de l'homme	 Hernan Santa Cruz 1906-1999 Chili Membre de la Commission des droits de l'homme	 René Cassin 1887-1976 France Membre de la Commission des droits de l'homme
 Alexander E. Bogomolov 1900-1969 URSS Membre de la Commission des droits de l'homme	 Charles Dukes 1880-1948 Royaume-Uni de Grande-Bretagne et d'Irlande du Nord / Membre de la Commission des DH	 John Peter Humphrey 1905-1980 Canada Directeur de la Division des droits de l'homme des Nations Unies

Commentaire Annexes 1 :

Nb : Nous présentons quelques figures célèbres qui ont participé à la rédaction de la DUDH. Ils sont issus de différents Etats, des systèmes politiques et juridiques différents, il y a parmi eux des hommes et une femme…

Annexes 2 : Le Tableau des dispositions de la DUDH

30 Articles de la DUDH								
Liberté, égalité et dignité	2	Non Discrimination	3	Droit à la vie, liberté et sûreté	4	Interdiction de l'esclavage	5	Interdiction torture et traitements dégradants
Droit à la Personnalité juridique	7	Egalité devant la loi	8	Droit à un recours effectif	9	Interdiction des arrestations arbitraires	10	Droit à un procès équitable
Présomption d'innocence Légalité des infractions et des peines	12	Interdiction d'immixtions dans la vie privée	13	Liberté de circulation Droit de quitter son pays et y retourner	14	Droit de chercher asile	15	Droit à la nationalité
Droit au mariage Protection de famille	17	Droit à la Propriété	18	Liberté de pensée, de conscience et religion	19	Liberté d'opinion et d'expression	20	Liberté de réunion et d'association pacifique
Droit à la	22	Droit à la sécurité sociale et	23	Droit au travail et salaire	24	Droit au repos et au loisir	25	Droit à un niveau satisfaisa

	participation politique Le droit aux élections honnête		satisfaction des DESC		décent				nt
26	Droit à l'éducation	27	Droit à la vie culturelle	28	Droit à un nouvel ordre	29	Devoirs envers communauté	30	Interdi on destruc n des I

Annexe 2 :

Commentaire :

Dans ce tableau, nous épinglons les droits et libertés fondamentales développés dans la DUDH. Ces droits sont repris dans plusieurs constitutions nationales et conventions internationales.

Annexes 3 : La Déclaration sur le droit et la responsabilité des individus, groupes et organes de la société de promouvoir et protéger les droits de l'homme et les libertés fondamentales universellement reconnus

- *L'Assemblée générale*, *Réaffirmant* l'importance que revêt la réalisation des buts et principes énoncés dans la Charte des Nations Unies pour la promotion et la protection de tous les droits de l'homme et de toutes les libertés fondamentales pour tous, dans tous les pays du monde,
- *Réaffirmant également* l'importance de la Déclaration universelle des droits de l'homme et des Pactes internationaux relatifs aux droits de l'homme3 en tant qu'éléments fondamentaux des efforts internationaux visant à promouvoir le respect universel et effectif des droits de l'homme et des libertés fondamentales, ainsi que l'importance des autres instruments relatifs aux droits de l'homme adoptés par les organes et organismes des Nations Unies, et de ceux adoptés au niveau régional,
- *Soulignant* que tous les membres de la communauté internationale doivent remplir, conjointement et séparément, leur obligation solennelle de promouvoir et encourager le respect des droits de l'homme et des libertés fondamentales pour tous, sans distinction aucune, notamment sans distinction fondée sur la race, la couleur, le sexe, la langue, la religion, l'opinion, politique ou autre, l'origine nationale ou sociale, la fortune, la naissance ou toute autre situation, et réaffirmant qu'il importe en particulier de coopérer à l'échelle internationale pour remplir cette obligation conformément à la Charte,
- *Reconnaissant* le rôle important que joue la coopération internationale et la précieuse contribution qu'apportent les individus, groupes et associations à l'élimination effective de toutes les violations des droits de l'homme et des libertés fondamentales des peuples et des personnes, notamment des violations massives, flagrantes ou systématiques telles que celles qui résultent de l'apartheid, de toutes les formes de discrimination raciale, du colonialisme, de la domination ou de l'occupation étrangère, de l'agression ou des menaces contre la souveraineté nationale, l'unité nationale ou l'intégrité territoriale, ainsi que du refus de reconnaître le droit des peuples à l'autodétermination et le droit de chaque peuple d'exercer sa souveraineté pleine et entière sur ses richesses et ses ressources naturelles,

- *Considérant* les liens qui existent entre la paix et la sécurité internationales, d'une part, et la jouissance des droits de l'homme et des libertés fondamentales, d'autre part, et consciente du fait que l'absence de paix et de sécurité internationales n'excuse pas le non-respect de ces droits et libertés,
- *Réaffirmant* que tous les droits de l'homme et toutes les libertés fondamentales sont universels, indivisibles, interdépendants et indissociables, et qu'il faut les promouvoir et les rendre effectifs en toute équité, sans préjudice de leur mise en œuvre individuelle,
- *Soulignant* que c'est à l'État qu'incombent la responsabilité première et le devoir de promouvoir et protéger les droits de l'homme et les libertés fondamentales,
- *Reconnaissant* que les individus, groupes et associations ont le droit et la responsabilité de promouvoir le respect des droits de l'homme et des libertés fondamentales et de les faire connaître aux niveaux national et international,

***Déclare*:**

Article premier

Chacun a le droit, individuellement ou en association avec d'autres, de promouvoir la protection et la réalisation des droits de l'homme et des libertés fondamentales aux niveaux national et international.

Article 2

2. Chaque État a, au premier chef, la responsabilité et le devoir de protéger, promouvoir et rendre effectifs tous les droits de l'homme et toutes les libertés fondamentales, notamment en adoptant les mesures nécessaires pour instaurer les conditions sociales, économiques, politiques et autres ainsi que les garanties juridiques voulues pour que toutes les personnes relevant de sa juridiction puissent, individuellement ou en association avec d'autres, jouir en pratique de tous ces droits et de toutes ces libertés.
3. Chaque État adopte les mesures législatives, administratives et autres nécessaires pour assurer la garantie effective des droits et libertés visés par la présente Déclaration.

Article 3

Les dispositions du droit interne qui sont conformes à la Charte des Nations Unies et aux autres obligations internationales de l'État dans le domaine des droits de l'homme et des libertés fondamentales servent de cadre juridique pour la mise en œuvre et l'exercice des droits de l'homme et des libertés fondamentales ainsi que pour toutes les activités visées dans la présente Déclaration qui ont pour objet la promotion, la protection et la réalisation effective de ces droits et libertés.

Article 4

Aucune disposition de la présente Déclaration ne peut être interprétée comme portant atteinte aux buts et principes énoncés dans la Charte des Nations Unies ou allant à leur encontre, ni comme apportant des restrictions aux dispositions de la Déclaration universelle des droits de l'homme, des Pactes internationaux relatifs aux droits de l'homme3 et des autres instruments et engagements internationaux applicables dans ce domaine, ou y dérogeant.

Article 5

Afin de promouvoir et protéger les droits de l'homme et les libertés fondamentales, chacun a le droit, individuellement ou en association avec d'autres, aux niveaux national et international:

a) De se réunir et de se rassembler pacifiquement;
b) De former des organisations, associations ou groupes non gouvernementaux, de s'y affilier et d'y participer;
c) De communiquer avec des organisations non gouvernementales ou intergouvernementales.

Article 6

Chacun a le droit, individuellement ou en association avec d'autres:

a) De détenir, rechercher, obtenir, recevoir et conserver des informations sur tous les droits de l'homme et toutes les libertés fondamentales en ayant notamment accès à l'information quant à la manière dont il est donné effet à ces droits et libertés dans le système législatif, judiciaire ou administratif national;
b) Conformément aux instruments internationaux relatifs aux droits de l'homme et autres instruments internationaux applicables, de publier, communiquer à autrui ou diffuser librement des idées, informations et connaissances sur tous les droits de l'homme et toutes les libertés fondamentales;
c) D'étudier, discuter, apprécier et évaluer le respect, tant en droit qu'en pratique, de tous les droits de l'homme et de toutes les libertés fondamentales et, par ces moyens et autres moyens appropriés, d'appeler l'attention du public sur la question.

Article 7

Chacun a le droit, individuellement ou en association avec d'autres, d'élaborer de nouveaux principes et idées dans le domaine des droits de l'homme, d'en discuter et d'en promouvoir la reconnaissance.

Article 8

1. Chacun a le droit, individuellement ou en association avec d'autres, de participer effectivement, sur une base non discriminatoire, au gouvernement de son pays et à la direction des affaires publiques.
2. Ce droit comporte notamment le droit, individuellement ou en association avec d'autres, de soumettre aux organes et institutions de l'État, ainsi qu'aux organismes s'occupant des affaires publiques, des critiques et propositions touchant l'amélioration de leur fonctionnement, et de signaler tout aspect de leur travail qui risque d'entraver ou empêcher la promotion, la protection et la réalisation des droits de l'homme et des libertés fondamentales.

Article 9

1. Dans l'exercice des droits de l'homme et des libertés fondamentales, y compris le droit de promouvoir et protéger les droits de l'homme visés dans la présente Déclaration, chacun a le droit, individuellement ou en association avec d'autres, de disposer d'un recours effectif et de bénéficier d'une protection en cas de violation de ces droits.
2. À cette fin, toute personne dont les droits ou libertés auraient été violés a le droit, en personne ou par l'entremise d'un représentant autorisé par la loi, de porter plainte et de faire examiner rapidement sa plainte en audience publique par une autorité judiciaire ou toute autre autorité instituée par la loi qui soit indépendante, impartiale et compétente, et d'obtenir de cette autorité une décision, prise conformément à la loi, lui accordant réparation, y compris une indemnisation, lorsque ses droits ou libertés ont été violés, ainsi que l'application de la décision et du jugement éventuel, le tout sans retard excessif.
3. À cette même fin, chacun a le droit, individuellement ou en association avec d'autres, notamment:
   a) De se plaindre de la politique et de l'action de fonctionnaires et d'organes de l'État qui auraient commis des violations des droits de l'homme et des libertés fondamentales, au moyen de pétitions ou autres moyens appropriés, auprès des autorités judiciaires, administratives ou législatives

nationales compétentes ou de toute autre autorité compétente instituée conformément au système juridique de l'État, qui doit rendre sa décision sans retard excessif,

b) D'assister aux audiences, procédures et procès publics afin de se faire une opinion sur leur conformité avec la législation nationale et les obligations et engagements internationaux applicables;

c) D'offrir et prêter une assistance juridique professionnelle qualifiée ou tout autre conseil et appui pertinents pour la défense des droits de l'homme et des libertés fondamentales.

4. À cette même fin et conformément aux procédures et instruments internationaux applicables, chacun a le droit, individuellement ou en association avec d'autres, de s'adresser sans restriction aux organes internationaux compétents de manière générale ou spéciale pour recevoir et examiner des communications relatives aux droits de l'homme, et de communiquer librement avec ces organes.

5. L'État doit mener une enquête rapide et impartiale ou veiller à ce qu'une procédure d'instruction soit engagée lorsqu'il existe des raisons de croire qu'une violation des droits de l'homme et des libertés fondamentales s'est produite dans un territoire relevant de sa juridiction.

Article 10

Nul ne doit participer à la violation des droits de l'homme et des libertés fondamentales en agissant ou en s'abstenant d'agir quand les circonstances l'exigent, et nul ne peut être châtié ou inquiété pour avoir refusé de porter atteinte à ces droits et libertés.

Article 11

Chacun a le droit, individuellement ou en association avec d'autres, d'exercer son occupation ou sa profession conformément à la loi. Quiconque risque, de par sa profession ou son occupation, de porter atteinte à la dignité de la personne humaine, aux droits de l'homme et aux libertés fondamentales d'autrui doit respecter ces droits et libertés et se conformer aux normes nationales ou internationales pertinentes de conduite ou d'éthique professionnelle.

Article 12

1. Chacun a le droit, individuellement ou en association avec d'autres, de participer à des activités pacifiques pour lutter contre les violations des droits de l'homme et des libertés fondamentales.

2. L'État prend toutes les mesures nécessaires pour assurer que les autorités compétentes protègent toute personne, individuellement ou en association avec d'autres, de toute violence, menace, représailles, discrimination de facto ou *de jure*, pression ou autre action arbitraire dans le cadre de l'exercice légitime des droits visés dans la présente Déclaration.
3. À cet égard, chacun a le droit, individuellement ou en association avec d'autres, d'être efficacement protégé par la législation nationale quand il réagit par des moyens pacifiques contre des activités et actes, y compris ceux résultant d'omissions, imputables à l'État et ayant entraîné des violations des droits de l'homme et des libertés fondamentales, ainsi que contre des actes de violence perpétrés par des groupes ou individus qui entravent l'exercice des droits de l'homme et des libertés fondamentales.

Article 13

Chacun a le droit, individuellement ou en association avec d'autres, de solliciter, recevoir et utiliser des ressources dans le but exprès de promouvoir et protéger les droits de l'homme et les libertés fondamentales par des moyens pacifiques, conformément à l'article 3 de la présente Déclaration.

Article 14

1. Il incombe à l'État de prendre les mesures appropriées sur les plans législatif, judiciaire, administratif ou autre en vue de mieux faire prendre conscience à toutes les personnes relevant de sa juridiction de leurs droits civils, politiques, économiques, sociaux et culturels.
2. Ces mesures doivent comprendre, notamment:
   a) La publication et la large disponibilité des textes de lois et règlements nationaux et des instruments internationaux fondamentaux relatifs aux droits de l'homme;
   b) Le plein accès dans des conditions d'égalité aux documents internationaux dans le domaine des droits de l'homme, y compris les rapports périodiques présentés par l'État aux organes créés en vertu d'instruments internationaux relatifs aux droits de l'homme auxquels il est partie, ainsi que les comptes rendus analytiques de l'examen des rapports et les rapports officiels de ces organes.
3. L'État encourage et appuie, lorsqu'il convient, la création et le développement d'autres institutions nationales indépendantes pour la promotion et la protection des droits de l'homme et des libertés fondamentales dans tout territoire relevant de sa juridiction, qu'il s'agisse d'un médiateur, d'une commission

des droits de l'homme ou de tout autre type d'institution nationale.

Article 15

Il incombe à l'État de promouvoir et faciliter l'enseignement des droits de l'homme et des libertés fondamentales à tous les niveaux de l'enseignement et de s'assurer que tous ceux qui sont chargés de la formation des avocats, des responsables de l'application des lois, du personnel des forces armées et des agents de la fonction publique incluent dans leurs programmes de formation des éléments appropriés de l'enseignement des droits de l'homme.

Article 16

Les individus, organisations non gouvernementales et institutions compétentes ont un rôle important à jouer pour ce qui est de sensibiliser davantage le public aux questions relatives à tous les droits de l'homme et à toutes les libertés fondamentales, en particulier dans le cadre d'activités d'éducation, de formation et de recherche dans ces domaines en vue de renforcer encore, notamment, la compréhension, la tolérance, la paix et les relations amicales entre les nations ainsi qu'entre tous les groupes raciaux et religieux, en tenant compte de la diversité des sociétés et des communautés dans lesquelles ils mènent leurs activités.

Article 17

Dans l'exercice des droits et libertés visés dans la présente Déclaration, chacun, agissant individuellement ou en association avec d'autres, n'est soumis qu'aux limitations fixées conformément aux obligations internationales existantes et établies par la loi exclusivement en vue d'assurer la reconnaissance et le respect des droits et libertés d'autrui et afin de satisfaire aux justes exigences de la morale, de l'ordre public et du bien-être général dans une société démocratique.

Article 18

1. Chacun a des devoirs envers la communauté et au sein de celle-ci, seul cadre permettant le libre et plein épanouissement de sa personnalité.
2. Les individus, groupes, institutions et organisations non gouvernementales ont un rôle important à jouer et une responsabilité à assumer en ce qui concerne la sauvegarde de la démocratie, la promotion des droits de l'homme et des libertés fondamentales ainsi que la promotion et le progrès de sociétés, institutions et processus démocratiques.
3. Les individus, groupes, institutions et organisations non gouvernementales ont également un rôle important à jouer et

une responsabilité à assumer pour ce qui est de contribuer, selon qu'il convient, à la promotion du droit de chacun à un ordre social et international grâce auquel les droits et libertés énoncés dans la Déclaration universelle des droits de l'homme et les autres instruments relatifs aux droits de l'homme peuvent être réalisés dans leur intégralité.

Article 19

Aucune disposition de la présente Déclaration ne peut être interprétée comme impliquant pour un individu, groupe ou organe de la société, ou pour un État, le droit de se livrer à une activité ou d'accomplir un acte visant à détruire des droits et libertés visés dans la présente Déclaration.

Article 20

Aucune disposition de la présente Déclaration ne peut être interprétée comme autorisant les États à soutenir ou encourager les activités d'individus, groupes, institutions ou organisations non gouvernementales allant à l'encontre des dispositions de la Charte des Nations Unies.

Annexes 4 : La Déclaration des Nations Unies sur l'éducation et la formation aux droits de l'homme

L'Assemblée générale,

- *Réaffirmant* les buts et principes de la Charte des Nations Unies relatifs à la promotion et à l'encouragement du respect de tous les droits de l'homme et de toutes les libertés fondamentales pour tous sans distinction de race, sexe, langue ou religion,
- *Réaffirmant également* que tous les individus et tous les organes de la société doivent s'efforcer, par l'enseignement et l'éducation, de promouvoir le respect des droits de l'homme et des libertés fondamentales,
- *Réaffirmant en outre* que toute personne a droit à l'éducation et que l'éducation doit viser au plein épanouissement de la personnalité et du sens de la dignité humaine, donner à tous les moyens de jouer un rôle utile dans une société libre, favoriser la compréhension, la tolérance et l'amitié entre toutes les nations et entre tous les groupes raciaux, ethniques ou religieux, et contribuer aux activités des Nations Unies pour le maintien de la paix et de la sécurité et la promotion du développement et des droits de l'homme,
- *Réaffirmant* que, conformément à la Déclaration universelle des droits de l'homme, au Pacte international relatif aux droits économiques, sociaux et culturels3 et à d'autres instruments relatifs aux droits de l'homme, les États sont tenus de veiller à ce que l'éducation vise au renforcement du respect des droits de l'homme et des libertés fondamentales,
- *Consciente* de l'importance fondamentale de l'éducation et de la formation aux droits de l'homme dans la promotion, la protection et la réalisation effective de tous les droits de l'homme,
- *Renouvelant* l'appel de la Conférence mondiale sur les droits de l'homme, tenue à Vienne en 1993, qui a invité tous les États et institutions à inscrire les droits de l'homme, le droit humanitaire, la démocratie et l'état de droit au programme de tous les établissements d'enseignement, et affirmant que l'éducation aux droits de l'homme devrait porter sur la paix, la démocratie, le développement et la justice sociale, comme le prévoient les instruments internationaux et régionaux relatifs aux droits de l'homme, afin de susciter une compréhension et une prise de conscience communes, en vue de renforcer l'adhésion universelle aux droits de l'homme,
- *Rappelant* le Document final du Sommet mondial de 2005, dans lequel les chefs d'État et de gouvernement ont soutenu la promotion

de l'éducation et de la vulgarisation en matière de droits de l'homme à tous les niveaux, notamment dans le cadre du Programme mondial d'éducation dans le domaine des droits de l'homme, et ont encouragé tous les États à prendre des initiatives à cet égard,

- *Animée* par la volonté de donner à la communauté internationale un signal fort afin de renforcer tous les efforts en matière d'éducation et de formation aux droits de l'homme à travers l'engagement collectifs de toutes les parties prenantes,

Déclare ce qui suit :

Article 1

1. Chacun a le droit de détenir, de rechercher et de recevoir des informations sur l'ensemble des droits de l'homme et des libertés fondamentales et doit avoir accès à l'éducation et à la formation aux droits de l'homme.
2. L'éducation et la formation aux droits de l'homme sont essentielles à la promotion du respect universel et effectif de l'ensemble des droits de l'homme et des libertés fondamentales pour tous, conformément aux principes de l'universalité, de l'indivisibilité et de l'interdépendance des droits de l'homme.
3. La jouissance effective de tous les droits de l'homme, en particulier le droit à l'éducation et le droit d'accès à l'information, ouvre l'accès à l'éducation et à la formation aux droits de l'homme.

Article 2

1. L'éducation et la formation aux droits de l'homme englobent l'ensemble des activités d'éducation, de formation, d'information, de sensibilisation et d'apprentissage visant à promouvoir le respect universel et effectif de tous les droits de l'homme et de toutes les libertés fondamentales et à contribuer ainsi, entre autres, à la prévention des atteintes aux droits de l'homme en permettant aux personnes de développer leurs connaissances, leurs compétences et leur compréhension de ces droits et en faisant évoluer leurs attitudes et comportements, en vue de leur donner les moyens de contribuer à l'édification et à la promotion d'une culture universelle des droits de l'homme.
2. L'éducation et la formation aux droits de l'homme englobent :
   a) L'éducation sur les droits de l'homme, qui consiste à faire connaître et comprendre les normes et les principes relatifs aux droits de l'homme, les valeurs qui les sous-tendent et les mécanismes qui les protègent;

b) L'éducation par les droits de l'homme, notamment l'apprentissage et l'enseignement dans le respect des droits de ceux qui enseignent comme de ceux qui apprennent,
c) L'éducation pour les droits de l'homme, qui consiste à donner aux personnes les moyens de jouir de leurs droits et de les exercer et de respecter et de défendre les droits d'autrui.

Article 3

1. L'éducation et la formation aux droits de l'homme sont un processus qui dure toute la vie et concerne les personnes de tous âges.
2. L'éducation et la formation aux droits de l'homme concernent tous les segments de la société, à tous les niveaux, notamment l'enseignement préscolaire, primaire, secondaire et supérieur, tenant compte, s'il y a lieu, de la liberté d'enseignement, et toutes les formes d'éducation, de formation et d'apprentissage, que ce soit dans le cadre scolaire, extrascolaire ou informel, dans le secteur public comme dans le secteur privé. Elles comprennent notamment la formation professionnelle, en particulier la formation des formateurs, des enseignants et des agents publics, la formation continue, l'éducation populaire et les activités d'information et de sensibilisation du grand public.
3. L'éducation et la formation aux droits de l'homme doivent se faire dans des langues et selon des méthodes adaptées aux publics visés et prendre en compte leurs besoins et leur situation spécifiques.

Article 4

L'éducation et la formation aux droits de l'homme devraient se fonder sur les principes énoncés dans la Déclaration universelle des droits de l'homme et les traités et instruments pertinents et avoir pour but de :

a) Faire connaître, comprendre et accepter les normes et principes universels relatifs aux droits de l'homme, ainsi que les garanties en matière de protection des droits de l'homme et des libertés fondamentales aux niveaux
International, régional et national;
b) Développer une culture universelle des droits de l'homme, où chacun soit conscient de ses propres droits et de ses responsabilités à l'égard des droits d'autrui, et favoriser le développement de la personne en tant que membre responsable d'une société libre et pacifique, pluraliste et solidaire;

c) Tendre vers la réalisation effective de tous les droits de l'homme et promouvoir la tolérance, la non-discrimination et l'égalité;
d) Assurer l'égalité des chances en donnant à tous accès à une éducation et à une formation aux droits de l'homme de qualité, sans discrimination aucune;
e) Contribuer à la prévention des violations des droits de l'homme et à la lutte contre la discrimination, le racisme, les stéréotypes et l'incitation à la haine sous toutes leurs formes, et contre les attitudes et les préjugés néfastes qui les sous-tendent, ainsi qu'à leur élimination.

Article 5

1. L'éducation et la formation aux droits de l'homme, qu'elles soient dispensées par des acteurs publics ou privés, devraient être fondées sur les principes de l'égalité en particulier entre les filles et les garçons et entre les femmes et les hommes, de la dignité humaine, de l'inclusion et de la non-discrimination.
2. L'éducation et la formation aux droits de l'homme devraient être ouvertes et accessibles à tous et prendre en considération les difficultés et les obstacles particuliers auxquels se heurtent les personnes et les groupes vulnérables et défavorisés, notamment les handicapés, ainsi que leurs besoins et leurs attentes, afin de favoriser l'autonomisation et le développement humain, de contribuer à l'élimination des causes d'exclusion ou de marginalisation et de permettre à chacun d'exercer tous ses droits.
3. L'éducation et la formation aux droits de l'homme devraient englober la diversité des civilisations, des religions, des cultures et des traditions des différents pays, telle qu'elle s'exprime dans l'universalité des droits de l'homme, s'en enrichir et s'en inspirer.
4. L'éducation et la formation aux droits de l'homme devraient prendre en considération les diverses situations économiques, sociales et culturelles en favorisant les initiatives locales afin d'encourager l'appropriation de l'objectif commun de la réalisation de tous les droits de l'homme pour tous.

Article 6

1. L'éducation et la formation aux droits de l'homme devraient s'appuyer sur les nouvelles technologies de l'information et de la communication et les médias et en tirer parti pour promouvoir l'ensemble des droits de l'homme et des libertés fondamentales.

2. Les arts devraient être encouragés en tant que moyen de former et de sensibiliser aux droits de l'homme.

Article 7

1. C'est aux États et, s'il y a lieu, aux autorités gouvernementales compétentes, qu'il incombe au premier chef de promouvoir et d'assurer l'éducation et la formation aux droits de l'homme, qui sont élaborées et mises en œuvre dans un esprit de participation, d'inclusion et de responsabilité.
2. Les États devraient créer un environnement sûr et propice à la participation de la société civile, du secteur privé et des autres parties prenantes à l'éducation et à la formation aux droits de l'homme, environnement dans lequel les droits de l'homme et les libertés fondamentales de tous, y compris de ceux qui sont associés au processus, sont pleinement protégés.
3. Les États devraient prendre des mesures, à titre individuel et dans le cadre de l'assistance et de la coopération internationales, pour assurer, au maximum des ressources dont ils disposent, la mise en œuvre progressive de l'éducation et de la formation aux droits de l'homme par les moyens appropriés, notamment l'adoption de mesures et de politiques législatives et administratives.
4. Les États et, selon le cas, les autorités gouvernementales compétentes doivent assurer la formation voulue des représentants de l'État, des fonctionnaires, des juges, des agents de la force publique et des membres des forces armées dans le domaine des droits de l'homme et, selon que de besoin, dans les domaines du droit humanitaire international et du droit pénal international, et promouvoir une formation adéquate en matière de droits de l'homme pour les enseignants, les formateurs, les autres éducateurs et le personnel privé agissant pour le compte de l'État.

Article 8

1. Les États devraient élaborer, au niveau approprié, des stratégies et des politiques et, selon les besoins, des plans d'action et des programmes de mise en œuvre de l'éducation et de la formation aux droits de l'homme ou en promouvoir l'élaboration, en les intégrant par exemple dans les programmes scolaires et les programmes de formation. Ce faisant, ils devraient prendre en considération le Programme mondial d'éducation dans le domaine des droits de l'homme et tenir compte des besoins et priorités spécifiques aux niveaux national et local.

2. Toutes les parties prenantes concernées, notamment le secteur privé, la société civile et les institutions nationales des droits de l'homme devraient être associées à la conception, à la mise en œuvre, à l'évaluation et au suivi de ces stratégies, plans d'action, politiques et programmes, et il faudrait favoriser, selon les besoins, les initiatives multipartites.

Article 9

Les États devraient promouvoir la création, le développement et le renforcement d'institutions nationales des droits de l'homme efficaces et indépendantes, conformément aux Principes concernant le statut des institutions nationales pour la promotion et la protection des droits de l'homme (Principes de Paris)6, en reconnaissant que les institutions nationales des droits de l'homme peuvent jouer un rôle important, y compris, si nécessaire, un rôle de coordination, dans la promotion de l'éducation et de la formation aux droits de l'homme, notamment en sensibilisant et en mobilisant les acteurs publics et privés concernés.

Article 10

1. Divers acteurs au sein de la société, notamment les établissements d'enseignement, les médias, les familles, les communautés locales, les institutions de la société civile, dont les organisations non gouvernementales, les défenseurs des droits de l'homme et le secteur privé ont un rôle important à jouer dans la promotion et la prestation de l'éducation et de la formation aux droits de l'homme.
2. Les institutions de la société civile, le secteur privé et les autres parties prenantes concernées sont encouragés à dispenser à leur personnel l'éducation et la formation aux droits de l'homme voulues.

Article 11

Les organismes des Nations Unies et les organisations internationales et régionales devraient dispenser une éducation et une formation aux droits de l'homme à leur personnel civil, militaire et policier servant dans le cadre de leurs mandats.

Article 12

1. La coopération internationale à tous les niveaux devrait soutenir et renforcer les efforts nationaux, visant à mettre en œuvre une éducation et une formation aux droits de l'homme, y compris, s'il y a lieu, à l'échelon local.

2. Des efforts complémentaires et coordonnés aux niveaux international, régional, national et local peuvent contribuer à une mise en œuvre plus efficace de l'éducation et de la formation aux droits de l'homme.
3. Le financement volontaire de projets et d'initiatives dans le domaine de l'éducation et de la formation aux droits de l'homme devrait être encouragé.

Article 13

1. Les mécanismes internationaux et régionaux relatifs aux droits de l'homme devraient, dans le cadre de leurs mandats respectifs, tenir compte de l'éducation et de la formation aux droits de l'homme dans leurs activités.
2. Les États sont encouragés à faire figurer, lorsqu'il y a lieu, des informations sur les mesures qu'ils ont adoptées dans le domaine de l'éducation et de la formation aux droits de l'homme dans les rapports qu'ils soumettent aux mécanismes pertinents des droits de l'homme.

Article 14

Les États devraient prendre les mesures voulues pour assurer la mise en œuvre effective et le suivi de la présente Déclaration et mobiliser les ressources nécessaires pour ce faire.

Annexe 5 : Les lignes directrices relatives aux rapports des Etats parties sur les droits économiques, sociaux et culturels dans la charte africaine des droits de l'homme et des peuples

(LES LIGNES DIRECTRICES DE TUNIS)

Introduction

1. Les présentes Lignes directrices relatives à la présentation des rapports sont adoptées pour guider les Etats parties à la Charte africaine des droits de l'homme et des peuples (la Charte) dans la préparation de leurs rapports sur la mise en œuvre de leurs obligations de réaliser la jouissance des droits économiques, sociaux et culturels aux termes de l'Article 62 de la Charte. Ces lignes directrices doivent être utilisées conjointement avec les Lignes directrices de 1989 relatives à la préparation des Rapports périodiques nationaux aux termes de la Charte africaine. Il doit être également fait référence aux Principes et Lignes directrices sur la mise en œuvre des droits économiques, sociaux et culturels dans la Charte africaine des droits de l'homme et des peuples, adoptés le 26 mai 2010 (Principes et Lignes directrices) qui expliquent de manière plus détaillée les obligations des Etats parties en vertu de la Charte.

Contenu General des Droits Economiques Sociaux et Culturels des Rapports des Etats Parties

2. Concernant les droits économiques, sociaux et culturels détaillés ci-après, les Rapports des Etats Parties doivent indiquer :

a) si l'Etat partie a adopté au plan national une loi cadre, des politiques et des stratégies de mise en œuvre de chaque droit, identifiant les ressources disponibles à cet effet et les moyens les plus économiques d'employer ces ressources (veuillez prendre note qu'une simple énumération des mesures législatives sans indication des politiques et de leur mise en œuvre ne peut être considérée comme des mesures suffisantes pour la réalisation des droits protégés) ;

b) les mécanismes mis en place pour suivre les progrès enregistrés vers la pleine réalisation de ces droits, notamment l'identification des indicateurs et des repères nationaux y relatifs pour chacun de ces droits ;

c) l'intégration et le caractère directement applicable de chaque droit dans l'ordre juridique national faisant référence à des exemples spécifiques de la jurisprudence pertinente ;

d) les recours judiciaires et autrement appropriés en place permettant aux victimes d'obtenir réparation au cas où leurs droits ont été violés;

e) les obstacles structurels ou autres obstacles significatifs causés par des facteurs échappant au contrôle des Etats parties et qui ralentissent la pleine réalisation des droits garantis par la Charte.

3. Les données statistiques sur la jouissance de chaque droit, ventilées selon l'âge, le genre, l'origine ethnique, la population urbaine/rurale et autres aspects pertinents, en particulier en référence aux groupes identifiés comme étant vulnérables ou marginalisés dans les Principes et Lignes directrices, selon une comparaison annuelle sur la base des cinq dernières années.
4. Fournir des informations sur les mesures prises pour rendre la présentation du rapport aussi transparente et aussi responsable que possible, en particulier quant à la manière dont ce processus a été diffusé et indiquer les membres de la société civile qui ont été associés à la rédaction du rapport.

Plans et politiques nationaux

5. Joindre au rapport des résumés des plans et des politiques nationaux et indiquer comment ils ont été élaborés en démontrant la participation du public, comment ils sont mis en œuvre et quelles mesures ont été prises pour assurer le suivi, telles que des statistiques désagrégées, si nécessaire.

Non-discrimination dans la jouissance des droits

6. Indiquer les mesures législatives et pratiques prises pour assurer de manière non-discriminatoire, la jouissance des droits garantis, en particulier par les membres des groupes vulnérables ou marginalisés, tels que définis dans les Principes et Lignes directrices. Le rapport doit contenir spécifiquement les mesures prises pour assurer l'égalité du genre.

Contenu des Droits individuels

7. Considérer les points suivants comme prioritaires dans le rapport initial et dans les rapports périodiques pour chacun des droits protégés aux termes de la Charte africaine :

A. Droit de propriété

i. Faire état des mesures législatives et pratiques prises pour assurer la jouissance paisible du droit de propriété.
ii. Faire état des lois qui régissent les conditions et les modalités d'acquisition, de nationalisation ou d'expropriation des biens et des

conditions qui ont été établies pour assurer qu'il n'y soit procédé que de façon transparente et dans l'intérêt général.

iii. Faire état des mesures qui ont été prises pour garantir que l'indemnisation en contrepartie d'une acquisition publique de biens compense effectivement les droits de l'individu ou les intérêts plus étendus de la société.

iv. Faire état des mesures prises pour assurer que les membres des groupes vulnérables et désavantagés, notamment les populations/communautés autochtones victimes d'injustices foncières historiques, aient un accès et un usage indépendant de leurs terres et aient le droit de revendiquer leurs droits ancestraux et qu'ils soient correctement indemnisées pour cette destruction ou cette aliénation historique et actuelle de leurs richesses et de leurs ressources.

v. Faire état des mesures prises pour assurer l'égalité et la non-discrimination dans l'accès, l'acquisition, la possession, l'héritage et le contrôle des terres et logements, surtout par les femmes et les membres de groupes á faibles revenus.

B. Droit au travail

i. Faire état des mesures législatives et administratives prises pour interdire l'esclavage, le travail forcé et l'exploitation économique des enfants et d'autres membres des groupes vulnérables et désavantagés. Donnez des détails sur les lois pénales, les peines et des exemples de mise en œuvre de ces lois.

ii. Faire état des mesures législatives et administratives prises pour assurer le droit de se regrouper en syndicat, notamment le droit de négociation collective et le droit de grève.

iii. Donner des détails sur les efforts entrepris pour assurer une protection adéquate contre les licenciements arbitraires, injustes, non justifiées et démissions provoquées ainsi que d'autres pratiques déloyales de travail.

iv. Faire état des mesures pratiques prises pour réaliser le droit de chacun à gagner sa vie par un travail librement choisi et accepté. Une attention particulière doit être portée sur les mesures identifiées dans les Principes et Lignes directrices visant à favoriser la création d'emplois.

v. Faire état des mesures législatives et administratives prises pour garantir le droit de chacun à des conditions de travail équitables et satisfaisantes, notamment à des conditions sécurisées et hygiéniques de travail à une rémunération égale pour un travail égal, au repos, aux loisirs et à une limite raisonnable des heures de travail, aux congés payés périodiques, aux jours fériés payés et aux congés parentaux.

vi. Faire état des mesures législatives et administratives prises pour assurer l'égalité et la non-discrimination dans l'accès à un travail décent, à la promotion sans aucune discrimination a l'égard des membres des groupes vulnérables et désavantagés. Indiquer les mesures qui ont été prises pour se conformer aux paragraphes 59 (10) à (16) des Principes et Lignes directrices1 à cet égard.

C. Droit à la santé

i. Faire état des mesures législatives et administratives ont été prises pour garantir la fourniture de médicaments essentiels à tous ceux qui en ont besoin, telles que définies périodiquement dans le Programme d'action de l'OMS relatif aux médicaments essentiels et, en particulier les antirétroviraux ;
ii. Faire état des mesures législatives et administratives qui ont été prises pour assurer la vaccination universelle contre les principales maladies infectieuses, ainsi que les mesures prises pour assurer la prévention, le traitement et le contrôle des maladies épidémiques et endémiques;
iii. Indiquer comment les plans et les politiques nationaux adoptés et mis en œuvre par l'Etat répondent aux exigences énoncées aux paragraphes 67 (6) à (18)2, en particulier comment les plans visent à assurer l'accès pour tous à des soins et des traitements médicaux adéquats en cas de maladie ou d'accident. Ceci devrait inclure la proximité de l'individu à des services de santé abordables et de qualité.
iv. Faire état des mesures législatives et autres prises pour assurer que toute privatisation du secteur de la santé ne constitue pas une menace à la disponibilité, l'accessibilité, l'acceptabilité et à la qualité des structures des biens et services de santé.
v. Faire état des mesures législatives et autres prises pour protéger les individus et les peuples contre les risques environnementaux, industriels et professionnels, prévenir la pollution de l'air, du sol et de l'eau et pour atténuer les effets adverses du développement urbain, de l'industrialisation, du réchauffement climatique et pour assurer la sécurité alimentaire.
vi. Faire état des mesures législatives et autres prises pour veiller au droit à ne pas être soumis à des essais médicaux ou scientifiques sans consentement libre et informé.
vii. Faire état des mesures législatives et autres prises pour assurer la reconnaissance, l'acceptation, le développement, l'efficacité, la modernisation et l'intégration de la médecine traditionnelle dans le système de soins de santé publique.
viii. Faire état des mesures législatives et autres prises pour veiller à ce que les obligations énoncées aux paragraphes 67 (24) à (37) des Principes et Lignes directrices3 concernant les droits des personnes vulnérables et marginalisées, soient respectées, et particulièrement les suivantes :

a) les mesures spécifiques pour encourager les membres des groupes vulnérables et désavantagés à étudier la médecine et la santé publique et à adhérer aux systèmes de santé en tant que prestataires de services ;
b) les mesures législatives et autres y compris de pénalisation, de mobilisation sociale, d'information et d'éducation pour décourager les pratiques traditionnelles néfastes, en particulier les mutilations génitales féminines, qui entravent le droit à la santé
c) les mesures destinées à assurer la disponibilité de services de santé spécifiques aux personnes souffrant de handicaps psychologiques, intellectuels et physiques, comme le diagnostic précoce et l'accès à des soins et à un traitement humain et digne pour leur permettre de jouir pleinement de la vie.

ix. Faire état des mesures particulières prises pour protéger les droits des individus atteints ou autrement affectés par des maladies épidémiques, endémiques, professionnelles et autres, en particulier le paludisme, le VIH/SIDA, la tuberculose, les maladies tropicales négligées et autres maladies infectieuses.
x. Faire état des mesures prises pour garantir la santé sexuelle et de la reproduction conformément à l'obligation de l'Etat énoncée aux paragraphes 67 (64) à (70) des principes et directives4. Un accent particulier doit être placé sur les statistiques illustrant les efforts déployés pour réduire le taux de mortalité maternelle, les taux de mortinatalité et de mortalité infantile et juvénile.

D. Droit à l'éducation

i. Faire état des mesures législatives et administratives prises pour que tous les enfants jouissent de leur droit à une éducation primaire gratuite et obligatoire.
ii. Faire état des mesures législatives et administratives prises pour mettre en œuvre des politiques visant à éliminer ou à réduire les frais de scolarisation primaire, notamment à travers des subsides, d'uniformes gratuits ou subventionnés (ou la suppression d'uniformes obligatoires), de manuels gratuits, de transport gratuit ou subventionné, de repas scolaires gratuits pour encourager l'assiduité des enfants démunis à l'école.
iii. Faire état des mesures législatives et administratives prises pour que l'éducation secondaire soit généralement disponible et accessible à tous par tous les moyens appropriés et, en particulier, par l'introduction progressive de la gratuité de l'éducation. ;
iv. Indiquer les mesures législatives et administratives prises pour que l'éducation tertiaire soit généralement disponible et accessible à tous

par tous les moyens appropriés et, en particulier, par l'introduction progressive de la gratuité de l'éducation.
Faire état des mesures prises pour assurer l'éducation continue.

v. Indiquer la manière dont les plans et les politiques nationaux adoptés et mis en œuvre par l'Etat répondent aux exigences des paragraphes 71 (3) à (15) des Principes et Lignes directrices5 et, en particulier quelles mesures ont été prises pour que:
   a) l'enseignement des langues nationales africaines soit introduit au niveau de l'éducation primaire.
   b) les parents et les tuteurs aient la liberté d'établir et de choisir pour leurs enfants des écoles autres que celles désignées par les autorités publiques, qui soient conformes aux normes éducatives minimales énoncées et approuvées par l'Etat et d'assurer l'éducation religieuse et morale de leurs enfants conformément à leurs propres convictions.
   c) la liberté académique et l'autonomie institutionnelle de tous les établissements d'enseignement supérieur soient assurées.

vi. Faire état des mesures prises pour mettre en œuvre les obligations énoncées aux paragraphes 71 (16) à (25) des Principes et Lignes directrices6 eu égard aux groupes vulnérables et désavantagés, en particulier l'obligation de veiller à ce que tous les enfants, y compris ceux appartenant à de tels groupes, jouissent d'un accès égal au système éducatif. Indiquer les mesures prises pour assurer l'égalité du genre à tous les niveaux d'éducation.

E. Droit à la culture

i. Indiquer en quoi les plans et les politiques nationaux adoptés et mis en œuvre par l'Etat veillent à ce que le droit à la culture protège les valeurs africaines positives conformes aux normes internationales des droits de l'homme.

ii. Indiquer les mesures prises pour assurer la protection et la promotion des langues des peuples minoritaires et celles des peuples/communautés autochtones.

iii. Faire état des mesures législatives et autres prises pour éliminer les pratiques sociales et culturelles néfastes.

iv. Faire état des mesures prises pour encourager et protéger les œuvres culturelles ainsi que les systèmes de connaissance traditionnelle.

F. Droit au logement

1. Faire état des mesures législatives prises pour veiller à ce que l'Etat s'abstienne et soit tenu de protéger des expulsions forcées des

habitations et des terres comme défini dans les Principes et Lignes directrices et en vertu du droit international. Donner des chiffres sur les expulsions forcées et toutes les autres expulsions entreprises pendant la préparation du rapport.

2. Faire état des mesures législatives prises pour garantir à tous un degré de sécurité d'occupation des lieux qui confère une protection juridique aux personnes, aux ménages et aux communautés dépourvues actuellement de cette protection, y compris ceux qui ne détiennent aucun titre formel de propriété de leur logement ou de leurs terres les protégeant des expulsions forcées, du harcèlement et d'autres menaces.
3. Indiquer les mesures prises pour assurer au moins un abri à tous. A cet égard, fournir des informations sur la portée du problème des sans abris.
4. Faire état des mesures législatives prises pour satisfaire aux obligations énoncées aux paragraphes 79 (4) à (13) des Principes et Lignes directrices7, en particulier celles destinées à:
   a) Mettre en œuvre des programmes de logement, y compris des subventions et des incitations fiscales destinées à développer la construction de logements pour répondre aux besoins de toutes les catégories de la population, en particulier les familles à faible revenu ;
   b) Accorder la priorité, dans les plans et les politiques nationaux, à l'offre d'un abri à toutes les personnes ayant désespérément besoin d'un logement en urgence;

G. Droit à la sécurité sociale

Fournir des informations sur les mesures législatives et autres prises pour assurer l'accès à un régime de Sécurité sociale qui prévoit un minimum de couvertures aux individus et à leurs familles, notamment, dans le domaine de la santé et des allocations de retraite.

H. Droit à l'alimentation

1. Faire état des mesures législatives prises pour garantir le droit de tous d'être protégé contre la faim et pour atténuer et soulager la faim même lors de catastrophes naturelles ou autres ;
2. Faire état des mesures législatives prises pour que l'Etat ne détruise ni ne contamine les sources alimentaires et qu'il soit tenu de les protéger de toute destruction et/ou contamination ;

3. Faire état des mesures législatives prises par l'Etat pour s'assurer que l'accès à l'alimentation ne soit utilisé comme un outil politique pour récompenser ses partisans, punir ses opposants ou recruter des milices.
4. Faire état des mesures législatives prises pour satisfaire aux obligations énoncées aux paragraphes 86 (4) à (23) des Principes et Lignes directrices8, en particulier aux obligations de :
   a) prendre des mesures destinées à développer ou à réformer les systèmes agraires existants afin de parvenir au développement et à l'utilisation les plus durables et les plus efficaces des ressources naturelles.
   b) prendre des mesures visant à veiller à ce que les excédents de production alimentaire soient stockés en prévision de famines, de sécheresse et d'autres épreuves.
   c) Adopter et mettre en œuvre des stratégies relatives à la nutrition.
   d) veiller à ce que l'aide alimentaire ne soit pas néfaste aux producteurs et marchés locaux, qu'elle soit dirigée vers ceux qui en ont le plus besoin et soit accompagnée de programmes qui assurent l'autosuffisance alimentaire des bénéficiaires.

I. Droit à l'eau et à l'assainissement

i) Indiquer les mesures législatives et autres prises pour assurer l'accès à une quantité essentielle minimale d'eau, suffisante et salubre pour l'usage personnel et domestique, y compris la prévention des maladies ainsi que l'accès à un système sanitaire décent.

ii) Indiquer les mesures législatives et autres prises pour assurer un accès physique sécurisé à des installations ou services assurant une fourniture d'eau suffisante, sûre et régulière, avec un nombre adéquat de points d'eau pour éviter les longueurs d'attente et situés à une distance raisonnable des habitations, des établissements éducatifs, des lieux de travail ou des établissements de santé.

iii) Faire état des mesures législatives et autres prises pour garantir que les obligations énoncées aux paragraphes 92 (4) à (15)9 soient respectées, en particulier les obligations garantissant que:

   a) la propriété privée des services des eaux et des systèmes sanitaires et/ou la privatisation des services des eaux et sanitaires ne se produisent pas en l'absence d'un cadre réglementaire clair et efficace qui assure un accès durable à une eau et des systèmes sanitaires sûrs, suffisants, physiquement accessibles et abordables.
   b) les procédures de débranchement des services des eaux et des systèmes sanitaires soient raisonnables et ne soient enclenchées qu'après une mise à disposition d'informations y afférent, y compris des recours juridiques ainsi qu'une assistance judiciaire.

c) les ressources naturelles en eau soient protégées de la contamination par des substances nocives et des agents pathogènes. Cette protection inclut des contrôles stricts de l'utilisation et de la pollution des ressources en eau à des fins industrielles, en particulier par les industries extractives dans les zones rurales.

J. Droit à la protection de la famille

i) Indiquer les mesures prises pour garantir en droit et dans la pratique le droit de tous à s'engager dans les liens du mariage de leur plein et libre consentement.
ii) Faire état des mesures législatives prises pour abolir les coutumes, les lois et les pratiques coutumières risquant d'influer sur la liberté de choix d'un conjoint.
iii) Faire état des mesures prises pour assurer qu'aucune des parties à un mariage ne soit âgée de moins de 18 ans.
iv) Indiquer les mesures prises pour veiller à l'égalité des droits et des responsabilités des conjoints pendant le mariage et à sa dissolution.
v) Indiquer les mesures prises pour garantir que les obligations énoncées aux paragraphes 9510 (6) à (28) des principes et lignes directrices, soient respectées, en particulier les obligations garantissant que :
  a) la monogamie soit encouragée comme forme préférée du mariage; et que les droits de la femme dans le mariage et au sein de la famille, y compris dans les relations conjugales polygamiques, soient défendus et préservés.
  b) la protection contre toute ingérence indue dans la vie de la famille, à moins que le bien-être des enfants ou d'un membre de la famille ne soit menacé.
  c) l'égalité des droits et des responsabilités des conjoints à l'égard des enfants pendant le mariage et à sa dissolution.

Annexe 6 : La Déclaration de Bamako

Nous, Ministres et Chefs de délégation des Etats et gouvernements des pays ayant le français en partage, réunis à Bamako pour le Symposium International sur le bilan des pratiques de la démocratie, des droits et des libertés dans l'espace francophone;

Nous fondant sur les dispositions de la Charte de la Francophonie, qui consacrent comme objectifs prioritaires l'aide à l'instauration et au développement de la démocratie, la prévention des conflits et le soutien à l'Etat de droit et aux droits de l'Homme ;

Rappelant l'attachement de la Francophonie à la Déclaration universelle des droits de l'Homme et aux Chartes régionales, ainsi que les engagements des Sommets de Dakar (1989), de Chaillot (1991), de Maurice (1993), de Cotonou (1995), de Hanoi (1997) et de Moncton (1999) ;

Inscrivant notre action dans le cadre de la Décennie des Nations Unies pour l'éducation aux Droits de l'Homme (1995-2004) ;

Considérant l'action d'accompagnement des processus démocratiques menée par la Francophonie ces dix dernières années ;

Soucieux de progresser vers la démocratie par le développement économique et social et une juste répartition des ressources nationales pour un accès égal à l'éducation, à la formation, à la santé et à l'emploi ;

Souhaitant répondre à l'objectif fixé au Sommet de Moncton, de tenir un Symposium International sur le bilan des pratiques de la démocratie, des droits et des libertés dans l'espace francophone, pour approfondir la concertation et la coopération en faveur de l'Etat de droit et de la culture démocratique, et d'engager ainsi une étape nouvelle dans le dialogue des Etats et gouvernements des pays ayant le français en partage, pour mieux faire ressortir les axes principaux tant de leur expérience récente que de leur spécificité ;

1. Constatons

Que le bilan des pratiques de la démocratie, des droits et des libertés dans l'espace francophone, au cours de ces dix dernières années, comporte des acquis indéniables :

- consécration constitutionnelle des droits de l'Homme, mise en place des Institutions de la démocratie et de l'Etat de droit, existence de contre-pouvoirs, progrès dans l'instauration du multipartisme dans nombre de pays francophones et dans la tenue d'élections libres, fiables et transparentes, contribution de l'opposition au fonctionnement de la démocratie, promotion de la démocratie locale par la décentralisation ;

- que ce bilan présente, aussi, des insuffisances et des échecs : récurrence de conflits, interruption de processus démocratiques, génocide et massacres, violations graves des droits de l'Homme, persistance de comportements freinant le développement d'une culture démocratique, manque d'indépendance de certaines institutions et contraintes de nature économique, financière et sociale, suscitant la désaffection du citoyen à l'égard du fait démocratique ;

2. Confirmons notre adhésion aux principes fondamentaux suivants :

1. La démocratie, système de valeurs universelles, est fondée sur la reconnaissance du caractère inaliénable de la dignité et de l'égale valeur de tous les êtres humains ; chacun a le droit d'influer sur la vie sociale, professionnelle et politique et de bénéficier du droit au développement ;
2. L'Etat de droit qui implique la soumission de l'ensemble des institutions à la loi, la séparation des pouvoirs, le libre exercice des droits de l'Homme et des libertés fondamentales, ainsi que l'égalité devant la loi des citoyens, femmes et hommes, représentent autant d'éléments constitutifs du régime démocratique ;
3. La démocratie exige, en particulier, la tenue, à intervalles réguliers, d'élections libres, fiables et transparentes, fondées sur le respect et l'exercice, sans aucun empêchement ni aucune discrimination, du droit à la liberté et à l'intégrité physique de tout électeur et de tout candidat, du droit à la liberté d'opinion et d'expression, notamment par voie de presse et autre moyen de communication, de la liberté de réunion et de manifestation, et de la liberté d'association ;
4. La démocratie est incompatible avec toute modification substantielle du régime électoral introduite de façon arbitraire ou subreptice, un délai raisonnable devant toujours séparer l'adoption de la modification de son entrée en vigueur ;
5. La démocratie suppose l'existence de partis politiques égaux en droits, libres de s'organiser et de s'exprimer, pour autant que leur programme et leurs actions ne remettent pas en cause les valeurs fondamentales de la démocratie et des droits de l'Homme. Ainsi, la démocratie va de pair avec le multipartisme. Elle doit assurer à l'opposition un statut clairement défini, exclusif de tout ostracisme;

6. La démocratie requiert la pratique du dialogue à tous les niveaux aussi bien entre les citoyens, entre les partenaires sociaux, entre les partis politiques, qu'entre l'État et la société civile. La démocratie implique la participation des citoyens à la vie politique et leur permet d'exercer leur droit de contrôle ;

3. Proclamons

1. que Francophonie et démocratie sont indissociables : il ne saurait y avoir d'approfondissement du projet francophone sans une progression constante vers la démocratie et son incarnation dans les faits ; c'est pourquoi la Francophonie fait de l'engagement démocratique une priorité qui doit se traduire par des propositions et des réalisations concrètes ;
2. que, pour la Francophonie, il n'y a pas de mode d'organisation unique de la démocratie et que, dans le respect des principes universels, les formes d'expression de la démocratie doivent s'inscrire dans les réalités et spécificités historiques, culturelles et sociales de chaque peuple ;
3. que la démocratie, cadre politique de l'Etat de droit et de la protection des droits de l'Homme, est le régime qui favorise le mieux la stabilité à long terme et la sécurité juridique ; par le climat de liberté qu'elle suscite, la démocratie crée aussi les conditions d'une mobilisation librement acceptée par la population pour le développement ; la démocratie et le développement sont indissociables : ce sont là les facteurs d'une paix durable ;
4. que la démocratie, pour les citoyens - y compris, parmi eux, les plus pauvres et les plus défavorisés - se juge, avant tout, à l'aune du respect scrupuleux et de la pleine jouissance de tous leurs droits, civils et politiques, économiques, sociaux et culturels, assortis de mécanismes de garanties. Il s'agit là de conditions essentielles à leur adhésion aux institutions et à leur motivation à devenir des acteurs à part entière de la vie politique et sociale ;
5. que, pour préserver la Démocratie, la Francophonie condamne les coups d'Etat et toute autre prise de pouvoir par la violence, les armes ou quelque autre moyen illégal ;
6. que, pour consolider la démocratie, l'action de la Francophonie doit reposer sur une coopération internationale qui s'inspire des pratiques et des expériences positives de chaque Etat et gouvernement membre ;
7. que les principes démocratiques, dans toutes leurs dimensions, politique, économique, sociale, culturelle et juridique, doivent également imprégner les relations internationales;

4. Prenons les engagements suivants :

A. Pour la consolidation de l'Etat de droit

1. Renforcer les capacités des institutions de l'Etat de droit, classiques ou nouvelles, et œuvrer en vue de les faire bénéficier de toute l'indépendance nécessaire à l'exercice impartial de leur mission ;
2. Encourager le renouveau de l'institution parlementaire, en facilitant matériellement le travail des élus, en veillant au respect de leurs immunités et en favorisant leur formation ;
3. Assurer l'indépendance de la magistrature, la liberté du Barreau et la promotion d'une justice efficace et accessible, garante de l'Etat de droit, conformément à la Déclaration et au Plan d'action décennal du Caire adoptés par la IIIème Conférence des Ministres francophones de la justice ;
4. Mettre en œuvre le principe de transparence comme règle de fonctionnement des institutions ;
5. Généraliser et accroître la portée du contrôle, par des instances impartiales, sur tous les organes et institutions, ainsi que sur tous les établissements, publics ou privés, maniant des fonds publics ;
6. Soutenir l'action des institutions mises en place dans le cadre de l'intégration et de la coopération régionales, de manière à faire émerger, à ce niveau, une conscience citoyenne tournée vers le développement, le progrès et la solidarité ;

B. Pour la tenue d'élections libres, fiables et transparentes

7. S'attacher au renforcement des capacités nationales de l'ensemble des acteurs et des structures impliqués dans le processus électoral, en mettant l'accent sur l'établissement d'un état-civil et de listes électorales fiables ;
8. S'assurer que l'organisation des élections, depuis les opérations préparatoires et la campagne électorale jusqu'au dépouillement des votes et à la proclamation des résultats, y inclus, le cas échéant, le contentieux, s'effectue dans une transparence totale et relève de la compétence d'organes crédibles dont l'indépendance est reconnue par tous ;
9. Garantir la pleine participation des citoyens au scrutin, ainsi que le traitement égal des candidats tout au long des opérations électorales ;
10. Impliquer l'ensemble des partis politiques légalement constitués, tant de la majorité que de l'opposition, à toutes les étapes du processus électoral, dans le respect des principes démocratiques consacrés par

les textes fondamentaux et les institutions, et leur permettre de bénéficier de financements du budget de l'Etat ;

11. Prendre les mesures nécessaires pour s'orienter vers un financement national, sur fonds public, des élections ;
12. Se soumettre aux résultats d'élections libres, fiables et transparentes ;

C. Pour une vie politique apaisée

13. Faire en sorte que les textes fondamentaux régissant la vie démocratique résultent d'un large consensus national, tout en étant conformes aux normes internationales, et soient l'objet d'une adaptation et d'une évaluation régulières ;
14. Faire participer tous les partis politiques, tant de l'opposition que de la majorité, à la vie politique nationale, régionale et locale, conformément à la légalité, de manière à régler pacifiquement les conflits d'intérêts ;
15. Favoriser la participation des citoyens à la vie publique en progressant dans la mise en place d'une démocratie locale, condition essentielle de l'approfondissement de la démocratie ;
16. Prévenir, et le cas échéant régler de manière pacifique, les contentieux et les tensions entre groupes politiques et sociaux, en recherchant tout mécanisme et dispositif appropriés, comme l'aménagement d'un statut pour les anciens hauts dirigeants, sans préjudice de leur responsabilité pénale selon les normes nationales et internationales ;
17. Reconnaître la place et faciliter l'implication constante de la société civile, y compris les ONG, les médias, les autorités morales traditionnelles, pour leur permettre d'exercer, dans l'intérêt collectif, leur rôle d'acteurs d'une vie politique équilibrée ;
18. Veiller au respect effectif de la liberté de la presse et assurer l'accès équitable des différentes forces politiques aux médias publics et privés, écrits et audiovisuels, selon un mode de régulation conforme aux principes démocratiques ;

D. Pour la promotion d'une culture démocratique intériorisée et le plein respect des droits de l'Homme

19. Développer l'esprit de tolérance et promouvoir la culture démocratique dans toutes ses dimensions, afin de sensibiliser, par l'éducation et la formation, les responsables publics, l'ensemble des acteurs de la vie politique et tous les citoyens aux exigences éthiques de la démocratie et des droits de l'Homme ;

20. Favoriser, à cet effet, l'émergence de nouveaux partenariats entre initiatives publiques et privées, mobilisant tous les acteurs engagés pour la démocratie et les droits de l'Homme ;
21. Ratifier les principaux instruments internationaux et régionaux relatifs aux droits de l'Homme, honorer et parfaire les engagements ainsi contractés, s'assurer de leur pleine mise en œuvre et former tous ceux qui sont chargés de leur application effective ;
22. Adopter en particulier, afin de lutter contre l'impunité, toutes les mesures permettant de poursuivre et sanctionner les auteurs de violations graves des droits de l'Homme, telles que prévues par plusieurs instruments juridiques internationaux et régionaux, dont le Statut de Rome portant création d'une Cour Pénale Internationale ; appeler à sa ratification rapide par le plus grand nombre ;
23. Créer, généraliser et renforcer les institutions nationales, consultatives ou non, de promotion des droits de l'Homme et soutenir la création dans les administrations nationales de structures consacrées aux droits de l'Homme, ainsi que l'action des défenseurs des droits de l'Homme ;
24. Prendre les mesures appropriées afin d'accorder le bénéfice aux membres des groupes minoritaires, qu'ils soient ethniques, philosophiques, religieux ou linguistiques, de la liberté de pratiquer ou non une religion, du droit de parler leur langue et d'avoir une vie culturelle propre ;
25. Veiller au respect de la dignité des personnes immigrées et à l'application des dispositions pertinentes contenues dans les instruments internationaux les concernant. A ces fins, et dans un souci de partenariat rénové, nous entendons :
    - Intensifier la coopération entre l'OIF et les organisations internationales et régionales, développer la concertation en vue de la démocratisation des relations internationales, et soutenir, dans ce cadre, les initiatives qui visent à promouvoir la démocratie ;
    - Renforcer le mécanisme de concertation et de dialogue permanents avec les OING reconnues par la Francophonie, particulièrement avec celles qui poursuivent les mêmes objectifs dans les domaines de la démocratie et des droits de l'Homme ;

5. Décidons de recommander la mise en œuvre des procédures ci-après pour le suivi des pratiques de la démocratie, des droits et des libertés dans l'espace francophone :

1. Le Secrétaire général se tient informé en permanence de la situation de la démocratie, des droits et des libertés dans l'espace francophone, en s'appuyant notamment sur la Délégation à la Démocratie et aux Droits de l'Homme, chargée de l'observation du respect de la démocratie et des droits de l'Homme dans les pays membres de la Francophonie ;
2. Une évaluation permanente des pratiques de la démocratie, des droits et des libertés dans l'espace francophone sera conduite, à des fins de prévention, dans le cadre de l'Organisation internationale de la Francophonie, sur la base des principes constitutifs énoncés précédemment. Cette évaluation doit permettre :

- de définir les mesures les plus appropriées en matière d'appui à l'enracinement de la démocratie, des droits et des libertés,
- d'apporter aux Etats et gouvernements qui le souhaitent l'assistance nécessaire en ces domaines,
- de contribuer à la mise en place d'un système d'alerte précoce ;

3. Face à une crise de la démocratie ou en cas de violations graves des droits de l'Homme, les instances de la Francophonie se saisissent, conformément aux dispositions de la Charte, de la question afin de prendre toute initiative destinée à prévenir leur aggravation et à contribuer à un règlement. A cet effet, le Secrétaire général propose des mesures spécifiques :

- il peut procéder à l'envoi d'un facilitateur susceptible de contribuer à la recherche de solutions consensuelles. L'acceptation préalable du processus de facilitation par les autorités du pays concerné constitue une condition du succès de toute action. Le facilitateur est choisi par le Secrétaire général après consultation du Président de la Conférence ministérielle, en accord avec l'ensemble des protagonistes. La facilitation s'effectue en liaison étroite avec le CPF ;
- il peut décider, dans le cas de procès suscitant la préoccupation de la communauté francophone, de l'envoi, en accord avec le CPF, d'observateurs judiciaires dans un pays en accord avec celui-ci.

4. En cas de rupture de la démocratie ou de violations massives des droits de l'Homme, les actions suivantes sont mises en œuvre :

- Le Secrétaire général saisit immédiatement le Président de la Conférence ministérielle de la Francophonie à des fins de consultation ;
- La question fait l'objet d'une inscription immédiate et automatique à l'ordre du jour du CPF, qui peut être convoqué d'urgence en session extraordinaire, et, le cas échéant:

- confirme la rupture de la démocratie ou l'existence de violations massives des droits de l'Homme,
- les condamne publiquement,
- exige le rétablissement de l'ordre constitutionnel ou l'arrêt immédiat de ces violations,
- Le CPF signifie sa décision aux parties concernées.
- Le Secrétaire général se met en rapport avec les autorités de fait. Il peut envoyer sur place une mission d'information et de contacts. Le rapport établi dans les plus brefs délais par cette mission est communiqué aux autorités nationales pour commentaires. Le rapport de la mission, ainsi que les commentaires des autorités nationales, sont soumis au CPF, pour toute suite jugée pertinente.

Le CPF peut prendre certaines des mesures suivantes :

- refus de soutenir les candidatures présentées par le pays concerné, à des postes électifs au sein d'organisations internationales,
- refus de la tenue de manifestations ou conférences de la Francophonie dans le pays concerné,
- recommandations en matière d'octroi de visas aux autorités de fait du pays concerné et réduction des contacts intergouvernementaux,
- suspension de la participation des représentants du pays concerné aux réunions des instances,
- suspension de la coopération multilatérale francophone, à l'exception des programmes qui bénéficient directement aux populations civiles et de ceux qui peuvent concourir au rétablissement de la démocratie,
- proposition de suspension du pays concerné de la Francophonie. En cas de coup d'Etat militaire contre un régime issu d'élections démocratiques, la suspension est décidée.
- Lorsque des dispositions sont prises en vue de restaurer l'ordre constitutionnel ou de faire cesser les violations massives des droits de l'Homme, le CPF se prononce sur le processus de retour au fonctionnement régulier des institutions, assorti de garanties pour le respect des droits de l'Homme et des libertés fondamentales. Il détermine les mesures d'accompagnement de ce processus par la Francophonie en partenariat avec d'autres organisations internationales et régionales.
- Si besoin est, le CPF saisit la Conférence ministérielle de la Francophonie par le canal de son Président.

- La question de la rupture de la démocratie ou des violations massives des droits de l'Homme dans un pays et des mesures prises, reste inscrite à l'ordre du jour du CPF aussi longtemps que subsistent cette rupture ou ces violations.
- Nous, Ministres et chefs de délégation des Etats et gouvernements des pays ayant le français en partage,
- Adoptons la présente Déclaration ;
- Demandons au Secrétaire général de l'Organisation internationale de la Francophonie d'en assurer la mise en œuvre ; Bamako, le 3 novembre 2000

Annexe 7 : La Déclaration de Kinshasa

PRÉAMBULE

1. Nous, Chefs d'État et de gouvernement des pays ayant le français en partage, réunis les 13 et 14 octobre 2012 à Kinshasa, en République Démocratique du Congo, à l'occasion du XIVe Sommet de la Francophonie, saluons chaleureusement la tenue, pour la première fois en Afrique centrale, de ce Sommet. En vue de confirmer la Francophonie comme acteur important des relations internationales, nous avons décidé de consacrer ce Sommet au thème :
- **«Francophonie, enjeux environnementaux et économiques face à la gouvernance mondiale».**

2. Nous affirmons l'impérieuse nécessité de veiller à ce que la mondialisation soit au bénéfice de tous et de promouvoir une gouvernance environnementale au service de la qualité de la vie. Nous estimons que les défis de la lutte pour la réduction de la pauvreté demeurent pressants au regard du niveau actuel de réalisation des objectifs du Millénaire pour le développement.

3. Nous réaffirmons la spécificité de la Francophonie, fondée sur la langue française et les valeurs qu'elle promeut : la diversité culturelle, le multilinguisme, la paix, la démocratie, l'État de droit, les droits de l'Homme, l'égalité entre les hommes et les femmes, le développement durable, l'éducation et la solidarité.

TITRE I. ENJEUX ENVIRONNEMENTAUX ET ÉCONOMIQUES

4. La gestion solidaire des enjeux environnementaux et économiques constitue un défi majeur pour la survie de l'humanité, le devenir de notre planète, le renforcement de la coexistence pacifique et le développement équitable des peuples.

5. Il est impérieux de mettre en œuvre une solidarité renforcée et une stratégie d'action concertée au sein de la Francophonie, dans l'esprit des objectifs du Millénaire pour le développement, afin de peser davantage dans les débats et instances internationaux consacrés à ces questions

6. Nous saluons la participation de la Francophonie à la conférence de Rio+20 et l'esprit de compromis qui a prévalu pour l'adoption de la déclaration intitulée. *L'Avenir que nous voulons* qui s'en est suivie.

Nous affirmons notre engagement à participer activement à la formulation et la réalisation des objectifs du développement durable inscrits dans cette déclaration et notre détermination à mettre en œuvre des stratégies nationales de développement durable afin de contribuer efficacement à la lutte contre la pauvreté et à la préservation des ressources de l'environnement. Nous saluons la décision du renforcement et du rehaussement du Programme des Nations unies pour l'environnement en tant qu'autorité mondiale reconnue en matière d'environnement et soutenons la décision prise à Rio de créer l'Instance politique de haut niveau sur le développement durable.

7. Nous affirmons notre volonté de soutenir les modèles de développement équitable et durable basés sur une « économie verte », selon les conditions et les priorités nationales du développement durable et conformément à la Déclaration de Rio+20. Nous renouvelons notre engagement à lutter contre le changement climatique. Nous insistons sur la nécessité d'une transformation structurelle des économies vers une voie respectueuse du climat. Nous prenons acte des conclusions des 16e et 17e conférences des parties de la Convention cadre des Nations unies sur les changements climatiques, à Cancún et Durban, et appelons à leur pleine mise en œuvre. Nous soutenons l'opérationnalisation du Fonds vert pour le climat. Nous réitérons notre volonté de travailler à la mise en place de financements pour le développement, en lien avec les Nations unies et le Groupe pilote sur les financements innovants auquel appartient l'OIF.

8. Nous affirmons l'importance de la préservation des écosystèmes. Nous veillerons à renforcer les capacités des acteurs nationaux responsables de l'élaboration de nos politiques et programmes pour assurer une prise en charge efficace des atteintes à l'environnement. Nous nous engageons à mettre en place des politiques de conservation et d'exploitation durable des forêts, des océans et des mers ainsi que de leurs ressources.

9. Nous nous engageons à appuyer les structures compétentes dans l'élaboration d'une politique globale intégrant les stratégies et programmes économiques basés sur la gestion forestière durable. Nous soutenons une exploitation agro-forestière raisonnée, fondée sur des principes de gestion scientifique et durable des eaux et forêts, en association avec les communautés locales pour répondre à leurs besoins, notamment en matière de sécurité alimentaire et de préservation de leur patrimoine physique et immatériel.

10. Nous nous engageons à promouvoir une gestion multilatérale cohérente et transparente des enjeux environnementaux entre tous les acteurs concernés. À cet égard, nous soulignons le rôle important joué par l'Institut de l'énergie et de l'environnement de la Francophonie (IEPF), à qui nous demandons de poursuivre la diffusion des bonnes pratiques existantes en la matière, en collaboration avec tous les acteurs de l'innovation, dont le Réseau francophone des acteurs de l'innovation.

11. Reconnaissant la contribution importante des entités fédérées, des régions et des collectivités territoriales dans les pays concernés, nous nous engageons à les associer à l'élaboration et à la mise en œuvre des engagements internationaux visant à relever les défis du développement durable.

12. Nous nous engageons à nous investir pleinement dans le processus de réforme du système financier et monétaire international en vue d'un ordre mondial équitable, en veillant à une meilleure représentation des pays en développement au sein des organes de décision des institutions financières internationales.

13. Nous encourageons la poursuite des échanges entre les pays industrialisés et les pays en développement en vue de réduire les déséquilibres macroéconomiques entre les États ainsi que les inégalités sociales et économiques entre les populations. Nous nous engageons à consolider la coopération multilatérale et la solidarité francophone afin de lutter plus efficacement contre la pauvreté et la malnutrition et d'assurer la sécurité alimentaire dans de nombreux pays du monde.

14. Nous nous engageons à promouvoir la responsabilité sociale et environnementale des entreprises et les encourageons à adhérer aux instruments, normes et principes internationaux pertinents.

15. Nous nous engageons à renforcer notre soutien en faveur de la coopération tripartite. Nous saluons les avancées réalisées dans l'identification des *Éléments d'une démarche francophone de développement de la coopération tripartite* et demandons à l'OIF de mettre en œuvre les axes d'intervention définis dans cette démarche.

16. Nous demandons à l'OIF et aux opérateurs de proposer, en vue du prochain Sommet, une stratégie économique pour la Francophonie réunissant pouvoirs publics, entreprises, institutions éducatives et

société civile. Une attention toute particulière sera réservée à la création de partenariats d'entreprises axés sur le développement de l'activité économique, de l'emploi dans les pays du Sud, sur les échanges et les investissements Nord-Sud et Sud-Sud, ayant à l'esprit que la langue française est également un outil au service de l'économie.

17. Nous invitons l'OIF et l'AIMF à encourager et à appuyer les collectivités locales dans la mise en place d'actions en faveur de l'entrepreneuriat et du développement économique local.

18. Nous saluons le rôle et les contributions des pays membres de la région Asie-Pacifique en faveur du développement et de la solidarité francophones ainsi que de la diversité culturelle et linguistique. Dans cet esprit, nous nous engageons à y renforcer des relations de coopération multiformes afin de rehausser la visibilité de la Francophonie dans cette région.

19. Nous renouvelons notre soutien au peuple d'Haïti, pays déclaré prioritaire de la solidarité francophone à Montreux. Nous encourageons les acteurs politiques de ce pays dans leurs efforts en vue de la reconstruction nationale et appelons la Francophonie à poursuivre le déploiement de son plan d'action par la mobilisation de ses expertises et de ses ressources, ainsi que les partenaires tant bilatéraux que multilatéraux à poursuivre et intensifier leur aide à ce pays en tenant compte des six priorités fixées par le gouvernement haïtien. Nous apportons notre soutien à Haïti dans ses efforts pour faire du français une des langues officielles et une des langues de travail au sein de la Communauté de la Caraïbe (Caricom).

TITRE II. GOUVERNANCE DÉMOCRATIQUE ET DROITS DE L'HOMME

Les Déclarations de Bamako et de Saint-Boniface sont les instruments de référence de la Francophonie au service de ses valeurs. La mise en œuvre des engagements souscrits doit être poursuivie.

Dans un souci de préserver la paix, élément fondamental pour un développement harmonieux, nous réaffirmons notre détermination à promouvoir la gouvernance démocratique et les droits de l'Homme. Nous souscrivons à tous les droits protégés par les conventions internationales relatives aux droits de l'Homme et nous nous engageons à lutter contre toute forme de discrimination. Nous insistons sur la nécessité de respecter la liberté de pensée, de conscience et de religion, et l'égalité entre les hommes et les femmes.

20. Nous saluons les progrès notoires dans les processus de démocratisation en cours dans certains pays membres de la Francophonie, notamment en matière d'ouverture démocratique et de promotion des droits et libertés. Nous estimons qu'ils répondent ainsi aux aspirations légitimes et pacifiques des populations, en particulier les jeunes et les femmes, à plus de liberté et de justice, comme dans le cas du « printemps arabe ». Nous demandons à l'OIF de poursuivre sa démarche d'accompagnement des pays en transition et nous nous félicitons à cet égard qu'elle soit désormais observatrice au Partenariat de Deauville, créé dans le cadre du G8.

21. Nous reconnaissons les difficultés auxquelles sont encore confrontés certains de nos pays en situation de crise, de sortie de crise et de consolidation de la paix. Nous demandons à l'OIF, dans le cadre des résolutions adoptées par ce Sommet, de poursuivre sa contribution à la réappropriation durable par ces pays des valeurs et principes de l'État de droit, ainsi qu'au rétablissement et au respect d'un fonctionnement régulier et efficace des institutions qui en sont garantes.

22. Reconnaissant le succès et l'importance des actions menées par le Secrétaire général en matière d'alerte précoce et de prévention des conflits et, à la suite des recommandations du Panel d'experts de haut niveau mis en place en 2010, nous soulignons la nécessité de poursuivre l'action dans le domaine de la diplomatie préventive en nous appuyant sur l'expertise technique reconnue de la Francophonie et les partenariats avec d'autres acteurs internationaux.

23. Nous condamnons avec la plus grande fermeté les actes terroristes et la criminalité organisée qui se développent au Sahel ainsi que les actes de piraterie, tant dans l'océan Indien que dans le golfe d'Aden et le golfe de Guinée. Nous exprimons notre solidarité envers les pays concernés et appelons la communauté internationale à se mobiliser toujours davantage pour éradiquer ces menaces, conformément à la résolution adoptée à Montreux.

24. Nous nous engageons à approfondir et accélérer la mise en œuvre d'une gouvernance démocratique des systèmes de sécurité. Nous réaffirmons notre volonté d'améliorer les possibilités de participation de contingents de pays francophones aux opérations de

maintien de la paix et encourageons le développement des capacités civiles, militaires et de police francophones. Nous appelons l'ONU et les organisations régionales à intensifier leur coopération avec la Francophonie et ses membres, notamment pour faciliter l'accès des francophones à des postes de commandement et renforcer le multilinguisme à travers l'usage du français dans les opérations de maintien de la paix.

25. Nous réitérons notre ferme détermination à combattre toutes les formes de discrimination et de violence faites aux femmes et aux filles, en particulier lors des crises et conflits armés, conformément à la Déclaration francophone du 1er mars 2010 sur les violences faites aux femmes s'appuyant sur la résolution 1820 (2008) du Conseil de sécurité des Nations unies sur les femmes, la paix et la sécurité.

26. Nous soutenons les efforts qui contribuent à la recherche d'une paix juste, durable et globale au Moyen-Orient, permettant notamment l'existence de deux États, Israël et la Palestine, vivant côte à côte dans la paix et la sécurité, à l'intérieur de frontières internationalement reconnues. Elle devra être fondée sur les résolutions pertinentes des Nations unies, particulièrement les résolutions 242, 338, 1397 et 1515 du Conseil de sécurité, les termes de référence de la Conférence de Madrid, la Feuille de route du Quartet et l'Initiative de paix arabe, telle qu'adoptée au Sommet de Beyrouth.

27. Nous soutenons les efforts pour mener les consultations nécessaires en vue de mettre en œuvre la décision de la Conférence d'examen du Traité sur la non-prolifération nucléaire de tenir une conférence en 2012 à laquelle participent tous les pays du Moyen-Orient pour la création d'une zone exempte d'armes nucléaires et de destruction massive sur des bases consensuelles pour les pays de la région et avec le plein soutien et l'engagement des États dotés de l'arme nucléaire.

28. Nous réaffirmons le droit à l'autodétermination des peuples sous occupation étrangère et demandons aux puissances occupantes de se conformer au droit international et de respecter le droit international humanitaire, notamment la quatrième Convention de Genève de 1949.

29. Nous réaffirmons la nécessité d'organiser des élections libres, fiables et transparentes afin de garantir la légitimité démocratique des

institutions et d'assurer un déroulement apaisé des consultations électorales. Nous attachons une importance particulière à l'appropriation durable par nos États et gouvernements membres des capacités électorales et saluons la création du Réseau des compétences électorales francophones.

30. Nous rappelons que la liberté de la presse, qui repose sur la pluralité des médias et la libre communication de l'information, de la pensée et des opinions, constitue une composante essentielle de la vie démocratique. Nous saluons à cet égard les avancées positives dans bon nombre de nos États pour garantir l'indépendance des médias et leur régulation démocratique et transparente, et une autorégulation conforme à la déontologie professionnelle. Nous nous engageons à assurer les conditions d'exercice de cette liberté et une protection effective des journalistes et des autres acteurs de la presse dans l'exercice de leurs métiers, tant au niveau de la législation, de la protection judiciaire que de la sécurité physique.

31. Nous nous engageons à créer, au sein de l'espace francophone, les conditions propices à la mobilité des personnes, en particulier les jeunes, les universitaires, les artistes et les acteurs économiques et culturels.

32. Nous affirmons notre volonté de promouvoir une gouvernance plus efficace et plus équitable des systèmes de santé, d'élaborer des modèles de financement durable et de faciliter un meilleur accès aux médicaments et aux soins. Nous entendons poursuivre notre lutte contre le VIH-Sida. Nous nous engageons à redoubler d'efforts en vue de l'élimination de la transmission du VIH de la mère à l'enfant et de réduire le nombre de décès maternels liés à cette pandémie. À cet égard, nous encourageons la mise en œuvre de l'accord de coopération qui lie l'OIF et l'ONU sida.

33. Constatant que le paludisme et la tuberculose sont la cause d'un fort taux de mortalité dans les pays africains, nous réitérons notre engagement à éradiquer ces pandémies qui constituent l'une des plus grandes entraves au développement social et économique des pays africains.

34. Nous encourageons l'accélération du processus de ratification par l'ensemble des pays francophones des principaux instruments internationaux relatifs aux droits de l'Homme et leur transposition en

droit interne, notamment au travers de campagnes de sensibilisation et de plaidoyer auprès des acteurs concernés.

35. Nous entendons renforcer notre présence et notre concertation en vue de positions communes au sein des organisations internationales et régionales, notamment au Conseil des droits de l'Homme des Nations unies, pour la mise en œuvre des recommandations de l'Examen périodique universel.

36. Nous réaffirmons l'importance du développement de la Justice pénale internationale et de son rôle dans la protection des droits de l'Homme, le rétablissement de l'État de droit et la lutte contre l'impunité. À cet égard, nous saluons la signature de l'accord de partenariat entre l'OIF et la CPI. Nous appuyons également les efforts engagés par l'OIF pour définir une position francophone en matière de justice, vérité et réconciliation pour soutenir les États francophones en crise et en transition.

37. Nous reconnaissons le rôle de la société civile et des organisations de défense des droits de l'Homme dans les progrès en faveur de la paix et de la démocratie dans l'espace francophone. Nous encourageons les activités des ONG et la mise en place des mécanismes appropriés pour la protection des défenseurs des droits de l'Homme.

38. Nous saluons l'accord-cadre de coopération qui lie l'OIF et l'ONU Femmes et souscrivons pleinement aux priorités identifiées, notamment celles qui contribuent au renforcement des initiatives et des projets en faveur des femmes africaines. Nous affirmons notre volonté d'actualiser la Déclaration de Luxembourg pour favoriser la pleine et égale participation des femmes à la vie politique, économique, sociale et culturelle de nos États, notamment par le biais de l'égalité d'accès à l'éducation et à l'emploi.

39. Nous nous engageons à combattre les pires formes de travail des enfants : le travail forcé, l'esclavage et le trafic d'enfants, leur utilisation dans les conflits armés et dans l'industrie du sexe ainsi que toutes les autres activités illicites.

40. Nous réaffirmons notre volonté de contribuer à l'édification d'une société de l'information ouverte, transparente et démocratique. Nous référant à la Déclaration de Montreux, nous adoptons la nouvelle *Stratégie numérique de la Francophonie* et demandons à l'OIF, aux opérateurs et à l'APF de la mettre en œuvre. Nous accroîtrons

également nos efforts visant à accélérer l'intégration de l'espace francophone dans l'économie numérique mondiale. Nous nous engageons à participer au mouvement international du gouvernement ouvert et à favoriser l'accès de nos citoyens, hommes et femmes en toute égalité, aux technologies numériques.

41. Nous fondant sur la Déclaration de Bamako et souscrivant à la *Résolution sur la promotion, la protection et l'exercice des droits de l'Homme sur l'Internet* adoptée par le Conseil des droits de l'Homme des Nations unies le 5 juillet 2012, nous reconnaissons le rôle d'Internet comme instrument de promotion des droits de l'Homme, du droit à la liberté d'expression et à la participation démocratique, tout en appelant à l'adoption de normes mondiales et de législations nationales définissant les principes d'une protection effective des données personnelles.

TITRE III. LANGUE FRANÇAISE, DIVERSITÉ CULTURELLE ET ÉDUCATION

La langue française constitue le socle de la Francophonie, qui a pour vocation d'en assurer la promotion et le rayonnement international. Elle conforte la solidarité entre les États et gouvernements et s'inscrit dans le cadre de la diversité culturelle et du multilinguisme.

42. Nous affirmons la nécessité de faire respecter le multilinguisme au sein des organisations internationales comme composante intégrante d'un multilatéralisme effectif. Nous rappelons aux organisations internationales leurs obligations à la pleine mise en œuvre des dispositions relatives au multilinguisme prévues par leurs statuts et règlements intérieurs respectifs.
43. Nous engageons les groupes d'ambassadeurs francophones à promouvoir l'usage et le développement du français dans les organisations internationales et régionales auprès desquelles ils sont accrédités. Nous appuyons les actions mises en place par l'OIF avec les États et gouvernements concernés pour former au et en français les diplomates et fonctionnaires qui n'ont pas la langue française comme langue officielle. Nous réitérons la pertinence du *Vade-mecum relatif à l'usage de la langue française dans les organisations internationales* et veillerons à sa diffusion et à son application effective.

44. En réponse aux Déclarations de Québec et de Montreux, nous adoptons la *Politique intégrée de promotion de la langue française.*

Nous nous engageons à en concrétiser les objectifs prioritaires dans nos pays et à favoriser la coopération internationale dans ce domaine. Nous demandons à l'OIF et aux opérateurs, en collaboration avec l'APF, de la mettre en œuvre.

45. Nous nous félicitons du succès du Forum mondial de la langue française tenu à Québec en juillet 2012, qui a fortement mobilisé la société civile et les jeunes autour de la promotion et du rayonnement de la langue française. Nous demandons à l'OIF et aux opérateurs d'évaluer la pertinence et l'éventuelle mise en œuvre des recommandations de ce forum. Nous saluons la décision du Secrétaire général d'en organiser une deuxième édition en 2015.

46. Nous saluons la création du Réseau des associations professionnelles francophones (RAPF) qui vise à promouvoir le français comme langue technique, scientifique et économique dans les contextes professionnels.

47. Nous saluons la mise en œuvre des pactes linguistiques souscrits au Sommet de Montreux ainsi que la signature à Kinshasa d'un nouveau pacte linguistique par l'Arménie. Nous encourageons la multiplication de ces plans d'action qui favorisent la promotion du français.

48. Nous nous félicitons de la visibilité de la langue française aux Jeux olympiques et paralympiques de Londres et saluons l'action du Grand Témoin de la Francophonie. Nous continuerons à veiller à ce que l'usage de la langue française aux Jeux soit conforme à la Charte olympique.

49. Nous réaffirmons notre attachement à la chaîne multilatérale TV5, opérateur de la Francophonie, vecteur essentiel pour l'apprentissage et le rayonnement international de la langue française, vitrine de la diversité culturelle. Nous entendons en favoriser la diffusion et nous efforcerons d'en faciliter la présence sur nos principaux supports de distribution, notamment sur la télévision numérique terrestre (TNT), en garantissant son accessibilité par les dispositions appropriées.

50. Nous nous engageons à renforcer notre coopération pour atteindre l'objectif d'une éducation de qualité pour tous (EQPT) ainsi qu'à mettre en place et maintenir un dispositif efficace de régulation de nos systèmes éducatifs. Nous demandons à l'OIF, l'AUF, l'Université Senghor et la Confémen de poursuivre la réflexion

concernant les instruments permettant d'assurer la qualité et l'équité de l'ensemble des services éducatifs, tant publics que privés, et à renforcer l'accompagnement des États et gouvernements dans leur mise en place.

51. Nous intensifierons, selon les spécificités de nos États et gouvernements, nos efforts afin de développer des politiques et des programmes d'éducation, de formation et de recherche visant l'intégration sociale, l'exercice de la citoyenneté et l'insertion effective des jeunes dans l'économie. Nous encourageons notamment les initiatives visant à renforcer l'éducation pour le développement durable.

52. Nous notons avec satisfaction l'extension de l'Initiative pour la formation à distance des maîtres (Ifadem). Nous encourageons la poursuite de la mise en œuvre de l'initiative École et langues nationales en Afrique (Élan-Afrique).

53. Nous nous engageons à renforcer la coopération universitaire dans l'espace francophone, où les universités jouent un rôle déterminant pour la formation de la jeunesse aux métiers de demain, la recherche et le développement durable.
Nous saluons le travail des réseaux d'excellence et d'innovation créés par l'AUF, ou en partenariat avec elle, qui œuvrent dans le domaine des technologies pour la santé, l'eau et l'énergie, notamment le Réseau d'excellence des sciences de l'ingénieur de la Francophonie (Rescif).

54. Nous sommes déterminés à poursuivre le développement de nos politiques et industries culturelles dans l'esprit de la *Convention de l'Unesco sur la protection et la promotion de la diversité des expressions culturelles*, ainsi qu'à intégrer la culture dans nos politiques de développement en vue de créer des conditions propices au développement durable.
Nous demandons à l'OIF ainsi qu'aux opérateurs de poursuivre leurs programmes d'accompagnement des politiques et industries culturelles dans les pays du Sud. Nous lui demandons également de veiller à mettre en place une politique de conservation et de valorisation du patrimoine, notamment avec le support des technologies numériques.

55. Répondant à notre vœu, exprimé lors du Sommet de Montreux, de faire de la Francophonie un acteur majeur dans les relations

internationales, nous veillerons à la mise en contact et en synergie des expertises existant en Francophonie en matière d'intelligence et de prospective. À cet égard, nous chargeons l'OIF et l'AUF, en concertation avec la République Démocratique du Congo, d'un rôle d'animation et de conduite en la matière afin de pouvoir constituer ainsi un espace interactif d'expertise pluridisciplinaire destinée à jouer un rôle de veille, d'alerte et de proposition sur les grands dossiers de l'heure.

TITRE IV. L'AFRIQUE DANS LA FRANCOPHONIE ET DANS LA GOUVERNANCE MONDIALE

Le continent africain joue un rôle grandissant au sein de la géopolitique mondiale. L'Afrique est un nouveau pôle de croissance. Elle représente l'avenir de la Francophonie, grâce au dynamisme de sa jeunesse et à ses potentialités immenses. La Francophonie est décidée à soutenir l'Afrique dans une perspective de partenariat rénové.

56. Nous nous engageons individuellement et collectivement à soutenir l'Afrique dans la préservation de son unité et dans ses efforts de promotion de la coexistence pacifique, de respect de l'intangibilité des frontières et de consolidation de l'État de droit. Nous affirmons, en particulier, notre détermination à accompagner la République du Mali et la République Démocratique du Congo dans leurs efforts pour faire respecter leur souveraineté et leur intégrité territoriale, conformément aux résolutions afférentes adoptées par ce Sommet.

57. Nous réitérons notre appui à la poursuite de la réforme de la gouvernance mondiale favorable à l'institution d'un système multilatéral équilibré garantissant une représentation permanente et équitable de l'Afrique au sein des organes de décision. L'indispensable réforme du Conseil de sécurité des Nations unies doit donner aux pays africains toute leur place. Nous prenons note de la position commune africaine basée sur le Consensus d'Ezulwini et la Déclaration de Syrte.

58. Nous soutenons le maintien d'un partenariat fort entre l'Afrique et le G8, et souhaitons que les pays africains soient systématiquement associés à la préparation des travaux en rapport avec l'Afrique. Nous réitérons notre appel à la poursuite de l'invitation de deux pays africains au sommet et aux rencontres préparatoires du G20, selon une représentation conforme aux résolutions pertinentes de l'Union

africaine. Nous demandons au G20 de maintenir le développement au premier rang de ses priorités politiques et appelons à la poursuite de l'action conjointe de l'OIF et du Commonwealth auprès du G20 en faveur des pays les plus pauvres.

59. Nous nous engageons à soutenir l'accélération du processus d'industrialisation de l'Afrique, notamment par la transformation sur place des matières premières locales. Nous encourageons le transfert adéquat de technologies, la dynamisation d'un commerce équitable et l'allégement du service de la dette extérieure.

60. Nous nous engageons à renforcer la bonne gouvernance des ressources naturelles, notamment dans les industries extractive et forestière, conformément à la résolution afférente adoptée par ce Sommet.

61. Nous nous engageons à améliorer la gouvernance des régimes fonciers applicables aux terres, aux pêches et aux forêts, dans le but de garantir la sécurité alimentaire pour tous et la concrétisation progressive du droit à une alimentation adéquate. Nous réaffirmons les engagements pris en faveur du droit et de l'accès durable et équitable à l'eau potable et à l'assainissement, qui doivent être réalisés progressivement pour nos peuples dans le plein respect de la souveraineté nationale.

62. Rappelant notre engagement, lors du Sommet de Montreux, en faveur de la lutte contre la sécheresse et la désertification, nous réaffirmons la nécessité de conduire à bien les projets visant l'amélioration des conditions de vie des populations sédentaires et nomades en milieu sahélo-saharien. Nous appuyons les conclusions issues du 14e Sommet des chefs d'État et de gouvernement des pays membres de la Commission du bassin du lac Tchad (CBLT), tenu à N'Djamena le 30 avril 2012, notamment la mise en place d'un programme d'investissement quinquennal 2013-2017 du bassin et la décision d'organiser courant 2012 une table ronde des bailleurs de fonds pour le financement dudit programme.

- Nous rendons un hommage appuyé au Secrétaire général dont l'action et l'engagement en faveur des valeurs et du rôle de la Francophonie contribuent fortement à accroître le rayonnement et l'influence de notre Organisation sur la scène internationale.

- Nous évaluerons ensemble, lors du XVe Sommet, les engagements pris au titre de cette Déclaration.
- L'Afrique tient en son avenir celui de la Francophonie. Ici et maintenant, nous prenons l'engagement solennel de rendre la Francophonie plus agissante et plus porteuse de cohésion en renforçant notre solidarité avec la jeunesse et les peuples de ce continent, dont le développement concerne l'humanité tout entière.

BIBLIOGRAPHIE

A. INSTRUMENTS JURIDIQUES

1. Constitution Fédérale de l'Allemagne
2. Confédération helvétique acceptée en votation populaire le 18 avril 1999
3. Constitution de Madagascar du septembre 1992. (Constitution trouvable en ligne)
4. Convention sur l'élimination de toutes les formes de discrimination à l'égard des femmes adoptée le 18 décembre 1979 et l'article 1er de la Convention internationale sur l'élimination de toutes les formes de discrimination raciale adoptée le 21 décembre 1965.
5. Constitution suisse.
6. Constitution de la RDC du 18 février 2006 telle que révisée par la loi n° 11/002 du 20 janvier 2011 portant révision de certains articles de la Constitution.
7. Constitution de la République libanaise. Trouvable en ligne.
8. Déclaration de l'indépendance des Etats-Unis du 4 juillet 1789.
9. Déclaration sur le droit et la responsabilité des individus, groupes et organes de la société de promouvoir et protéger les droits de l'homme et les libertés fondamentales universelles reconnus.
10. Déclaration des droits des personnes appartenant à des minorités nationales ou ethniques, religieuses et linguistiques, adoptée par l'AG des NU dans sa résolution 45/135 du 18 déc. 1992.
11. Déclaration de Bamako de l'OIF.
12. Déclaration de Kinshasa de l'OIF.
13. Déclaration Universelle des Droits de l'Homme.
14. HCDH : Rapport du Comité des droits de l'homme, Volume I, 94°session (13-31 octobre 2008), 95° session (16 mars-3 avril 2009), 96°session.
15. Observation générale 18 du Comité des droits de l'homme : Non-discrimination. 37° Session du Comité des Droits de l'homme en 1989.

B. LIVRES ET ARTICLES

1. LIVRES

16. ACAT : Monde tortionnaire. Rapport ACAT 2014, Paris, 2014, 366 p.
17. AFCNDH et OIF : L'éducation aux droits de l'Homme. Comprendre pour agir ensemble. Guide de l'enseignant(e) pour l'éducation aux droits de l'Homme dans l'espace francophone, éd. Sépia, 2009, 212 p.

18. AKANDJI –KOMBE Jean-François, « Les obligations positives en vertu de la Convention européenne des Droits de l'Homme. Un guide pour la mise en œuvre de la Convention européenne des Droits de l'Homme », in Précis sur les droits de l'homme, no 7, p.21
19. ALAIN de BENOIST, Au-delà des droits de l'homme, Défendre les libertés, éditions Krisis, 2004.
20. Alfred FERNANDEZ, « Pour l'universalité des droits de l'homme Des idées pour penser l'universalité »
21. Amnesty International : Rapport La Torture en 2014. 30 ans d'engagement non tenus, Londres, 2014, 55 p.
22. ARJI Saidou, Guide de formation en droits humains et citoyenneté à travers les médias, AIF, Niger, 2006, 74 p.
23. BCNUDH-MONUSCO : Guide des droits de la personne arrêtée, Kinshasa-RDC, sd.
24. Brownien MANDY, « Les lois sur la nationalité en Afrique Une étude comparée », éd. Arrima, 2010, p.130
25. Commission européenne : Manuel de formation à l'intention des défenseurs des droits de l'homme en Afrique, Bénin, 2009, 245 P.
26. Daniel TURP, Egalité et non discrimination, Les Droits fondamentaux, Diplôme interuniversitaire de 3°Cycle, Université de Nantes, AUPELF-UREF, UNISAT, France.
27. Didier LINOTTE et Raphaël ROMI, Services publics et droit public économique, 5°édition Juris-classeur, Paris, 2003, 535 p.
28. DOMINIQUE ALLIX, Les Droits fondamentaux dans le procès pénal, éd Montchrestien, Paris, 1997, p.99
29. GLEN Johnson et JANUSZ Symonides, La Déclaration universelle des droits de l'homme, *éd. Unesco- L'Harmattan, Paris, 1990, 212 p.*
30. Emin ELYME AKSAY, La notion de dignité humaine dans la sauvegarde des droits fondamentaux des détenus, p.57
31. FIDH : Guide pratique : La Cour africaine des droits de l'homme et des peuples. Vers la Cour africaine de justice et des droits de l'Homme, avril 2010, p.218
32. Frédéric SUDRE , Droit européen et international des droits de l'homme, éd. Puf, 8°édition, France, 2006, p.786
33. Georges CLARK, *Les droits de l'homme en bref, Bureau international de l'information Département d'Etat Etats-Unis d'Amérique* (www.america.gov)
34. Gilles BADET, *Les attributions originales de la Cour constitutionnelle du Bénin, Friedrich-Ebert-Stitny*, Cotonou, 2013, p.481
35. Gilles Le BRETON , *Protection de la personne humaine par le Droit administratif français en 1995-1996*, L'Harmattan, 1998, Paris, p.218

36.HCDH : *Déclaration sur le droit et la responsabilité des individus, groupes et organes de la société de promouvoir et protéger les droits de l'homme et les libertés fondamentales universelles reconnus*, Fiche d'information du HCDH, Les défenseurs des droits de l'homme : *Protéger le droit de défendre les droits de l'homme, Fiche d'information*, n°29, Genève, 2004, p.57.
37.HCDH : *Pratiques de bonne gouvernance pour la protection des droits de l'homme*, New York et Genève, 2007.
38.HCDH : « Travailler avec le Programme des Nations Unies pour les droits de l'homme. Manuel pour la société civile », 2008, p.120
39.HCDH : Droits économiques, sociaux et culturel. Manuel de formation à l'attention des Institutions nationales des droits de l'homme, Série n°12 sur la formation professionnelle, New York et Genève, 2004, p. 158
40.Hélène TIGROUJA et Ionisa K. PANOUSSIS, *La Cour interaméricaine des droits de l'homme. Analyse de la jurisprudence consultative et contentieuse,* éd. Bruylant, 2003, p. 313
41.Jean ESCARRA, *Le Droit chinois. Aperçu historique*, Québec, 2006. p.14
42.KAMUKUNY MUKINAY NGAL Ambroise, Droit constitutionnel congolais, éd. universitaires africaines, Kinshasa, 2011, p.296
43.Leahl LEVIN, Droits de l'Homme. Questions et réponses. Cinquantième anniversaire de la DUDH 1948-1998, éd. Unesco, 1997, p.157.
44.Mario BETTATI, Olivier DUHAMEL et Laurent Greilsamer, *La Déclaration universelle des droits de l'homme*, éd. Gallimard, 2008, France, p.175.
45.MBATA BETUKUMESU MANGU André, *Abolition de la peine de mort et constitutionnalisme en Afrique*, éd. L'Harmattan, Paris, 2011, 197p.
46.Mario BETTATI, Olivier DUHAMEL et Laurent GREILSAMER, La Déclaration Universelle des droits de l'homme, éd. Gallimard, 2008, 185 p.
47.MATADI NENGA GAMANDA, *Le Droit à un procès équitable,* éd. Droit et Idées Nouvelles, Kinshasa, 2002, p.173
48.NGONDANKOY NKOY –ea-LONGYA, Droit congolais des droits de l'homme, éd. Academia-Bruylant, Belgique, 2004, 489 p.
49.NZANGI BATUTA Michel, La liberté d'opinion et d'expression et ses limitations légales en République démocratique du Congo, Konrad Adenauer, Kinshasa, 2007, 108 p.
50.OLIVIER De Schutter et SEBASTIEN Van Drooghenbroeck, *Droit international des droits de l'homme devant le juge national*, éd. Larcier, Bruxelles, 1999, 661p.

51. ONU : *Instruments internationaux relatifs aux droits de l'homme. Récapitulation des Observations générales ou Recommandations générales adoptées par les organes créés en vertu d'instruments internationaux relatifs aux droits de l'homme*, HRI /GEN/I/Rev.9 (Vol I), 27 mai 2008.
52. ONU et HCDH : *Principaux instruments internationaux relatifs aux droits de l'homme*, New York et Geneva, 2006, p.232
53. ONU et HCDH : *Droits de l'Homme. Recueil d'instruments internationaux, vol.1 (Deuxième partie) Instruments universels*, New York et Geneva, 2002, p.1090.
54. *ONU : Objectifs du Millénaire pour le Développement. Rapport 2012, New York, 2012*
55. SIDIKI KABA, *Défendre la Déclaration universelle des droits de l'homme*, éd. Collection XAAM sa Yoon, Sénégal, 1998, p.86.
56. Thomas TURNER, Ethnogenèse et nationalisme en Afrique centrale. Aux racines de Patrice LUMUMBA, éd. L'Harmattan, Paris, 2000, 454 p.
57. UNESCO et Fondation Danielle MITTERRAND : Les droits de l'homme.1948-1988, décembre 1988
58. WEMBOLUA OTSHUDI KENGE Henri, *L'indépendance des magistrats face à l'administration de la justice et le respect des droits de l'homme*, Module de LINAPEDHO pour la formation des para-juristes, publication de RCN-Justice, Kinshasa, 2002.
59. WETSH'OKONDA KOSO S. Marcel, *Les textes constitutionnels congolais annotés,* éd. CDHC-Asbl, Kinshasa, 2010, p.

2. ARTICLES

1. Agnès LEJBOWICZ, « La Fraternité en Droit international » (Consulté le 20 mai 2013 dans le site du CEDROMA (Centre d'Etudes des Droits du monde arabe) : www.cedroma.usj.edu.lb
2. Aida GRGIC, ZVONIMIR MATAGA, MATIJA LONGAR et Ana VILFAN, « Précis sur les droits de l'homme. Un guide sur la mise en œuvre de la Convention européenne des Droits de l'Homme et de ses protocoles », n° 10, 2007 (Le droit à la propriété dans la Convention européenne des Droits de l'Homme)
3. BIBOMBE MUAMBA Bonaventure, Le Droit à la justice et à un procès équitable à travers la Déclaration Universelle des Droits de l'Homme et le Pacte international relatif aux droits civils et politiques, in Annales de la Faculté de Droit, PUK, décembre 2007, pp 191-214
4. CALLEJON Claire, « Les principes des Nations Unies sur l'administration de la justice par les tribunaux militaires : pour une

justice militaire conforme au Droit international », in Droits fondamentaux, n° 6, janvier - décembre 2006 www.droits fondamentaux.org
5. Christophe GOLAY et MELIK ÖZDEN, « Le droit à l'alimentation est un droit humain fondamental stipulé par l'ONU et reconnu par des traités régionaux et de nombreuses constitutions nationales », in CETIM, p 5
6. Daniel COLARD, La Déclaration universelle des droits de l'homme a 40 ans, in Défense nationale. Problèmes politiques et économiques, scientifiques et militaires, janvier 1989, pp 65-80
7. ISAYA MAKUNGU ma NGOZI, « Le droit à la vie des masses rurales. Actes de la 5° Semaine philosophique de Kinshasa du 26 avril au 1er mai 1981 », in Philosophie et droits de l'homme, Faculté de théologie catholique, Kinshasa, 1981.
8. JEAN ZIEGLER, « Destruction massive. géopolitique de la faim», éd. Du Seuil 25, Paris, 2013.
9. JICQUEL Jean, Suffrage universel, La Déclaration Universelle des Droits de l'Homme, éd. Gallimard, 1998, France, pp117-119
10. Kenneth MINOGUE, « Historique de la notion des Droits de l'homme », in Nouveaux Horizons, 1989, pp9-25
11. Kenneth ROTH, « L'inaction face aux abus. Les risques du dialogue et de la coopération avec les gouvernements qui violent les droits humains », in Rapport mondial 2011 Événements de 2010 de HRW, 2011, pp18-27
12. Lori ASHFORD, « Les femmes au pouvoir et aux postes de décision. (Les femmes à travers le monde) », in Questions actuelles du Département d'Etat Etats-Unis d'Amérique Bureau international d'information, éd.2012, pp96-99
13. Marc GAMBARAZA et Adrien RODD, « Le statut juridique de la DUDH dans les Etats de Droit anglo-saxon », in Droits Fondamentaux, n°8, janvier 2010-décembre 2010, Trouvable en ligne : www.droits-fondamentaux.org
14. Maria-Eugenia RODRIGUEZ PALOP, « La persistance de la violence contre les femmes malgré la Loi Organique 1/2004 portant mesures de protection intégrale face à la violence de genre », in Revue des droits de l'homme du Credof, n°1, Paris, juin 2012.
15. NGOMA BINDA, « De la responsabilité éthique et civique de l'éducation dans le progrès de la nation », in Annales de la Faculté de Droit, PUK, décembre 2007, pp 309-324
16. Norbert ROULAND, « À propos des droits de l'homme : un regard anthropologique », in *Droits fondamentaux*, n° 3, janvier – décembre 2003. Trouvable en ligne : www.droits-fondamentaux.org

17. Roseline LETTERON, L'Universalité des droits de l'homme : apparences et réalités de l'idéologie des droits de l'homme en France et aux Etats-Unis, p.152
18. Sadruddin AGA KHAN Prince, « Le Droit d'asile et l'article 14 de la DUDH », in revue du Comité international de Juriste, pp 28-35
19. WEMBOLUA OTSHUDI KENGE Henri, « La problématique de l'organisation du travail pénitentiaire en RDC. Cas de la prison centrale de Kananga », in Revue du CIDEP, n° Spécial, Kinshasa, 2004, pp 56-62
20. WEMBOLUA OTSHUDI KENGE Henri, « L'anachronisme du Décret du 6 décembre 1950 sur l'enfance délinquante: cas du flou sur la majorité pénale en R.D.C. », in Nouvelle tribune internationale des droits de l'enfant, n°10 et 11, décembre 2005, DEI-Belgique, pp 27-32
21. WEMBOLUA OTSHUDI KENGE Henri, « L'anachronisme du Décret sur l'enfance délinquante en RDC : Réflexion sur le vagabondage et les droits des enfants, in Nouvelle tribune internationale des droits de l'enfant, n°12 - mars 2007, DEI Belgique, pp 22-28,
22. WEMBOLUA OTSHUDI KENGE Henri, « Encore sur l'anachronisme du décret sur l'enfance délinquante: le volet judiciaire », in Paroles de justice, RCN –justice et démocratie, Kinshasa, 2010.
23. WEMBOLUA OTSHUDI KENGE Henri, l'appropriation des normes des droits de l'homme par les magistrats pour l'indépendance du pouvoir judiciaire et la protection des droits de l'homme en RD Congo, in Paroles de justice. Revue annuelle de Doctrine, 2010, pp 18-31
24. WETSH'OKONDA KOSO Marcel, La compétence des juridictions congolaises en matière d'examen des conditions d'application des traités internationaux relatifs aux droits de l'homme, in Revue du Barreau de Kinshasa-Gombe, n°03/2009, Kinshasa, pp117-134.

C. JURISPRUDENCE

1. Observation générale 18 du Comité des droits de l'homme : Non-discrimination. 37° Session du Comité des Droits de l'homme en 1989.
2. Arrêt du 15.6.2006 dans l'Affaire Lykourezos c/ Grèce du Cour européenne des droits de l'homme Articles 3 du Protocole no 1
3. Communication n° 263/1987, affaire *Gonzalez del Rio c. Pérou*, décision du 20 novembre 1992, CCPR/C/46/D/263/1987 du 28 octobre 1992, § 5.2

4. CSJ, 2 juillet 2004, R. Const. 11/TSR, Règlement intérieur de l'Observatoire national des Droits de l'Homme.
5. Observations finales du Comité pour l'élimination de la discrimination raciale à la RDC, 71° Session du 30/7/2001 au 17 /08/2012.
6. CSJ, 2 juillet 2004, R. Const. 11/TSR, Règlement intérieur de l'Observatoire national des Droits de l'Homme, cité par WETSH'OKONDA KOSO S. Marcel, *Les textes constitutionnels congolais annotés,* éd. CDHC-Asbl, Kinshasa, s.d., p.85
7. Communication no 2/2003, constatations adoptées le 26 janvier 2005 (affaire A. T. contre Hongrie).

D. WEBOGRAPHIE

Quelques sites importants :

1. http://www.un.org/fr/documents/udhr (Portail éducatif sur la Déclaration universelle des droits de l'homme. Données collectées par le HCDH sur la DUDH)
2. http://www.lexilogos.com/declaration_droits_homme.htm
3. www.audfrdc.org (Site de l'Alliance pour l'Universalité des Droits fondamentaux AUDF, ONG active en RDC.)
4. www.droits-fondamentaux.org (Site des revues droites fondamentales. Consultez les articles sur les droits de l'homme.)
5. www.un.org (Le site officiel de l'ONU.) Consulter : ONU : Objectifs du Millénaire pour le Développement. Rapport 2012, New York, 2012. (Lire l'Avant- propos de M. BAN KI-MOON)
6. www.afrimap.org (Le site est très intéressant sur les recherches dans le domaine de la démocratie, le respect des droits de l'homme en Afrique.)
7. http://www.un.org/fr/events/humanrightsday/ *(Ce site est consacré à la Journée des droits de l'homme et plusieurs informations sur la DUDH peuvent y être trouvées)*
8. http://eduportfolio.org/vues/view/61435 *(Module de formation en droits de l'homme. Mis en ligne par l'auteur de ce livre.)*
9. http://eduportfolio.org/vues/view/31311 (Module de formation sur les droits de l'enfant.)
10. www.ohchr.org (Consulter le site du HCDH)

TABLE DES MATIERES

L'HARMATTAN ITALIA
Via Degli Artisti 15; 10124 Torino

L'HARMATTAN HONGRIE
Könyvesbolt ; Kossuth L. u. 14-16
1053 Budapest

L'HARMATTAN KINSHASA
185, avenue Nyangwe
Commune de Lingwala
Kinshasa, R.D. Congo
(00243) 998697603 ou (00243) 999229662

L'HARMATTAN CONGO
67, av. E. P. Lumumba
Bât. – Congo Pharmacie (Bib. Nat.)
BP2874 Brazzaville
harmattan.congo@yahoo.fr

L'HARMATTAN GUINÉE
Almamya Rue KA 028, en face
du restaurant Le Cèdre
OKB agency BP 3470 Conakry
(00224) 657 20 85 08 / 664 28 91 96
harmattanguinee@yahoo.fr

L'HARMATTAN MALI
Rue 73, Porte 536, Niamakoro,
Cité Unicef, Bamako
Tél. 00 (223) 20205724 / +(223) 76378082
poudiougopaul@yahoo.fr
pp.harmattan@gmail.com

L'HARMATTAN CAMEROUN
BP 11486
Face à la SNI, immeuble Don Bosco
Yaoundé
(00237) 99 76 61 66
harmattancam@yahoo.fr

L'HARMATTAN CÔTE D'IVOIRE
Résidence Karl / cité des arts
Abidjan-Cocody 03 BP 1588 Abidjan 03
(00225) 05 77 87 31
etien_nda@yahoo.fr

L'HARMATTAN BURKINA
Penou Achille Some
Ouagadougou
(+226) 70 26 88 27

L'HARMATTAN SÉNÉGAL
10 VDN en face Mermoz, après le pont de Fann
BP 45034 Dakar Fann
33 825 98 58 / 33 860 9858
senharmattan@gmail.com / senlibraire@gmail.com
www.harmattansenegal.com

L'HARMATTAN BÉNIN
ISOR-BENIN
01 BP 359 COTONOU-RP
Quartier Gbèdjromèdé,
Rue Agbélenco, Lot 1247 I
Tél : 00 229 21 32 53 79
christian_dablaka123@yahoo.fr

Achevé d'imprimer par Corlet Numérique - 14110 Condé-sur-Noireau
N° d'Imprimeur : 118715 - Dépôt légal : mai 2015 - *Imprimé en France*